2012년 한국연구재단 인문저술출판지원 도서

상징적 상호작용론과 정신장애의 이해

김문근

EM
커뮤니티

서 문

제1부 상징적 상호작용주의

제1장 상징적 상호작용주의 전통

1. 상징적 상호작용주의 ·· 15
2. 상징적 상호작용주의의 주요 개념 ·· 17
   1) 사회적 상호작용(Social Interaction) ·· 17
   2) 대상(Object) ··· 18
   3) 상징(Symbol) ·· 20
   4) 역할(Role) ·· 22
   5) 자아(Self) ··· 24
   6) 상황정의(Definition of Situation) ·· 27
3. 상징적 상호작용주의의 공통기반 ·· 29
   1) 상징적 상호작용주의의 주요 견해 ·· 29
   2) 시카고학파와 아이오와학파 ·· 31
4. 상징적 상호작용주의 역사 ··· 35
5. 요약 ··· 39

제2장 구조적 상징적 상호작용주의 접근

1. 구조적 상징적 상호작용주의 ··· 43
2. 역할이론 ··· 45
   1) 구조기능주의 역할이론 ··· 45
   2) 상징적 상호작용주의 역할이론 ·· 50
3. 요약 ··· 69

차
례

제3장 역할정체성이론

1. 역할정체성이론의 발전 과정 ·· 74
   1) 역할정체성이론의 기원 ·· 74
   2) 역할정체성이론의 세 분파 ······································ 77
2. 역할정체성이론의 주요 개념 ·· 83
   1) 사회적 행동 ·· 83
   2) 역할(Role) ·· 84
   3) 역할정체성(Role Identity) ······································ 85
   4) 정체성 위계(Salience) ·· 88
   5) 정체성 몰입(Commitment) ······································ 90
3. 역할정체성이론의 주요 가설과 연구결과 ······························ 91
   1) 역할정체성의 형성과 변화 ·· 91
   2) 역할정체성과 사회적 행동 ·· 94
4. 요약 ··· 100

제2부 상징적 상호작용주의와 정신장애의 이해

제4장 정신질환과 정신장애의 이해

1. 장애모델과 장애의 개념적 이해 ·· 108
2. 정신질환의 개념 ·· 119
3. 장애의 이론모형과 정신장애의 이해 ·································· 122
4. 요약 ··· 130

제5장 정신장애와 주관적 경험

1. 정신질환의 주요 증상의 주관적 경험 ································· 136
2. 정신장애인의 자아손상과 회복 ································· 147
3. 정신장애의 주관적 경험에 관한 상징적 상호작용론적 이해와 함의 ·········· 154
4. 요약 ··· 159

제6장 사회적 낙인과 상징적 상호작용

1. 정신장애인에 대한 사회적 낙인 연구의 현주소 ···················· 165
2. 사회적 낙인의 재정의 : 상징적 상호작용주의 관점 ················· 171
3. 사회적 낙인 극복을 위한 함의 ································· 182
4. 요약 ··· 186

제7장 치료환경과 상징적 상호작용

1. 치료환경의 개념 ··· 195
2. 치료환경 평가와 치료환경의 효과 연구 ·························· 208
3. 치료환경에 대한 상징적 상호작용주의적 이해 ···················· 223
4. 요약 ··· 227

제8장 사회적 상호작용과 정신장애인의 역할정체성

1. 상징적 상호작용론과 정신장애인 연구의 중심주제 ················· 231
2. 정신장애인의 역할정체성 연구 사례 ····························· 242
3. 역할정체성이론에 근거한 정신재활의 원리와 전략 ················· 257
4. 요약 ··· 259

차례

제3부 상징적 상호작용주의와 정신장애에 대한 사회적 개입

제9장 사회적 역할가치화 접근과 상징적 상호작용

1. 정상화원리 ·· 268
2. 사회적 역할가치화 이론(Social Role Valorization) ················ 271
3. 사회적 역할가치화 이론의 개입전략 ································· 278
4. 상징적 상호작용론과 사회적 역할가치화 이론 ················· 287
5. 논의 ·· 292
6. 요약 ·· 297

제10장 임파워먼트 실천과 상징적 상호작용

1. 임파워먼트의 정의 ·· 301
2. 상징적 상호작용론과 임파워먼트과정의 재해석 ················ 306
3. 정신장애인의 임파워먼트 ··· 325
4. 요약 ·· 329

제11장 클럽하우스모델과 상징적 상호작용

1. 상징적 상호작용주의 ·· 339
2. 클럽하우스와 상호작용의 분석 ······································ 343
3. 요약 ·· 360

제12장 정신보건정책과 상징적 상호작용

1. 정신보건법과 정신장애인 관련법령의 상호작용론적 해석 ········· 368
2. 정신보건전달체계와 상징적 의미 ··································· 382
3. 요약 ·· 387

색인 ·· 391

서 문

서 문

|

　장애에 대한 이해와 인식은 장애인에 대한 태도와 반응, 제도와 사회서비스, 전문직의 실천에 중요한 영향을 끼친다. 예컨대 휠체어를 사용함으로써 지체장애가 개인의 문제가 아닌 사회체계와 환경의 문제로 재인식되면서 접근성문제가 장애정책의 핵심의제로 등장하였고, 무장애환경(Barrier Free)을 확보하는 것이 장애인의 사회통합을 위한 중요한 정책목표가 되었다.

　이처럼 장애에 대한 인식이 중요한데 우리사회의 정신장애에 대한 이해는 깊지 않다. 정신장애인을 자신의 질병에 대한 인식이 부족하고 자신과 타인에 대해 위험을 야기할 수 있는 '정신질환자'로 인식하여 입원치료와 약물치료를 강조할 뿐이다. 하지만 정신장애인이 다른 장애인에 비해 취업이나 사회통합이 더욱 어려운 것은 정신질환의 증상이나 기능장애 때문만은 아니다. 디건(Deegan)이 '태도적 장벽(Attitudinal Barrier)'이라 이름 붙였던 정신장애인에 대한 편견과 낙인, 억압이 의료기관이나 재활기관뿐만 아니라 지역사회에 만연하기 때문에 정신장애인의 사회통합이 쉽지 않은 것이다.

　이와 같이 사회적 상호작용은 정신장애인에게 중요한 영향을 끼치지만 사회적 상호작용에 대한 체계적 이해나 해석을 뒷받침할 이론적 근거를 찾지 못한다면 다양한 사회적 상호작용이 개입되는 정신장애인의 재활 및 사회통합과정에 관한 연구와 실천에 한계가 있을 수밖에 없다. 이 책은 정신장애인의 재활과 사회통합과정에 대한 이해를 향상시키기 위한 기초이론으로 상징적 상호작용론(Symbolic Interactionism)을 제시하고 있다.

　상징적 상호작용론은 오랜 역사를 지니고 있으나 사회복지분야에서는 그다지 널리 소개되지 않아 연구, 교육, 실천에 충분히 활용되지 않았다. 사회복지 학부교육 과정에서 상징적 상호작용론은 '사회문제론'을 통해 '낙인이론'의 기저 이론으로 간략히 소개되고 있을 뿐이다. 낙인이론에 근거한 연구들을 제외한다면 상징적 상호작용론을 근거이론으로 제시하는 연구는 거의 없으며, 대학원 과정에서 상징적 상호작용론을 교육하는 경우도 찾아보기 어렵다. 저자는 정신재활에 관한 근거이론을 모색하며 다양한 이론을 연구하던 중 '역할' 개념을 근간으로 하는 상징적 상호작용론이 정신장애인의 치료, 재활, 사회통합에 관한 연구 및 실천에 풍부한 함의를 지니는 이론이라 확신하게 되었다. 상징적 상호작용론에 따르면 정신장애나 정신장애인에 대해 사회적 의미가 공유되어 있고, 정신건강기관, 정신장애인, 전문가, 가족, 사회구성원들은 이러한 사회적 의미에 일관된 방식으로 상호작용하며, 그러한 상호작용은 정신장애인에게 긍정적 영향 또는 부정적 영향을 끼칠 수 있기 때문이다. 따라서 상징적 상호작용론을 깊이 이해하고 그 원리를 활용한다면 정신장애인을 위해 긍정적 상호작용을 보장함으로써 긍정적 자아개념을 향상시키고, 사회통합에도 기여할 수 있을 것이다.

저자가 이 책을 저술하게 된 것은 상징적 상호작용론으로부터 실증적 가설을 도출하고 경험적 검증을 통해 과학적 이론으로 입지를 공고히 한 '역할정체성이론(Identity Theory)'에 대한 깊은 관심과 관련이 있다. 저자는 역할정체성이론을 연구하던 중 정신재활기관 내에서 역량강화적인 상호작용이 보장된다면 정신장애인들의 내면에 능동적·주체적 자아개념이 형성될 것이고, 능동적·주체적 자아개념이 형성되면 정신장애인은 정신재활기관 내에서나 지역사회에서 능동적 행동을 함으로써 사회통합에 긍정적 효과가 있으리라는 가설을 정립했다. 그 후 실증적 연구를 통해 이러한 가설을 검증하였다. 그 결과 정신재활기관 내에서 이루어지는 지지적 환경과 체계적인 재활훈련에도 불구하고 왜 정신장애인의 지역사회적응과 통합이 저조한지 그 원인을 규명할 수 있었다. 이러한 연구결과에 힘입어 정신장애인이 직업이라는 긍정적 역할을 갖게 되면 정신장애인에 대한 부정적 역할기대라 할 수 있는 사회적 낙인을 방어해 낼 수 있으리라는 가설을 수립하고 검증할 수 있었다. 이와 같은 경험적 연구들에 근거해 상징적 상호작용론이 정신장애의 본질, 정신장애인의 경험, 정신장애인의 재활과 사회통합을 설명하는데 매우 유용한 이론임을 확인할 수 있었다. 이에 상징적 상호작용론을 정신장애와 정신장애인의 경험, 정신재활에 대한 이해, 설명, 실천의 이론적 근거로 제시하고 정신장애인의 사회통합에 기여하고자 이 책을 저술하였다.

이 책의 1부는 사회복지학 연구자와 실천가들이 상징적 상호작용론을 체계적으로 이해, 활용할 수 있도록 상징적 상호작용론의 주요 개념과 견해, 역사적 전개과정을 소개하였다. 또한 사회구조, 사회적 상호작용, 자아개념 사이의 관계를 보다 구체적인 명제와 가설로 제시한 구조적 상징적 상호작용론을 자세히 소개하였다. 구조적 상징적 상호작용론에 대한 이해를 돕기 위해 구조기능주의 역할이론을 소개하고 이와 구별되는 랄프 터너의 역할이론, 어빙 고프만의 연극론적 역할이론, 모레노의 역할이론, 역할정체성이론을 소개하였다. 특히 상징적 상호작용론을 과학적 검증이 가능한 가설로 제시하고, 변수를 조작화함으로써 실증적 조사연구를 보장하여 신뢰할만한 과학적 이론으로 발전시킨 '역할정체성이론'을 자세히 소개하고, 저자의 연구사례를 제시하여 상징적 상호작용론을 실증적 연구에 적용하려는 독자들에게 도움을 제공하고자 하였다.

이 책의 2부는 상징적 상호작용론을 활용하여 정신장애와 정신장애인의 경험에 대한 종합적 설명을 시도하였다. 우선 상징적 상호작용론을 활용하여 정신장애인이 경험하는 정신질환의 대표적 증상인 환각과 망상 경험을 재해석하였다. 또한 정신장애인이 진단과 치료, 재활의 과정에서 경험하는 사회적 상호작용이 어떻게 긍정적 자아개념을 손상시키는지, 손상된 자아개념은 어떠한 상호작용을 통해 회복될 수 있는지에 관한 총체적인 이해를 위해 기존 연구들을 종합적으로 분석하였다. 뿐만 아니라 상징적 상호작용론을 활용하여 정신장애인이 경험하는 사회적 낙인을 재해석하여 사회적 낙인이 정신장애인에 대한 일종의 사회적 역할기대임을 논증하고, 사회적 낙인을 극복하고 정신장애인의 건강한 자아개념을 회복하여 사회통합을 촉진하기 위해 임파워먼트접근과 사회적 역할가치화접근을 제안하였다. 또한 시설의 치료환경 및 지역사회프로그램환경에 대한 연구를 상징적 상호작용론에 근거해 분석, 논의하고, 정신장애인을 위한 치료환경의 개념화와 연구, 실천에 관한 함의를 제안하였다. 한편 저자의 실증적 연구사례를 통해 정신장애인이 정신보건기관 내에서 경험하는 치료환경 및 상호작용은 치료, 재활, 사회통합에 유의한 효과가 있음을 밝히고, 정신장애인의 긍정적 자아개념 형성과 사회통합을 위해 정신보건기관의 사회적 상호작용을 어떻게 변화시킬 것인지 그 방향과 방안을 제안하였다.

이 책의 3부는 상징적 상호작용론에 근거해 사회적 역할가치화 접근, 임파워먼트 실천, 클럽하우스모델 등을 비판적으로 성찰하고 재해석한 후 정신장애인 재활을 위한 함의를 논의하였다. 아울러 정신보건법과 정신건강정책 또한 정신건강서비스체계나 장애인복지 전달체계 내에서 정신장애인을 차별함으로써 부정적 자아개념을 형성시키고 사회구성원들에게 정신장애인에 대한 부정적 의미를 전달할 수 있음을 비판하였다. 이어 정신보건법 및 정신건강정책의 구체적 규정들이 지니는 상징적 의미에 대한 성찰과 이에 근거한 개선방안을 제안하였다.

이 책은 상징적 상호작용론이라는 렌즈를 통해 단편적으로 존재하던 정신장애인에 관한 연구주제나 실천접근을 새해석하고, 보완하고, 통합함으로씨 정신장애에 관한 이해와 연구, 실천의 새로운 방향을 제시했다는데 의의가 있다. 여타의 장애유형과 달리 정신장애는 환청과 망상, 낙인의 지각, 자아개념의 손상과 회복 등 정신내적인 경험이 사회적 상호작용과 직접 연결된다. 또한 사회의 편견과 낙인, 정신재활실천과정, 정신건강정책 등 사회적 상호작용을 통해 사회구성원과 정신장애인의 의식 속에 정신장애인에 대한 부정적 의미를 형성, 유지시킴으로써 정신장애인의 복지를 손상시키기 쉽다. 이러한 정신장애의 독특성은 상징적 상호작용론에 근거해 더 심층적으로 이해하고 분석할 수 있다. 상징적 상호작용론을 정신장애인에 대한 연구와 실천의 이론적 기반으로 정립하려는 저자의 시도는 이 책을 통해 그 첫 결실을 맺었다. 이 책이 제시하는 정신장애와 정신재활에 관한 상징적 상호작용론적 관점이 정신장애인의 치료, 재활, 사회통합 등과 관련한 연구와 실천에 널리 활용되기를 기대한다.

제 1 부

상징적 상호작용주의

제1장 상징적 상호작용주의 전통

제2장 구조적 상징적 상호작용주의 접근

제3장 역할정체성이론

제1장

상징적 상호작용주의 전통

1. 상징적 상호작용주의

상징적 상호작용주의(symbolic interactionism)라는 명칭은 미드(George Hurbert Mead)의 연구전통을 이어받은 블루머(H. Blumer)가 1937년 처음 사용하였다. 그는 1969년 상징적 상호작용주의에 관한 저술에서 미드(George Hurbert Mead), 토마스(W. I. Thomas), 제임스(William James), 파크(Robert E. Park), 쿨리(Charles Horton Cooley), 즈나니에키(Florian Znaniecki) 등의 사회학 이론을 상징적 상호작용주의라 명명했다(Blumer, 1969). 상징적 상호작용주의는 이러한 초기의 사상가들 뿐 아니라 고프만(Erving Goffman), 쿤(Manford Kuhn), 베커(Becker), 터너(Ralph Turner), 스트라이커(Stryker)와 버크(Burke), 맥콜과 시몬스(McCall and Simmons) 등에 의해 발전된 연구들을 통칭하는 것으로 이해할 수 있다. 이러한 연구자들은 핵심 개념이나 연구방법에 적지 않은 차이가 있지만, 인간의 사회적 상호작용과 사회적 행동을 설명하는 데 있어 핵심 전제를 공유하였기에 상징적 상호작용주의자로 인정되어 왔다(Denzin, 1992; Turner, 2003).

상징적 상호작용주의자들은 사회, 인간의 자아, 행동을 연구함에 있어 사회적 상호작용에 초점을 맞추고 있다. 그들은 물질적인 대상이든 추상적인 대상이든 사회적으로 공유된 의미를 지니며, 인간의 행동과 사회적 상호작용은 대상의 사회적 의미와 부합하는 방식으로 전개된다고 본다. 즉, 인간은 자기 행동의 목적이나 결과와 관련하여 대상이 지니는 사회적인 의미와 일관된 방식으로 행동한다는 것이다. 대상의 의미는 과거의 경험이나 사회의 규범에 의해 이미 알려져 있지만 사회적 상호작용에 의해 생성되고, 유지되며, 변화하는 역동적 성격도 있으므로, 행위자는 사회적 상호작용에 참여하여 대상의 의미를 파악하여야 사회적으로 적합한 행동이 가능하다(Blumer, 1969; Charon, 1992; Gecas, 2003).

한편 상징적 상호작용주의는 사회구조나 심리내적인 요소가 전적으로 인간의 행동을 결정하는 것은 아니며, 인간은 사회적 상호작용 속에서 주체적으로 사회적 의미를 해석함으로써 자신의 행동을 선택할 수 있다고 가정한다. 즉, 상징적 상호작용주의는 사회구조가 인간의 행동을 결정짓는다는 사회학적 관점이나 인간의 심리내적 요소가 인간의 행동을 결정짓는다는 심리학적 관점 모두에 대해 비판적이다. 상징적 상호작용주의자들은 지위, 문화적 규범, 가치, 사회적 제재, 역할기대, 사회체계의 다양한 요건들이 인간의 행동을 일방적으로 결정짓는 것은 아니라고 본다. 그렇다고 심리 내면의 동기, 태도, 감추어진 콤플렉스, 기타 심리적 과정이 인간의 행동을 결정짓는다고 보지도 않는다. 오히려 인간을 사회구조적 영향요인이나 심리내적인 구조에 의해 수동적으로 반응하는 존재가 아니라 사회적 상호작용 속에서 상징을 활용하여 의사소통하면서 주체적으로 상황을 해석하고, 상황에 부합하는 행동을 구성해 나가는 존재로 인식한다. 그러므로 인간의 사회적 행동을 연구함에 있어 행위자들 사이의 상호작용을 분석단위로 하여, 인간의 주체성 및 주관성이 드러나는 인간 행동의 과정적이고 형성적인 특징에 관심을 갖는다(Blumer, 1990: 35-36; Hewitt, 2001).

이러한 상징적 상호작용주의 이론은 미드(Mead)의 저술 및 관련 연구들에 나타난 바와 같이 미국의 실용주의 철학, 다윈의 진화론, 행동주의 심리학 등의 영향을 받은 것으로 알려져 있다(Charon, 1995: 24-28). 19세기 말에서 20세기 초 미국에서 유행했던 실용주의 철학은 인간의 지식, 환경 속의 대상은 그 유용성이나 용도에 따라 채택되기도 하고 폐기될 수도 있다고 주장한다. 상징적 상호작용주의가 자아, 상황, 대상의 의미는 상호작용 속에서 지각되고, 그 의미는 다음 상호작용에서 유용할 경우 유지, 강화되고, 그렇지 않으면 조정, 변경, 폐기될 수 있다고 전제한 것은 실용주의 관점을 반영한 것으로 볼 수 있다.

한편 미드는 진화론으로부터 모든 현상은 정적이지 않고 역동적인 변화과정으로 보아야 한다는 인식론적 관점을 제공받은 것으로 평가된다. 상징적 상호작용론은 인간의 정신과 자아, 집단이나 사회구조, 사회적인 상호작용이 모두 정적인 실체로 존재하지 않고, 끊임없이 전개되고, 순환하며, 역동적으로 변화하는 과정에 있다고 인식한다. 특히 이러한 변화과정이 인간의 개인적, 사회적 적응과 생존에 유용한 방향으로 전개된다고 가정한 것은 다윈의 진화론적 인식론을 반영하고 있다.

또한 미드는 인간에 대한 이해를 위해 드러난 행동의 분석에 초점을 맞추어야 한다는 점에서 행동주의에 동의하였으나 정신적인 작용을 전적으로 배제한 행동주의 관점에 대해서는 반대하였고, 사회적 상호작용으로부터 인간의 정신과 자아가 출현하는 과정을 연구하였기 때문에 사회적 행동주의로 불린다. 미드는, 사회적 상호작용이 참여자들에게 동일한 의미를 불러일으키는 상징 혹은 의미 있는 제스쳐를 통한 커뮤니케이션에 근거하므로, 사회적 과정이 정신세계 내로 편입되어 정신적 과정 및 자아의 발달로 이어진다고 주장하였다(Morriss, 1934:14).

본 장에서는 상징적 상호작용주의에 대한 보다 심층적 이해를 돕기 위해 상징적 상호작용주의의 주요 개념, 주요 가정과 전제들을 살펴보았다. 또한 상징적 상호작용주의의 주요 학파와 역사적 전개과정을 개관함으로써 상징적 상호작용주의의 발달이 어떠한 경로를 거쳐 왔고, 어떠한 영역까지 영향을 미쳤는지 확인할 수 있도록 하였다.

2. 상징적 상호작용주의의 주요 개념

1) 사회적 상호작용(Social Interaction)

많은 사회학 연구자들은 개인의 욕구와 목적이 반드시 집단의 목적과 일치하지 않음에도 어떠한 기제에 의해 집단적 수준에서 사회구성원의 행동이 상호 조화를 유지하며, 동시에 개인적 수준에서 자신의 욕구와 목적을 추구할 수 있는가에 대해 관심을 가졌다. 상징적 상호작용주의자들에 따르면 집단의 구성원들은 상징을 활용하여 의미를 전달하여 특정 대상의 의미를 공유하고, 공유된 의미와 일관된 방식으로 행동하므로 개별적 행동들은 집단적 수준에서 조화와 질서를 이루게 된다. 이처럼 사회구성원들이 상징을 활용하여 의미를 교환하고, 공유된 의미를 바탕으로 행동적 교류가 이루어지는 과정을 사회적 상호작용이라 칭한다(Blumer, 1969; Hewitt, 2001).

인간은 상징을 활용하여 상호 공유된 기대나 의미에 부합하는 방식으로 행동할 수 있기에 반사적이고 본능에 충실한 동물의 행동과는 달리 인간 행동은 공동체의 형성, 유지에 기여하는 사회적 상호작용으로 구조화되는 것이다. 인간은 상징을 사용함으로써 자기 자신, 타인, 행동이 발생하는 맥락(상황), 맥락 속에 존재하는 다양한 대상들에 대해 의미를 부여하고, 의미를 전달하고, 의미를 공유할 수 있다. 이렇게 공유된 의미를 바탕으로 개개인의 행동은 다양성이 보장되면서 동시에 예측이 가능한 방식으로 상호 결합될 수 있다. 인간은 어려서부터 타인의 관점을 취해보는 능력을 습득하여 활용함으로써 항상 타인의 관점과 행동을 고려하여 자신의 행동을 구성할 수 있다. 상호작용 과정에서 인간은 타인에게 특정한 행동적 기대를 제시하며, 동시에 타인이 제시하는 행동적 기대를 지각, 해석함으로써 상호 조화되는 방식으로 행동을 교환한다(Blumer, 1990:35-40). 이처럼 특정한 상황과 맥락에 이르러서야 참여자들의 행동이 명확해지므로 사회적 상호작용은 형성적, 발현적 특징을 지닌다.

2) 대상(Object)

상징적 상호작용주의자들에 의하면 대상(object)이란 인간의 행동이 지향하는 사물, 사람, 추상적 관념이나 상징 등을 뜻하며, 대상의 의미는 대상을 향하여 사람들이 취하려는 행동방식을 뜻한다. 인간에게 있어 대상의 의미는 물질적 의미가 아니라 대상이 사회구성원들에 대해 지니는 행동의 목적이나 동기, 유용성과 관련된 사회적 의미가 중요하다. 대상을 사회적 대상(social object)으로 지칭하기도 하는 것은 개인이 대상을 향해 행동하는 것은 부득불 사회적으로 공유된 의미에 근거해서 행동하기 때문이다(Charon, 1995; Hewitt, 2001).

상징적 상호작용주의에 따르면 인간행동은 대상을 중심으로, 대상을 향하여, 보다 엄밀히 말한다면 대상의 의미를 향하여 일어난다. 사회집단 속에서 사회가 공유하고 있는 대상의 의미는 사회적 상호작용을 안내하는 기능을 하며, 대상의 사회적 의미를 해독하는 인간의 능력은 집단의 사회적 상호작용이 조화롭게 전개되기 위해 전제되어야할 필수조건이라 할 수 있다. 대상의 의미가 다양하여 다양한 행동노선들이 존재하지만 개인이 사회의 다른 구성원들과 조화로운 방식의 행동노선을 취함으로써 사회에 적응하려면 사회의 다른 구성원들이 대상에 부여하는 의미, 대상을 바라보는 관점이 무엇인지 파악하는 것이 무엇보다 중요하기 때문이다. 특정한 상황에서 어떤 대상에 대해 사회구성원들과 일치하는 방식으로 대상의 의미를 지각, 해석하고, 그에 부합하는 행동이 가능할 때 개인은 사회의 다른 구성원들과 조화를 이룰 수 있다(Charon, 1995:39).

그렇다면 대상의 의미는 어디에서 기인하는 것인가? 동물들에게 있어 대상의 의미는 자극의 본질과 그러한 자극에 대한 생물학적 본능의 반응과 일치한다. 그러므로 동질적인 자극에 대해서는 생물학적 본능에 의한 동질적인 반응만이 관찰된다. 예컨대 굶주린 사자에게 야생의 동물들은 한낱 좋은 육질의 먹잇감에 불과하지만 먹잇감을 사냥하여 배불리 먹은 사자에게는 야생의 동물들은 큰 의미를 갖지 않을 것이다. 인간 또한 하나의 개체로 존재하거나 고도의 정신적인 능력이 없었더라면 다양한 대상의 의미는 대상의 내적 본질이나 그 대상을 향해 인간이 지닌 욕구나 본능, 동기나 목적에만 의존할 것이고, 대상을 향한 인간의 행동은 대상의 본질, 내적 욕구나 동기에만 의존하여 전개될 것이다.

하지만 상징적 상호작용론자들에 따르면 인간은 고도의 정신적 능력을 활용하여 사고하며, 사회집단을 구성하여 살아가므로 인간에게 있어 대상의 의미는 대상의 본질 속에 내재하지도 않으며, 인간의 본능적 욕구나 동기처럼 인간 내부에 존재하지도 않는다. 오히려 인간에게 있어 대상의 의미는 대상의 내적 본질이나 인간의 내적 특성을 초월하여 사회적 상호작용 속에서 타인들이 대상을 향하여 행동하는 방식을 관찰하고 그들의 관점을 이해, 해석함으로써 드러나게 된다. 특히 대상에 대해 공유된 의미는 사회적 상호작용이 지속적으로 전개되는 가운데 창조되고, 긍정되고, 변형되며, 때로는 폐기되기도 한다(Charon, 1995:38; Blumer, 1969:68). 그러므로 인간행동에 근간이 되는 대상의 참된 의미는 '사회적 의미'인 것이다.

예컨대 다양한 모임에서 리더는 모임의 의사결정과정을 주도하고, 모임을 상징하는 역할을 한다. 하지만 모임마다 리더가 지니는 의미가 다를 수 있으므로 리더는 모임의 구성원들과 상호작용하는 과정에서 리더에게 기대하는 바가 무엇인지 명확히 인식하게 될 것이며, 이러한 리더의 의미에 맞게 행동할 때 리더와 구성원들은 원활한 상호작용이 가능할 것이다. 모임이 지속됨에 따라 리더에게 부여되는 의미는 변화할 수도 있다. 그동안 한 명의 리더가 독점했던 기능을 여러 구성원이 나누어 가짐으로써 리더는 실질적인 기능보다는 다분히 상징적인 기능에 그치는 경우도 있다. 이처럼 어떤 대상의 의미는 상호작용 속에서 생성되고, 유지되고, 변화할 수 있다.

그러므로 대상의 사회적 의미에 부합한 방식으로 행동하려면 대상을 매개로 전개되는 사회적 상호작용에 참여하여, 대상을 향하여 다른 사람들이 어떻게 행동하며, 어떠한 행동을 취할 가능성이 있는지, 주어진 상황에서 대상과 관련하여 사람들이 보이는 가장 특징적인 행동방식이 무엇인지 파악해야 한다(Charon, 1995:39; Hewitt, 2001:138).

대상은 물질적 사물에만 국한되는 것은 아니며 사회적 역할, 자아개념, 추상적인 개념이나 가치 등 그 유형이 다양하다. 사회적 대상의 다양한 유형을 다음과 같이 구분하기도 한다(Charon, 1995:39-40).

① 물리적 자연 대상. 예컨대 나무, 꽃, 바위, 먼지 등도 특정한 상황에서는 사회적 대상이 될 수 있다.

② 인공적 대상. 예컨대 라디오, 포크, 종이, 컴퓨터 등도 특정 상황에서 사회적 대상이 된다.

③ 동물들도 때때로 사회적 대상으로 활용된다.

④ 다른 사람들도 우리가 처한 상황 속에서 중요하다고 판단될 때는 개별적으로 혹은 집단적으로 사회적 대상이 된다. 예컨대 상대방은 내게 어떤 날 데이트 대상, 돈을 빌려줄 수 있는 사람, 함께 살아갈 사람, 화를 낼 대상, 나의 관심을 공유할 사람 등등이 될 수 있다.

⑤ 우리의 과거나 미래도 현재 상황을 처리해 나가는데 있어 일종의 사회적 대상으로 활용된다.

⑥ 우리의 자아(self)도 사회적 대상이다.

⑦ 상징(symbol)도 사회적 대상이다.

⑧ 사고나 관점도 사회적 대상이다.

⑨ 감정도 사회적 대상일 수 있다. 우리는 자신과 타인이 경험하는 감정을 정의, 활용, 조작, 이해할 수 있다.

상징적 상호작용주의자들은 인간이 어떻게 대상의 공유된 의미를 파악하여, 사회적으로 조화로운 행동을 하게 되는지 그 원리를 규명하는데 수고를 아끼지 않았다. 하지만 그들도 인간이 비록 동일한 공간, 물리적 환경 속에서 살아간다 하더라도 '주관적이므로' 전혀 다른 세계에서 살아가고 있음을 인정한다(Blumer, 1990:41-43). 대상의 의미는 사회적 상호작용 속에서 명확하게 파악될 수 있으므로 사회적 상호작용에 지속적으로 참여하지 않는다면 주관적 관점의 영향 아래 있을 것이므로, 대상의 공유된 사회적 의미를 이해하기 어렵고, 사회적으로 조화롭게 행동하기도 어려울 것이다.

3) 상징(Symbol)

상징이란 사회적 의미를 지니는 대상의 일종이며, 대개 특정한 대상을 대표하기 위해 사용된다. 예컨대 손가락으로 V 모양을 만들면 승리를 나타내고, 자동차의 방향지시등은 진행방향을 알리기 위한 상징이다. 상징은 추상적인 개념일 수도 있고, 사물일 수도 있지만 그 본연의 기능은 다른 대상을 대표하거나 다른 대상의 의미를 전달하는데 있다(Charon, 1995).

상징의 가장 대표적인 예는 인간이 사용하는 언어를 들 수 있다. 언어의 의미는 사회적으로 구성되며, 사회적으로 공유된 의미를 전달할 목적으로 언어를 사용하게 된다. 언어는 모든 상징 가운데서 인간의 경험을 지칭하거나 해석, 개념화, 의사소통하는데 있어서 핵심적인 기능을 한다. 인간이 사용하는 어휘는 다양한 형태의 사물을 범주화 함으로써 일반화를 가능하게 하고, 물리적으로 존재하는 대상을 인간의 정신세계 내부로 통합하는 기능을 하게 된다(Charon, 1995;45-47).

상징적 상호작용주의자들은 인간의 행동이나 몸짓(gesture)도 어떤 공유된 의미를 전달한다면 중요한 상징이 된다고 본다. 예컨대 강연 도중에 하품을 하는 것은 강연이 지루하다는 의미를 자신에게나 강연자에게 공히 전달하기 때문이다(Charon, 1995:43-44;Mead, 1934:47).

상징의 주요 특징을 살펴보면 첫째, 상징은 사회적(social)이다. 상징은 사회적 상호작용 속에서 그 의미가 정의될 뿐 상징의 본질 때문에 상징의 의미가 미리 결정되어 있는 것은 아니다. 둘째, 상징은 다른 어떤 것을 대표하기 위해 사용되므로 상징은 의미를 지닌다. 셋째, 상징은 사용하는 사람과 상대방에게 동일한 의미를 불러일으킨다. 상징의 이러한 효과 때문에 사람은 내적인 자기대화나 타인과의 대화에서 특정한 의미를 전달하기 위해 의도적으로 어떤 상징을 사용한다. 넷째, 상징과 상징이 대표하는 대상의 관계는 인위적이며, 인습적(conventional)일 뿐 필연적이지는 않다. 다섯째, 언어는 대상의 객관적 존재를 초월하여 대상의 의미를 전달하는 상징으로 활용된다(Charon, 1995; Hewitt, 2001).

이러한 상징의 사용은 인간의 정신적 과정과 사회적 상호작용에 중요한 변화를 가져오게 된다(Charon, 1995; Hewitt, 2001). 첫째, 상징의 사용으로 인간은 환경을 시간적, 공간적으로 확장시키며, 환경을 개별적이고 구체적이고, 특별한 세계로부터 추상적이고, 일반적인 세계로 변형시킬 수 있게 되었다. 특히 언어를 사용하여 환경을 명명(naming) 함으로써 외적 환경을 정신세계 내부로 통합할 수 있게 된다. 이러한 언어적 상징은 인간이 내적인 대화 혹은 사고를 전개하는 수단이 되므로 과거, 현재, 미래라는 시간적 한계와 공간적 한계를 넘어서서 사회적 상황과 그 속에서의 자신과 타인의 행동을 숙고해 볼 수 있는 능력을 제공한다.

둘째, 자기 자신에 대해서도 상징을 사용하여 명명함으로써 자신을 환경의 일부로 정의할 수 있으며, 자신을 행동의 대상으로 삼을 수 있게 된다. 특히 타인들이 자기에 대해 취하는 행동적 반응을 숙고할 수 있으며 이를 통해 자아의식의 발달을 가져오게 된다.

셋째, 인간은 상징을 사용함으로써 사회를 만들어 내고, 유지시키며, 사회의 일원으로 사회화되며, 다른 구성원들과 시속적인 의사소통과 협력적인 행동이 가능하게 된다. 특히 상징을 사용함으로써 인간은 타인들의 관점(역할)을 취해 볼 수 있고, 이를 통해 사회적 상황에 대한 이해와 해석에 있어 타인들과 공유와 공감이 가능하게 된다. 언어적 상징은 타인들의 관점, 지각, 정서, 행동을 이해하는데 중요한 수단으로 기능하게 된다.

4) 역할(Role)

상징적 상호작용주의의 역할 개념은 구조기능주의 이론의 역할개념과는 다르다. 구조기능주의 이론은 역할을 사회체계의 지위를 점유한 사람에게 부여되는 행동적인 기대로서 권리나 의무들의 목록으로 간주한다. 사회적 지위를 점유한 개인은 이러한 사회의 규범적 기대에 따라 역할을 수행(role playing 혹은 role enactment)하므로 개인의 행동은 역할과 관련된 규범의 강한 **구속을 받는 것**으로 간주한다. 반면 상징적 상호작용주의에서는 역할이란 사회적 상호작용에 참여하는 사람이 특정한 상황에서 어떻게 행동하는 것이 바람직한지 알기 위해 사용하는 관점이나 시각으로 정의된다. 즉, 상징적 상호작용주의론자들에게 역할이란 사회적 위치를 점유한 사람들이 사회적 상황 속에서 타인들의 행동을 고려하면서 주체적으로 자신의 행동을 선택하고 구성하기 위해 활용하는 관점이라 할수 있다(Hewitt, 2001).

사회적 상호작용에 참여하는 사람이 타인과 조화로운 행동을 하려면 다른 사람들의 위치에서 바라볼 때 자신에게 바람직한 행동이 무엇인지 상상해 보아야 한다. 미드(Mead)에 따르면 인간의 정신과 자아가 발달하는 유아기에는 놀이와 게임을 통해 상호작용하는 상대방의 역할을 직접 수행해 봄으로써 타인의 관점에서 자기의 행동을 성찰할 수 있는 능력이 발달하며, 점차 사회집단 전체의 관점에서 자기의 행동을 바라볼 수 있게 된다. 즉, 타인의 역할을 직접 취해봄으로써 자신에게 바람직한 행동을 이해하는 단계로부터 타인의 관점을 상상해 봄으로써 자신에게 바람직한 행동이 무엇인지 판단할 수 있는 능력이 발달하게 된다. 미드는 이처럼 타인의 관점을 취해보는 과정을 역할 담당(role taking)이라 칭했다(Mead, 1934).

이와 같이 상징적 상호작용론자들의 역할개념은 구조기능론자들의 역할개념과 차이가 있지만 상징적 상호작용론자들이 역할개념에 대해 완전히 일치된 견해를 갖는 것은 아니다. 상징적 상호작용론자들의 역할개념도 사회구조에 의해 결정되는 사회적 지위와 관련된 사회의 행동적 기대와 관련이 있다는 점을 전적으로 부정하지는 않는다. 다만 그들은 사회적 지위 혹은 사회적 위치를 점유한 사람들은 사회가 제공한 의무와 권리의 목록으로서 역할을 수동적으로 수행하는 것은 아니라고 본다. 즉, 사회적 지위를 점유한 사람은 사회적 상황 속에서 타인들과 조화되는 방식으로 행동하기 위해 타인들의 관점에서 자신에게 적합한 행동이 무엇인지를 판단하면서 주체적으로 행동을 구성해 나간다는 것이다(Hewitt, 2001). 터너(Ralp Turner)는 이러한 능동적인 행동구성 과정을 역할구성(role making)이라 칭했다(Turner, 1978). 터너는 구조기능론자들이 주장하듯 역할개념이 사회적 지위를 점유한 사람들에게 부가되는 의무와 권리의 구체적인 목록으로 제시되거나 존재하는 것은 아니라고 보았다. 사회적 지위와 결부된 행동적 기대들이 존재하기는 하지만 이러한 기대는 모호하게 정의되는 경향이 있어 사회적 지위를 점유하는 사람들은 타인의 위치에서 그들의 관점이나 기대를 상상해 봄으로써 자신의 위치에서 자기 역할을 구체적으로 형성해 나가야 한다는 것이다.

이 책의 2장과 3장에서 다루게 될 구조적 상징적 상호작용론(Structural Symbolic Interactionism)으로 분류되는 터너(Ralph Turner, 1978)의 상호작용주의적 역할이론(Role Theory)과 스트라이크(Stryker, 1968) 등의 정체성이론(Identity Theory)은 사회구조의 지위에 관련된 행동적 기대로서 역할의 개념을 상당부분 채용하고 있다. 다만 사회적 지위란 사회구조의 특정 지위뿐만 아니라 성별이나 인종 등 인구사회적인 다양한 배경을 기준으로 하는 사회집단의 구성원이라는 위치도 포함한다. 구조적 상징적 상호작용론자들은 사회구조에 의해 사회적 지위가 결정되고, 사회적 지위에 관련하여 상호작용이 전개되는 집단이 있으며, 이 집단 내에서의 상호작용을 통해 사회적 지위에 관련된 역할의 의미가 명확화되고 공유되며 그 결과 역할에 근거한 자아개념도 발달한다고 주장하였다.

따라서 상징적 상호작용론자들도 사회적 지위와 역할이 상호 관련이 있음을 부정하지 않으나 역할이 지위를 점유한 사람에게 요구되는 구체적인 행동적 목록이라고 보지는 않는다. 뿐만 아니라 사회구조의 지위에 의해 결정되는 역할이 개인의 행동을 결정짓는다고 보지도 않는다. 다만 역할은 사회적 상호작용 속에서 자신의 행동이나 타인의 행동을 예측할 수 있는 관점이나 인지적 틀을 제공한다고 본다.

5) 자아(Self)

 사회구조가 개인의 행동에 끼치는 영향을 강조하는 거시적 관점의 사회학 이론들에 비해 상징적 상호작용론은 다양한 수준의 집단이나 공동체에서 사회적 상호작용과 관련하여 개인의 적응이 어떻게 달성되는지에 초점을 둔다. 이러한 적응은 인간이 사회의 다양한 대상에 대해 사회의 공유된 의미를 파악하고 이러한 대상의 의미에 근거해 대상을 향해 타인들과 조화로운 방식으로 행동함으로써 가능하다. 상징적 상호작용론자들에 따르면 사회적 대상은 행위자 자신과 타인들, 그리고 다양한 대상들이 포함된 사회적 상황 등으로 크게 분류할 수 있다. 이러한 다양한 대상들을 중심으로 전개되는 사회적 상호작용을 통해 사회구성원들이 공유하고 있는 대상의 의미가 파악되고, 대상의 의미가 파악되어야 공유된 의미에 근거한 상호작용이 전개될 수 있고, 사회의 구조, 질서, 안정성이 보장될 수 있다.

 사회적 상호작용에서 행위자 자신도 하나의 사회적 대상이 되므로, 행위자가 사회적 상호작용 속에서 자기의 의미를 파악하고, 그에 근거해 행동하는 능력이 요구된다. 즉, 행위자는 사회 속에서 자신에게 부여되고 공유된 의미가 무엇인지를 파악하고 이에 근거하여 행동하여야 타인들과 원활한 상호작용이 가능하게 된다. 그렇다면 개인은 사회 속에서 자기에게 부여된 의미를 어떻게 파악할 수 있는가? 상징적 상호작용론에 따르면 사람이 자기에 대해 부여된 사회적 의미를 인식할 수 있는 정신적 능력의 발달은 단계적 과정을 거친다. 이러한 발달과정은 인간의 신체적 발달, 언어발달, 인지발달을 기초로 전개되며 2~5개의 발달단계를 가정할 수 있다(Charon, 1995;Dale, Smith, Norlin and Chess, 2006; Mead, 1934).

 미드는 인간이 자기를 대상화 하여 자기에게 부여된 의미를 파악할 수 있는 능력이 발달하는 과정의 핵심은 타인의 역할을 취해 보는 것(role taking), 즉 타인의 관점에서 자기를 조망해 보는 능력에 있는 것으로 보았다. 그는 인간 발달의 초기에는 역할놀이(paly)와 같이 하나의 역할관계를 초점으로 하여 자기와 상호작용하는 상대방의 역할을 취해봄으로써 자기의 역할을 이해할 수 있는 능력이 발달한다고 주장했다. 점차 아동은 야구처럼 다양한 역할이 존재하는 게임(game) 속에서 다양한 역할들의 총체적인 관점에서 자기 역할을 조망하는 능력이 발달한다고 보았다. 결국 인간은 자신이 소속된 공동체 혹은 추상적으로 개념화 할 수 있는 공동체(generalized others)의 관점에서 자신에게 기대되는 역할을 해석할 수 있고, 그에 근거해 행동할 수 있는 능력이 발달한다고 보았다

(Mead, 1934).

미드에 따르면 자아는 주체적 측면 'I'와 객체적 측면 'Me'로 구성되며, 이 두 측면은 엄밀히 분리할 수는 없으며, 단지 자아에 대한 관점에 따른 개념적 구별이다. 'I'는 행동하는 주체로서 관찰되는 개인의 자아를 의미하고, 'Me'는 타인들의 반응으로부터 지각한 자기를 뜻한다. 즉, 'Me'는 행위자가 타인들의 반응으로부터 타인들이 자신에 대해 부여하는 의미를 해석하는 정신작용과 그 결과 나타난 자기개념을 의미하며, 'I'는 'Me'에 대한 반응으로서 실제 사회적 상황에서 행동하는 주체, 정신적 작용을 지칭하는 개념이다. 'I'는 'Me'에 반영된 타인들의 기대를 따르기도 하지만 행위자 자신의 충동, 자율성에 근거해서도 반응한다. 자아는 이러한 'I'와 'Me'의 무한히 순환되는 과정으로 이해할 수 있다(Mead, 1934:173-178). 그러므로 특정 상호작용 상황에서 자아는 상황적으로 존재하지만 시간의 흐름 속에서 살펴보면 자아는 일종의 역사적으로 형성된 산물, 곧 전기적 대상으로 볼 수 있다(Hewitt, 2001).

샤론은 자아발달단계를 사전단계, 놀이단계, 게임단계, 준거집단단계 등 4단계 모형으로 제시하였다(Charon, 1995:69-73). 첫째, 사전단계(the preparatory stage)의 아동은 아직 언어가 발달되지 않아 자기를 하나의 대상으로 지칭하지 못하는 상태에 있다. 체스(Chess)는 이 단계가 대략 출생부터 생후 18개월 까지 이르는 시기라고 설명하고 있다(Dale et al., 2006:132). 자아가 출현하기 위해서는 자기가 자신에게 대상이 되어야 하고, 대상으로서 자기에 대해 어떤 의미를 부여할 수 있어야 한다. 하지만 이 단계에서 유아는 보호자와 상호작용하더라도 단순히 보호자의 행동을 모방할 뿐 대상을 언어로 지칭함으로써 대상에 분명한 의미를 부여하는 능력은 아직 발달되어 있지 않은 상태이다. 따라서 자기를 대상화 하여 의미를 부여할 수 있는 능력도 발달되어 있지 않다.

둘째, 놀이단계(the play stage)의 아동은 의미가 공유된 언어를 습득하면서 언어를 통해 대상을 지칭할 수 있으며, 대상을 향한 행동은 단순한 모방행동으로부터 공유된 의미에 근거한 행동으로 전환된다. 아동은 언어를 통한 의사소통이 가능해지면서 타인들이 자신을 이름으로 지칭하거나 자기의 행동이나 특성을 언어로 표현하는 것을 경험하며, 점차 언어적 수단을 통해 자기를 하나의 대상으로 인식하게 된다(Charon, 1995).

이 시기는 아동의 언어발달과 인지발달이 빠르게 이루어지고, 다양한 상상놀이를 하게 되는 생후 18개월 ~ 4세에 해당한다(Dale et al., 2006:133-134). 이 단계의 아동은 어떤 역할놀이를 하는 동안 상대방의 관점에서 자기에게 기대되는 행동을 인식하는 능력을 발달시키게 된다. 아동은 혼자서 부모역할이나 경찰역할 놀이를 하기도 하는데, 자신을 상대방으로 가정한 상태에서 역할놀이를 하므로 역할을 통해서 상대방에게 불러일으키는 반응과 동일한 반응을 자신에게도 불러일으키는 경험을 하게 된다. 즉, 아동은 하나의 역할을 수행하여 행동하고, 즉시 상대방의 역할을 맡아 그에 대해 반응하곤 한다. 이러한 과정에서 아동은 의미 있는 몸짓을 활용하여 정신내적인 대화를 전개하며, 이러한 내면의 대화과정에서 자아가 생성된다(Mead, 1934:150-151).

놀이단계에서 아동의 자아는 아동의 놀이방식이 갖는 특징처럼 한 번에 한 가지 역할과 관련하여서만 상호작용을 경험하므로 자아의 의미도 한 가지 국면에 국한되어 발달하고, 활성화되는 경향이 있다. 상황이 바뀌어 다른 역할로 옮겨가게 되면 아동에게 이전 역할과 관련한 자아는 현재 놀이의 대상이 되는 역할과 관련한 자아로 대체된다. 놀이의 상황과 상황이 연결성이 없고, 놀이와 관련된 자아의 의미들 사이에 어떤 연결성도 확보되지 않는다. 이로 인해 아동은 특정 역할과 관련해서만 자기의 의미를 인식할 수 있을 뿐 다양한 역할과 관련하여 자기를 하나의 통일된 자아로 인식하지는 못한다(Mead, 1934: 158~160).

셋째, 게임단계(the game stage)의 아동은 중요한 몇 사람의 관점을 고려하는 것이 아니라 자기가 소속된 단체나 집단 등 사회의 전체적 관점에서 자기를 조망할 수 있는 능력을 발달시키게 된다. 아동은 타인들과 상호작용하면서 개개인의 관점을 조망하는 것이 아니라 그들이 따르고 있는 공동체의 규칙, 규범, 관점을 파악하게 된다(Charon, 1995). 이 단계는 아동이 보다 넓은 또래와의 상호작용이나 공교육과 관련된 사회적 상호작용을 경험하게 되는 시기와 관련이 있으며, 4세~12세에 이르는 시기에 해당한다(Dale et al., 2006:134-135). 미드는 이 단계를 야구게임에 비유하여 야구선수는 다른 모든 역할들의 관점과 야구경기 규칙에 비추어서 자신에게 기대되는 역할이 무엇인지 파악할 수 있는 것처럼, 개인도 사회의 일반화된 타인(generalized others)의 관점에 비추어 자기 행동을 통제할 수 있는 능력이 발달한다고 보았다(Mead, 1934). 즉, 이 시기에 아동은 사회전체를 자신의 속으로 내면화시키는 과정을 거치면서 통합적 자아를 발달시키고 있는 것이다.

미드가 이 단계에서 강조하는 바는 아동이 자신의 자아를 전체적으로 조직화하는 계기를 맞이한다는 점이다. 아동이 놀이단계에서는 하나의 역할을 담당하며 그 역할이 타인과 자기에게 불러일으키는 반응만을 고려하므로 아동의 자아는 단면적이다. 그에 비해 야구게임처럼 규칙이 정해져 있어서 하나의 역할을 담당하면 그 역할행동이 다른 역할을 담당한 모든 사람들에게 어떠한 반응을 유발하는지 경험하게 되고, 조직 내에서 다양한 역할의 관점에서 자기의 행동을 성찰할 수 있는 계기를 갖게 된다. 야구게임에서는 다양한 역할들을 전체적으로 조망한 것이 결국 야구게임의 규칙이라 할 수 있으므로, 모든 역할들의 관점에서 자기 역할을 조망한다는 것은 곧 야구게임의 규칙에 근거해 자기 역할의 의미를 조망하는 것이다. 이처럼 공동체 구성원들의 관점에서 대상화되는 자기의 의미를 통합하면 곧 공동체와 관련한 통합적 자아의 확립이 가능하게 되는 것이다(Mead, 1934:151-152).

넷째, 준거집단단계(the reference group stage)에 이르면 일반화된 타인으로 작용할 수 있는 집단은 오직 하나만 존재하는 것이 아니라 복수로 존재할 수 있으며, 복수의 집단에 소속된 개인은 다양한 일반화된 타인의 관점에서 다양한 자아가 생성되고, 각 자아들은 개인의 총체적 자아를 형성한다. 이 단계는 산업화 이후 개인은 도시에서 생활하면서 다양한 집단과 상호작용을 경험하게 되고, 이들 각 집단들은 준거집단으로 기능할 수 있다는 쉬부타니(Tamotsu Shibutani, 1955)의 제안에 근거하고 있다. 개인이 다양한 준거집단에 소속된다면 각각의 준거집단들에 근거한 자아개념이 형성되고, 다양한 자아개념들이 통합되어 하나의 총체적 자아를 형성하게 된다. 이러한 관점은 '사람은 그가 상호작용하는 사람들의 수만큼 많은 자아를 갖는다'는 제임스(William James)의 주장과 일치한다(Charon, 1995). 뿐만 아니라 개인이 다양한 집단에 소속됨으로써 다양한 자아를 가질 수 있다는 관점은, 사람들은 다양한 집단에 소속되어 다양한 역할을 경험함으로써 그러한 역할에 관련된 복수의 자아개념들을 보유하게 되고, 개인 내면의 다양한 자아개념들은 평면적 집합으로 존재하는 것이 아니라 위계적으로 조직화되어 존재한다는 스트라이커(Stryker, 2000)의 정체성 이론(Identity Theory)의 발전에도 영향을 끼쳤다.

6) 상황정의(Definition of Situation)

상황이란 개인이 참여하여 사회적 행위가 전개되는 맥락을 뜻한다. 상황은 다양한 대상들을 포함하고 있으며, 이러한 대상들을 포함한 상황에 대해 그 맥락을 행위자의 관점에서 정의내린 것을 상황정의라 한다. 상징적 상호작용론자들은 인간의 행위가 대상의 의미를 향하여 일어난다고 보는데 다양한 대상들이 하나의 맥락으로 배열, 구성되어 있는 것을 상황이라 칭한다. 상황정의란 행위자가 행동하기 위해 특정한 상황 안에 포함된 모든 대상들의 의미를 해석하여 전체적으로 조직화한 것을 의미한다.

상황정의의 개념은 토마스(Thomas, 1937)가 '만일 사람이 상황을 현실로 정의하면 그때 비로소 상황은 현실이 된다'고 주장한데서 그 개념적 기원을 찾을 수 있다. 사회환경 속에서 객관적인 상황과 그에 대한 반응 사이에 개인의 주관적인 해석 또는 주관적인 지각이 개입된다. 이러한 개인의 주관적 해석은 개인이 사회적 삶에 있어서 주체임을 시사한다(Stryker and Serpe, 1982:203). 토마스의 상황정의라는 개념은 객관적으로 실재하는 상황이 아니라 상황에 대한 주관적인 지각과 해석의 결과가 행위자에게 실제적 영향을 끼치는 환경임을 시사한다. 즉, 행위자의 행동이 근거하고 있는 것은 객관적 상황 그 자체가 아니라 상황에 대한 주관적인 정의, 해석이라 할 수 있다(Reitzer, 2006:88-89).

상징적 상호작용론자들에게 상황정의는 행동적 의미를 내포한다. 즉, 상황에 대한 정의는 특정 상황에서 발생해 왔고, 다시 발생할 것으로 보여지는 활동들, 고려되어야 하는 대상들, 의미들, 타인들, 그리고 자기 자신의 의미와 관련된 주관적, 주체적 해석에 다름 아니다. 이러한 상황에 대한 정의는 타인들의 행위를 예측할 수 있고, 타인들의 관점에서 자신을 바라보는 능력의 기초가 된다. 사람들은 상황에 대한 정의를 통해 자신을 상황의 일부로 대상화하는 것이 가능하며, 상황 속에서 어떠한 행위가 일어나며, 누가 이러한 행위와 관련이 있고, 그들이 무엇을 하고 있으며, 자신이 누구이며, 자신에게는 어떤 행동이 기대되는지 이해할 수 있는 틀을 갖게 된다(Hewitt, 2001:96-98).

이러한 상징적 상호작용론자들의 상황정의 개념은 한편으로는 행위자 개인의 주관적 상황정의를 강조하지만 동시에 사회적 상호작용에 참여하는 행위자들 사이의 조화로운 상호작용이 가능하려면 상황의 의미에 관한 공통된 인식이 필요하다는 점을 강조하고 있다. 즉, 상황정의가 어느 정도 일치할 때에야 상호작용이 원활하고, 안정적으로 이루어질 수 있는 것이다. 그렇다면 상황에 대한 다양한 개인의 주관적 관점의 차이가 있을 수 있음에도 상황정의가 일치하는 것은 무엇 때문인가?

이는 사회적 상호작용을 통해 대상의 의미가 공유되듯이 상황의 의미 또한 사회적 상호작용을 통해 공유될 수 있기 때문이다. 사회구성원들이 사회적 상황의 의미에 대한 아무런 준거도 없이 상호작용 속에 참여하는 것은 아니다. 사회적 상황의 의미는 이미 사회적으로 확립되어 있고, 사회 안으로 출생한 아동은 사회의 구성원으로 성장하는 과정에서 점차 사회적 상황의 공유된 의미를 학습할 수 있다(Coser, 1977:520). 또한 상징적 상호작용론에 따르면 개인은 이미 그 의미가 공유되어 있는 사회적 역할을 통해 상황을 정의내림으로써 사회구성원들과 일치하는 상황정의에 도달할 수 있다. 특히 역할은 타인의 관점에서 자신의 행동을 예측해 보는 것이며, 동시에 자신의 관점에서 타인의 행동을 예측해 보는 기능을 하므로 역할은 상황에 관한 공유된 정의를 위해 가장 유용한 매개체가 될 수 있다(Hewitt, 2001).

3. 상징적 상호작용주의의 공통 기반

1) 상징적 상호작용주의의 주요 가정

상징적 상호작용주의는 다양한 학자들에 의해 전개된 사회학이론으로 그 핵심적 개념과 이론적 틀은 공유하지만 세부적인 연구방법이나 경험적 연구를 위한 개념들에서는 차이가 있다. 그럼에도 불구하고 상징적 상호작용주의는 일련의 공통된 이론적 가정이나 견해에 기초하고 있다. 이러한 상징적 상호작용론의 기본 가정이나 견해 중 일부는 앞서 상징적 상호작용주의와 상징적 상호작용론의 주요 개념을 소개하면서 제시하였다. 아래에서는 상징적 상호작용주의의 기본적인 가정과 견해를 종합적으로 제시하였다.

첫째, 상징을 사용한 의사소통능력이 인간의 정신적 과정 및 사회적 상호작용을 가능하게 한다(Turner, 1989). 인간의 행동이 자극에 대한 단순한 반응 수준을 넘어서 사회적 의미를 공유하는 상호작용으로 발전할 수 있는 것은 상징을 사용하여 의사소통함으로써 타인과 자기에게 동일한 의미를 불러일으키는 정신적 능력 덕분이다(Mead, 1934). 인간은 상징을 활용함으로서 환경 속에 존재하는 다양한 대상들, 자기, 타인, 상황 등의 의미를 전달하고 공유할 수 있게 된다. 이처럼 다양한 사회적 대상의 의미를 공유함으로써 사회 구성원들은 협력적이고, 적응적인 상호작용이 가능하게 된다.

둘째, 인간의 행위는 의미 의존적이다. 사람들은 상호작용에 참여할 때 상황, 다른 참여자, 자기, 상황의 특정한 측면에 대해 이름을 부여함으로써 상황을 정의한다. 상황에 대한 정의는 상황이 내포한 공통적이고, 두드러진 행동적 의미를 제시하므로 사회적 상호작용에 참여하는 개개인의 행동을 구조화하고 안내하는 기능을 한다(Blumer, 1969; Hewitt, 2001; Stryker and Serpe, 1982). 즉 인간의 사회적 행동과 사회적 상호작용은 사회적 상황, 다양한 대상, 자아, 지위와 역할 등에 대해 어떠한 의미가 부여되어 있으며, 상호작용을 통해 이러한 의미가 어떻게 공유되고, 유지되며, 변화되는가에 따라 다양한 가능성을 내포한다. 따라서 개인이나 사회가 어떤 특성이나 개성을 지니거나 그러한 특성이 변화하는 것, 규범적이고 안정화된 상호작용패턴이 나타나는 것은 모두 다양한 대상들의 의미와 깊은 관련이 있다.

셋째, 인간은 자기 행위의 주체이며, 상호작용하는 실시간 속에서 그 자신의 행위를 형성한다. 흔히 행동주의 이론은 인간이 외적 자극에 수동적으로 반응하는 존재로 설명하며, 거시 사회이론들은 마치 사회구조나 사회적 상황이 개인의 행동을 결정짓는다고 설명한다. 하지만 상징적 상호작용론은 개인이 행위의 주체로서 상호작용하는 실시간 속에서 자신의 행위를 형성해 간다고 본다(Charon, 1995; Hewitt, 2001). 그러므로 인간행동을 연구하는데 있어서 과거보다는 상호작용이 전개되는 현재라는 시점을 강조하며, 개개인의 생생하고 전형적인 경험에 관한 질적 연구를 강조하기도 한다(Blumer, 1969; Denzin, 1992).

넷째, 인간은 자기 행위의 주체이며 동시에 자기 행위의 대상이 된다. 즉, 인간은 자기 행위의 주체 또는 내적인 정신활동의 주체로서 사회적 상호작용에 참여할 때 다양한 대상, 상황, 자아의 의미를 해석하고, 그러한 의미에 대한 해석에 근거하여 행동을 하게 된다. 그러므로 다른 이론들에 비해 행위자로서 인간의 주관적 측면과 그에 따른 행위의 다양한 변화가능성을 강조한다. 하지만 동시에 자기를 사회적 상호작용과 사회적 상황의 일부분으로 대상화함으로써 자기에게 기대되는 행동이 무엇인지 파악할 수 있고, 그러한 기대된 의미에 기초해 행동하므로 자기 행위의 대상이 되기도 한다(Charon, 1995; Hewitt, 2001). 미드는 인간이 주체(I)이면서 동시에 자기 자신에게 대상(Me)이 되며 이 두 과정이 순환적으로 전개되는 것이 인간의 정신현상의 본질이라고 보았다(Mead, 1934). 즉 인간의 주체적 측면(I)은 개인의 자율성과 선택에 근거한 행동의 다양성을 보장하고, 객체적 측면(Me)은 사회의 공유된 기대나 의미에 근거한 조화롭고, 적응적인 행동을 보장함으로써 사회적 상호작용패턴이 발달하는 기초를 제공한다.

다섯째, 사회적 상호작용에서 핵심적인 대상은 자아이며, 자아의 의미 즉, 자기정체성에 따라 사회적 행위가 전개된다. 자아의 의미는 다른 여타의 대상처럼 사회적 상호작용 속에서 명확화 되며, 변화된다(Denzin, 1992). 샤론은 자아에 관한 상징적 상호작용주의의 주요 가정들을 다음과 같이 제시하고 있다(Charon, 1995:85-86).

① 자아는 사회적이다. 자아는 상호작용 과정에서 생성되며, 상호작용을 통하여 변화, 유지될 수 있다.
② 자아는 중요한 타인들과의 상호작용을 통해 유아기부터 발달한다. 성숙된 자아의 발달은 유아가 일반화된 타인의 관점을 획득함으로써 가능하다.
③ 자아는 인간이 자기 행위의 대상이 됨을 뜻한다. 행위자는 상상을 통하여 마치 타인들이 자신을 향하여 행동하는 것과 같은 방식으로 자신의 신체 바깥에서 자기를 향하여 행동한다. 이 과정은 타인의 역할을 취해 볼 수 있는 능력에 의존하며, 우리는 자신을 향한 타인들의 행동이 지니는 의미에 대한 자신의 해석에 근거해 자신을 향해 행동한다.

④ 우리의 행동은 많은 경우 타인들과의 상징적 의사소통이며, 우리 자신을 향한 행동 또한 상징적인 의사소통이다. 상징을 활용하여 우리 자신과 대화할 수 있는 능력이 자아(selfhood)의 기초를 제공한다.

⑤ 우리는 자기 자신을 평가할 수 있고, 자기정체성을 확립할 수 있다. 즉, 우리는 상황 속에서 자신을 바라볼 수 있고, 자신의 행동을 평가할 수 있으며, 타인과의 관계에서 우리가 누구인지 및 우리와의 관계에서 타인들이 누구인지 인식할 수 있는 능력이 있다.

⑥ 자아는 상황 속에 존재하며, 모든 상황에서 개인이 활용하는 하나의 대상이다. 자기 자신에 대한 행동은 모든 상황을 이해하는데 있어 핵심적 요소이다.

⑦ 자아로 인해 자기통제와 자기지시가 가능하므로 자아는 우리가 세계에 대해 능동적일 수 있음을 뜻한다. 우리는 자기 행동의 방향을 결정지을 수 있는 능력이 있기 때문에 개별성이 가능하면서 동시에 협력적인 행동도 가능하다.

여섯째, 역할은 자아의 발달, 사회적 상황의 정의, 사회적 상호작용의 구조화에 있어 핵심적인 매개체라 할 수 있다. 타인의 역할을 취해볼 수 있는 능력은 통합적인 자아의 발달에 기여하며, 사회적 위치에 따라 상이한 관점들을 상상해 보는 것은 사회적 상황을 정의내리고, 상호작용을 예측하고, 그에 합당한 행동을 가능하게 하는 수단이 된다(Hewitt, 2001; Mead, 1934; Stryker and Serpe, 1982). 구조기능주의이론의 역할개념과는 차이가 있지만 사회의 한 위치를 점유하면 그 위치에서 상황과 사회적 상호작용을 다르게 조망할 수 있다. 이러한 사회적 위치와 관련된 상이한 관점들을 이해하는 능력은 자신의 위치에서 다양한 사람들의 관점을 고려하여 상황을 정의내릴 수 있고, 상황정의에 부합한 방식으로 자기 행동을 이끌어 나갈 수 있는 능력을 제공한다.

2) 시카고학파와 아이오와학파

상징적 상호작용주의는 크게 두 가지 학문적 경향을 지닌 학파로 구분되고 있다. 시카고학파(Chicago School)는 미드(Mead)와 블루머(Blummer)의 견해에 따라 전형적으로 사회적 상호작용의 질적인 측면을 강조하여 실증주의적 연구경향과는 거리를 둔다. 이에 비해 아이오와학파(Iowa School)는 쿤(Manford Kuhn)의 정체성 측정방법(Twenty Statements

Test)이 시사하듯 실증주의적 연구방법을 추구한다. 이들은 상징적 상호작용에 관한 변수의 조작화와 실증적 연구방법을 통해 이론의 개발과 검증을 추구하였다. 이 두 학파는 상징적 상호작용론을 대표하지만 학문적 접근방식에 있어 대조적이다.

이 두 학파는 상징적 상호작용론의 다양한 영역에서 상징적 상호작용에 대한 인식론의 차이와 연구방법의 차이를 보여주었다. 터너는 이 두 학파의 차이를 인간의 본성, 상호작용의 본질, 사회조직의 본질, 연구방법의 본질, 이론의 본질 등의 영역으로 나누어 다음과 같이 비교분석한 바 있다(Turner, 1978, 2003).

① 인간의 본성

시카고학파는 인간은 사회구조의 힘이나 심리 내적인 힘에 의해 좌우되기보다는 상호작용을 통해 능동적으로 자신의 행위를 창조해 내는 존재로 보았다. 그들은 인간은 자발성과 창조성이 강하고, 자아는 다양한 대상을 상황정의에 포함시킴으로써 매우 즉각적이고, 능동적으로 행동을 구성해 내는 존재로 보았다. 그러므로 자아가 중요한 대상의 하나이지만 자아의 영향이 다른 어떤 대상들보다 절대적이라고 보지는 않았다. 과거, 현재, 미래와 관련된 어떠한 대상이든지 정신 속에 활성화되면 상황정의에 포함되고, 행동에 영향을 끼칠 수 있다고 보았던 것이다.

반면 아이오와학파는 사람들이 상황정의에 투입하는 대상들은 무작위적인 것이 아니라 그가 소속된 준거집단의 관점, 준거집단에서 지위와 역할을 통해 형성한 핵심적 자아에 의해 결정된다고 보았다. 특히 쿤과 히크만은 사람의 핵심자아와 정체감을 제공하는 준거집단의 관점은 개인이 자신의 행동노선을 비교, 평가, 구상하는 기준이 되므로 핵심자아나 준거집단의 관점을 파악할 수 있다면 개인의 행동 또한 예측이 가능하다는 자아이론을 발전시켰다.

② 상호작용의 본질

시카고학파는 상호작용은 타인 혹은 집단들과 지속적으로 역할 취해보기의 과정이며, 상황정의를 위해 타인과 집단, 자아가 중요하게 고려되어야 한다고 주장한다. 이들은 자아는 타인들의 제스처를 해석하는 과정에서 상황적으로 활성화되기도 하며 비교적 안정적 자아상으로 지각되기도 하는 양 측면을 모두 가지고 있는 대상으로 간주한다. 뿐만 아니라 규범이나 가치와 같은 외적인 기대들도 상황정의를 구성하는 중요한 요소이며,

인간의 상징적 의사소통능력으로 인해 다양한 대상들이 상황정의에 포함될 수 있다고 본다. 또한 인간의 행동은 상황정의 속에 내포된 대상을 향하여 일어나며 상황정의에 기초해 일련의 행동노선들이 비교, 평가, 구상되므로 상황정의에 따라 행동은 변화가능성이 높다고 인식한다. 그러므로 행동패턴이나 상호작용패턴은 행위자가 타인들의 요구, 자아이미지, 규범적 기대 등을 상황정의에 어떻게 투입하는가에 따라 지속적으로 변화할 가능성이 있다고 전제한다.

그에 비해 아이오와학파는 상호작용은 역할취해보기의 연속적인 과정이며, 상황정의를 위해 타인의 기대와 규범은 중요하게 고려되어야 하고, 사람의 핵심자아는 상호작용에서 가장 중요한 고려요소이며, 상호작용을 제약하는 조건이라 주장한다. 그들은 사람이 상황적 기대에 부합하는 행동을 지향하는 경향이 있으며, 핵심자아의 요구에 의해 행동과 상호작용은 조정된다고 전제한다.

③ 사회조직의 본질

시카고학파는 사회구조란 행위자들이 서로의 반응을 적응시키는 과정에서 드러나는 상호작용패턴에 불과하므로 항상 상징적 상호작용 과정에서 변화가 일어날 수 있는 동적인 현상으로 간주한다. 행위자들 사이에서 분명한 기대와 공통된 상황정의가 보장될 때 상호작용이 반복적이고, 구조화되지만 새로운 대상이 투입되거나 기존의 대상이 변화하거나 폐기되면 행동에 대한 재해석, 재정의, 새로운 그림이 필요하므로 사회구조는 항상 변화에 민감한 것으로 가정한다.

이에 비해 아이오와학파는 사회구조는 기대나 규범이 따르는 지위의 그물망으로 구성되며, 상징적 상호작용이 사회구조를 창조하거나 변화시키지만 일단 사회구조가 형성되면 상호작용은 사회구조의 제약 아래 놓이게 된다고 가정한다. 즉, 그들은 사회구조가 상대적으로 안정적인 성격을 지니며, 행위자의 핵심자아가 지위의 관계망에 연결되어 있을 때 사회구조의 안정적 성격은 강화된다고 인식한다.

④ 연구방법의 본질

시카고학파는 행위자의 정신적 세계에 침투해 들어가 그들이 어떻게 행동노선을 구상하는지 이해하는 연구방법이 요구되며, 연구자는 이를 위해 상황이나 행동에 대한 정의에 다중적이며, 지속적으로 변화하며, 때때로 불확정적인 영향을 끼치는 요인들에 대해 관심을 가져야 한다고 주장하였다. 그러므로 개인의 주관적 상황정의를 이해하기 위해서는 연구자는 관찰, 자서전, 비구조화된 면접 등의 기법을 활용하는 것이 중요하다고 본다.

이에 비해 아이오와학파는, 연구자는 행위자의 상징적 상호작용과정을 측정할 수 있는 신뢰성 있는 도구를 개발하여 활용하며, 인간의 행위에 영향을 미치는 요인을 정의하고 측정하는 노력을 기울여야 한다고 주장한다. 그러므로 아이오와학파 연구자는 신뢰도와 타당도가 보장된 측정도구를 통해 핵심변인들을 측정하여 가설을 검증함으로써 이론구축에 나서는 실증주의적 연구방법을 활용하게 된다.

⑤ 이론의 본질

시카고학파는, 사회학 연구들이 명확한 특성이나 기준을 활용하는 한정적 개념(definitive concepts)을 통해 연구를 전개하지만, 인간의 일상적 경험은 너무나 고유하고 개별적이어서 결코 다양한 경험을 공통적 특성이나 기준에 의해 분류하고 명명하는 것은 어렵고 바람직하지도 않다고 본다. 한정적 개념은 인간의 고유한 일상경험에 대해 사전에 처방된 관점이나 의미를 부과하기에 인간의 경험을 있는 그대로 분석하는데 장해물이 될 수 있기 때문이다. 이에 비해 단지 대상을 지시할 뿐 대상의 특성이나 기준, 의미를 처방하지는 않은 채 넓은 범주를 지시하기만 하는 개념을 감응적 개념(sensitizing concepts)이라 부르고, 이러한 감응적 개념이 인간의 실제 경험을 편견 없이 다가가 관찰, 해석, 분석하는데 도움이 된다고 주장한다. 뿐만 아니라 그들은 사회학 연구에서는 한정적 개념에 근거한 연역적 이론을 활용하여 연구하는 것은 가능하지 않다고 보았다. 반면, 아이오와학파는 정확하게 정의된 개념의 개발, 경험적인 측정도구의 고안, 제한된 상위가정과 하위가정들을 포함하는 연역적 연구를 통해 특정한 상호작용에 일반화할 수 있는 이론의 개발이 가능하다고 본다. 그들은 이론이란 추상적인 설명을 통해 인간의 행동과 상호작용을 예측할 수 있어야 한다고 주장한다.

이처럼 두 학파는 관점과 방법론의 선명한 차이 때문에 서로 다른 연구전통으로 발전하게 된다. 미드와 블루머에 근거한 시카고학파의 연구전통은 여전히 전형적인 질적 연구방법을 강조하는 수많은 연구자들에게 이론적 기반을 제공하고 있다. 이에 비해 쿤의 연구방법에 근거한 아이오와학파의 전통은 자아의 개념을 강조하는 정체성이론(Identity Theory)을 비롯한 구조적 상징적 상호작용주의의 발전에 기여했다. 또한 아이오와학파의 연구전통은 다양한 실험과 관찰을 통해 가설을 제시하고 이를 검증하여 이론을 구축해가는 사회심리학의 발전에도 기여하였다.

4. 상징적 상호작용주의 역사

상징적 상호작용주의는 다양한 연구자들에 의해 발전되었고, 그 전개과정도 복잡하여 역사를 정리한다는 것은 쉬운 일이 아니다. 여기서는 덴진(Denzin, 1992), 스트라이커와 버크(Stryker & Burke, 2000)의 연구에 근거해 상징적 상호작용주의의 역사를 간략히 소개하는 것으로 대신하고자 한다.

① 상징적 상호작용주의 제 1기(1890~1932)

상징적 상호작용주의의 기원은 1890년에서 1930년 초에 걸쳐 미국의 실용주의 철학자 듀이(Dewey), 제임스(James), 미드(H. Mead), 피어스(Peirce), 쿨리(Cooley), 토마스(Thomas)와 즈나니에키(Znaniecki), 파크(Park)와 버지스(Burgess) 등에서 찾을 수 있다. 토마스와 즈나니에키의 폴란드 농부(The Polish Peasant, 1918), 파크와 버지스의 사회학 개론(Introduction to the Science of Sociology, 1921) 등이 이 시기의 대표적 저작이라 할 수 있다.

② 상징적 상호작용주의 제 2기(1933~1950)

1933년에서 1950년에는 상징적 상호작용주의가 경험적 연구기반을 확립한 시기이다. 이 시기에는 미드(Mead) 사후에 출간된 그의 다양한 저술들(1932, 1934, 1936, 1938), 카프(Karpf, 1932), 크루거와 레크리스의 초기 교재(Krueger and Reckless, 1930) 등이 발표되었고, 블루머(Blummer)는 1939년에 '상징적 상호작용주의 (symbolic interactionism)'라는 용어를 도입했다. 이 시기에 Chicago 사회학이라 불리게 된 연구경향이 정립되었다. 또한 휴즈(Hughes)와 그의 제자들은 역할과 지위의 개념을 자아, 정신적 발달(moral career), 사회적 구조, 직업(work), 일탈에 연결시키는데 기여했다. 그들은 사회란 구조가 아니라 집합적인 행동이라 보았으며, 직업이 자아를 형성하는데 핵심적 역할을 한다고 믿었다. 예컨대 의학은 전문직이 권력을 획득하고, 일의 내용, 자기정체성, 권한을 정의하고 통제하는 과정을 보여준다고 믿었다. 이 시기에 슈츠(Alfred Schütz)와 같은 일부 연구자들을 통해 미드(Mead)의 상징적 상호작용론과 프랑스 및 독일의 현상학이 융합되었다.

③ 상징적 상호작용주의 제 3기(1951~1962)

1951~62년에 걸쳐 고프만(Goffman), 스트로우스(Strauss), 스톤(Stone), 베커(Becker) 등이 주도적으로 활동하는 시기이다. 고프만은 연극론적인 틀을 제시했고, 스트로우스는 상징적 상호작용주의와 구조적 관점을 결합시킴으로써 유용한 사회심리학을 발전시켰다. 그는 미드(Mead)의 상징에 관한 이론을 비트겐슈타인(Wittgenstein)과 유사한 언어학적 모델로 발전시켰다. 특히 그는 개인이나 집단의 전환기적 경험과 정체성의 변화를 연결지어 설명하였다. 1970년대에 스트로우스는 이러한 연구를 진전시켜 새로운 시카고(Chicago)방법론을 제시했는데 이것이 근거이론(grounded theory)이다.

스톤(Stone, 1962)은 미드(Mead)의 행동과 자아에 관한 모델을 근본적으로 재분석했다. 그는 외모, 담화, 상호작용의 의미를 강조하면서 스트로우스(Strauss)처럼 정체성이라는 개념을 활용함으로써 미드(Mead)의 자아 개념을 사회구조 및 대인관계와 관련지어 설명하였다. 그는 정체성이 도구적인 가치와 정서적인 의미의 두 축으로 구성되며, 복장(clothing)을 통해 정체성이 촉발된다고 주장하였다.

베커(Becker)의 연구는 사회학적 방법론, 교육기관, 직업적 경력, 성인기의 개인적 변화, 일탈행위 등에 걸쳐 있다. 그는 휴즈(Hughes) 및 스트로우스(Strauss)와 유사한 정체성 변화 모델을 적용하였고, 참여관찰의 논리를 개발하기 위해 노력했다.

쿤(Kuhn)은 이 시기에 독특한 상호작용주의자로 주목을 끌었다. 그는 타당하고, 검증 가능하고, 경험적인 상징적 상호작용주의 이론 개발을 위해 헌신하였다. 그의 연구는 자아이론(Self Theory)이라 불렸고, 그가 개발한 20문항 검사(Twenty Statements Test 혹은 Who Am I Test)를 개발하여 자아를 측정할 수 있는 타당한 방법을 도입하였다(Hickman and Kuhn, 1956). 이러한 쿤의 실증적 연구경향을 따르는 학자들은 아이오아학파(Iowa School)라 불리게 되었고, 쿨리, 듀이, 미드, 블루머(Cooley-Dewey-Mead-Blummer)로 이어지는 시카고학파(Chicago School)와는 구별되는 상징적 상호작용주의 한 분파로 자리매김하게 된 것이다.

④ 상징적 상호작용주의 제 4기(1963-1980)

베커(Becker), 고프만(Goffman) 등이 왕성하게 활동하였고, 블루머(Blummer, 1969)는 상징적 상호작용주의에 관한 다양한 연구들을 책으로 발간했다. 보간과 레이놀드(Vaughan and Reynold, 1968)는 상징적 상호작용주의에는 아이오와(Iowa)전통과 시카고(Chicago) 전통이 있다고 주장하였고, 굴드너(Gouldner, 1968, 1970)는 베커(Becker)와 고프만(Goffman)의 연구를 비평하기도 했다.

이 시기에는 명명이론(labelling theory), 민족지 방법론(ethnomethodology), 갈등이론, 현상학, 연극론적 분석 등 상징적 상호작용주의 관련 새로운 아이디어들이 쏟아졌다.

또한 1971년부터 1980년에 걸쳐 도심생활(Urban Life), 질적 사회학(Qualitative Sociology), 상징적 상호작용(Symbolic Interaction), 상징적 상호작용연구(Studies in Symbolic Interaction) 등의 학술저널이 새롭게 출간되었다.

특히 이 시기에는 구조적 상호작용주의라는 새로운 연구경향이 태동하였다. 스트라이커(Stryker, 1968), 맥콜과 시몬스(McCall & Simmons, 1978) 등의 역할 정체성이론(Role Identity Theory)이 발전하면서 점점 인기를 더하였다. 뿐만 아니라 랠프 터너(Turner, R., 1978)는 상호작용주의에 근거한 역할이론을 발전시켰다. 이러한 상호작용주의적 역할이론과 함께 사회구조가 자아와 사회적 상호작용에 미치는 영향을 강조한 역할정체성이론은 스트라이커(Styker, 2002: Stryker & Burke, 2000)에 의해 구조적 상호작용주의 이론으로 지칭되었다. 구조적 상호작용주의자들은 아이오와학파의 연구전통을 따라 사회구조, 자아(정체성), 인간의 행동에 관한 가설을 도출하고, 변수의 조작화를 통해 가설을 검증하는 연구들을 촉발하게 되었다

또한 고프만(Goffman)은 대표 저작 낙인(Stigma, 1963), 전략적인 상호작용(Strategic Interaction, 1969), 프레임 분석(Frame Analysis, 1974), 성광고(Gender Advertisement, 1979) 등을 저술하였는데, 그의 연구는 연극론적 분석이라는 독특한 상호작용주의 이론으로 발전하게 된다.

1970년대 말에 이르면 상징적 상호작용주의자들은 독자적 학회를 구성하여 학술지를 발간했고, 국제적으로 많은 회원을 확보하게 되었다.

⑤ 상징적 상호작용주의 제 5기(1981년 이후)

덴진(Denzin, 1992)에 의하면 이 시기는 다양한 연구 흐름이 있으며, 새로운 이론이 등장하고 있지만 상징적 상호작용주의에 근거한 실천가들은 노화되고, 새로운 학생들은 감소하였다. 이러한 현상에 근거해 덴진은 이 시기를 상징적 상호작용주의의 쇠퇴기라 보았다. 하지만 이 시기에 연극론과 현상학, 정서에 대한 연구, 부조리의 사회학적 연구, 여성주의, 사회조직의 문제 정보기술과 커뮤니케이션 연구, 대중매체연구, 일상의 사회

학, 민족지, 기호학과 민족지 연구, 상징적 상호작용주의 고전에 대한 재연구 등 다양한 흐름이 나타났다.

신아이오와학파(New Iowa School) 및 신시카고학파의 정립, 새로운 유럽의 이론, 예컨대 후기근대주의(포스트모더니즘), 후기근대민족지 연구, 사회적 텍스트의 생산 등에 대한 관심이 높아졌고, 이러한 연구들은 상징적 상호작용연구 학술지(Studies in Symbolic Interaction 9호~12호)에 게재되었다. 특히 주류 사회심리학에 대한 상징적 상호작용주의적 재평가, 상징적 상호작용주의 자체에 대한 재평가 등이 전개되었다. 1980년대에는 캘리포니아학파와 신아이오와학파가 등장하기도 하였다.

● 캘리포니아학파(California School)

1970년대 초반부터 1980년대 중반까지 더글라스(Jack Douglas)의 주도 하에 많은 학자들은 전후 새로운 캘리포니아 사회의 등장과 경험의 다중세계에 대한 고프만(Goffman), 가핑클(Garfinkel), 블루머(Blummer) 등의 초기연구에 기반하여 일상생활의 경험에 대한 사회학을 발전시켰다. 그들은 대중매체, 가정폭력, 스포츠, 일탈, 노화, AIDS 위기 등에 대해 연구하였다. 로플랜드(John Lofland)의 도심생활(Urban Life)프로젝트는 이 시기 또 하나의 연구경향이었다.

● 신아이오와학파(New Iowa School)

1960년대 중반 이후 카우치(Carl Couch) 등의 연구자들은 연구실에서 쌍방관계, 삼자관계 구조 등을 연구하면서 독재, 권위주의적 권력관계, 대리인관계 등을 연구하였다. 이들은 외적으로는 짐멜(Simmel)과 미드(Mead)의 연구에 근거를 두고 있으나 시청각 기록과 같은 자연적인 방법을 활용하여 쿤(Kuhn)과 블루머(Blumer)의 연구성과를 진전시켰다.

덴진과 같이 이 시기를 상징적 상호작용주의의 쇠퇴기로 볼 수도 있지만 한편으로는 상징적 상호작용론이 다양한 영역에서 응용되고, 개별이론으로 발전한 시기로 볼 수 있을 것이다. 예컨대 상징적 상호작용주의이론은 현상학과 근거이론연구방법의 발전으로 이어졌으며, 사회심리학적 연구를 통해 경험적 검증이 활발하게 이루어졌기 때문이다. 또한 사회구조의 영향을 강조하는 역할정체성이론은 이 시기에 정립되고 2000년대에 들어와서도 경험적 연구를 통해 상징적 상호작용주의의 주요 명제들을 검증함으로써 이론의 발달을 촉진하고 있기 때문이다. 즉, 다양한 분야에서 상징적 상호작용론에 근거해 새로운 이론이 형성되고, 연구전통이 발달하는 가운데 있지만 과거처럼 상징적 상호작용주의의 핵심적 명제나 가설 등에 머물러 있는 것은 아니다. 그래서 상징적 상호작용론에 관한 직접적 관심은 감소한 것처럼 보일 수도 있다.

5. 요약

상징적 상호작용주의는 1890년대부터 1930년대 초에 걸쳐 이루어진 허버트 미드의 연구와 저술에 근거한 독특한 사회학 이론이며, 오늘날 사회학 및 사회심리학 연구에 이론적 기초를 제공한 것으로 평가받고 있다. 상징적 상호작용론은 역사적 전개과정에서 시카고학파와 아이오와학파라는 상이한 연구전통으로 발전하였다. 미드, 블루머와 같이 인간의 주관적 세계에 대한 심층적 탐구를 위해 실증주의적 연구와는 차별화되는 질적 연구접근을 강조하는 상징적 상호작용주의자들은 시카고학파를 형성하였고, 만포드 쿤과 같이 변수의 조작화와 양적 연구를 통해 상징적 상호작용론의 가설 검증을 강조하는 연구자들은 아이오와 학파를 형성하였다. 이러한 두 학파의 연구전통에 상당한 차이가 있음에도 상징적 상호작용주의자들은 사회, 인간의 자아, 인간의 행동과 사회적 상호작용 등에 관한 공통된 인식론을 견지하고 있다. 거시적 사회구조의 영향, 심리내면의 영향, 환경적 자극의 영향에 근거해 인간행동을 설명하려 했던 사회학 이론, 심리학 이론, 행동주의 이론 등과 달리 상징적 상호작용론은 인간의 독특한 능력인 상징과 언어의 사용, 대상의 사회적 의미에 근거한 집합적 행동이 사회와 개인에게 미치는 형성적 영향을 강조하였다.

상징적 상호작용론은 상징을 활용하여 대상의 의미를 공유하는 것이 동물과 구별되는 인간의 집합적 상호작용의 본질이라고 본다. 상징을 사용하는 인간의 능력은 다양한 몸짓과 언어, 각종 추상적인 관념 등을 통해 주위의 환경과 자신, 타인, 상황에 의미를 부여하고, 이러한 의미를 공유할 수 있게 만들었다. 인간은 상징을 활용하여 대상을 정신세계 내면으로 이끌어 들이고, 상징을 활용하는 상호작용을 통해 대상의 의미를 공유하고, 대상의 공유된 의미에 부합하는 방식으로 행동함으로써 생존과 적응이라는 실용적 목적을 달성할 수 있게 된 것이다.

상징적 상호작용주의는 시카고학파와 아이오와학파, 그리고 사회구조적 영향을 강조하는 이론들, 개별 연구자별로 나타난 독특한 이론적 지향들 사이에 차이가 있음에도 몇 가지 공통된 전제에 기반하고 있다. 첫째, 상징을 사용한 인간의 의사소통능력이 인간의 정신적 과정과 사회적 상호작용의 기초이다. 둘째, 인간의 행위는 의미를 기초로 하여 전개된다. 셋째, 인간은 행위의 주체이며, 상호작용의 실시간 속에 자기 행위를 구성해 나가고 있다. 넷째, 인간은 행위의 주체이며 동시에 자기를 행위의 대상으로 삼을 수 있는 능력이 있다. 또한 인간의 사회적 상호작용에 있어 핵심적인 대상은 자아이며, 자아의 의미 또는 자기정체성에 따라 행동한다. 이러한 전제들은 상징적 상호작용론에 근거한 다양한 이론들의 발전과정에서 변함없는 기초를 제공하였다.

상징적 상호작용론은 사회적 상호작용, 대상, 상징, 역할, 자아, 상황정의 등 몇 가지 핵심적 개념들에 근거하고 있다. 이러한 주요개념들을 관통하는 핵심적 주제는 '대상의 의미'이다. 행동의 주체로서 인간은 주위의 환경과 자신, 타인, 상황 등 모든 대상에 대해 의미가 부여되어 있으며, 이러한 의미는 항상 상호작용 속에서 생성되고, 유지 및 확인되고, 변화 또는 소멸할 수 있음을 알고 있다. 그렇기에 이러한 다양한 대상의 의미를 파악하고, 의미를 전달하고, 의미에 일관된 방식으로 행동하게 된다. 특히 타인의 관점을 취해봄으로써 스스로를 자기행위의 대상으로 삼을 수 있고, 자기에 관한 상대방의 반응과 관점을 상상해 보고 자신의 행동노선들을 탐색해 보는 과정에서 인간의 정신적 성숙이 일어나고 자아의 발달도 이루어지게 된다.

한편 행위의 주체인 개개인이 사회적 상호작용에 관여할 때 상황에 대해 주체적으로 정의한다는 '상황정의'의 개념은 외적으로는 동일한 상황, 동일한 역할, 동일한 행위자가 존재하더라도 각 행위자의 주관적 내면에서는 다른 의미, 다른 해석이 존재할 수 있고, 이것이 개인의 행동이 구체적으로 지향하는 현실이 된다는 점을 강조한다. 이러한 상징적 상호작용론의 관점은 인간사회와 인간행동을 연구, 분석하려면 주관적 세계를 간과하여서는 안 됨을 시사한다. 즉 상황정의가 개개인의 주체적 해석과 정의에 의존하기에 행동의 다양성이 존재할 수 있다고 가정하면서도 동시에 상황의 의미 또한 사회 구성원들 사이에 공유되어야 안정적인 상호작용이 가능할 것이므로 공유된 대상의 의미, 역할의 의미 등에 근거해 상황에 대한 일관된 정의가 존재할 수 있다고 본다.

상징적 상호작용주의는 역사적 발전과정을 거쳐 이제는 그 자체로 머물러 있기보다는 현상학적 연구나 근거이론 연구와 같은 질적 연구방법의 기저이론으로 활용되고 있으며, 사회심리학적 연구를 통해 그 이론적 명제가 검증됨으로써 다양한 세부이론으로 발달하고 있다. 특히 사회구조의 영향을 강조하는 역할정체성이론은 1980년대를 거쳐 정립되었고, 1990년대~2000년대에 걸쳐 다양한 실증적 연구를 통해 주요 가설이 검정되어 견고한 이론으로 발전하고 있다. 따라서 일부 학자가 주장하듯 상징적 상호작용론이 쇠퇴한 것으로 보기는 어렵다. 다만 상징적 상호작용론이 다양한 분야로 보급. 확산되면서 각 영역에서 상징적 상호작용론이 현지화 되었고, 그로 인해 초기의 상징적 상호작용론처럼 순수한 형태로 남아 있는 것은 아니다.

참 고 문 헌

Blumer, H. (1969). Symbolic Interactionism : Perspective and Method, University of California Press, Los Angeles.

Blumer, H.(1990). Symbolic Interactionism : Perspective and Method, 박영신 역, 민영사, 서울

Callero, P. L. (2008), "Role Theory", *International Encyclopedia of the Social Sciences*, Retrieved from Encyclopedia.com. 27 Dec. 2012.

Charon, J. M. (1995). Symbolic Interactionism : An Introduction, An Interpretation, An Integration 5th edition, Prentice Hall, New Jersey.

Coser, L. A. (1977). Masters of Sociological Thought: Ideas in Historical and Social Context, Harcourt Brace Jovanovich Publishers.

Dale, O., Smith, R. Norlin, J. M. and Chess, W. A.(2006). Human Behavior and the Social Environment : Social System Theory, 5th ed., Pearson Education, Boston.

Denzin, N. K.(1992). Symbolic Interactionism and Cultural Studies: The Politics of Interpretation.

Hewitt, J. P.(2001). Self and Society, 윤인진 외 역, 학지사.

Mead, G. H. (1934). Mind, Self, and Society : from the Standpoint of a Social Behaviorist, The University of Chicago Press, Chicago.

Morriss, C. W.(1934). "Introduction : George H. Mead as Social Psychologist and Social Philosopher", Mind, Self, and Society : from the Standpoint of a Social Behaviorist, The University of Chicago Press, Chicago.

Ritzer, G. (2006). Contemporary Sociological Theory and Its Classical Roots : The Basics, 2nd ed. 한국이론사회학회 역, 박영사, 서울.

Stryker, S.(1968). Identity Salience and Role Performance : The Relevance of Symbolic Interaction Theory for Family Research, Journal of Marriage and the Family 30(4):558-564.

Stryker, S.(2002). Symbolic Interactionism : A Social Structural Version, The Blackburn Press, New Jersey.

Stryker, S. and Serpe. R.(1982)."Commitment, Identity Salience, and Role Behavior: A Theory and Research Example." in *Personality Roles, and Social Behavior, edited by William Ickes and Eric S. Knowles. New York: Springer-Verlag.* pp. 199-218

Turnner, J. H.(2003). The Structure of Socilogical Theory 7th edition, Wadsworth,

Turner, R.(1978). The Role and the Person, American Journal of Sociology 84(1):1-23.

Yodanis, C.L. (2003), "Role Theory", *International Encyclopedia of Marriage and Family*, Retrieved from Encyclopedia.com. 27 Dec. 2012.

제2장

구조적 상징적 상호작용주의 접근

1. 구조적 상징적 상호작용주의

앞 장에서 소개한 바와 같이 상징적 상호작용론은 미드와 블루머로 대표되는 시카고 학파와 쿤을 중심으로 하는 아이오와학파로 구분할 수 있다. 미드와 블루머가 상징적 상호작용론의 대표적 사상가로 간주되듯이 상징적 상호작용론은 사회구조가 인간의 행동을 결정하는 것이 아니라 사회적 상호작용의 역동적 과정을 통해 인간의 행동과 사회적 구조가 발전한다고 본다. 하지만 쿤과 같은 아이오와학파의 연구자들은 사회가 전적으로 개인의 행동을 결정짓는다는 사회구조 중심적인 주장에 경도되지 않으면서도 사회구조가 자아의 매개를 거쳐 개인의 행동이나 사회적 상호작용에 영향을 미친다는 새로운 형태의 상징적 상호작용론을 발전시켰다.

만포드 쿤(Manford Kuhn)이 자아의 개념을 측정하여 경험적 연구를 촉발하는 계기가 된 후 죠지 맥콜(McCall, 1971, 1977)과 쉘던 스트라이커(Stryker, 1968, 1980) 등은 역할과 자아정체성, 사회적 행동을 연결지어 설명하는 정체성이론(Identity Theory)을 발전시켰다. 뿐만 아니라 미드의 역할개념의 영향을 받아 랠프 터너(Turner, 1962, 1978)는 사회적 상호작용의 과정적 속성을 강조한 역할이론을 발전시켰다. 이처럼 아이오와학파의 연구경향을 따른 연구자들은 주로 사회적 지위와 역할, 자아와 사회적 행동 또는 사회적 상호작용을 연결지어 설명하는 경향이 있고, 이들의 연구를 통해 발전된 이론들은 역할이론과 관련이 깊다. 이러한 이론들을 통칭하여 구조적 상징적 상호작용론으로 부른다 (Callero, 1986:350-351; Stryker, 2008).

역할이론은 구조적 상징적 상호작용주의 접근의 근간이라 할 수 있으나 역할이론을 하나의 이론으로 보기는 어렵다. 사회학 이론서들은 역할이론을 파크(Park), 짐멜(Simmel), 모레노(Moreno), 린튼(Linton), 미드(Mead), 랠프 터너(R. Turner) 등의 연구들을 통칭하는 것으로 규정하기도 한다(Turner, 1978, 2003). 하지만 엄밀하게 정의한다면 역할이론은 구조기능주의적 이론과 상징적 상호작용주의적 이론으로 구분할 수 있다(Callero, 2008; Yodanis, 2003). 즉, 역할이론은 구조기능주의 이론가인 린튼(Linton), 파슨스(Parsons), 머튼(Merton) 등의 역할이론과 상징적 상호작용주의 이론의 한 분파로 분류되는 미드(Mead), 터너(R. Turner), 모레노(Moreno), 고프만(Goffman) 등의 역할이론으로 구분할 수 있다. 구조적 상징적 상호작용론으로 분류되는 정체성이론(Identity Theory)은 구조기능주의적 역할이론과 상징적 상호작용주의적 역할이론의 사회적 지위와 역할 개념을 절충적으로 수용하고, 이를 검증 가능한 경험적 명제로 발전시켜 양적 연구를 전개한 것으로 볼 수 있다.

구조적 상징적 상호작용론의 역할개념은 구조기능주의이론가들의 역할개념을 일부 수용하고 있지만 상징적 상호작용주의 특유의 사회적 상호작용의 역동적 측면을 강조한다. 이들은 역할을 사회적 지위와 결부된 규범적 기대와 관련 있는 것으로 보지만 사회적 상호작용 과정에서 타인의 관점을 취해봄으로써 역할의 의미를 명확화 하며, 모호하게 규정된 역할을 구성해 가는 행위자의 능동적, 주체적 측면을 강조하는 상징적 상호작용주의적 관점을 견지한다. 이러한 특성 때문에 역할이론은 사회학 이론서에서 상징적 상호작용주의 이론으로 분류된다. 특히 랠프 터너는 사회적 지위와 역할, 자아 사이의 관계를 검증 가능한 명제와 가설로 제시함으로써 역할이론을 과학적 이론의 수준으로 발전시킬 수 있는 기초를 제공했다는 평가를 받고 있다(J. Turner, 1978).

흔히 구조기능주의이론에서 '역할'은 사회체계의 특정한 지위를 차지하는 개인에게 부여하는 행동적 기대로 정의되므로 사람의 행위는 사회체계가 제시하는 기대, 규범, 규칙에 따라 제한된다는 주장을 내포하고 있다. 하지만 미드(Mead)와 블루머(Blumer)와 같은 전형적인 상징적 상호작용론자들은, 사람은 상호작용에서 단지 사회의 규범이나 기대에 순응하여 행동하는 것이 아니라 타인들의 관점(역할)을 취해보고, 집단이나 공동체의 일반화된 관점을 고려함으로써 상황에 대한 정의를 내리고 이에 근거하여 능동적, 주체적으로 행위를 구성해 나간다고 본다. 즉, 이들은 역할을 사회체계가 사회 구성원들에게 규범적 행동을 요구하는 수단으로 인식하는 것이 아니라 사람이 상호작용에 참여할 때 상황을 정의하고, 자신의 행동을 구성해 내기 위해 채택하는 정신적인 과정이나 수단으로 간주한다. 이처럼 전형적 상호작용주의의 역할개념은 사회구조에 속하는 사회구성원 개개인의 행동은 설사 사회의 규범과 기대가 있다 하더라도 그것이 인간의 사회적 행동을 결정짓는 것은 아니며 항상 사회적 상황에서 행위자가 자기, 타인, 상황에 대해 어떠한 관점을 채택하는가에 따라 유동적이고, 불확실성을 지닌다고 본다. 이러한 역할에 관한 상징적 상호작용주의 관점은 인간의 주관성과 능동성을 강조한다는 점에서 장점이지만 사회적 상호작용이 사회적 구조와 개인을 어떻게 매개하는가에 대해서는 엄밀한 이론화를 어렵게 한다. 그래서 전형적 상호작용주의 관점은 사회 속 인간의 행위에 대한 연구를 단순히 기술적이고 사후적인 묘사(post hoc description)에 머무르게 하는 한계를 지닌다는 비판을 받았다(Stryker, 2002[1], 서문). 인간의 행위를 설명하고, 예측하려면 사회구조, 인간, 상호작용을 측정할 수 있는 개념이 필요하기 때문이다. 구조적 상징적 상호작용론은, 사회적 지위와 역할개념이 사회구조가 개인의 행동을 과도하게 결정 혹은 제약한다는 관점으로 치우치는 단점은 있지만 사회구조와 개인의 자아, 행동을 연결지어 설명할 수 있는 틀을 제공하는 장점이 있기 때문에 사회적 지위와 역할의 개념을 적극 활용한다.

따라서 이 책에서는 역할이론과 정체성이론을 중심으로 구조적 상징적 상호작용론을 살펴보고자 한다. 다음 장에서 정체성이론을 보다 자세히 다룰 것이므로 본 장에서는 상징적 상호작용론으로 분류되는 역할이론을 중심으로 구조적 상징적 상호작용론의 주요 개념과 견해를 소개하였다. 본 장에서는 사회구조와 자아, 사회적 상호작용에 관한 설명에 있어 구조기능주의 역할이론과 상징적 상호작용론의 역할이론이 어떤 차이가 있는지 명확히 하고자 우선 구조기능주의 역할이론부터 살펴보도록 한다.

2. 역할이론

1) 구조기능주의 역할이론

구조기능주의적 관점의 역할이론은 랠프 린튼(R. Linton), 탈콧 파슨스(T. Parsons), 로버트 머튼(Merton) 등의 연구와 관련이 있다. 이들의 연구에 나타난 사회적 지위와 역할의 개념, 역할과 개인의 사회적 행동에 관한 주요 주장들을 차례로 검토해 보았다.

린튼은 지위와 역할의 개념을 정의한 대표적 사회학자로 인정되며, 그의 역할개념은 구조기능주의적 역할이론의 토대라고 볼 수 있다(Lopata, 1995). 린튼에 따르면 지위

---

1) Stryker, S.(2002). Symbolic Interactionism.: A Social Structural Version, The Blackburn Press.

(status)란 특정한 유형의 권리와 의무의 복합체이며, 행위자가 이러한 권리와 의무를 행동화할 때 그는 역할을 수행하고 있는 것이다. 역할은 지위의 역동적 측면을 뜻하며, 지위와 역할은 불가분의 관계에 있다. 한 사람은 사회와의 관계에서 다양한 지위들을 점유하는데, 한 사람이 점유하는 총체적 지위(the status)를 가정할 수 있으며, 이러한 총체적 지위는 한 사람이 사회체계와의 관계에서 차지하는 위치를 뜻한다. 뿐만 아니라 한 사람에게 부여된 역할들의 총합인 총체적 역할(the role)이 있으며 이는 한 개인이 사회를 위해 행하는 모든 것과 사회가 개인에게 기대하는 모든 것을 뜻한다(Linton, 1936:114). 그는 역할을 사회적 지위와 관련된 규범으로 권리, 의무, 기대, 행동의 표준 등을 포함하며, 역할은 문화적으로 규정된다고 보았다(Linton, 1945, Yodanis, 2003에서 재인용).

린튼에 따르면 사회가 운영되려면 상호작용패턴이 존재하여야 하며, 상호작용패턴의 양극은 사람들이나 집단들이 점유하며, 지위란 이러한 상호작용의 양극의 위치를 뜻한다. 한 개인은 다양한 상호작용 패턴에 관여할 것이므로 개인이 점유하는 지위는 다양하다. 그럼에도 한 개인이 점유하는 지위의 총체(the status)를 가정할 수 있다. 이러한 지위의 총체(the status)는 그가 사회체계 전체와 관계에서 차지하는 위치를 상징한다. 만일 지위를 점유하는 사람과 엄격히 분리한다면 지위는 권리와 의무의 복합체에 불과한 것이다. 그런데 이러한 권리와 의무는 지위를 점유한 사람의 행동을 통해 구현될 것이므로 행위자를 배제한 채 개념적으로 지위와 점유자를 구분한다는 것은 매우 어렵다. 린튼은 지위와 점유자의 관계를 일정한 운동의 가능성을 내포한 기계적 구조로서 자동차와 자동차를 잘 운전하거나 잘못 운전할 수 있는 운전자의 관계와 유사한 것으로 보고 있다(Linton, 1936:113-114).

린튼은 지위와 역할 개념이 사회의 이상적인 상호작용패턴을 사회체계적인 수준에서 개인적인 수준으로 환원하는데 기여한다고 보았다. 즉, 지위와 역할은 개인의 태도와 행동들을 상호 조화시키는 기능을 함으로써 상호작용패턴에 기여한다. 지위와 역할의 결합체는 한 개인이 사회의 상호작용패턴에 참여할 때 담당해야 하는 태도와 행동의 최소한을 의미하므로 다른 사회구성원들과 사회적 상호작용 과정에서 조화로운 참여를 보장하는 것으로 인식된다(Linton, 1936:114).

린튼에 따르면 사회적 상호작용 패턴의 양극 즉, 사회의 지위는 개인의 능력과 선택, 성취에 의해 결정되기보다는 성별, 연령, 혈연, 결혼, 사회계급제도 등에 의해 귀속적으로 할당되는 경향이 있고, 지위를 점유한 새로운 사회구성원에 대한 사회화가 사회구조 유지에 중요한 기능을 한다. 그는 사회적 지위를 능력과 지원에 의해 할당할 경우 사람이 성장한 후 재능이 드러나기까지 기다리거나 지원자들의 결정에 의해 사회적 지위가 충원되기를 기다려야 하므로 지위에 적합한 역할을 수행하도록 돕는 교육과 훈련 즉, 사회화 과정이 지연될 수 있고, 특정한 지위는 지원자가 적어 충원되지 않아 사회구조의 안정적 유지에 문제가 발생할 수 있다고 본다. 그러므로 사회적 지위를 귀속적으로 할당하면 사회화를 조기에 실시할 수 있고, 사회의 각 지위를 새로운 구성원들에게 빠짐없이 할당할 수 있는 장점이 있다는 것이다(Linton, 1936:115-131).

이러한 린튼의 지위-역할 개념 속에는 사회적으로 기대되는 기능을 새로운 사회구성원들에게 학습시킴으로써 사회구조의 안정적 유지를 추구한다는 사회구조 중심적인 시각이 전제되어 있다. 이러한 지위-역할 개념은 지위를 점유하며 역할을 수행하는 행위자의 주체성, 선택과 같은 상징적 상호작용주의의 핵심적 측면을 반영하지 못하는 한계가 있다.

한편 구조기능주의자 파슨스(T. Parsons)의 역할이론을 이해하기 위해서는 먼저 사회구조의 유지와 통합과 관련한 그의 기본적 시각에 대한 이해가 필요하다. 파슨스는 사회체계의 역동적인 부분보다는 사회의 구조와 기능의 안정적 측면이 어떻게 가능한지 설명하는데 관심을 가졌다. 그는 사회체계가 통합성을 담보하고 안정적으로 기능하기 위해서는 사회구성원들의 사회화 즉, 규범의 내재화가 필수적이라고 보았다. 행위자들이 기본적으로 자기의 만족을 극대화하려 하겠지만 사회의 규범과 가치가 내재화된다면 사회체계 전체의 이익에 봉사하는 방식으로 행동할 것이므로 사회체계의 안정적 유지가 가능하다고 본 것이다. 인간이 태어나면서부터 만족을 추구하는 과정에서 사회의 규범과 가치를 학습하게 되며, 일생을 살아가는 동안 일부 보완은 이루어지지만 큰 틀에서는 인생초기의 규범과 가치의 내재화가 안정적으로 유지될 것으로 보았다. 하지만 개인이 성장함에 따라 규범에 순응할 뿐만 아니라 개인적 차이를 발현시킬 가능성도 존재하므로 사회로서는 순응성을 고취할 수 있는 통제장치를 가동하여야 하고, 가벼운 정도의 일탈행위는 허용하고, 대안적인 행동의 기회들을 어느 정도 보장함으로써 체계수준에서 볼 때 크고, 심각한 변동이나 일탈은 방지할 수 있는 것으로 가정했다(Ritzer, 2006:123-128).

파슨스는 사회체계란 환경적 제약 속에서 만족을 추구하는 사회구성원들의 유용한 상호작용패턴이 제도화 된 것으로 보았고, 이러한 상호작용의 제도화를 지위와 역할의 결합형태를 통해 설명하였다. 그는 사람은 최대의 만족을 추구하며 물리적, 사회적 환경 속에서 수단과 목표를 선택하는데, 사람들의 목적 달성에 기여하는 행동과 사회적 관계가 사회적 지위 역할로 제도화된다고 보았다. 그는 사회체계를 상호작용의 체계로 개념화하였고, 상호작용을 분석하기 위해 지위-역할의 결합형태(status-role complex)에 대한 분석에 초점을 맞추었다. 그의 이론에서 지위란 사회구조의 한 위치이며, 역할은 사회구조의 기능이라는 관점에서 볼 때 특정 지위를 점유한 사람이 수행하는 활동이나 행동을 뜻한다. 따라서 행위자는 그가 사회구조 속에서 점유하는 지위와 그에 관련된 역할들의 총합에 시나지 않는 것으로 이해되있다(Ritzer, 2006:126).

파슨스의 구조기능주의적 역할이론은 '아픈 역할(sick role)'에 관한 그의 논의(Parsons, 1951)에 잘 나타나 있다. 그는 일상의 복합적인 역할을 수행하던 건강한 개인이 건강을 잃게 되면 사회의 구성원으로 수행하던 일과 여가의 역할을 포함하여 일체의 건강한 사람들의 상호작용세계로부터 격리되어 사회적 상호작용이 면제되고, 오로지 아픈 역할이 할당되며, 전문적인 치료를 추구하고, 전문적 치료에 순응하는 것이 강요되며, 질병에 대한 책임은 면제된다고 분석하였다. '아픈 역할(sick role)'은 질병 상태의 사회구성원에 대해 사회의 규범적 기대를 뜻하며, 이러한 규범적 기대는 가정에서나 사회에서 역할상대방들의 반응이나 통제에 의해 강요되고, 아픈 역할을 통해서만 사회적 상호작용이 일어난다. 아픈 역할은 의사의 공식적 승인에 의해서만 부여되므로 사회구성원들이 아픈 역할을 수행함으로써 사회의 건강한 구성원으로서의 역할과 책임으로부터의 부당한 이탈은 통제된다(Varul, 2010).

따라서 파슨스에게 있어 지위와 역할은 사회체계의 안정적인 통합과 유지를 가능하게 하는 사회적 상호작용의 제도화된 형태를 지칭한다. 지위-역할의 결합체는 사회체계 전체의 통합과 유지에 기여하는 상호작용단위이므로 그에 상응하는 사회적 규범이 강조되고, 사회적 규범의 내재화를 위해 사회체계의 사회화 기능의 중요하다고 보았던 것이다. 아픈 역할에 대한 설명에서 드러나듯이 지위-역할과 결부된 사회적 규범은 역할관계의 양쪽 참여자에게 권리와 의무로 제시되며, 이러한 규범적 기대에 따른 상호작용이 진행되어야 사회체계 전체의 일탈이 최소화되고, 사회체계 전체의 안정성이 보장되는 것이다.

구조기능주의 사회학자 머튼(R. Merton)도 다른 구조기능주의자와 같이 지위와 그에 결부된 역할 개념을 통해 사회구성원 간의 상호작용이 사회의 규범과 기대를 어떻게 반영하는지 설명하였다. 다만 머튼은 사람은 사회구성원으로서 다양한 사회적 관계를 가질 것이므로 그에 따라 다양한 역할 관계를 형성하므로 하나의 지위에는 일련의 역할세트(role-set)가 존재한다고 보았다. 한 개인이 차지하는 위치는 실존적으로 하나이지만 그가 맺는 사회적 관계는 복합적이므로 각각의 사회적 관계로부터 상이한 역할이 발생한다는 것이다. 머튼은 의과대학생의 사례를 통해 교수에게는 학생이지만 동료 학생들, 간호사, 의사, 사회복지사, 의료기사 등과의 관계에서는 다른 역할이 기대될 수 있다는 분석을 제공했다. 이처럼 하나의 지위는 다양한 상대방에 따라 상이한 역할관계를 포함하므로 지위를 점유한 사람에 대한 행동적 기대는 상호작용하는 사람들 사이에 불일치할 가능성도 있다. 그러므로 이러한 기대의 불일치 가능성에도 불구하고 안정적인 상호작용이 가능하다는 것은 사회체계 쪽에서나 사회적 지위를 점유한 행위자 쪽에서든 적합한 역할기대를 선택하고 그에 부합하게 행동하도록 하는 기제가 필요함을 시사한다(Merton, 1968:41-45)[2].

한편 베이츠는 사회적 상호작용에서 개인은 하나의 위치를 점유하지만 그에게 복수의 역할과 역할에 관한 복수의 규범들이 존재하고 이러한 지위-역할개념이 사회적 상호작용에 어떠한 함의를 지니는지 설명함으로써 구조기능주의자들의 지위-역할개념을 한층 풍부하게 설명하고 있다. 그는 한 개인은 다양한 사회적 위치를 점유하는 것으로 보이지만 사실은 하나의 사회적 위치를 점유하고 있다고 보았다. 다만 한 개인이 점유하는 사회적 위치에는 다양한 사회적 관계에 따라 사회적 역할들이 존재하고, 각 역할들은 복수의 행동적 규범의 묶음들이 존재한다는 것이다. 이전의 구조기능주의 역할이론들이 상호작용을 상응하는 지위를 점유한 사람들의 쌍방적 관계로 가정했던 것과는 달리 세 명 이상의 복수의 사회구성원들이 각각 하나 이상의 역할관계를 통해 상호작용할 수 있다고 주장하였다(Bates, 1955). 예컨대 부부와 자녀로 구성되는 가족관계에서 한 남성은 자녀의 아버지이며 아내의 남편으로서 지위를 점유하게 되고, 부부관계에서 남성은 성적 배우자, 부양자, 자녀의 아버지, 사교적 친구 등 복수의 역할을 통해 아내와 상호작용하게 된다. 이 때 자녀의 아버지 역할에는 훈육, 놀이, 교육 등과 관련된 복수의 규범들이 동반되듯 각 역할에는 세부적으로 규범의 묶음들이 존재한다는 것이다.

이러한 구조기능주의 역할이론에 대해서는 적지 않은 비판이 제기되고 있다. 대표적인 비판들을 살펴보면 첫째, 구조기능주의 역할이론은 사회의 규범적인 행동적 기대들을 역할로 지칭함으로써 기존 사회질서를 긍정하는 보수적 이데올로기를 구체적 사회현실에 강요하는 우를 범했다는 점이다. 즉, 개인단위에서 경험하는 구체적 현실의 다양성에도 불구하고 사회적 역할을 통해 사회구성원들의 행동과 사회적 상호작용을 특정한 역할이라는 틀에 맞추어 해석하고, 설명하는 오류를 범한다는 것이다. 무엇보다도 특정한 사회적 지위에 대해 무념무상의 중립적인 기대들이 패키지로 존재한다고 보는 관점은 사회체계의 보수적인 이데올로기에 근거하였다는 비판을 면하기 어렵다. 이러한 보수적 이데올로기에 근거한 구조기능주의적 역할이론은 규범적 기대를 기준으로 개인의 행동을 평가하며, 평균적 기대에 어긋나는 일탈자들에 대해서는 비행이나 범죄와 같이 개인의 부적

---

2) Merton의 'Social Theory and Social Structure'는 1949년에 첫 출간되었으며, 이 책에서는 1968년 간행본을 참조하였다.

응문제로 환원시키고 사회구조의 부조리는 감추는 결과를 가져오기 때문이다. 더구나 구조기능주의 역할이론이 인간의 다양한 활동들을 구획화 하고, 범주화 함으로써 사회를 정적이고 구획된 체계로 환원시키는 것은 결과적으로 기존의 성별 노동분화나 역할고정관념을 유지 및 강화시킬 수 있기 때문에 보수적 이데올로기가 내재되어 있다는 비판을 면하기 어렵다.

둘째, 구조기능주의 역할이론은 사회화 과정에 개입된 권력관계를 분석하지 못하는 한계를 지닌다. 구조기능주의자들은 사회화 과정을 통해 세대 간에 사회의 규범이 전수되는 것으로 가정하며, 사회화 과정은 주로 가족, 학교, 종교조직 등이 담당한다고 본다. 하지만 이러한 사회제도를 통해 일어나는 사회화 과정에는 권력관계가 개입될 수밖에 없다. 구조기능주의자들이 가정하는 사회화는 결코 합의에 의한 과정이 아니며, 사회체계가 개인에게 미치는 억압적 영향이 개입되기 마련이다. 그럼에도 사회화 과정에 작동하는 권력관계가 개인의 선택과 자유에 근거한 행동을 억압하고 있다는 점에 관심을 기울이지는 않는다.

셋째, 구조기능주의 역할이론은 역할에 대한 행위자의 선택적 관여, 규범에 대한 저항, 창의적인 역할수행, 행위자의 주관적 측면 등 역할에 대해 행위자가 벌이는 주체적인 협상과 행동적 선택을 반영하지 못한다는 것이다(Jackson, 1998).

2) 상징적 상호작용주의 역할이론

상징적 상호작용론에 근거한 역할이론도 기본적으로 사회적 위치와 그에 관련된 행동적 기대로서 역할의 개념을 전적으로 부정하는 것은 아니다. 오히려 그러한 지위-역할개념을 출발점으로 하여 사회의 규범적 기대에 따른 단순한 역할 수행(role playing)을 넘어서는 행위자의 주체적, 주관적, 창조적인 역할 구성하기(role making)를 강조하고 있다. 역할 구성하기는 상징적 상호작용주의의 대표적 사상가로 간주되는 미드의 역할담당 혹은 타인의 관점 취해보기(role taking)을 통한 주체적인 상황정의와 그에 따른 능동적인 선택을 통해 구현되는 역할을 강조하고 있는 것이다. 많은 저술에서 상징적 상호작용론에 근거한 역할이론의 대표적 연구자로 랠프 터너(R. Truner)를 들고 있으나 고프만(Goffman)과 모레노(Moreno), 정체성이론을 발달시킨 스트라이커(S. Stryker) 등의 다양한 저술과 연구들은 모두 상징적 상호작용론에 근거한 역할이론이라 볼 수 있다. 다만 다음 장에서 정체성이론을 별도로 다룰 것이므로 여기서는 터너의 역할이론과 고프만, 모레노를 중심으로 상징적 상호작용론에 근거한 역할이론을 살펴보도록 한다.

(1) 랠프 터너의 역할이론

① 터너의 구조기능주의 역할이론 비판

터너는 구조기능주의적 역할이론에 대한 몇 가지 비판을 제기하고, 상징적 상호작용주의 관점에 충실하고 체계적인 역할이론을 제안하고자 하였다. 그의 구조기능주의 역할이론에 대한 비판은 다음과 같이 요약할 수 있다(Turner, 1978). 첫째, 구조기능주의자들이 사회체계를 지나치게 구조화된 관점으로 바라보는 한계가 있다. 구조기능주의자들의 주장은 역할이란 곧 규범, 지위, 규범적 기대가 실행된 것과 같은 개념이므로 굳이 역할이라는 개념을 도입하더라도 사회적 상호작용을 분석하는데 더 기여하는 점을 찾기 어렵다.

둘째, 구조기능주의 역할이론은 미드(Mead)의 역할담당(role taking)을 역할이론의 핵심적 개념으로 활용하지 못하였다. 상징적 상호작용주의에 따르면 사회적 상호작용에 참여하는 행위자는 역할담당 즉, 타인의 관점이나 역할을 취해보는 과정을 통해 자기에게 기대되는 역할을 주체적이고 역동적으로 파악할 수 있다. 이러한 역할담당 덕분에 항상 행위자는 역할에 대한 사회의 요구나 기대를 반영할 뿐만 아니라 역할에 대한 주체적 해석을 통해 새로운 역할을 구성해 나갈 수 있고, 그 과정에서 사회적 역할의 변화도 가능하기 때문이다. 구조기능주의자들은 사회적 상호작용과정에서 역할담당이 갖는 중요성을 간과하였기에 사회의 규범적 기대에 따른 수동적인 역할수행과 사회적 역할의 안정적 측면에만 치우친 이론으로 이어진 것이다.

셋째, 사회적 지위에 대한 규범적 기대 즉, 역할에 대해서는 대략적인 합의만 존재할 뿐이어서 행위자는 부득불 주체적으로 역할을 구성해 나가야 함에도 구조기능주의자들은 마치 역할이 권리와 의무의 목록으로 명확하게 존재하는 것처럼 가정한 점은 사회적 현실과 불일치한다. 구조기능주의자들이 가정하듯 역할이 구체적이고 엄격한 규범의 형태로 존재하여 순응만이 기대되는 것은 매우 예외적이며, 대부분의 역할은 협상이 가능하고, 행위자는 주체적으로 역할을 구성(role making)해 나갈 수 있는 가능성을 보장받기 때문이다.

넷째, 구조기능주의자들의 역할이론은 역할에 관한 다양한 가정이나 전제들의 집합에 불과할 뿐 하나의 체계적인 이론의 수준까지 발전하지는 않았다. 터너는 역할이론이 하나의 체계적인 이론의 요건을 갖추려면 역할, 행위자, 상호작용, 조직적 맥락, 역할과 행위자의 결합 등을 설명할 수 있는 명제와 가설들을 도출해 낼 수 있어야 한다고 믿었고, 그의 연구는 이러한 요인들 사이의 명제와 가설을 도출하는 작업으로 이어졌다.

특히 터너는 역할에 대한 사회의 문화적 정의 혹은 규범은 매우 모호하고 행동을 위한 보편적인 틀을 제공할 뿐이어서 사회적 지위를 점유한 사람들은 스스로 자신의 역할을 구성해 나가야 한다고 지적한다. 그는 행위자가 주체적으로 역할을 구성하고 있다는 근거로 세 가지 상황을 가정함으로써 역할구성의 개념을 명료하게 제시하고 있다(J. Turner, 1978). 첫째, 문화적으로 특정 역할에 대하여 느슨하게만 정의되어 있는 경우이다. 역할에 대한 규범적 정의가 모호하거나 대략적으로만 제시되어 있는데 역할을 수행하는 사람들의 행위를 살펴보면 매우 구체적이다. 그러므로 지위를 점유한 사람이 사회규범에 의해 제시된 역할을 수행하되, 사실은 주체적으로 해석하거나 가감하고, 선택적으로 판단하여 자신만의 독특한 역할을 만들어 내면서 역할을 수행하고 있는 것으로 보아야 한다는 것이다.

둘째, 사람들은 누구나 역할을 수행하고 있다고 가정할 때 행위자의 행동 이면에 존재하는 역할을 규정해야 하는 경우이다. 관찰하는 사람의 입장에서 볼 때 어떤 지위를 점유하고 있는 사람의 행위를 통해서 그가 수행하고 있는 역할 즉, 그가 해석하고, 정의한 그 역할의 내용을 귀납적으로 도출할 수 있을 것이다. 동일한 지위를 점유한 사람들의 행위가 상이하다면 각자가 역할을 고유하게 만들어 나가는 과정에 있다고 보아야 하기 때문이다. 사회적 상호작용에 참여할 때 서로의 행동을 역할로 묶는 것은 서로의 행동으로부터 일관성을 기대하고, 이러한 일관성이 전제되어야 사회적 상호작용이 원활하게 진행될 수 있기 때문이다. 이처럼 일관성 있는 역할을 규정하기 위해 사람들은 타인들의 행위로부터 역할을 도출하려 한다는 것이다. 즉, 역할은 명확한 형태로 사전에 존재하는 것이 아니라 사회구성원들의 행위를 통해 귀납적으로 도출되는 것이다. 그러므로 각 구성원들은 나름대로 자기의 관점에 근거해 어느 정도 고유한 형태로 역할을 만들어 나가고 있는 것으로 볼 수 있다.

셋째, 특정한 지위를 점유한 사람들은 그들에게 기대되는 역할에도 불구하고 스스로 무엇인가 단서를 표현함으로써 자기가 수행하는 역할의 독특한 면을 드러내는 경우이다. 이때 행위자는 규범적인 기대를 단순히 수행하는 것이 아니라 자기만의 방식으로 역할을 만들어 내면서 역할을 수행하고 있는 것으로 보아야 한다는 것이다. 이처럼 특정한 역할을 수행하는 행위자가 자신의 역할 수행에 관하여 특정한 메시지를 던지고, 그를 통해 상대방의 기대나 반응에 영향을 미치려 한다는 것은 그가 수행하려는 역할이 고정된 것이 아니라 그에 의해 주체적으로 만들어지고 있음을 시사하는 것이다. 그렇기에 주위 사람들은 행위자의 행동으로부터 역할과 관련한 신호를 읽어냄으로써 행위자가 만들어 내려는 역할이 무엇인지를 파악하고 정의함으로써 원활한 상호작용이 가능하게 된다.

이러한 세 가지 경우는 우리가 참여하는 사회적 상호작용은 잠정적이고, 진행 중인 과정으로서의 성격을 지님을 뜻한다. 이러한 터너의 역할이론에 따르면 역할을 수행하는 행위자들은 사회적 규범이라는 외적인 기준과 역할에 대해 주체적으로 해석하고 정의한 내적인 기준 모두에 근거해 자신의 행위가 역할에 부합한지를 검증할 필요를 지니게 된다. 내적으로는 역할이 타인과의 상호작용을 촉진하는가 하는 점에 근거하고, 외적으로는 사회적 규범에 부합하는가를 검증하게 되는 것이다.

② 역할과 사회적 상호작용에 관한 경향명제들

랠프 터너는 역할이론을 과학적 검증이 가능한 이론으로 발전시키기 위해 역할의 출현, 역할과 상호작용의 관계, 역할과 행위자의 관계, 역할과 조직적 환경, 역할과 사회 전체적 맥락 등에 관해 일련의 경향을 명제들로 제시하였다. 이러한 경향명제들은 역할과 관련된 주요한 조건들을 변수화 하여 경험적 검증을 가능하게 함으로써 역할이론의 발전을 위한 토대를 제공하는데 기여하였다(Turner, J. 1978).

● 역할의 출현
A. 어떤 상호작용 상황에서도 행동, 정서, 동기들은 역할로 칭할 수 있는 단위로 분류되는 경향이 있다.
B. 어떤 상황에서도 특정 행동의 의미는 행위자나 다른 사람들에게 귀속된 역할에 근거하는 경향이 있다.
C. 모든 역할과 관련하여 행위자의 특성, 행동의 특성, 상황의 특성과 관련한 독특한 측면은 그 역할을 확인해 주는 두드러진 단서가 되는 경향이 있다.
D. 역할을 수행하는 행위자의 행동이나 역할이 수행되는 맥락에 일관된 변화가 생기면 역할의 특성에 변화가 발생하는 경향이 있다.
E. 모든 역할은 사회적인 서열, 바람직함의 정도에 따라 평가되는 경향이 있다.

● 역할과 상호작용

F. 상호작용의 확립과 유지는 자신과 타인의 역할들의 등장과 확인에 근거하는 경향이 있다.

G. 각 역할은 관련 있는 다른 하나의 역할이나 역할들에 대한 포괄적 대처방식으로 형성되는 경향이 있다(역할 상보성의 경향, tendency for role complementarity).

H. 안정화된 역할들에는 합당한 기대가 부여되는 경향이 있다.

● 역할과 행위자

I. 역할구조가 확립된 후에는 행위자가 변경되어도 역할구조가 지속되는 경향이 있다.

J. 상호작용이 지속되는 동안 개인을 역할과 동일시하는 경향이 있고, 이에 상응하여 개인은 주어진 역할을 수용하려는 경향이 있다.

K. 자신의 역할이 타자의 역할에 적응하는 정도만큼 자신의 역할은 타자 역할의 관점을 통합하여 내포하는 경향이 있다.

L. 역할행동은 역할의 개념과 비교함으로써 그 적합성이 평가된다.

M. 행위자의 역할수행 적합성 정도가 다른 사람들이 행위자의 역할수행에 대한 반응과 보답을 결정하는 경향이 있다.

N. 행위자들은 역할 모순, 역할 갈등, 역할 부적합성을 감소시키며 역할적합성에 대한 만족을 높이는 방향으로 행동하는 경향이 있다.

O. 사회의 개인들은 역할관계의 목록을 그들의 행동의 준거틀과 타인의 행동에 대한 해석틀로 채택하는 경향이 있다.

P. 사람들은 자신들의 다양한 역할들 중에서 특정한 역할들을 자신들의 특징과 동일시함으로써 이러한 역할로부터 자아개념을 형성하는 경향이 있다.

Q. 자아개념은 관계있는 다른 사람들에 대해 효과적으로 적응하도록 돕는 역할들을 강조하는 경향이 있다.

R. 수행되어야 하는 역할들이 자아개념에 모순되는 정도만큼 그 역할들에 대해서는 역할거리가 할당되고, 개인적 몰입이 결여되었음을 나타내는 기제들이 채택되는 경향이 있다.

위의 경향명제들 중에서 I는 역할을 통해 상호작용이 제도화되면 상호작용에서 역할구조가 행위자보다도 더 지속적인 영향력을 발휘함을 뜻한다. 이러한 관점은 아래에서 제시된 역할과 조직 환경에 관한 경향명제들과 같이 구조기능주의자들의 역할이론과 일관적인 관점이라 할 수 있다. 그에 비해 J, K, N, O, R 등은 행위자가 사회적 상호작용에서 역할수용과 역할에 근거한 행동을 선택하며, 역할에 근거해 자기와 타인의 행동을 해석하고 평가하는 등 미드 및 블루머 등이 강조한 행위자의 주체적 상황정의와 행동선택을 강조하는 경향명제들이다.

또한 J, P, Q는 역할에 근거한 상호작용으로부터 자아개념이 형성되고, 자아개념을 통해 역할과 역할행동이 선택되는 경향이 있음을 제안하고 있다. 이 세 명제는 다분히 역할을 사회적 지위에 따르는 다소 엄격하고 고정된 행동적 기대라고 해석하여 행위자의 주체적 측면을 간과하는 구조기능주의 역할이론의 오류를 피하면서도 사회구조가 어떻게 행위자의 사회적 행동에 영향을 미치는지에 대해 진전된 관점을 보여준다. 동시에 사회구조가 개인의 행동에 미치는 영향은 미미하고 오히려 매번의 상호작용 상황에서 행위자의 주체적인 상황정의가 행동을 결정한다는 미드나 블루머의 주장과 같은 극단에 치우치지 않으면서도 사회적 구조의 영향과 행위자의 주체적인 상황해석과 행동선택이 어떻게 결합되어 지속적인 상호작용패턴을 보장할 수 있는지 설명해 준다.

● **역할과 조직 환경**

S. 역할이 조직 환경과 통합되는 정도만큼 조직의 목표가 역할분화, 평가, 상보성, 정당성이나 기대, 합의, 할당, 적합성의 평가에 결정적인 요소가 되는 경향이 있다.

T. 역할이 조직 환경과 통합되는 정도만큼 역할의 적합한 성격 정의, 역할에 대한 평가, 역할할당, 역할적합성 평가 등에 관한 권한이 특정 역할들에 귀속되는 경향이 있다.

U. 역할이 조직 환경과 통합되는 정도만큼 역할들은 조직의 지위에 결부되는 경향이 있다.

V. 역할이 조직 환경과 통합되는 정도만큼 역할들은 다양한 다른 사람들의 역할에 대한 적응패턴으로 발전하는 경향이 있다.

W. 역할이 조직 환경과 통합되는 정도만큼 역할의 지속성은 전통이나 공식화에 의해 강화되는 경향이 있다.

이러한 역할과 조직 환경에 관한 경향명제들은 사실상 린튼 등 구조기능주의자들의 지위및 역할 개념, 역할이론과 근본적으로 다르지 않다. 즉, 터너는 구조기능주의자들의 역할이론의 주요 가정을 수용하면서 동시에 미드와 블루머가 강조하고 있는 행위자의 주체적 측면을 간과하지 않으려 했던 것으로 이해할 수 있다.

- 역할과 사회 전체적 맥락

X. 다른 맥락에 존재하는 유사한 역할들은 다른 관계에서 나타나는 하나의 역할로 인정되는 경향이 있다.

Y. 역할이 보다 일반적인 사회적 맥락과 상황을 참조하는 정도에 따라 역할은 사회가치에 연결되는 경향이 있다.

Z. 사람은 서로 일관된 역할들을 할당받고, 일관된 역할들을 수용하는 경향이 있다.

③ 역할과 사람의 병합(Role-Person Merger)

터너는 특정한 상황이나 조건에 따라 역할과 역할을 수행하는 사람 사이에는 동일시가 일어나는 정도가 결정된다고 가정하고, 역할과 행위자의 동일시를 결정하는 다양한 조건들에 관한 경향명제들(tendency propositions)을 제시하였다. 역할과 행위자의 병합에 관한 터너의 이론은 첫째, 어떤 조건에서 행위자 자신이 다른 역할들보다도 특정한 역할과 자기를 동일시하는가, 둘째, 어떤 조건에서 관찰자는 역할과 역할 수행자를 동일시하는가에 대한 경향명제들로 제안되었다(J. Turner, 1978).

터너는 다음과 같은 특수한 조건에 따라 행위자 자신이 특정한 역할과 자기를 동일시하는 정도가 결정된다고 보았다(J. Turner, 1978;R. Turner, 1978).

A. 역할이 높게 평가될수록 그 역할과 자아를 결합시키려는 경향이 강할 것이다.

B. 수행이 용이한 역할일수록 그 역할과 자아를 결합시키려는 경향이 강할 것이다.

C. 적절하게 수행할 수 있는 역할 중 가장 높이 평가받는 역할과 자아를 결합시키려는 경향이 강할 것이다.

D. 역할수행에 대한 평가가 쉬울수록 높은 평가가 주어지는 역할과 자아를 결합시키려는 경향은, 자아를 가장 적절하게 수행할 수 있는 역할과 결합시키려는 경향에 의해 조절될 것이다.

E. 개인의 사회적 세계가 특정 역할의 관계망보다 더 넓을 때 그 역할과 자아를 결합시키려는 경향은 그 역할에 대한 평판에 더욱 의존할 것이다.

F. 내적 유익이 클수록 그 역할과 자아를 결합시키려는 경향이 강할 것이다.

G. 역할의 취득, 유지, 학습에 드는 시간과 노력이 클수록 그 역할과 자아를 결합시키려는 경향이 강할 것이다.

H. 역할의 취득, 유지, 학습에 드는 희생이 클수록 그 역할과 자아를 결합시키려는 경향이 강할 것이다.

I. 역할이 공식적으로 시행되는 것일수록, 그 역할을 설명하고 정당화해야 하는 필요성이 많을수록 그 역할과 자아를 결합시키려는 경향이 강할 것이다.

J. 역할긴장이 해소되지 않고 지속될수록 그 역할과 자아를 결합시키려는 경향이 강할 것이다.

한편 터너는 다음과 같은 조건들에 따라 관찰자들과 역할 수행자 자신이 역할과 역할을 수행하는 행위자의 자아를 동일시하려는 경향이 결정된다고 보고 경향명제들을 제안하였다(J. Turner, 1978;R. Turner, 1978). 이러한 경향명제들은 역할의 외양(appearance), 역할의 효과(effects), 복수의 배경(multiple settings)에 따라 역할과 역할수행자를 동일시하는 정도에 관한 명제들로 구성된다.

- 역할의 외양에 관한 역할병합 경향명제들

A. 역할에 대한 행위자 할당에 있어 융통성이 낮을수록 사회집단의 구성원들은 그 역할과 역할을 수행하는 행위자의 자아를 동일시하는 경향이 강하고, 행위자 역시 역할과 자기를 동일시하는 타인들의 견해를 수용하는 경향이 더욱 강할 것이다.

B. 역할이 매우 세밀하고 엄격하게 분화(규정)되어 있을수록 사회집단의 구성원들은 그 역할과 역할을 수행하는 행위자의 자아를 동일시하는 경향이 강하고, 행위자 역시 역할과 자기를 동일시하는 타인들의 견해를 수용하는 경향이 더욱 강할 것이다.

C. 역할들 사이의 관계가 갈등적일수록 사회집단의 구성원들은 그 역할과 역할을 수행하는 행위자의 자아를 동일시하는 경향이 강하고, 행위자 역시 역할과 자기를 동일시하는 타인들의 견해를 수용하는 경향이 더욱 강할 것이다.

D. 역할 적합성에 대한 판단이 높고 일관적일수록 사회집단의 구성원들은 그 역할과 역할을 수행하는 행위자의 자아를 동일시하는 경향이 강하고, 행위자 역시 역할과 자기를 동일시하는 타인들의 견해를 수용하는 경향이 더욱 강할 것이다.

E. 역할이 어렵다고 인식될수록 사회집단의 구성원들은 그 역할과 역할을 수행하는 행위자의 자아를 동일시하는 경향이 강하고, 행위자 역시 역할과 자기를 동일시하는 타인들의 견해를 수용하는 경향이 더욱 강할 것이다.

F. 역할에 대한 평가가 긍정적이든 부정적이든 극단에 치우칠수록 사회집단의 구성원들은 그 역할과 역할을 수행하는 행위자의 자아를 동일시하는 경향이 강하고, 행위자 역시 역할과 자기를 동일시하는 타인들의 견해를 수용하는 경향이 더욱 강할 것이다.

G. 역할의 사회적 위상이 높기나 낮거나 극단에 치우칠수록 사회집단의 구성원들은 그 역할과 역할을 수행하는 행위자의 자아를 동일시하는 경향이 강하고, 행위자 역시 역할과 자기를 동일시하는 타인들의 견해를 수용하는 경향이 더욱 강할 것이다.

● 역할의 효과에 관한 역할병합 경향명제들

H. 역할에 부여된 잠재적 권한과 재량권이 강할수록 사회집단의 구성원들은 그 역할과 역할을 수행하는 행위자의 자아를 동일시하는 경향이 강하고, 행위자 역시 역할과 자기를 동일시하는 타인들의 견해를 수용하는 경향이 더욱 강할 것이다.

I. 역할동일시에 근거한 사회구성원들과 역할 수행자 간의 결속이 강할수록 사회집단의 구성원들은 그 역할과 역할을 수행하는 행위자의 자아를 동일시하는 경향이 강하고 행위자 역시 역할과 자기를 동일시하는 타인들의 견해를 수용하는 경향이 더욱 강할 것이다.

J. 행위자와 사회적 집단 내에서 역할관계가 강할수록 사회집단의 구성원들은 그 역할과 역할을 수행하는 행위자의 자아를 동일시하는 경향이 강하고, 행위자 역시 역할과 자기를 동일시하는 타인들의 견해를 수용하는 경향이 더욱 강할 것이다.

● 역할과 복수의 배경에 따른 역할병합 경향명제들

K. 역할이 위치한 배경이 넓을수록 사회집단의 구성원들은 그 역할과 역할을 수행하는 행위자의 자아를 동일시하는 경향이 강하고, 행위자 역시 역할과 자기를 동일시하는 타인들의 견해를 수용하는 경향이 더욱 강할 것이다.

L. 역할의 단서들이 더 두드러지고 넓게 관찰될수록 사회집단의 구성원들은 그 역할과 역할을 수행하는 행위자의 자아를 동일시하는 경향이 강하고, 행위자 역시 역할과 자기를 동일시하는 타인들의 견해를 수용하는 경향이 더욱 강할 것이다.

M. 역할이 집단이나 조직의 목표와 성격을 나타내는 정도가 강할수록 사회집단의 구성원들은 그 역할과 역할을 수행하는 행위자의 자아를 동일시하는 경향이 강하고, 행위자 역시 역할과 자기를 동일시하는 타인들의 견해를 수용하는 경향이 더욱 강할 것이다.

N. 특정 배경의 역할이 다른 배경의 역할할당이나 역할수행에 미치는 영향력이 강할수록 사회집단의 구성원들은 그 역할과 역할을 수행하는 행위자의 자아를 동일시하는 경향이 강하고, 행위자 역시 역할과 자기를 동일시하는 타인들의 견해를 수용하는 경향이 더욱 강할 것이다.

O. 역할이 역할수행자의 더 광범위한 역할과 조화롭고, 더 광범위한 역할에 의존한다고 인식될수록 사회집단의 구성원들은 그 역할과 역할을 수행하는 행위자의 자아를 동일시하는 경향이 강하고, 행위자 역시 역할과 자기를 동일시하는 타인들의 견해를 수용하는 경향이 더욱 강할 것이다. 예컨대 여성이 가족부양을 위해 직업을 갖더라도 남성이 가족부양을 위해 직업을 갖는 것에 비해서는 직업적 역할과 그 여성을 동일시하는 정도는 낮다. 마찬가지로 초등학교 교사의 역할은 대학교수의 역할보다 여성에게 더 적절한 것으로 인식되고 그로 인해 초등학교 교사의 역할과 여성이 동일시되는 정도는 대학교수와 여성의 동일시보다 높을 것이다.

P. 역할할당이 일시적인 것으로 인식될수록, 역할의 내용이 이전의 역할이나 이후의 역할과 일관성이 낮을수록 사회집단의 구성원들은 그 역할과 역할을 수행하는 행위자의 자아를 동일시하는 경향이 강하고, 행위자 역시 역할과 자기를 동일시하는 타인들의 견해를 수용하는 경향이 더욱 강할 것이다.

이처럼 행위자 자신과 상호작용하는 집단의 구성원들이 역할과 행위자를 동일시하는 역할병합에 관한 경향명제들은 이후 다양한 연구들에 의해 검증이 시도되었고, 특히 다음 장에서 소개되는 정체성이론의 중요한 토대가 되었다. 랠프 터너의 역할이론이 갖는 특유의 장점은 구조기능주의 역할이론의 지나친 결정론과 미드 및 블루머의 지나친 상황중심적 상호작용이론의 한계를 극복하는 토대를 제공했다는 점이다. 그는 역할을 통한 상호작용이 전개되면 행위자 본인이나 관찰자에게 역할과 행위자를 동일시하는 현상이 나타날 수 있고, 다양한 조건에 따라 이러한 동일시 정도에 차이가 있을 수 있음을 검증 가능한 명제의 형태로 제시했다는 점이다. 터너의 경향명제들은 당시 역할이론의 한계 속에서 행위자와 관찰자, 사회적 맥락과 관련하여 대략적인 경향들을 직관적으로 제시한 것에 불과한 것으로 볼 수 있다. 그럼에도 역할과 행위자의 동일시는 역할이 곧 행위자의 자아개념으로 발전하고, 행위자의 자아개념이 특정 상황에서 역할과 역할행동을 예측하는 변인이 될 수 있다는 그의 경향명제들은 다양한 구조적 상징적 상호작용론의 발전에 크게 기여한 것으로 평가할 수 있다.

(2) 고프만의 연극론적 역할이론

고프만의 이론이 연극론(dramaturgy)으로 불리는 것은 행위자들이 상호작용 상황에서 자신의 목적을 추구하기 위해 대본, 무대, 소품, 역할들을 의도적으로 연출하는 현상들을 풍자적으로 표현한 데서 기인한다. 일부 비평가들은 사회적 상호작용에 참여하는 행위자들이 일종의 사기꾼들처럼 자신의 실제가 아닌 것을 가상적으로 꾸며 연기하려 하고, 이러한 행위자들로 구성된 사회는 매우 부정적으로 인식될 개연성이 높다는 점에서 고프만의 연극론적 분석을 비판하기도 한다(Elliott, 2007; Turner, 2003). 그럼에도 그의 연구는 미드, 블루머 등 시카고학파의 전형적인 상징적 상호작용론자들이 강조하는 바와 같이 행위자의 주관적인 의도, 해석, 선택과 반응을 강조한다는 점에서 상징적 상호작용론의 전통을 따르는 연구접근으로 볼 수 있다.

① 일상생활에서 자아의 인상 관리

고프만의 연극론적 역할이론에 대한 정확한 이해를 위해서는 그의 대표 저작 '일상생활에서 자아인상관리(The Presentation of Self in Everyday Life, 1959, 1987)'에 근거하여 그가 인간의 사회적 상호작용을 어떻게 인식하고 있는지 핵심적 전제들을 검토하는 것에서 출발할 필요가 있다. 그에 따르면 사회적 상호작용에 참여하는 사람들은 타인들이 자기에게 어떻게 반응해야 하는지에 관한 정보를 끊임없이 제시하고 있으며, 이러한 자기에 관한 정보 제시는 자신의 정체성이나 자아가 특정한 양상으로 비쳐지기를 희망하기 때문이다. 행위자는 자신이 제시한 정보에 따라 자신이 기대한 반응을 상대방으로부터 얻어내게 된다면 자신이 기대하는 정체성과 자아가 확립되고, 자신이 가정한 사회적 상황에 대한 정의가 확보된다고 여긴다. 이처럼 행위자는 정체성 및 자아의 확립과 사회적 상황정의를 주도하기 위해 다음과 같은 역동적 과정을 이끌어나가게 된다(Goffman, 1959; Turner, 2003).

첫째, 행위자는 무대전면(front stage)을 연출한다. 무대전면은 물리적 세팅과 외양, 고정된 장비(가구와 같이)와 기타 소품들을 사용함으로서 특정 인상을 창조한다. 무대전면은 1) 표현적 장비들(정서, 에너지, 다른 표현 역량들), 2) 사교, 직업, 여가활동 등과 연관된 개인의 사회적 위치와 지위, 의례적 상태를 시사하는 외양들과 상징들, 3) 개인이 수행하려는 역할을 타인들에게 시사하는 매너와 상징들을 포함한다. 특히 세팅, 소품, 표현적 장비들의 활용, 사회적 지위, 다양한 행동양식에 대한 즉시성(spontaneity)의 표현,

특정한 역할을 담당하려는 노력 등은 모두 일관적이어야 할 필요가 있다. 통상 사회적인 무대전면의 수는 제한되어 있고, 사람들은 무대전면이 어떠한지 잘 알고 있다고 가정된다. 그래서 이미 확립된 역할을 수행하려 한다면 그와 관련된 무대전면은 이미 확립되어 있는 경우가 대부분이다.

둘째, 사람들은 특정한 상황정의에 충실한 사인들을 활동에 주입하기 위해 제스쳐를 사용하여 극적인 연출을 시도한다. 무대전면을 연출하는데 어려움을 경험할수록 극적인 연출에는 그만큼 더 어려움이 따를 수 있다.

셋째, 사람들은 사회적으로 인정된 가치를 수용하거나 나타내는 방식으로 자기를 연출하기(이상화) 위해 노력한다. 이상적 연출을 위해서는 보편적 가치와 상충되는 요소들을 억압하고, 감추고, 제한해야 하는 어려움이 따른다.

넷째, 이상적 연출을 위한 적절한 은폐는 연출 통제를 위한 일반적 과정의 일부분이다. 타인들은 미세한 단서나 사인을 감지하여 상황을 정의하는 경향이 있기에 행위자는 근육의 움직임, 참여할 때 보내는 신호들, 무대전면의 통합적 관리, 상호작용에 대한 적합성 등을 통제해야 한다. 현실에 관한 인상은 아주 사소한 실수를 통해서도 손상될 수 있는 민감한 것이므로 행동과 상황정의 사이의 미세한 불일치도 상호작용을 전적으로 뒤흔들 수 있으므로 행위자는 극도의 주의를 기울이게 된다.

다섯째, 사람들은 잘못된 연출에 관여할 수도 있다. 특히 청중들은 제스쳐를 파악하고 무대전면을 확정지으려 열중하므로 무대전면은 사람들을 조작이나 기만에 취약하게 하는 경향이 있기 때문이다.

여섯째, 사람들은 청중들이 자기를 존경하고, 기존의 상황정의를 유지할 목적으로 타인들과 거리를 설정함으로써 자기를 신비화 하는 경향이 있다. 다만 그러한 신비화는 그가 차지하는 사회적 지위가 높아야 가능하다.

일곱째, 사람들은 자신의 수행이 실제처럼 보이도록 하고, 자신의 수행이 속임수라는 인상을 주지 않도록 노력한다. 그러므로 사람들은 타인들과 의사소통하거나 타인들 앞에 드러날 때 진실되고, 자연스럽고, 즉시성이 있는 것처럼 보이려 한다.

성공적 자기연출을 보장하고 이를 통해 특정한 상황정의를 창조하려는 절차들은 고프만의 연극론적 이론의 핵심이다. 위에 제시한 기본적 가정들은 그의 후속 연구들 속에서 정교화 되고 확대되었다. 그의 연구들은 상호작용 속에서 개인은 자신의 수행을 통합적으로 관리하며, 때로는 기만적이고 조작적으로 관리함으로써 특정한 상황정의를 유지하려 한다는 기본 전제에 근거하고 있다.

② 의식(Ritual)과 역할(Role)

고프만의 연구에서 인간의 사회적 상호작용은 개인 간 혹은 집단 간 행동적 교류를 통해 전개되며, 이때 행동적 상호작용은 정형화되어 특정한 상황정의를 이끌어 내고 자아를 연출하려는 행위자에게 상황 및 자아에 관한 정보를 제공하는 상징으로 활용된다. 고프만은 상호작용에서 활용되는 정형화된 행동패턴과 관련하여 의식(ritual)과 역할(role)의 개념을 활용하였다(Turner, 2003).

고프만은 일상적인 상호작용에서 개인의 행동은 정형화되는데 정형화된 행동들(rituals)이 상호작용을 안내하고, 유지하는데 중요하다고 보았다. 특히 상대방에 대한 존중을 나타내는 의식(deference ritual)과 태도 의식(demeanour ritual)이 중요하다고 본다. 존중 의식은 상대방에게 적절한 거리를 할당하여 상대방과 이상적인 거리를 유지하는 회피적 의식(avoidance ritual)과 향후 상호작용에서 상대방을 어떻게 처우할 것인지에 대한 정보를 전달하는 연출 의식(presentation ritual)으로 구성된다. 이러한 회피적 의식과 연출 의식의 순환적 전개를 통해 상호작용에 참여하는 사람들은 서로를 존중하여 거리를 유지하면서도 때때로 접촉함으로써 뭔가 일을 성취하려 한다는 것이다. 태도 의식은 태도, 복장, 소지품 등을 통해 자신이 어떤 특성의 사람인지 알려주는 기능을 한다. 태도 의식을 통해 사람들은 타인에게 자신의 이미지를 전달하고 동시에 자신이 신뢰할 수 있고, 진실하며, 재치 있는 사람임을 보여주려 한다(Goffman, 1967; Turner, 2003에서 재인용).

고프만은 역할을 일련의 타인들 앞에서 수행하는 활동들이며, 타인들이 수행하는 활동들과 결합되는 것으로 보았다. 그의 역할개념은 랠프터너의 역할구성하기(role making)와 밀접한 관련이 있다. 즉 행위자가 주체적으로 역할을 만들어 나가지만 역할 만들기에서 중요한 것은 전체적인 상황정의에 부합하는 방식으로 역할을 구성해야 한다는 점이다. 전체적인 상황정의는 행위자가 주도하는 것이지만 동시에 대표적인 상황들에 대해서는 주위의 타자들이 그 정의를 이미 공유하고 있다는 점도 간과할 수 없다. 그러므로 행위자는 역할을 확립하려 할 때 상황 속에서 전달되는 자신의 인상이나 특성이 역할과 부합하는지 확인하고, 주위의 관찰자들 또한 그가 보여주는 특성과 역할이 부합한다고 인식하는지 확인하는 것이 중요하다. 이를 위해 행위자는 구체적인 상황 속에서 역할을 구성할 때 자기의 태도, 타인들 앞에서 연출된 자아, 무대전면이 일관성을 지니도록 주의를 기울이게 된다(Turner, 2003).

하지만 행위자가 시도한 역할과 자기연출과 관련된 부대적인 조건들 사이에 불일치가 명백하게 드러난다면 상황에 참여하는 타인들은 그 행위자에게 은밀한 단서나 제스쳐를 통해 재제를 가하려 시도하게 된다. 그 행위자의 역할과 주위 사람들의 행동 사이에 불일치 혹은 부조화가 발생되면 그들 사이에 이미 존재하는 상황정의와 그러한 상황정의가 촉진하는 현실감각과 상호작용에 혼란이 야기되고 기존의 상호작용질서가 와해될 수 있기 때문이다. 그러므로 행위자의 역할은 타인들의 반응과 응답에 의존한다. 타인들의 현실감각은 부분적으로 그 행위자의 성공적이고 적합한 역할 수용에 달려있기 때문에 일단 역할이 확립되고 나면 행위자는 상황 속에서 역할을 변화시키기가 어렵다. 그렇기에 행위자는 다양한 연출을 통해 자신이 의도한 역할을 제시하고, 이를 타인들로부터 승인받기 위해 의도적으로 노력한다.

고프만의 역할이론은 행위자의 의도적인 자기연출과 그에 대한 타인들의 반응(응답)을 강조하는데, 행위자의 역할에 대한 주체적 반응을 설명하는 대표적 개념이 역할거리(role distance)이다. 종종 사람들은 상황 속에서 자신의 인상과 역할이 양립하기 어려움을 발견하므로 행위자는 역할과 거리를 둔다. 역할거리(role distance)는 행위자의 역할 수용(role embracement)의 정도를 나타내는 개념이다. 사람이 특정 역할에 대해 밀착하고, 참여하는 정도는 상이한데 한쪽 극단이 역할거리(role distance)이고 다른 극단이 역할몰두(role engrossment)이다. 고프만은 만일 진행되는 일들에 대한 통제력이 행위자 자신에게 주어져 있는 경우에는 역할몰두가 일어나기 쉽지만 행위자의 역할이 종속적일 때는 역할거리가 나타나기 쉽다고 가정하였다(Turner, 2003). 이러한 역할거리의 개념은 행위자가 주체로서 역할과 자아를 구분하여 대처할 수 있으며, 이 둘을 때로는 연결 짓고, 때로는 분리할 수 있음을 보여준다(Elliott, 2007). 즉 역할거리 개념은 행위자가 역할을 적극적으로 취하기도 하고, 멀리하기도 함으로써 자아를 연출하고 특정한 상황정의를 주도하는 주체적 존재임을 시사한다.

뿐만 아니라 고프만의 역할거리 개념은 개인이 동시에 다양한 역할에 근거한 자아개념들을 보유할 수 있고, 이러한 역할들에 근거한 자아개념들을 의도에 따라 선택적으로 연출함으로써 특정한 역할에 근거한 상호작용을 주도할 수 있음을 시사한다. 교사가 강의 중에 일상적 농담을 함으로써 학생들과 공감대를 형성하려 하거나 의사가 수술 중에 간호사들과 농담을 주고받으면서 자신의 취미생활이나 가정사에 대해 언급하는 것들은 다른 역할에 근거한 정체성을 밝힘으로써 그가 전개하려는 상호작용을 예고하는 대표적 사례라 할 수 있다. 물론 교도소나 요양시설, 정신병원 등과 같이 총체적 시설에서는 자신이 원하는 역할이나 정체성을 제시하거나 연출하는 것이 어렵고, 오히려 시설이 구축한 환경에 부합하는 역할과 정체성을 떠안게 될 개연성이 높다(Charon, 1995; Goffman, 1961).

③ 상호작용과 자아

고프만은 자아(self)를 매우 상황적이며, 타인들의 반응에 의존적인 것으로 본다. 고프만은 대부분의 저술에서 한 개인의 인격을 구성하는 핵심적이고, 초상황적인 자아 개념, 즉, 상황이 바뀌더라도 지속되는 인격이나 정체성이 존재한다는 것을 대체로 부정하는 것으로 평가되고 있다. 하지만 자아를 타인의 반응에 의해 승인되기도, 부정되기도 하는 것으로 보는 고프만도 자아가 무대 전면에서의 수행을 제한하는 영향력을 지닌다는 점은 명확하게 인정하고 있다(Turner, 2003).

비록 핵심적인 자아나 초상황적인 자아를 부정하지만 고프만은 사람들이 특정 상황이나 타인들과의 상호작용 속에서 자신의 특정 이미지를 연출하려고 노력하며, 모든 만남에서 타인들이 이러한 자기이미지 연출에 대해 어떻게 반응하느냐가 중요하다고 본다. 만남 속에서 행위자는 일련의 언어적, 비언어적 행동노선을 통해 상황에 대한 자신의 관점을 보여주며, 이를 통해 참여자들과 자기에 대한 관점도 보여준다. 즉, 사람들은 타인들과 상호작용 속에서 자신의 행동패턴을 발전시켜 나가는데, 그러한 행동패턴으로부터 타인들이 인식하고 기대하는 긍정적인 가치, 즉 사회적 얼굴(face)을 유지하려 한다. 만일 자신이 표현한 행동패턴이 타인들에 의해 부적절한 것으로 인식되고, 수용되지 않으면 그는 사회적으로 바람직한 얼굴을 상실하므로 그의 사회적 얼굴은 부정적 인상을 지니게 된다. 사람들이 보유한 사회적 얼굴은 주위사람들의 사회적 승인에 의해 존립하게 되므로 사회로부터 빌려온 것이라 볼 수 있고, 사회적으로 적합한 방식으로 행동하지 않을 때는 언제든지 사회는 그에게서 사회적 얼굴을 박탈하게 된다(Charon, 1995; Turner, 2003).

고프만은 사람들이 만남에 있어 지켜야 할 핵심적 규범은 자기존중이라 보았고, 자기존중을 유지하려면 정교한 책략과 예절, 타인들의 사회적 얼굴을 통해 자기의 사회적 얼굴을 유지해야 하는 것으로 보았다. 이러한 사회적 얼굴을 통한 상호작용은 시선교환에 의해 시작되고, 다양한 의식적 행위들을 통해 진행되는데 참여자는 각각의 사회적 얼굴들을 유지하기 위해 노력하며, 필요하다면 제재를 통해 각 행위자를 적합한 행동패턴 속으로 밀어 넣는 시도를 하게 된다. 그들은 자신들만의 사회적 얼굴을 유지하기 위해 특정한 장면을 피하려 하거나 특정한 상황 속에 끼어들려고 하고, 교묘한 책략과 예절을 수단으로 사용하게 된다. 이러한 상호작용의 특성 때문에 사람들은 물리적 장치들, 생태학적 공간, 사적 공간(신체적 공간)을 포함하는 자아의 영토(the territories of self)를 지키려 시도한다(Turner, 2003). 이러한 자아영토가 행위자의 통제 아래 있어 행위자의 의도대로 연출될 수 있다면 자신의 행동패턴을 구사하기가 쉽고, 자기의 사회적 얼굴을 유지하는데도 도움이 되기 때문이다.

(3) 모레노(J. Moreno)의 역할이론

역할이론이 구조기능주의적 전통과 상징적 상호작용론적 전통으로 양분되면서 현재의 역할이론이 다양한 인간서비스 분야에서 사정, 진단과 치료 관련 기법을 풍부하게 제공하는 수준까지 발전한 데는 모레노의 기여가 절대적이었던 것으로 평가된다. 그럼에도 구조기능주의 사회학 이론에 근거한 역할이론과 상징적 상호작용론에 근거한 역할이론이 주로 소개되면서 모레노의 역할이론은 그의 심리드라마(psychodrama)에 관한 저술들에 간간이 언급되는 정도에 지나지 않는다. 통상 모레노는 상징적 상호작용주의자로 분류되지는 않는다. 그럼에도 조나단 터너는 상징적 상호작용론으로 분류되는 역할이론의 중요한 사상가로 그를 포함하고 있다(Turner J. 1978). 이는 모레노가 발전시킨 심리드라마이론의 역할개념이 상징적 상호작용론의 역할개념과 유사점이 많기 때문이다. 이에 본 장에서는 모레노의 역할개념, 역할에 관한 관점, 심리드라마에 관련된 주요 가정들을 함께 소개하고자 한다.

① 역할과 관련 개념

모레노는 역할(role)이 1900년대 초의 미드, 린튼, 파슨스 등의 사회학자들에 의해 고안된 개념으로 인식되는 것이 현실이지만 사실은 고대 프랑스에서 유래한 개념으로 연극의 배우들에게 대본을 읽어주는 사람이 사용하던 연극대본 두루마리 rotula에서 유래하였다고 주장한다. 따라서 역할은 사회학의 전유물이 아니며, 그 기원은 고대 유럽의 연극에 있다는 것이다.

모레노는 다양한 저술에서 역할을 타인들이나 대상들과 상호작용해야 하는 특정한 상황에서 개인이 수행하는 기능적 형태(functioning form)를 추상화 한 것이며, 자아가 의도적으로 채택하는 실체라고 보았다. 이러한 기능적 형태는 과거의 경험과 문화적 패턴에 의해 만들어지며, 모든 역할은 사적 측면과 공적 측면이 혼합되어 있는 실체이다. 사람은 누구나 역할을 수행하는 존재이며, 자아는 역할수행으로 인해 등장한다고 가정했다. 그는 역할이 정신의학과 사회학을 연결시키는 가교와 같은 개념이며, 다양한 학문 영역에서 공유되어 사용되는 개념이라 주장하였다(Moreno, 1961).

모레노는 사실은 상징적 상호작용론의 초기 사상가인 미드보다 1년 앞서 출간한 책에서 역할과 자아의 개념이 서로 어떤 관련을 갖는지에 대해 언급하고 있을 정도로 역할개념에 대해 관심이 높았다. 모레노(1934)는 자아(ego)란 행위자가 수행하는 역할(role) 안에서 작용하는 실체라 여겼고, 역할개념을 활용히는 것이 성격(personality)이나 자아(cgo)를 활용하는 것보다 방법론적 측면에서 유용하다고 보았다. 결코 역할이 자아로부터 출현하는 것은 아니며, 역할은 자아보다 앞서 출현하며, 자아는 역할로부터 출현한다고 보았다. 그는 역할을 문화적으로 인지되고 기술될 수 있는 행동들의 군집으로 가정했다(Ridge, 2009).

모레노는 역할을 다양한 유형으로 구분하였는데 역할을 자아의 사회적 차원을 표현하는 사회적 역할(social role), 자아의 신체적 측면을 표현하는 심리신체적 역할(psychosomatic role), 자아의 심리적 측면을 표현하는 심리드라마적 역할(psychodramatic roles)로 구분한 것은 매우 인상적이다. 그는 이러한 세 유형의 역할이 인간의 발달단계에 있어 우선적으로 발달하는 순서가 있다고 주장하였다. 첫째, 신체심리적 역할로 먹는 역할(eater)과 성적 역할 등이 우선적으로 발달한다. 어머니와 아기 사이의 음식섭취과정에서 먹는 역할이 나타나는데 이러한 역할은 유아기에 발달한다. 둘째, 심리드라마적 역할의 발달이 이루어진다. 역할 바꾸기(role reversal), 역할 확인(role identification), 이중역할(double playing) 및 거울역할(mirror playing) 등과 같은 심리드라마적 역할이 발달하면서 역할을 활용한 정신적 사고가 촉진되어 정신적 발달에 기여한다. 셋째, 사회적 역할은 인간의 발달에서 비교적 나중에 등장하며, 심리신체적 역할과 심리드라마적 역할과 같은 과거의 경험에 근거해 발달한다(Moreno, 1961; Ridge, 2009).

한편 모레노는 역할에 대한 행위자의 즉시성(spontaneity)의 정도 즉, 행위자에게 얼마나 주체적으로 창의적으로 역할을 수행할 수 있는 자유가 주어지는가에 따라 역할에 대한 행위자의 반응 혹은 행동양식을 유형화 했다. 첫째, 역할담당(role taking)은 이미 확립된 역할로서 일체의 변이가 허락되지 않는 경우 행위자가 단순히 역할을 받아들여 수행하는 것을 뜻한다. 둘째, 역할수행(role playing)은 어느 정도 역할과 관련된 기본 기술을 습득한 후 행위자의 주체적 측면이 미세하게 반영된 역할 수행과정을 뜻한다. 셋째, 역할창조(role creating)는 역할과 관련한 상당한 훈련과 학습, 경험을 거쳐 스스로 자기에게 적합한 역할을 만들어 낼 수 있는 경우를 뜻한다(Moreno, 1961). 이러한 역할에 대한 행위자의 행동양식은 앞서 소개한 상징적 상호작용론의 역할담당하기(role taking)가 타인의 관점을 취해보는 정신적 작용을 강조하고, 랠프 터너의 역할구성하기(role making)가 행위자의 주체적인 역할수행을 강조하였던 것과는 일정부분 공통된 의미를 지니기도 하지만 차이도 있다. 즉, 역할 담당은 구조기능주의 사회학자들이 가정하였던 사회적 지위에 따라 매우 엄격하고 구체적으로 제시되는 권리와 의무의 목록 같은 규범적 기대로서의 역할 개념과 근접한다. 그에 비해 역할 창조는 비록 기술적인 부분에 초점을 맞추기는 했지만 행위자가 주체적으로 역할을 만들어 나가면서 수행하는 것을 강조한다는 점에서 랠프 터너의 역할구성하기와 유사하다.

그 외에도 모레노는 역할을 그 기원에 따라 집합적 역할과 개인적 역할, 역할의 양적 측면에 따라 결핍된 역할, 적절한 역할, 과다한 역할로 분류하였고, 역할의 일관성에 따라 높은 정도에서부터 낮은 정도까지 구분할 수 있다고 보았다. 역할의 서열에 있어서는 지배적 역할과 열등한 역할, 탄력성에 있어서는 탄력적 역할과 경직된 역할이 존재할 수 있다고 본다(Moreno, 1961).

모레노에게 있어 역할은 사회적 세계를 무의식의 세계로 전환시킴으로써 사회적 세계에 형체와 질서를 부여하는 기능을 한다. 사람들은 일련의 다양한 역할들을 통해 자기를 발견하며 상응하는 다른 역할들을 통해 자기 주위의 타인들을 경험하게 된다. 사람들이 지각하는 자아는 곧 행위자가 역할관계에서 타인들과 상호작용하면서 수행하는 역할들과 일치하므로 자아와 역할은 지속적으로 상호작용을 한다. 인간은 발달과정에서 공식적인 역할들을 경험하게 되는데 사람들마다 개인의 동기에 따라 상이한 역할들에 참여하게 되고, 역할들에 참여하는 시기도 차이가 있다. 사람들이 공식적인 역할들을 담당하면서 그에 결부된 사회적 압력도 경험하게 되고 그 결과 불안을 느끼기도 한다(Moreno, 1961).

모레노의 역할 관련 개념 중 사회학적 연구에 깊은 함의를 지니는 것으로 역할병리 (role pathology)를 들 수 있다. 이는 퇴행적인 행동은 진정한 의미에서 퇴행이 아니라 일종의 병리적인 역할의 수행으로 보아야 한다는 것이다. 예컨대 편집적 행동은 다양한 역할 시나리오들 중에서 오로지 하나의 역할과 관련한 매우 왜곡된 역할수행으로 볼 수 있다. 그들은 실제 상황에서 적절한 수준으로 역할을 수행할 수 없으므로, 역할을 과도하게 수행하거나 또는 과소 수행하는 것으로 볼 수 있다(Moreno, 1961).

② 심리드라마와 역할

모레노의 심리드라마이론은 역할이론을 기반으로 하고 있으며, 심리드라마를 개인과 집단의 문제를 표현하고, 진단하고, 치료하는 데 활용하기 위한 이론적 근거, 기법, 분석을 다루고 있다. 심리드라마는 개인의 문제 혹은 집단구성원들이 공유하고 있는 문제를 해결하기 위해 무대(Stage)와 청중(Audience), 주인공(Subject)과 조연들(Auxiliary Egos), 감독 등을 구성요소로 하는 드라마를 매개체로 활용한다(Ridge, 2009).

모레노는 인간의 삶은 즉시적이고, 비구조화 되어 있으며, 비계획적이고, 연습되지 않은 형태로 순간의 찰나에 일어나는 둘 혹은 그 이상의 사람들 사이의 만남(encounter)을 통해 정서적, 사회적, 우주적 요소들과 정체성의 경험 등을 포함하는 총체적인 상호작용이라 보았다. 인간의 이상적인 모습은 이러한 만남 속에서 인간은 즉각적이고 창조적이고, 자유의지에 근거해 반응하고 행동을 선택하는 것이다. 하지만 문화적 보수성이나 내적 취약성 등으로 인해 제한된 행동밖에 보이지 못하는 경우가 있다고 보고, 이러한 즉시성과 자유의지에 근거한 창조성을 회복시킴으로써 사회관계와 역할수행에 관한 문제를 해결할 수 있는 것으로 가정한다. 심리드라마는 개인이 현실에서 경험하는 과거의 문제나 현재의 문제를 드라마 속에서 재연하고, 그 속에서 보조적인 자아들, 청중, 감독(치료자)의 도움을 받아 현실에 대한 대안적인 해석이나 통찰을 발달시키고, 현실에서 선택할 수 있는 대안적인 행동들을 채택하고 연습할 수 있도록 하는데 목적이 있다. 모레노는 무엇보다도 심리드라마의 핵심적 원리는 카타르시스를 제공하는데 있으며, 카타르시스가 유발되는 제일의 근원은 자유의지에 근거해 창의적이고 즉각적인 반응을 보일 수 있는 즉시성(spontaneity)에 있다고 본다(Moreno, 1946; Ridge, 2009).

심리드라마의 기법으로 소개되는 역할전환(role reversal)은 역할이론의 관점에서 볼 때 매우 중요한 의미를 지닌다. 모레노는 미드(Mead)의 관점을 재해석하여 행위자는 역할을 전환함으로써 타인들과 동일시할 수 있지만 타인의 관점을 동일시하는 정도는 각각 다른 것으로 보았다. 즉, 개인이 타인의 관점을 동일시하는 정도는, 서로가 얼마나 친밀한 관계를 형성하고 있는지 또는 그러한 관계로 인한 심리적 및 문화적(ethnic) 거리에 따라 구성원들 사이에 공유된 공동무의식(co-unconsciousness)이나 공동의식(co-consciousness)의 차이와 관련이 있다는 것이다. 모레노의 역할 전환기법은 현실(reality)의 삼차원 개념에 근거하고 있다. 그는 현실이란 환자가 치료실로 가져오는 삶의 주관적이고 추출된 일부분인 기저현실(infra-reality), 환자가 실제 경험하고 살아가는 현실로서 생활 현실(life or actual reality), 집합적 현실에 대한 주관적 관점을 초월한 일종의 모의현실 혹은 개인의 사적 현실의 확장인 잉여현실(surplus reality)로 구성된다고 본다. 역할전환기법은 바로 잉여현실 개념에 근거한 것이다. 다른 사람의 역할을 담당해 보는 과정에서 자기의 현실에 대한 새로운 통찰력을 발전시킬 수 있고, 새로운 방식으로 자신의 삶에 대처할 수 있는 행동들을 연습해 볼 수도 있기 때문이다(Moreno, 1975; Ridge, 2009에서 재인용). 즉, 잉여현실이란 환자의 삶을 다양하게 해석할 수 있고, 환자가 다양한 방식으로 자신의 삶을 살아갈 수 있음을 인식시켜주고, 연습하게 함으로써 가능한 다른 시나리오의 삶으로 이끄는 기법이라 할 수 있다.

3. 요약

미드 및 블루머 등 시카고학파 상징적 상호작용론자들은 사회체계, 사회적 지위나 역할 등이 개인의 행동을 결정한다는 견해를 반대하며, 오로지 사회적 상호작용 속에서 대상의 의미가 드러나고, 자아의 의미도 명확해 지며, 개인의 행동도 상황에 대한 정의에 맞춰 전개된다고 강조한다. 이러한 관점은 개인의 주체성과 상호작용 속에서 드러나는 의미가 개인의 자아나 행동을 결정할 뿐 사회구조가 개인에 선행하는 절대적 영향력을 지닌 것은 아니라고 본다. 하지만 이러한 관점은 사회구조, 자아, 개인의 행동을 모두 잠정적이고, 유동적이고, 불확실한 상황 속에 던져놓는 결과를 가져온다. 개인의 자아도 상황의존적이고 일시적이며, 개인의 행동 또한 상황과 의미에 의존하게 되며, 지속적이고 일정한 규범과 체계를 갖는 사회구조라는 개념은 거부된다. 이러한 극단적 관점은 엄연히 존재하는 사회구조의 영향, 비교적 안정적으로 유지되기도 하는 자아의 영향에 근거해 개인의 행동이나 사회적 상호작용을 예측할 수도 있으리라는 관점을 외면하게 된다.

상징적 상호작용론의 주요가정을 공유하지만 인간의 주체성과 사회적 상호작용이 갖는 중요성만큼이나 사회구조의 영향, 개인의 지속적이고 안정화된 자아가 개인의 행동을 결정하거나 또는 적어도 제한하는 영향력을 지닐 수는 있다는 대안적 시각이 등장하였고, 이를 구조적 상징적 상호작용론이라 칭한다. 본장에서는 구조기능주의자들의 사회적 지위 및 역할 개념과 밀접한 관련이 있는 상호작용주의적 역할이론과 1960년대 이후 등장한 역할정체성이론을 통칭하여 구조적 상징적 상호작용론으로 규정하고, 구조기능주의자들의 역할이론과 상징적 상호작용론의 역할이론을 소개하였다.

구조기능주의 사회학자인 랠프 린튼, 탈콧 파슨스, 로버트 머튼 등은 역할을 사회적 지위에 부여된 행동적 기대라 정의하였다. 그들의 역할개념은 기존의 사회구조의 현상유지라는 관점에서 사회적 규범이 세대 간에 전승되고, 일탈 혹은 부적응 행동을 예방 혹은 통제하는 수단으로서 사회화 개념을 전제하고 있다. 이러한 구조기능주의 역할개념은 사회구성원들이 기존의 사회체계와 일관된 행위규범을 학습하여 내재화하는 것이 사회유지를 위해 필수적이라 간주한다. 이로 인해 사회적 지위를 담당한 사람에게 행동적 기대로 부여되는 역할은 개인의 주체성과 선택보다는 사회에 대한 순응과 적응을 강조한다. 구조기능주의 역할이론은 사회의 기존체제 유지를 당연시 하는 보수적 이데올로기를 내재하고 있고, 그 과정에서 개입되는 사회의 갈등이나 권력관계의 작동을 간과하였으며, 사회의 규범적 역할개념에 대한 개인의 선택, 저항, 창조적 구성 등을 반영하지 못하였다는 점에서 비판받고 있다.

구조기능주의 역할이론의 이러한 한계점에도 불구하고 상징적 상호작용론자들 중 일부는 지위-역할 개념을 구조기능주의자들보다는 연성화시키고, 미드 및 블루머와 같은 시카고 학파 상징적 상호작용론자들보다는 경성화시키는 전략을 채택함으로써 사회구조-개인의 자아-사회적 행동 사이의 관계를 새롭게 이론화 하였다. 랠프 터너는 상호작용주의적 관점을 충실히 반영한 명제들을 제시함으로써 상호작용주의적 역할이론을 발전시켰다. 그는 역할의 출현, 역할과 상호작용, 역할과 행위자, 역할과 조직환경, 역할과 사회적 맥락, 역할과 사람의 병합(Role-Person Merger)에 관한 경향명제들을 제안하였다. 이러한 경향 명제들은 개념의 조작화와 개념의 측정도구 개발을 촉진하고, 실증적 연구에 의한 가설검증을 가능하게 함으로써 역할이론의 발전에 중요한 전기를 마련한 것으로 평가받는다. 특히 그의 역할구성하기(role making) 개념은 미드의 역할취해보기(role taking)와 함께 가장 상징적 상호작용주의적 관점을 내포한 개념으로 인정받고 있다.

랠프 터너와는 달리 연극론적 분석이라는 독특한 연구접근을 취하는 고프만은 일상적인 생활에서 모든 행위자는 역할을 수행하고 있으며, 자신이 의도한 상황정의를 유도하고, 자아의 인상을 관리하기 위해 어떻게 전략적으로 행동을 선택하는지를 규명하였다. 그에 의하면 개인의 역할수행은 랠프 터너의 역할구성하기와 유사하지만 자기의 긍정적 인상을 유지하고, 자기가 의도하는 상황정의를 도출하기 위해 전략적으로 역할을 구성해 나간다는 점에서 차이가 있다. 즉, 사회적 상호작용 패턴은 역할구성하기의 결합인데, 행위자들은 각각 자기에게 유리한 방식으로 역할을 구성하기 위해 인상을 관리하고, 상황정의를 주도하려 한다는 것이다. 전형적인 미드 및 블루머의 상징적 상호작용론과 같이 행위자의 의도와 선택적 행동을 강조하지만 상호작용 상황에서 상황정의를 수동적으로 받아들이기보다는 주도하며, 자기의 특정한 자아이미지와 정체성을 유지, 확보하려는 동기에서 행동이 이루어진다고 본다. 그의 이론에서 역할은 사회구조와 개인을 연결짓는 중요한 개념이며, 개인은 역할을 적극적으로 수용하든 혹은 적절한 거리를 두든 주체적이고 선택적인 대응이 가능하다고 본다.

모레노는 심리극(psychodrama)을 창시한 이론가로 알려져 있으며, 그의 역할이론은 심리극의 다양한 개념과 기법을 제공하고 있다. 모레노는 허버트 미드가 활동하던 시기에 이미 역할로부터 자아가 출현한다는 관점을 지니고 있었고, 역할의 다양한 유형을 개념화하기도 하였다. 그는 역할 수행을 단순히 받아들여 수행하는 수준, 어느 정도 능숙하게 미세한 변형을 가져오는 수준, 전적으로 자기만의 역할을 만들어 나가는 수준 등으로 구분함으로써 개인이 역할을 수행하는데 있어 주체적 개입의 정도는 상이할 수 있음을 보여주었다. 그의 역할전환(role reversal)과 미드의 역할취해보기(role taking), 역할창조(role creating)와 랠프 터너의 역할구성하기(role making)는 각각 개념적으로 유사한 면이 있다. 그는 실제로 존재하는 현실의 다양한 측면 중 일부만이 개인의 현실로 작용하므로 개인이 경험하는 실제 현실에 대해 성립할 수 있는 다양한 관점과 가능성을 잉여현실로 칭하고, 잉여현실을 통찰하면 대안적 행동이 가능하다고 주장하였다. 주관적 현실을 넘어서는 다양한 잉여현실에 대한 통찰을 촉진하는 한 방편으로 역할전환을 제시했으며, 상호작용 상황에서 다양한 잉여현실을 지각한 채 즉각적이고, 창의적이고, 주체적으로 행동하는 것이 바람직한 상태라 보았다.

참 고 문 헌

Bates, F. L.(1955). Position, Role, and Status : A Reformulation of concepts, Social Forces 34(4):313-321.

Callero, P. L. (1986). Toward a Meadian conceptualization of role, *The Sociological Quarterly* 27(3):343-358.

Callero, P.L. (2008), "Role Theory", *International Encyclopedia of the Social Sciences*, Retrieved from Encyclopedia.com. 27 Dec. 2012.

Charon, J. M. (1995). Symbolic Interactionism : An Introduction, An Interpretation, An Integration 5th edition, Prentice Hall, New Jersey.

Elliott, A. (2007), Concept of Self, Polity.

Goffman, E. (1961) *Asylums: Essays on the Social Situation of Mental Patients and Other Inmates.* New York

Goffman, E.(1987). 일상생활에서의 자아표현, 김병서 역, 경문사.

Jackson, J.(1998). Contemporary Criticism of Role Theory, Journal of Occupational Science 5(2):49-55.

Linton, R. (1936). The Study of Man, D. Appleton-Century Company.

Lopata, H. Z.(1995). Role Theory, *Social Roles & Social Institutions*, 1995.1.1., 1-11.

Merton, R. K. (1949, 1968). *Social Theory and Social Structure*. The Free Press, New York.

Moreno, J. L.(1946). Psychodrama and Group Psychotherapy, Sociometry 9(2/3):249-253.

Moreno, J. L.(1946, 1985). Psychodrama Volume 1. 7th edition.

Moreno, J. L.(1961). The Role Concept, A Bridge Between Psychiatry and Sociology, American Journal of Psychiatry 118:518-523.

Moreno, J. L.(1975). Psychodrama, Action Therapy and Principles of Practice Volume 3. New York Beacon House.

Ridge, R. M.(2009). The Body Alchemy of Psychodrama : A Phenomenologically- Based Qualitative Evaluation of a Training Manual for Trainers and Practitioners of Psychodrama and Group Therapy, doctorate dissertation, Union Institute and University.

Ritzer, G. (2006). 현대사회학이론과 그 고전적 뿌리, 한국이론사회학회 역, 박영사, 서울.

Stryker, S.(1980, 2002). Symbolic Interactionism : A Social Structural Version, The Blackburn Press, New Jersey.

Stryker, S.(2008). From Mead to a structural symbolic interactionism and beyond, *Annual Review of Sociology* 34:15-31.

Turner, J. H.(2003). The Structure of Socilogical Theory 7th edition, Wadsworth,

Turner, R.(1978). The Role and the Person, American Journal of Sociology 84(1):1-23.

Varul, M. Z. (2010). "Talcott Parsons, the Sick Role and Chronic Illness." *Body & Society* 16(2): 72-94.

Yodanis, C.L. (2003), "Role Theory", *International Encyclopedia of Marriage and Family*, Retrieved from Encyclopedia.com. 27 Dec. 2012.

제3장

역할정체성이론

1. 역할정체성이론의 발전 과정

1) 역할정체성이론의 기원

정체성이론을 정립한 스트라이커는 최근 한 논문에서 역할정체성이론을 발전시키는 계기가 되었던 자신의 고민을 표현한 바 있다. 그는 허버트 미드의 상징적 상호작용론을 우수한 이론으로 믿었지만 수많은 후속 연구자들이 미드의 가르침을 이론으로 정립하여 가설을 도출하고, 경험적 검증을 실시하지는 않은 채 단지 미드의 사상을 기술하는데 그치고 있는 현실에 안타까움을 느꼈다고 밝혔다(Stryker, 2008). 그로서는 미드의 사상이 이론적 가설을 도출하고, 경험적 검증을 거쳐 이론으로 발전할만한 우수성이 있다고 확신했기 때문이다.

스트라이커는 '이론'을 관찰 가능한 규칙성에 대한 체계적 설명이라고 정의하면서 미드의 이론은 다음과 같은 두 가지 관점에서 심각한 결함이 있다고 지적한다(Stryker, 2008). 첫째, 미드는 사회적 과정에 의해 사회, 자아, 사회적 상호작용이 형성된다고 보았지만, 이러한 개념들은 구체적으로 정의되지 않고 모호하여 사회, 자아, 이 둘 사이의 관계를 설명하는 데 활용하기에는 부적절하다는 것이다. 미드의 이론은 '태초에 사회적 과정이 존재했다(In the beginning there is social process)'는 경구와 같이 표현할 수 있고, 상호작용으로부터 사회가 형성되고, 사회에 의해 자아가 형성되며, 자아가 상호작용을 형성함으로써 사회를 형성하는데 기여한다고 가정한다. 이처럼 사회, 자아, 상호작용 사이의 순환적 관계를 가정하고 있지만 정작 각각의 개념들을 명확하게 정의하지 않았고,

그로 인해 검증 가능한 가설을 도출하여 경험적으로 검증하기에는 부적합한 상태로 남아 있었다.

둘째, 미드는 다양하게 분화되어 있는 사회 구성단위들 사이의 상호 갈등 가능성을 간과한 채, 사회의 분화는 거의 미미하고, 사회의 각 단위들 사이의 갈등이 해소되어 더 큰 사회로 통합되는 것으로 가정하고 있다. 즉, 사회가 어떻게 분화되어 있더라도 결국에는 사회생활의 문제점을 해결하기 위한 사회적 상호작용을 거치면서 갈등이 해소되어 단 하나의 보편적 상호작용체계로 단일화된다는 것이다. 예컨대 미드의 가장 대표적인 개념인 일반화된 타자(generalized other)는 사회의 다양한 구조에 따라 존재하는 하위 집단들의 차이를 간과하고 있음을 시사하는 것으로 볼 수 있다. 다양한 집단들이 그 차이에도 불구하고 구별되지 않은 집합적인 타인들을 가정하고 있는 것이다. 당시에는 미드와 같이 사회를 단일한 실체로 가정하고, 사람의 성격도 단일한 실체인 것처럼 가정하는 견해가 팽배했으며, 미드도 예외는 아니어서 자아(self)를 마치 분화되지 않은 하나의 일관된 체계로 보았던 것이다. 이처럼 자아를 단일한 실체로 가정하면 사회구조와 사회적 상황이 자아의 매개를 통해 사회적 행동에 미치는 영향의 차이를 규명하기 어렵고, 한 개인이 내면에 보유한 이질적인 역할들 사이에 갈등이 조성되는 것도 분석하기 어렵다.

이러한 미드의 이론이 지니는 한계를 극복하기 위해 스트라이커는 무엇보다도 사회구조가 사회적 상호작용과 자아의 형성에 미치는 영향을 우선시 하는 대안적 관점을 제시하게 된다. 스트라이커의 이론이 근거하고 있는 기본 명제는 "사회는 자아를 형성하고, 자아는 사회적 상호작용을 형성한다"이다.

또한 스트라이커는 사회, 행동, 인간(자아)를 각각 조사와 검증이 가능한 변수로 조작화 하였다. 스트라이커는 첫째, 사회를 다양한 기준에 의해 구분되는 집단으로 조작화 하였다. 그는 현대 사회가 계층, 연령, 성별, 민족 등과 같은 거시적 범주, 이웃, 학교, 사교집단과 같은 중규모의 집단, 그리고 최종적으로 사회적 관계망과 같은 직접적인 소규모의 집단으로 구성된다고 가정하였다. 둘째, 인간의 행동은 '역할선택(role choice)'을 통해 특정역할에 대한 기대에 부응하는 방식의 반응, 곧 역할행동이라 규정했다. 셋째, 개인은 다양한 집단에 소속되어 다양한 역할을 수행하므로 다양한 정체성을 보유하며, 개인이 보유한 각 정체성은 활성화 가능성에 있어 높고 낮음의 차이가 있으며, 활성화 가능성에 따라 위계적으로 배열되어 있는 것으로 가정하였다. 그는 정체성은 사회적 관계망에 참여함으로써 자기에게 할당된 사회적 역할과 사회적 지위에 관한 자기인식으로 타인들에 의한 역할이나 지위 할당, 그에 결부된 기대나 반응을 내면화함으로써 형성된다고 보았다. 또한 정체성은 상황적으로 존재하는 것이 아니라 다양한 상황에 걸쳐 일관되게 개인에게 영향을 미칠 수 있는 것으로 가정하였다. 이는 정체성이 하나의 인지적 도식으로 작용하여 상황에 대한 인지나 지각에 영향을 줌으로써 행동에도 영향을 미칠 수 있기 때문이다(Stryker, 2002, 2008).

이러한 스트라이커의 노력으로 역할정체성이론은 경험적 검증이 가능한 이론적 가설들을 제시할 수 있었다. 다음은 초기에 스트라이커가 경험적 검증을 위해 제시한 역할정체성이론의 주요 가설들이다(Stryker & Serpe, 1982:207-208).

① 정체성에 대한 몰입이 클수록 정체성의 위계(salience, 활성화 가능성)는 상승한다.
② 정체성에 대한 몰입이 클수록 정체성의 위계는 상승하며, 정체성에 대한 평가는 보다 긍정적이 된다.
③ 정체성에 대한 몰입이 클수록 정체성의 위계는 상승하며, 일반적인 자아존중감은 그 정체성에 의존하게 된다.
④ 어떠한 인간관계의 망이 특정 정체성에 의존할수록 그 관계망 내에서 그 정체성의 위계는 상승한다.
⑤ 특정 정체성에 근거한 관계망에 포함된 사람의 수가 많을수록 참여자들에게 바로 그 정체성의 위계는 상승할 것이다.
⑥ 정체성의 위계가 높을수록 역할수행이 정체성에 부여된 기대와 부합될 가능성은 높다.
⑦ 정체성의 위계가 높을수록 특정 상황을 그 정체성이 내포하는 역할 수행의 기회로 정의할 가능성이 높다.
⑧ 정체성의 위계가 높을수록 그 정체성에 근거한 역할수행기회를 추구할 가능성도 높을 것이다.
⑨ 몰입이 높을수록 정체성의 위계는 높으며, 역할수행이 역할에 근거한 자아존중감과 전반적 자아존중감에 미치는 효과는 클 것이다.
⑩ 몰입이 높을수록 정체성의 위계는 상승하며, 역할수행은 (역할과 관련하여) 일반적으로 공유된 가치와 규범을 반영할 가능성이 높을 것이다.

2) 역할정체성이론의 세 분파

역할정체성이론은 1960년대부터 스트라이커, 맥콜과 시몬스, 버크 등에 의해 다양한 연구를 통해 발전하였다. 이들의 연구는 공통적으로 사회구조와 자아, 자아와 행동의 관계를 규명하되, 자아가 사회적 역할 수행으로부터 형성되는 다양한 역할정체성들로 구성된다고 가정하였다. 스트라이커의 연구와 맥콜과 시몬스의 연구는 개인이 복수의 정체성을 형성하며, 정체성들은 중요성(prominence)이나 활성화(evocability) 정도가 높은 정체성일수록 개인의 행동에 중요한 영향을 끼치는 것으로 가정하였다는 점에서 공통점이 있다. 이에 비해 버크와 동료들의 연구는 특정 역할정체성이 개인의 정신 내면에서 어떻게 역동적으로 기능하고, 그 결과 개인의 사회적 행동에 영향을 끼치는지 규명하는데 초점을 두었다는 점에서 스트라이커, 맥콜과 시몬스의 연구와 구별된다. 맥콜과 시몬스의 연구는 결과적으로 스트라이커의 연구와 차별성이 크지 않았고, 1980년대 이후에는 스트라이커와 동료들의 연구가 활발하게 진행되면서 역할정체성이론은 사실상 스트라이커를 중심으로 하는 구조적인 접근과 버크를 중심으로 하는 인지적 접근으로 양분되었다. 아래에서는 맥콜과 시몬스의 연구, 스트라이커의 연구, 버크의 연구를 차례로 소개하였다.

(1) 상호작용주의적 접근 : McCall and Simmons

역할정체성이론의 초기 연구자로 맥콜과 시몬스(McCall and Simmons, 1978)는 상징적 상호작용주의 전통에 충실한 연구자라 할 수 있다. 그들은 역할정체성을 '특정한 사회적 지위를 점하는 사람으로서 자신에 대한 정신적인 관점'으로 정의하면서 역할정체성은 사회의 기대를 반영하는 규범적인(conventional) 부분과 개성적인(idiosyncratic) 부분으로 구성된다고 본다. 따라서 개인은 역할과 관련하여 매우 규범을 충실하게 따르거나 매우 주관적이고 주체적으로 자기만의 관점에서 역할을 수행하는 극단을 따를 수 있다. 그들은 구조적 상징적 상호작용론에 속하는 다른 연구자들에 비해 역할정체성은 규범적인 부분과 개인 고유의 주체적인 부분 사이에 타협이나 협상이 가능하다는 점을 강조한다. 뿐만 아니라 역할정체성은 이상적인 자아라는 관점에서 중요성위계(prominence hierarchy)가 존재한다고 본다. 중요한 역할정체성일수록 다양한 상황에서 활성화되기 쉬운 정체성이라 보았다(Burke and Stets, 2009:39).

역할정체성의 중요성은 타인들로부터의 지지(support), 역할정체성에 대한 몰입(commitment), 역할정체성으로부터의 내외적 보상(rewards)에 의해 결정된다. 그들은 역할정체성의 중요성위계는 다양한 상황과 시간에 걸쳐 개인의 행동을 안내하는 정도를 뜻한다. 하지만 개인의 행동은 역할정체성의 중요성위계 뿐만 아니라 상황적 조건에 의해서도 영향을 받는다. 때때로 중요성위계가 낮은 역할정체성이 활성화되어 개인의 행동에 영향을 끼칠 수도 있는 깃으로 본다. 그들은 이처럼 특정한 상황에서 역할정체성이 활성화되는 정도를 활성화위계(salience hierarchy)라 불렀다. 이러한 정체성 활성화위계는 정체성의 중요성위계, 정체성에 대한 외부의지지 및 보상, 상황 속에서 정체성과 관련한 기회의 정도에 따라 좌우된다. 이러한 요인들 중에서 정체성 활성화위계를 결정하는 가장 중요한 요인은 정체성의 중요성위계라 본다(Burke and Stets, 2009:40-42).

역할정체성의 중요성위계는 활성화위계에 비해 더 지속적인 성격을 지닌다는 점에서 차이가 있다. 정체성의 활성화위계는 더 상황 의존적이고, 유동적이고, 변동이 강한 반면 중요성위계는 상황과 시간을 초월하여 개인의 행동전반에 영향을 끼친다.

역할정체성은 성공적인 역할수행을 통해 타인들과 원활한 상호작용이 가능할 때 강화될 수 있는데, 이는 타인들과의 상호작용에서 일종의 협상이 중요함을 뜻한다. 그들은 역할정체성의 성공적인 수행은 짝을 이루는 역할정체성(counteridentity)을 수행하는 타인들과의 조화로운 상호작용 속에서 가능하므로 타협 과정이 중요하다고 보았다. 남편의 역할정체성은 아내의 역할정체성과, 어머니의 역할정체성은 자녀들의 역할정체성과, 교수의 역할정체성은 학생들의 역할정체성과의 관계에서 상호작용에 영향을 미친다는 것이다. 그러므로 특정 역할정체성에 대한 행위자의 기대는 상호작용하는 타인들의 기대와 조화되어야 원활한 상호작용을 보장할 수 있고, 그 결과 역할정체성이 확인되고, 강화, 유지될 수 있다고 본다. 아무리 특정 역할정체성을 주장하고 그에 근거해 행동하려 하더라도 타인들이 그러한 행동에 반응함으로써 그 역할정체성을 지지해 주지 않는다면 역할정체성은 상호작용에서 거부될 수 있기 때문이다(Burke and Stets, 2009:42-43).

맥콜과 시몬스는 상호작용 속에서 행위자가 의도한 역할정체성이 상대방의 호응이 낮아 승인되지 않는 경우, 사람들은 일시적인 문제로 치부하거나 상대방이 제시하는 메시지 중에서 자신의 역할정체성을 지지하는 신호들만 선택적으로 채택하며, 타인을 비난하며, 때로는 자신의 부적절한 수행을 부정하기, 다른 역할정체성을 주장하기, 상호작용으로부터 퇴장하기 등을 통해 내면에서 일어나는 부정적인 감정에 대응한다고 주장한다(Burke and Stets, 2009:43-44). 이러한 역할정체성 승인을 추구하는 과정에서 행위자가 보이는 주관적인 해석과 대처방식들은, 맥콜과 시몬스의 역할정체성이론이 전형적 상징적 상호작용론자들의 주장과 같이 행위자의 주관적인 상황정의와 행동선택을 강조하고 있음을 시사한다.

(2) 구조적 접근 : Stryker

맥콜과 시몬스의 역할정체성이론이 역할정체성의 규범적 측면보다 행위자의 주체적, 주관적 측면을 강조하였다면, 스트라이커(Stryker, 1968, 2002)의 역할정체성이론은 규범적인 측면을 강조한다. 즉, 스트라이커는 상호작용 상황에서 행위자의 역할정체성의 승인이나 거부 등 협상과정이 존재한다는 점에 대해 큰 관심을 기울이지 않는다. 그보다 사회구조가 어떻게 개인의 자아구조 즉, 내면의 역할정체성에 영향을 미치고, 역할정체성이 개인의 행동에 어떠한 영향을 주는지 설명하는데 관심이 높다. 스트라이커도 맥콜과 시몬스처럼 개인은 다양한 역할정체성을 동시에 보유한다는 점을 인정한다.

개인이 다양한 역할정체성을 보유하는 것은, 사람들이 다양한 기준으로 인해 다양한 범주와 집단으로 구획된 현대 사회 속에서 사회적 역할 수행을 통해 사회적 관계를 보장하는 작고 친밀한 대인관계망 속에서 살아가며, 각 대인관계망에 참여하는 동안 특정 역할과 관련한 기대를 자신의 것으로 내면화함에 따라 역할정체성이 형성하기 때문이다. 그도 맥콜과 시몬스처럼 다양한 역할정체성들은 동등하지 않고 위계적으로 배열되어 있다고 본다. 다만 맥콜과 시몬스와 달리 스트라이커는 역할정체성은 의식 속에 활성화될 수 있는 가능성(evocability)이 높고 낮음에 따라 위계적으로 배열되며, 역할정체성 활성화위계(salience hierarchy)는 상황의존적인 일시적 상태가 아니라 상황을 초월하는 안정적인 자아의 구조이므로 다양한 상황에서 지속적으로 개인의 행동을 예측해준다고 본다. 스트라이커의 역할정체성 활성화위계(salience hierarchy)와 맥콜과 시몬스의 역할정체성 중요성위계(prominence hierarchy)는 지속적이라는 점에서 공통된다. 그러나 중요성위계는 행위자가 주관적으로도 지각하는 이상적인 자아 개념인데 비해 활성화위계는 주관적으로 지각하지 못할 수 있으나 드러난 행동을 통해 역할정체성위계를 평가할 수 있다는 점에서 차이가 있다. 뿐만 아니라 중요성위계가 특정 역할정체성이 개인에게 지니는 중요성을 강조한다면, 활성화위계는 활성화되어 행동을 지배할 수 있는 개연성을 강조하므로 의미에 있어서도 차이가 있다(Burke & Stets, 2009:46; Stryker & Serpe, 1982).

스트라이커는 역할정체성 활성화위계를 결정하는 가장 중요한 요인은 역할정체성에 대한 몰입(commitment)이라 보았다. 그는 정체성에 대한 몰입을 양적·상호작용적 차원과 질적·정서적 차원으로 양분하였고, 전자를 역할정체성과 관련된 대인관계망의 크기로 조작화하고, 후자를 역할정체성과 관련된 집단에 대해 개인이 느끼는 정서적 유대감의 강도로 정의했다(Burke & Stets, 2009:47; Stryker, 2002). 스트라이커는 대인관계망과의 유대가 강하고 대인관계망을 통해 상호작용하는 친밀한 관계의 사람들이 많을수록 관련된 역할정체성을 포기할 경우 상실하는 정서적, 대인관계적 손실비용이 증가하므로 역할정체성에 대한 몰입이 크다고 본다.

요약하면 특정 상황에서 특정한 행동이 나타나는 것은 특정한 역할이 선택되어졌기 때문이며, 역할이 선택되어지는 것은 그와 관련한 역할정체성이 행위자의 의식 속에 활성화되었기 때문이다. 행위자가 복수의 역할정체성을 보유하지만 각 역할정체성들은 중요성에 따라 위계적으로 배열되며, 중요성이 높은 역할정체성은 개인의 의식 속에 지속적으로 활성화되어 다양한 상황에서 지속적으로 개인의 역할과 행동선택을 좌우하는 인지적 도식(schema)으로 작용하게 된다.

이러한 스트라이커의 역할정체성이론을 그림으로 표현하면 [그림 3-1]과 같이 나타낼 수 있다. 사람은 사회적 관계망에 참여함으로써 역할을 수행하고, 역할과 관련한 기대가 자아개념으로 내면화 되고, 사회적 관계망 속에서 친밀한 상호작용을 경험할수록 역할정체성은 활성화 가능성이 증가하고, 다양한 상황에서 활성화 되어 자기를 정의하는 인지적 도식으로 활용되므로 역할과 부합하는 행동을 하게 된다.

[그림 3-1] 스트라이커의 역할정체성이론

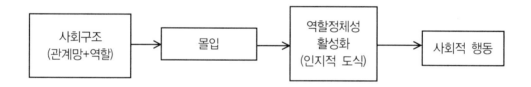

이처럼 스트라이커의 역할정체성이론은 사회적 위치에 부여된 규범적 기대를 역할로 정의한 구조기능주의자들의 관점과 유사한 면이 있다. 하지만 그는 구조기능주의자들과 달리 사회적 역할을 통해 상호작용함으로써 역할정체성이 형성되는 집단은 규모가 작고, 친밀한 대인관계가 가능한 집단이라 가정하였다. 즉 그는 사회적 지위와 계급과 같은 추상적인 사회범주가 정체성이나 자아인식에 미치는 영향보다 사회적 역할을 통한 상호작용이 이루어지는 친밀한 소규모 집단이 자아개념 형성에 미치는 영향을 중요시하였다. 하지만 그가 지나치게 소규모의 집단만을 가정하였다고 보기는 어렵다. 그는 구성원 간에 충분히 친밀한 관계가 형성되어 있으며, 그 집단에 대한 정서적 애착이 강하다면 집단의 규모가 어느 정도 커야 역할정체성에 대한 몰입이 높고, 그 결과 개인의 행동에 대한 영향력도 높을 것으로 기대했기 때문이다.

또한 스트라이커는 상호작용하는 집단과의 관계에서 매우 실제적인 규범적 기대를 내면화하고, 그에 근거한 역할정체성은 집단과의 밀착이나 유대관계의 정도만큼 지속적으로 개인의 자아개념 속에 활성화되어 있고, 그에 따라 개인의 행동 전반에 지배적인 영향을 미칠 수 있다고 본다. 즉 스트라이커는 다원화된 현대의 사회구조를 통해 개인의 상호작용관계망을 설명하고, 상호작용관계망을 통해 역할정체성의 내면화를, 역할정체성을 통해 다양한 상황에서 개인의 행동을 설명한다. 그러므로 그의 이론은 '사회는 상호작용을 통해 자아를 형성하고, 자아는 상호작용을 구성하고 결과적으로 사회를 구조화한다'는 설명으로 요약될 수 있다.

(3) 인지적 접근 : Burke

버크의 연구는 주로 하나의 역할정체성 내부에서 일어나는 역동적 과정에 초점을 두었다. 버크와 동료들이 진행한 초기 연구들은 역할정체성과 행동은 동일한 의미체계를 통해 연결되어 있다는 가설에 근거하고 있다. 즉, 개인의 행동이 드러내는 바로 그 의미가 역할정체성 내에도 동일하게 존재한다는 것이다. 예컨대 학생의 정체성이 '학구적'이라는 의미를 내포하고 있다면 학생은 강의에 참석하고, 필기하고, 시험에 합격하고, 교과 과정을 수료할 것이라고 기대할 수 있을 것이다. 하지만 학생의 정체성이 '학구적'이라는 의미보다는 '사교적'이라는 의미를 더 강하게 내포하고 있다면 그는 친구와 사귀고, 파티나 다른 사교적 모임에 참석하는 등의 활동을 할 개연성이 높을 것이다. 버크는 이처럼 정체성의 핵심적인 부분은 그 내부에 포함된 의미체계라고 본 것이다(Burke & Stets, 2009:48-49).

특히 버크는 역할 또는 그에 근거한 정체성이란 역할 속에 위치한 자아를 특징짓는 의미체계이며, 역할정체성과 개인의 행동은 공통된 의미체계를 통해 연결되어 있다고 가정하고, 역할정체성과 역할 관련 행동을 동일한 의미체계를 통해 측정해 냄으로써 역할정체성이 역할 관련 행동을 유발할 수 있음을 경험적으로 검증하였다(Burke and Reitzes, 1981). 이처럼 정체성과 관련 행동 사이에 존재하는 공통된 의미의 규명은 역할정체성에 관한 실증적 연구에 결정적으로 기여하였다. 이러한 버크의 공헌을 이해하려면 역할정체성의 의미체계를 어떻게 조작화 하고, 측정도구로 발전시켰는지 살펴볼 필요가 있다.

역할정체성의 의미를 규명하기 위해 버크와 툴리(Bruke & Tully, 1977)는 오스굿(Osgood, 1957)의 접근을 준용하여 역할정체성을 묘사할 수 있는 형용사를 양극단으로 제시하고 점수를 부여하도록 함으로써 역할정체성의 핵심의미가 어떻게 구성되는지 연구하였다. 역할정체성은 통상 좋음과 나쁨, 역량 있음과 무력함, 활동적임과 소극적임이라는 양극단으로 제시된 형용사에 대한 응답을 통해 규명되었다. 이 외에도 다양한 형용사들을 제시하여 정체성에 포함된 다양한 의미를 규명하려는 연구가 이루어졌다. 버크와 툴리의 연구는 역할정체성의 의미를 역할정체성과 관련 있는 바로 그 집단구성원들을 조사대상으로 삼음으로써 직접 역할정체성을 구성하는 의미군을 당사자들로부터 조사한다는 점에서 독특한 장점을 지니고 있다. 버크와 툴리 등은 성역할정체성(Burke & Cast, 1997; Burke, Stets and Prig-Good, 1988; Stets & Burke, 1996), 학생역할정체성(Reitzes & Burke, 1980), 노인역할정체성(Mutran & Burke, 1979), 환경보호자 역할정체성(Stets & Biga, 2003), 도덕적 역할정체성(Stets & Carter, 2006) 등에 대해 다양한 연구를 실시하였다(Burke & Stets, 2009:49-50).

역할정체성이 이처럼 의미군으로 구성되어 있다는 버크의 연구결과는 파워의 인공두뇌적인 통제시스템의 개념(Power, 1973)과 결합되면서 역할정체성을 구성하는 의미를 기준으로 자신의 역할수행을 비교함으로써 정체성의 의미와 역할수행으로 드러난 자아의 의미를 일치시키는 '정체성통제시스템'이론의 발전으로 이어졌다. 이 이론에 따르면 의식 속에 활성화된 내면의 정체성의미(정체성표준)와 상호작용 속에서 타인의 평가나 반응으로부터 드러나는 자아의미를 비교하고, 비교결과 차이가 발견될 경우 자신의 행동을 수정함으로써 정체성의미와 자아의미를 상호 일치시키는 과정이 전개된다[3]. 행위자는 정체성을 구성하는 의미와 상호작용 속에서 지각하는 자아의 의미를 비교하여 이 둘이 일치할 경우 정체성이 입증되므로 만족감을 경험하고, 이 둘이 불일치할 경우 행위자는 불일치를 감소시키는 방향으로 행동하게 된다. 즉, 행위자는 내면에 존재하는 정체성의미에 부합할 때까지 정체성과 부합하는 행동을 추구하게 된다(Burke & Stets, 2009:50-52).

---

3) 물론 버크 등은 정체성의미와 자아의미가 불일치할 경우 정체성의미(정체성표준)를 수정하거나 조정하는 전략을 취할 수 있다고 가정한다. 다만 개인이 소속된 사회구조나 사회관계망에 적응해야 한다는 관점을 우선시 한다면 자아의미가 정체성의미와 부합하는 쪽으로 변화되도록 자신의 행위를 변화시키는 전략을 취하는 경향이 더 지배적임을 강조한다.

2. 역할정체성이론의 주요 개념

1) 사회적 행동

사회적 행동에 대해 역할정체성이론은 상징적 상호작용주의 관점을 견지하고 있다. 하지만 역할정체성이론의 사회적 행동 개념을 명확히 하기 위해 아래에서는 사회학 문헌과 상징적 상호작용주의 문헌, 역할정체성이론에서 '사회적 행동'에 대해 어떻게 정의하고 있는지 검토하였다.

사회학적 문헌의 사회적 행동에 관한 논의를 살펴보면 우선 막스베버는 인간의 행동을 의도적인 요소가 반영되지 않은 일상적인 행동(behavior)과 개인의 의도적인 요소가 반영된 행위(act)로 구별하고, 일반적으로 인간의 행동은 이 둘을 모두 포함하는 개념으로 보았다. 개인의 행동이지만 사회적 성격을 지니는 '사회적 행동'에 대해 사회학 문헌(Ritzer, 2006; Turner, 2003)이나 상징적 상호작용주의 문헌(Blumer, 1969; Hewitt, 2001)은 '사회적 행위'(social act 또는 social action)라는 용어를 보다 빈번히 사용하는 경향이 있다.

상징적 상호작용주의에서 행동(behavior)은 인간이 주변의 환경을 지배하거나 삶을 영위하려는 일반적인 목적에 의해 이루어지는 일체의 과정을 포괄한다. 이에 비해 행위(act)는 인간의 계속적인 행동과정 속에서 특정한 자극에 대한 반응으로서 시작되고, 유기체의 목적이나 의도와 관련이 있으며, 하나 이상의 사회적 대상을 지향하는 행동으로 정의할 수 있다(Hewitt, 2001).

이에 비해 역할정체성이론은 사회적 '행동'(social behavior)이라는 용어를 사용하고 있으나 이것이 곧 사회적 행위(social act)와 대비되는 개념으로 사용한 것으로 보기는 어렵다. 역할정체성이론은 상징적 상호작용주의 전통을 기반으로 하므로 사회적 행동은 의미가 공유되어 있는 사회적 대상을 지향하며, 사회구성원들 사이의 협력적 과정을 통해 전개된다고 가정하기 때문이다. 특히 역할정체성이론은 역할에 근거해 형성된 정체성이 개인의 자유로운 행동적 선택에 영향을 미쳐 역할에 부합하는 행동을 발생시킨다고 보기 때문에 '사회적 행동' 개념은 결코 개인의 의도적인 요소가 배제된 일상적 행동을 가정하는 것은 아니다(Stryker, 2000a, 2000b). 따라서 역할정체성이론에서 사회적 행동(social behavior)이라는 어휘는 상징적 상호작용론의 사회적 행위(social act)와 엄밀히 구별되는 개념으로 보기는 어렵다. 다만 상징적 상호작용론의 사회적 행위개념은 사회적 상호작용에서 타인의 관점을 취해봄으로써 타인의 행동을 고려하여 자신의 행동을 결정하는 상호성을 강조하는 데 비해 역할정체성이론의 사회적 행동 개념은 역할정체성에 의해 나타난 개인의 역할과 관련된 행동 그 자체에 초점을 맞추고 있다는 점에서 차이가 있다.

상징적 상호작용론에서 '사회적' 행동이란 '개인적' 행동과 달리 둘 이상의 관련된 사람이 상호작용에 참여하여 그들 사이에 공유된 공통의 의미, 인식, 기대를 지향하는 방식으로 행동함을 뜻한다. 그러나 공유된 공통의 의미, 인식, 기대를 지향한다는 것이 곧 행동할 때 개인의 주관적 요소가 배제되거나 제한된다는 것을 뜻하지는 않는다. 오히려 개인이 주체적으로 상황에 대해 이해하고 해석을 내리는 것이 개인의 행동을 결정하는데 있어 중요한 요인임을 뜻한다. 즉, 상황을 이해하고 해석하기 위해 타인의 관점에서 자신의 바람직한 행동이 무엇인지에 대한 성찰에 근거한다는 점에서 개인의 행동은 '사회적'이지만, 자신의 바람직한 행동이 무엇인지에 대한 성찰은 개인의 내면에서 이루어지는 자아 의식적 활동이라는 점에서 '개인적' 또는 '주관적' 측면도 지닌다(Blumer, 1969; Hewitt, 2001).

역할정체성이론도 사회적 행동의 사회적 측면과 개인적 측면을 강조하는 상징적 상호작용주의 관점과 크게 다르지 않다. 다만 사회적 범주나 위치와 관련된 사회적 역할이 개인의 행동에 미치는 영향을 보다 강조한다. 역할정체성이론에서는 특정상황에서 나타난 개인의 행동은 의식적이며, 의도적인 선택에 의해 나타난 사회적 행동으로 본다. 역할정체성이론에서 개인의 행동을 '사회적 행동'으로 간주하는 이유는 자신이 소속된 다양한 사회적 범주와 사회적 위치에 따르는 역할기대에 근거하여 형성되는 자아개념(역할정체성)을 활용하여 상황을 해석하고, 자신 및 타인에게 기대되는 바람직한 행동이 무엇인지 판단하여 의식적으로 행동을 선택한다고 보기 때문이다(Stryker, 2000a, 2000b; Stryker & Burke, 2000).

2) 역할

역할정체성이론은 사회적 역할을 '사회구조 속에서 다양한 사회적 위치를 점하거나 어떠한 특성을 지닌 사람들 또는 구별되는 사회적 행위를 수행하는 사람들에 대해 사회가 부여하는 일련의 행동적 기대'로 정의하고 있다. 따라서 사회적 역할의 개념은 다양한 기준에 의해 사람들이 범주화될 수 있고, 그들에 대해 일정한 규범적 기대가 부여되고 있다는 두 가지 요건에 근거한다(김문근, 2009). 그러므로 사회적 역할을 구체적인 사회적 지위에 국한하지 않고, 개인에게 고유한 상호작용관계망을 보장하고 행동에 관한 규범적 기대를 제공하는 다양한 사회의 범주나 속성, 집단, 행위에도 적용하고 있다(Thoits, 1991). 역할정체성이론은 다양한 사회적 위치에 사회의 규범적 기대가 부여될 때 이를 사회적 역할로 지칭하는데, 사회의 규범적 기대가 부여되는 사회적 위치(position)는 그 유형이 다양하므로 사회적 역할도 다양한 형태로 존재할 수 있다고 본다. 사회적 역할은 사회의 구체적인 지위(교수, 대학생, 부부관계의 배우자, 엄마, 아이, 의사, 세일즈맨, 목사 등)뿐만 아니라 귀속적인 범주(성별, 인종 등), 구별되는 특정 행위(종교활동, 헌혈, 테니스 등)와 관련된 집단의 구성원에게도 적용된다(Stryker, 2000a). 역할정체성이론에 근거한 실증적 연구들은 대학생(Collier, 2001), 부부관계의 배우자(Cast, Stets & Burke, 1999)와 같은 구체적인 사회적 지위뿐만 아니라 성별과 같은 귀속적인 특성(Callero, 1992)도 사회적 역할의 하나로 간주하여 연구하고 있다. 또한 헌혈(Callero, 1985; Callero, Howard & Pilliavan, 1987; Charng, Piliavin & Callero, 1988), 데이트(Hoelter, 1983), 종교활동 (Stryker & Serpe, 1982), 친환경적 소비(Sparks & Sheperd, 1992) 등 사회의 규범적 기대가 동반되는 특정한 행위들도 사회적 역할로 간주하여 이론 검증을 위한 실증적 연구의 대상으로 삼고 있다.

3) 역할정체성

사회적 역할로부터 형성되는 자아개념인 역할정체성은 어떻게 정의할 수 있을까? 아래에서는 정체성(identity)의 다양한 유형과 그 개념을 살펴보고, 역할정체성이론의 관련 연구를 중심으로 역할정체성은 어떻게 정의할 수 있는지 검토하였다.

정체성(Identiy)이란 일반적으로 '나는 누구인가?'에 관한 자신만의 정의나 신념의 총체를 뜻하며 자아개념(Self concept)을 구성하는 한 요소이다. 역할정체성은 자아의 통합성과 동일성에 관한 인식을 의미하는 자아정체성(Ego identity), 사회적 지위 또는 집단에 소속됨으로써 지각하는 동질성에 근거한 사회적 정체성(Social identity), 개인의 고유성이나 독특성에 관한 인식으로 구성되는 개인적 정체성(Personal identity) 등과 구별된다. 자아정체성(self identity 또는 ego identity)은 에릭슨이 성격의 통합적 측면을 설명하기 위해 사용한 개념으로, 자기의 연속성이나 단일성, 독자성, 불변성 등 자기동일성에 관한 인식을 의미한다(Erickson, 1968). 또한 자아정체성이란 개인의 자아가 다양한 상황에서 다양한 모습으로 나타날 수 있음에도 불구하고 다양한 자아들이 통합되어 하나의 근원적인 자아로 존재하는 것을 지칭한다(박아청, 1990). 사회적 정체성은 사회 또는 공동체에 참여할 때 공동체 구성원과의 유사성, 공통된 목적, 동일시 등에 의해 형성되는 자아개념이다(Hewitt, 2001). 로젠버그는 사회적 정체성을 보다 넓게 해석하여 사회적 지위, 집단에 내한 성원권, 사회적 명명(labeling), 이전의 역할들, 개인의 고유함 등에 근거한 개인적 정체성을 포괄하는 것으로 정의하였다(Rogenberg, 1979). 사회적 정체성은 개인이 사회의 특정 범주나 집단에 소속됨으로 인해 집단과 자기를 동일시함으로써 생성되는 자아개념으로 소속집단에 대해서는 우호적인 정서와 태도를 견지하는 반면 여타의 집단들에 대해서는 적대적이거나 방어적 태도를 유발한다. 사회적 정체성은 개인에 비해 사회집단에 강조점을 두는 개념으로 집단과 관련된 고정관념이나 규범이 개인에게 내재화되어 사회적 행동에 미치는 영향을 강조한다. 즉, 사회적 정체성은 집단의 구성원으로서 개인이 집단 간 상호작용에서 보이는 사회적 행동을 설명하는 과정에서 발전된 사회심리학적 개념이다(Hogg, Terry and White, 1995).

사회적 정체성과 비교할 때 개인적 정체성은 자신의 고유성이나 개성, 독특함 등을 추구하는 과정에서 형성되는 자아인식이다. 사회적 정체성이 집단의 성원으로서의 동일시에 근거하여 형성되는 집단 기반의 자아개념인데 비해 개인적 정체성은 개인의 삶의 여정 속에서 형성되는 자기 자신의 자아의식과 자율성, 집단으로부터 구별되는 개성에 근거한 자기인식이라는 점에서 차이가 있다(Hewitt, 2001).

역할정체성(Role Identity)은 사회적 역할과 정체성 사이의 긴밀한 연결성을 함의하는 개념으로서 맥콜과 시몬스(McCall & Simmons, 1978), 버크(Burke, 1980) 등에 의해 사용되기 시작하였고 스트라이커(Stryker, 1968, 1980, 2002)는 정체성(Identity)이라는 용어를 사용하였으나 그 의미는 역할정체성과 동일하다. 역할정체성은 사회적 역할을 활용하여 상호작용하는 동안에 사회의 기대와 자기에 대한 평가가 내면화되어 형성되는 자아인식이다. 역할정체성이론을 발전시킨 스트라이커(Stryker)는 역할정체성을 사회적 역할에 대한 기대가 개인의 정신 속에 내면화된 것이라고 간략하게 정의하였다(Stryker, 2000a, 2000b, 2002; Stryker & Burke, 2000). 앞서 논의한 사회적 정체성과 비교할 때 역할정체성은 사회적 집단이나 범주에 소속되는 것이 개인의 자아개념 형성에 중요한 역할을 한다고 인정하는 점에서 공통점이 있다. 하지만 사회적 정체성이 집단의 구성원으로서 한 개인의 존재(being)에 관한 자아개념이라면 역할정체성은 한 개인이 집단의 구성원으로서 어떠한 역할에 근거해 어떤 행동을 하는가(doing)와 관련된 자아개념이라는 점에서 구별된다(Stets & Burke, 2000).

다양한 역할정체성 관련 연구들에 따르면 역할정체성은 개인의 내면에 활성화되어 상황, 자기, 타인들에 의미를 부여함으로써 상황정의를 가능하게 하는 인지적 도식(schema)이라 할 수 있다(김문근, 2009). 인지적 도식으로서 역할정체성의 개념을 검토해 보면 첫째, 역할과 관련한 내적 표준과 자기의 역할수행에 대한 평가라는 두 차원으로 구성된다. 역할정체성이론의 발전에 기여한 일부 연구자들에 따르면 역할정체성은 사회의 역할기대가 내면화된 정체성표준(identity standards)과 타인들과의 상호작용 속에서 지각한 역할수행과 관련한 자아의미(perceived self-meaning)라는 두 차원으로 구성된다(Burke, 1991; Burke & Stets, 1999; Callero, 1992; Cast & Burke, 2002). 역할정체성표준은 사회적 기대 또는 규범이 내면화되어 형성되는 역할과 관련된 하나의 이상적인 자아상으로 개인의 역할수행에 있어 행동적 표준이 된다. 자아의미는 타인들과의 상호작용 속에서 자신의 역할수행에 대해 반성적으로 평가함으로서 지각되는 현실적 자아에 관한 인식이다(Burke et al., 1999; Cast et al., 2002).

둘째, 역할정체성은 역할과 관련한 다양한 의미들로 구성되며, 이러한 의미들이 상황, 자기, 타인의 행동과 관련하여 상황정의에 기여함으로써 개인의 행동에 영향을 미친다. 역할정체성 연구자들에 따르면 역할정체성은 역할과 관련된 다양한 의미들로 구성된다. 연구자들은 인지적 도식으로서 역할정체성의 내용을 규명함으로써 역할정체성을 측정할 수 있는 도구들을 개발하려 시도하였고, 이를 통해 역할정체성에 관한 다양한 가설들을 검증할 수 있었다. 연구자들은 성역할(Burke & Tully, 1977), 대학생역할(Burke & Reitzes, 1981; Collier, 2001), 헌혈과 관련한 역할(Callero, 1992) 등 사회적 역할들에 내포된 의미들을 규명하였고, 이러한 역할의 의미들과 관련된 척도를 개발하여 역할정체성을 측정하였다. 예컨대 대학생 역할정체성은 학문적 책임성, 지성주의, 사교성, 자기주장 등 네 가지 의미를 하위요소로 포함하는 것으로 나타났다(Burke & Tully, 1982). 이러한 역할정체성의 의미차원 규명은 역할정체성 측정방법의 개발에 기여하였고, 역할정체성 측정방법의 개발은 역할정체성의 형성, 역할정체성이 사회적 행동에 미치는 영향 등에 관한 연구의 발전에 기여하였다.

셋째, 역할정체성은 인지적 도식으로서 정신 속에 활성화되면 역할정체성을 구성하는 의미들에 근거하여 상황정의, 자기 지각, 행동 등에 영향을 미친다. 고도로 분화된 사회에서 살아가는 개인은, 다양한 사회적 범주에 소속되어 다양한 사회적 역할을 담당할 때 각 역할에 근거한 복수의 역할정체성들을 보유할 수 있다. 개인이 보유한 각 역할정체성이 의식 속에 활성화되면 상황, 타인, 자신을 그 역할에 근거하여 해석하도록 하는 인지적 도식으로 작용한다. 상호작용에 관련된 정보처리를 위한 인지적 도식으로서 각 역할 정체성은 의식 속에 활성화될 수 있는 가능성(evocability)에 차이가 있다. 개인이 상호작용하는 역할 관련 대인관계망이 클수록, 대인관계망에 대한 개인의 정서적 애착이 강할수록 역할정체성은 개인의 의식 속에 보다 쉽게 활성화된다. 개인에게 중요성이 높은 역할정체성일수록 의식 속에 보다 쉽게 활성화되므로 개인의 사회적 행동은 활성화가능성이 높은 역할정체성에 의해 더 큰 영향을 받게 된다(Stryker, 1980, 2002; Stryker & Burke, 2000). 뿐만 아니라 활성화가능성이 높은 역할정체성은 다양한 장소와 시간에 걸쳐 개인의 의식 속에 활성화되므로 상황 초월적인(trans-situational), 두드러진(salient) 자아개념으로 기능하게 된다(Stryker, 2000b:34; Stryker & Serpe, 1982:207). 예컨대 어떤 대학생에게 대학생으로서의 역할정체성이 중요하다면 그는 대학교라는 공간적인 장을 떠나 있거나 동료 대학생 또는 교수 등과의 직접 상호작용하는 상황을 떠나 있는 경우에도 자신을 대학생으로 인식하며, 대학생에게 기대되는 행동적 규범에 근거해 자신의 행동을 선택하게 되므로 대학생다운 행동을 하게 될 것이다.

그러므로 역할정체성이란 '사회적 역할과 관련된 대인관계망에 참여하여 상호작용하는 동안 지각하는 역할에 관한 사회적 기대와 역할수행에 근거한 자기평가가 내면화되어 형성되는 자아개념'으로 정의할 수 있다. 역할정체성은 상호작용에 관한 정보를 처리하는 인지적 도식으로서 다양한 하위 의미차원으로 구성되어 있으므로 하위 의미차원들을 활용하여 측정할 수 있고, 다양한 상황에서 활성화되어 개인의 사회적 행동에 영향을 미치므로 사회적 행동을 예측하고 설명하는 중요한 변인이라 할 수 있다.

4) 정체성 위계(Salience)

역할정체성이론은 사회의 특정한 위치를 점유하면 그에 따른 사회적 관계망에 참여하여 상호작용함으로써 역할에 대한 그들의 기대를 내면화하고, 그러한 기대에 부응하여 사회적 상호작용에 참여하는 과정에서 역할을 기반으로 하는 자아개념인 역할 정체성이 형성된다고 본다. 그런데 사람들은 다양한 기준에 의해 다양한 위치를 점유할 수 있으므로 다양한 역할을 경험하게 되고, 그로 인해 다양한 역할정체성을 보유하게 된다. 하지만 다양한 역할정체성들은 무질서한 집합으로 존재하는 것이 아니라 하나의 구조로 존재한다는 것이 역할정체성 이론가들의 공통된 주장이다.

역할정체성이론에 따르면 한 개인이 보유한 다양한 역할정체성들이 구조화되는 대표적인 원리는 일상생활과 사회적 상황 속에서 어떠한 역할정체성이 더 중요성을 지니는지 혹은 더 쉽게, 더 자주 의식 속에 활성화(evoked 혹은 invoked) 되는지에 따라 위계적으로 배열된다. 즉, 다양한 정체성들이 갖는 중요성은 동일하지 않고, 따라서 각 정체성이 행위자의 의식 속에 떠올라 행동에 영향을 미칠 가능성에 차이가 있다. 이처럼 자아 내의 다양한 역할정체성들이 중요성에 따라 위계적으로 배열되어 있다고 가정할 때 특정 정체성이 지니는 상대적인 중요성의 정도를 정체성 위계(salience of identity)라 칭한다(Burke & Stets, 2009; Stryker & Serpe, 1982).

이처럼 역할정체성이론이 자아가 정체성의 위계적 구조로 구성되어 있다고 설명하는 것은 역할정체성이론과 관련하여 몇 가지 중요한 의미를 지닌다. 첫째, 개인은 다양한 기준에 근거해 다양한 사회적 위치를 점하고 다양한 역할을 통해 상호작용하므로 복수의 역할정체성들을 보유하게 된다. 둘째, 비록 개인이 다양한 역할정체성들을 보유하더라도 특정한 상황에서는 특정한 정체성이 활성화되면 개인은 마치 그러한 정체성 하나만을 지닌 것처럼 그 정체성의 의미체계에 근거해 상황을 정의하고, 행동함으로써 바로 그 역할정체성을 입증하려 시도한다(Burke and Stets, 2009). 셋째, 각 역할정체성들은 일상생활에서 혹은 다양한 사회적 상황에서 의식 속에 활성화되는 임계점(threshold)에 차이가 있다. 특정 역할정체성의 위계는 개인이 이전에 경험한 상호작용과 관련이 있으며, 무엇보다도 역할정체성의 위계는 역할정체성에 대한 몰입(commitment)에 의해 결정된다. 넷째, 중요한 역할정체성일수록 상황을 초월하여 활성화되기 쉬운 상황초월적인 (trans-situational) 경향을 지닌다. 정체성위계가 높을 경우 역할정체성은 그 역할과 무관한 상황에서도 쉽게 활성화되어 개인의 자아개념을 대표하며, 역할과 관련 있는 행동을 유발하게 된다(Stryker & Serpe, 1982).

경험적 연구들은 역할정체성의 위계(salience)를 측정하기 위해 조사대상자에게 역할과 관련한 평가를 구하는 다양한 질문들을 활용하였다. 예컨대 대학생 역할정체성의 위계를 측정하기 위해 '여름 방학에 부모를 만나거나 새로운 사람을 만나 대화할 때 당신이 대학생임을 밝히는 것은 당신에게 얼마나 중요한가?', '다른 사람이 당신의 진면목을 알기 위해 당신이 대학생임을 아는 것은 얼마나 중요한가?'와 같은 질문에 대해 '매우 중요하다 / 중요하다 / 중요한 편이다 / 약간 중요하다 / 전혀 중요하지 않다'와 같은 응답을 통해 측정하고 있다. 이때 역할정체성의 위계는 조사시점에 개인이 지각하는 특정 역할의 상대적 중요도나 중심성(centrality)을 뜻한다 하겠다(Burke & Reitzes, 1991). 헌혈역할정체성에 대한 연구에서도 '나는 헌혈을 좀처럼 생각하지 않는다.', '헌혈을 포기해야 한다면 나는 상실감을 느낄 것이다.', '나는 헌혈에 대해 어떤 특별한 감정을 갖고 있지는 않다.', '나에게 헌혈은 단지 혈액을 제공하는 것 이상의 의미가 있다.', '헌혈은 나(Who I am)를 규정하는 소중한 일부분이다.'와 같은 각 문항을 통해 역할정체성의 위계를 측정하고 있다(Callero, 1992).

5) 정체성 몰입(Commitment)

역할정체성이론은 정체성에 대한 몰입(commitment)을 역할정체성의 위계(salience)를 결정하는 가장 중요한 요건으로 보고 있다. 역할정체성이론은, 역할정체성이 사회적 위치와 역할에 따라 형성되는 사회적 관계망 안에서의 상호작용에 근거하기 때문에, 이러한 사회적 관계망에 대한 개인의 몰입정도가 개인의 자아를 구성하는 다양한 역할정체성들의 상대적 중요성을 좌우한다고 본다. 개인이 특정한 사회적 위치(position)를 점유하면 그에 동반되는 사회적 관계망(직접적으로 상호작용이 이루어지는 대인관계망)[4]이 존재하고, 사회적 관계망에 참여하면 사회적 위치에 부합하는 역할을 수행하며, 타인들로부터 역할에 대한 기대를 내면화하게 된다(Callero, 1986). 하지만 사회적 위치와 역할이 동일하고, 사회적 관계망 또한 동일하다 하더라도 개개인이 사회적 관계망에 몰입하는 정도는 다를 수 있고, 그에 따라 역할정체성의 중요성도 개인마다 다를 개연성이 있다(Stryker, 2000a, 2000b).

역할정체성이론에서 대개 정체성 몰입(commitment)은 특정 역할정체성과 관련하여 개인이 참여하는 사회적 관계망에 대한 개인의 몰입정도를 의미한다. 역할정체성이론은 사람들이 전체적인 사회 속에서 살아가지 않고, 사회적 지위 및 역할과 관련된 좁고, 한정된 사회적 관계망 속에서 살아간다고 본다. 개인이 어떤 사회적 관계망에 몰입해 있다는 것은 특정한 역할 및 역할정체성과 관련된 사회적 관계망에 대한 참여정도나 정서적 관계가 강하다는 의미이다. 다른 사람들과의 관계는 다른 사람들과 같은 부류의 사람이 되려는 데 대한 몰입에 의존하므로 정체성 몰입은 타인과의 의미 있는 관계를 포기하는 데 따르는 비용, 이러한 관계의 포기가 추구할 만한 대안인가에 의해 측정된다. 역할정체성이론에 근거한 연구자들은 정체성 몰입을 상호작용적 차원과 정서적 차원으로 개념화하였다. 상호작용적 차원에서 정체성 몰입은 하나의 역할정체성 보유로 인해 발생하는

---

4) 이 책은 역할정체성이론이 강조하는 소규모 집단이나 대인관계망 속에서의 사회적 상호작용을 강조하기 위해 사회적 관계망을 '상호작용관계망'으로 표기하기도 하였다.

사회적 관계망의 크기에 의해 결정된다. 즉 하나의 역할정체성으로 인해 형성되는 사회적 관계망이 많은 사람들을 포함할수록 정체성에 대한 몰입은 증가한다. 이에 비해 정서적 차원의 정체성 몰입은 역할과 관련된 사회적 관계망을 구성하는 타인들에 대해 행위자가 갖는 정서적 애착이 강할수록 정체성에 대한 몰입이 높은 것으로 본다(Stryker, 2000a).

3. 역할정체성이론의 주요 가설과 연구결과

1) 역할정체성의 형성과 변화

사회적 역할로부터 역할관련 자아개념이 형성된다는 역할정체성이론의 기본 가정은 상징적 상호작용주의에 기원을 두고 있다. 상징적 상호작용주의에 의하면 사회적 상호작용 속에서 타인들이 자기에게 취하거나 기대하는 행동적 의미 즉, 자기에게 부여된 상징적 의미나 사회적 기대를 지각할 때 하나의 사회적 대상으로서 자아개념이 형성된다. 아동은 놀이를 통해 역할상대방의 관점을 취함으로써 자기역할에 관한 이해가 향상되며, 게임을 통해 그가 소속된 조직에 존재하는 다양한 역할들의 관점에서 자기 역할의 의미를 성찰할 수 있게 된다. 또한 점차 자기가 소속된 공동체 또는 일반화된 타자(generalized others)의 관점에서 자기 역할이 지니는 사회적 의미를 성찰할 수 있는 능력(reflexivity)을 갖게 된다. 개인은 사회적 상호작용 속에서 역할을 통해 상대방의 관점, 집단이나 조직의 관점, 추상적인 일반적 타자의 관점에서 자기가 어떻게 인식되어지고, 자기에게 부여되는 사회적 의미나 행동적 의미가 무엇인지 지각하게 된다. 이러한 자기지각이 내면에 축적되어 자아개념이 형성된다(Blumer, 1969; Hewitt, 2001; Mead, 1934; Ritzer, 2006). 그러므로 개인의 자아개념 형성에 있어 상호작용에 대한 성찰 또는 주관적 해석은 중요한 요소라 할 수 있다.

역할정체성이론을 발전시킨 스트라이커(Stryker, 2000a, 2002)는 역할정체성 형성을 위해서는 상호작용관계망에 참여하여 역할을 수행하며, 역할과 관련한 사회적 기대를 지각하는 것이 중요하다고 보았다. 하지만 상호작용관계망에 참여하는 동안 개인이 상호작용에 관해 주관적으로 인식하거나 해석하는 것들이 역할정체성 형성에 어떠한 영향을 미치는가에 대해서는 많은 관심을 기울이지는 않았다. 그는 '사람은 상호작용하는 집단의 수만큼 정체성을 갖는다'는 상징적 상호작용주의자 제임스(James, 1890)의 주장에 착안하여 개인이 사회의 다양한 집단이나 조직, 공동체, 계급, 인종, 연령, 성, 종교 등에 근거한 사회적 관계망에 참여할 때 각 역할과 관련된 자아개념이 형성된다고 가정하였다. 즉, 역할정체성이론은 개인이 역할과 관련된 사회적 관계망에 참여하면 역할을 수행할 수 있고, 역할과 관련한 사회의 기대를 지각할 수 있으므로 역할정체성이 형성된다고 가정하였다.

역할정체성 형성에 관한 횡단적 또는 종단적 연구들에 따르면 역할과 관련된 상호작용관계망 참여는 역할정체성 형성에 긍정적 영향을 미치는 것으로 나타나 역할정체성 형성에 관한 스트라이커(Stryker)의 기본 가정은 지지되었다. 예컨대 헌혈행위를 반복하면 헌혈과 관련된 사회적 기대를 지각하게 되고, 자기를 점차 헌혈하는 사람으로 규정하게 되므로 헌혈과 관련된 역할정체성이 형성되는 것으로 나타났다(Charng et al., 1988). 또한 대학생 역할정체성 형성에 관한 종단적 연구에 따르면 입학 후 첫 학기 동안 신입생을 위한 집단프로그램에 참여하면 학기말에 대학생들의 역할정체성이 향상되는 것으로 나타났다. 학기 초에는 대학생들의 역할정체성표준(identity standards)에 비해 역할수행과 관련한 자아의미(self meaning)가 상당히 낮았으나 학기말에는 향상되어 역할정체성표준과 자아의미가 일치하였다(Collier, 2001). 신입생을 위한 집단프로그램은 일종의 준거집단으로서 대학생 역할에 관한 사회적 기대를 지각할 수 있는 기회를 제공하였으므로 집단프로그램에 참여한 대학생들은 학기 초에 지나치게 높이 설정하였던 역할정체성표준을 현실에 맞게 조정한 것으로 나타났다. 뿐만 아니라 집단에 참여하여 대학생 역할에 대한 기대를 지각하고 이러한 기대에 맞추어 대학생 역할을 수행하는 동안 자아의미가 역할정체성표준과 일치하는 수준까지 향상된 것으로 보인다. 그러므로 이 연구결과는 개인이 상호작용관계망에 참여하면 역할에 관한 사회의 규범적 기대를 지각할 수 있고 역할을 수행할 수 있으며, 역할수행과 관련한 자기평가를 내면화할 수 있기 때문에 역할정체성이 형성된다는 역할정체성이론의 기본가정을 지지하는 것으로 볼 수 있다.

그렇다면 이와 같이 형성된 역할정체성은 어떠한 조건에서 유지, 변화 또는 소멸할 수 있는가? 역할정체성이론에 따르면 역할과 관련된 상호작용관계망에 참여함으로써 형성된 역할정체성은 상호작용관계망에 지속적으로 참여하는 한 안정적으로 유지될 수 있다. 역할관련 상호작용관계망이 역할정체성 형성과 유지에 필수적인 역할수행의 기회를 제공하고 역할과 관련된 규범적인 기대나 자아의미를 지각할 수 있는 상호작용기회를 보장하므로 상호작용관계망에 변화가 없고, 상호작용관계망에 대한 몰입이 충분히 높아 지속적으로 참여하고 있다면 역할정체성은 안정적으로 유지될 수 있기 때문이다(Stryker, 2002,

2000a; Stryker & Burke, 2000). 그러므로 역할과 관련된 상호작용관계망에 참여할 수 없거나 상호작용관계망 내에서 역할에 대한 기대가 변화하는 경우에는 역할정체성도 약화, 소멸되거나 변화할 것이다. 하지만 역할정체성이론은 역할정체성이 사회적 행동에 미치는 영향과 역할정체성 형성을 중심으로 연구하였기에 역할정체성의 감소나 소멸에 관한 연구에는 큰 관심을 기울이지 않았던 것으로 보인다[5].

한편 개인에게 중요한 역할정체성은 일시적인 대인관계망에 변화가 있더라도 안정적으로 유지될 수 있다는 것이 역할정체성이론의 기본적 가정이다. 일부 연구들에 따르면 개인에게 중요한 의미를 갖는 역할정체성은 쉽게 변화하지 않는 것으로 나타나 이러한 가정은 경험적으로도 지지되었다. 대학진학으로 인해 지리적 이동이 발생하고 대인관계망에 중요한 변화가 있었지만 개인에게 중요한 의미를 지니는 역할정체성은 쉽게 변화하지 않았으며, 오히려 역할과 부합하는 새로운 대인관계망을 적극적으로 추구함으로써 역할정체성은 안정적으로 유지되었다(Serpe & Stryker, 1987). 뿐만 아니라 개인에게 중요한 의미를 지니는 역할정체성은 역할과 직접 관련된 상호작용관계망을 떠나서도 다양한 상황에서 쉽게 활성화되어 자기, 타인, 상황을 정의하는 인지적 도식으로 활용되므로 역할에 부합하는 행동의 발생을 촉진하며, 역할과 부합하는 행동을 하면 다시 역할정체성은 강화된다. 그러므로 개인에게 중요한 역할정체성은 상호작용관계망에 의해 영향을 받지만 상호작용관계망을 초월하여서도 활성화될 수 있고, 기존의 상호작용관계망과 단절이 있더라도 역할과 관련된 새로운 상호작용관계망을 적극적으로 추구하므로 안정성이 높다(Serpe & Stryker, 1987; Stryker, 2000b; Stryker et al., 1982).

그러나 역할정체성은 하나의 자아개념으로서 그러한 자아개념을 지지하는 사회적 상호작용이나 사회적 관계망이 보장되지 않는 경우에는 결국 유지되기 어렵다는 것이 다양한 연구에 의해 뒷받침되고 있다. 즉, 자아개념으로서 역할정체성도 하나의 유기체처럼 생태환경에 의해 자양분을 제공받지 않으면 유지되기 어렵다는 것이다. 연구들에 의하면 전혀 다른 상호작용관계망(또는 준거집단)에 참여하거나, 전혀 다른 문화로 진입함으로써 동일한 역할에 대해 새로운 해석이 내려지거나, 기존의 상호작용관계망 속에서 역할에 대한 이해나 기대가 변화하는 경우 역할정체성에 질적인 변화, 근본적인 변화가 나타날 수 있다. 이는 역할정체성을 둘러싼 환경이 극적으로 변화하여 기존의 역할정체성이 개인의 행동에 적절한 방향성을 제시해 주지 못하거나 타인들과 원활한 상호작용을 보장하지 못할

---

5) 하지만 정신장애인의 자아개념에 관한 일부 연구들에 따르면 정신병원 입원으로 인해 사회와의 접촉이 단절되거나 가치 있는 사회적 역할수행 기회가 박탈되어 환자역할에 근거한 상호작용만 가능한 경우 정신장애인의 긍정적이었던 사회적 정체성은 소멸 또는 약화되는 것으로 나타났다(Goffman, 1961; Karmel, 1970; Lally, 1989).

때 역할정체성에 근본적인 변화가 일어날 수 있기 때문이다. 예컨대 적국의 전쟁포로가 된 군인, 이제 막 중년기에 접어든 사람, 첫 아기를 출산한 신혼부부 등은 이전의 역할 기대와는 전혀 부합하지 않는 새로운 상황을 맞게 되며, 이들은 변화된 환경에 맞추어 내면화된 역할에 대한 기대(역할정체성표준)를 조정하지 않을 수 없다. 만일 내면화된 역할정체성표준을 조정하지 않는다면 내면의 역할정체성표준과 사회의 역할기대가 불일 치하여 잠정적으로 둘 이상의 역할정체성 표준을 갖게 되므로 갈등을 경험하기 쉽다. 따 라서 외부 환경의 급격한 변화가 동반될 때 개인은 기존의 정체성표준을 변화시켜 새로 운 정체성을 확립함으로써 내적 갈등을 극복하고, 정체성표준과 자아의미 사이의 일치를 꾀할 수 있어 보다 사회에 적응적인 행동을 할 수 있게 된다(Burke, 1991; Burke & Cast, 1997)[6].

그러므로 역할정체성의 형성과 유지, 변화는 역할과 관련된 준거집단이라 할 수 있는 상호작용관계망과 깊은 연관이 있다. 역할과 관련된 상호작용관계망에 참여하여 역할을 수행하고 역할에 관한 외부의 기대를 지각할 수 있을 때 역할정체성이 형성된다. 또한 상호작용관계망에 대한 개인의 몰입이 지속되고 상호작용관계망의 큰 변화가 없다면 역 할정체성은 안정적으로 유지된다. 특히 개인에게 중요한 의미를 지니는 역할정체성은 상 호작용관계망에 대한 참여와 역할수행을 지속적으로 촉진하는 힘이 있고, 기존의 상호작 용관계망과 단절이 발생하면 대안적인 관계망을 새롭게 추구할 동기를 제공하므로 안정 성은 더욱 높다. 그러나 개인이 보유하고 있던 역할정체성은 상호작용관계망과의 단절, 상호작용관계망 내에서 역할에 대한 기대의 변화 등으로 인해 질적인 변화를 경험할 수 있다.

2) 역할정체성과 사회적 행동

역할정체성이론은 역할과 관련된 자아개념인 역할정체성으로부터 사회적 행동을 설명 하려는 이론이다. 역할정체성이론은 '역할정체성 활성화 가설', '역할정체성표준과 자아의

---

6) 역할정체성의 근본적인 변화를 가져오는 가장 중요한 조건은 '역할과 관련된 상호작용관계망의 변화'라는 연구결과는, 개인 의 자아개념이 상호작용하는 사회적 관계망과의 접촉단절, 사회적 관계망의 규범 변화 등에 의해 심각한 영향을 받는다는 사회심리학적 연구들에 의해서도 지지된다. Tice(1992)와 Schlenkeler 외(1994)의 연구에 의하면 사람들은 자신의 최근 행 동에 근거해 자아개념을 평가하는 경향이 있는데, 타인의 관찰이 이루어지거나 타인과 상호적 교류 속에서 행해진 행동만 이 개인의 자아개념을 변화시키는 것으로 나타났다. 뿐만 아니라 Harter(1993)의 연구도 개인이 이전에 그를 잘 알던 대인 관계망으로부터 격리, 단절이 있을 때 개인의 자아개념은 변화에 취약함을 보여주었다(Baumeister, 1998).

미 일치 가설', '역할정체성과 역할행동의 의미공유 가설' 등 세 가지 가설에 근거하여 역할정체성이 개인의 사회적 행동에 미치는 영향을 설명하고 있다(김문근, 2009).

(1) 역할정체성 활성화

'역할정체성활성화' 가설에 의하면 역할정체성은 하나의 인지적 도식(schema)으로서 의식 속에 활성화되면 개인은 바로 그 역할에 근거해 상황을 정의하고 자기와 타인에게 기대되는 행동이 무엇인지 판단하기 때문에 역할과 부합하는 행동을 하게 된다. 개인은 다양한 역할정체성을 보유하고 있는데 각 역할정체성은 의식 속에 활성화되기 쉬운 정도에 따라 위계적으로 구조화되어 있다(hierarchy of salience). 각 역할정체성은 상호작용관계망에 관한 몰입이 높을수록 -즉, 역할과 관련된 상호작용 관계망의 규모가 크고(관계를 맺는 사람의 수가 많으며) 관계망에 대한 개인의 정서적 애착이 강할수록 - 활성화되기가 쉽다(Stryker, 2000a, 2000b; Stryker & Burke, 2000). 이와 같은 '역할정체성활성화' 가설은 일련의 실증적 연구에 의해 지지되었다. 예컨대 종교적 정체성에 대한 몰입이 높을수록 종교적 정체성의 활성화는 높았으며, 종교적 정체성의 활성화는 종교활동에 사용된 시간을 설명하는 유의미한 변수였다(Stryker et al., 1982). 대학생역할정체성에 관한 연구에서도 상호작용관계망에 대한 몰입이 높을수록 대학생역할정체성은 대학생 역할과 관련된 행동에 더 큰 영향을 미치는 것으로 나타났다(Burke & Reitzes, 1991). 그 외에도 학생, 친구, 아들/딸, 근로자, 운동, 종교활동, 데이트 등과 관련한 역할정체성 연구(Hoelter, 1983), 헌혈역할정체성 연구(Callero, 1985; Callero et al., 1987; Charng et al., 1988) 등도 '역할정체성활성화' 가설을 지지하는 것으로 나타났다.

(2) 역할정체성통제 가설

'역할정체성 통제' 가설에 따르면 개인은 역할 관련 행동을 함으로써 지각된 자아의미(perceived self meaning)가 내면의 역할정체성표준(identity standards)과 일치할 때 자아존중감이나 자기효능감, 통제감 등 자아에 대해 긍정적 정서를 경험할 수 있고, 다른 사람들과도 원활하게 상호작용할 수 있으므로 역할정체성표준에 부합하는 행동을 추구한다(Burke, 1991; Burke & Reitzes, 1991; Burke & Stets, 1999)[7]. [그림 3-2]와 같이 만일

---

7) 개인의 자아가 사회 규범이나 기대를 반영하는 하나의 준거틀과 실제상황 속에서 자각하는 현실적인 자아의미로 구성되어 있고, 개인은 이 둘의 일치(self verification)를 추구하며, 상호작용 속에서 자아의 표준과 자아의 실제의미가 일치할 때 긍정적 정서를 경험한다는 설명은 자아불일치이론(Higgins, 1987)이나 정서통제이론(Heise, 1999, 2000)과도 일관된 주장이라 할 수 있다.

상호작용 속에서 역할수행과 관련한 자아의미가 역할정체성표준에 미치지 못한다고 지각하게 되면 개인은 자아의미가 역할정체성표준과 일치하는 수준으로 향상될 때까지 역할정체성표준에 부합하는 행동을 추구하게 된다(Burke, 1991; Smith-Lovin, 2002; Stryker & Burke, 2000). 이리한 역할정체성 통제 기설에 따르면 행위자는 역할정체성 표준과 자신의 행동과 그에 대한 타인들의 반응을 통해 드러난 자아의미가 불일치 할 경우 타인과 원활한 상호작용이 전개되지 않거나 표준에 미달한 자아를 발견하면서 낮은 자존감이나 디스트레스를 경험하게 된다. 사람들은 누구든지 이러한 타인과의 상호작용에서의 부정적인 결과나 심리 내적으로 발생되는 부정적인 자아감정을 해소하려 하기 때문에 역할정체성표준과 자아의미가 일치할 때까지 역할정체성표준에 부합하도록 행동을 변화시키므로 역할에 부합한 행동이 나타나게 된다.

[그림 3-2] 역할정체성 통제과정

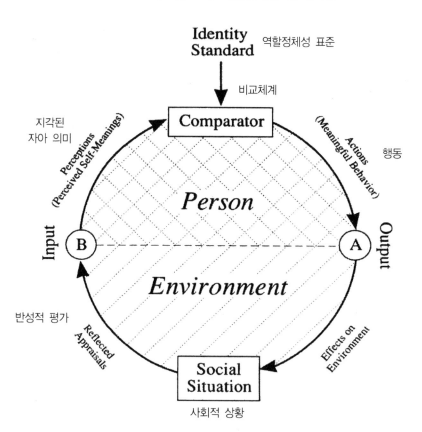

출처: Burke(1991), 838면에서 인용

이와 같은 '역할정체성표준과 자아의미 일치' 가설은 헌혈역할정체성에 관한 연구, 부부관계에 관한 연구, 실험연구 등에서 지지되었다. 헌혈과 관련된 역할정체성표준과 자아의미가 일치할수록 역할정체성은 헌혈행동을 보다 잘 예측하는 것으로 나타났다(Callero, 1992). 또한 부부관계에서도 자신이 이상적으로 생각하는 배우자 역할정체성표준과 상호작용 속에서 인지하는 자아의미가 일치할수록 자아존중감, 자아효능감, 통제감이 향상되었고 부부관계에 대한 신뢰나 헌신이 향상되었으며, 우울이나 불안, 적의 등 부정적 정서는 감소하는 것으로 나타났다(Burke et al., 1999; Cast & Burke, 2002). 실험연구에서 피험자가 특정 과업과 관련하여 기대되는 평균적인 과업성취수준을 제시받은 후 자기가 실제 수행한 과업이 기대되었던 평균적인 수준에 미달한다는 평가를 받으면 피험자들은 부정적인 감정을 경험하는 것으로 나타났다(Stets, 2005).

[그림 3-3] 상호작용하는 두 사람의 역할정체성 통제과정

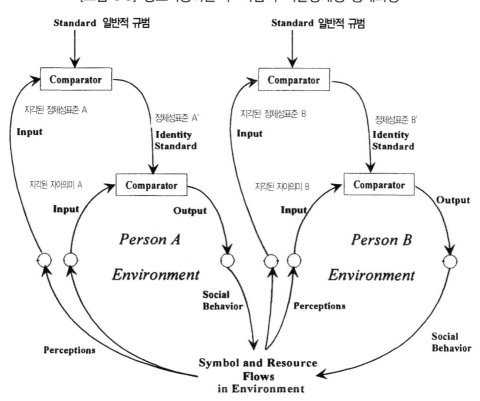

출처: Burke and Cast(1997), 278면에서 인용.

위의 [그림 3-2]와 같은 개인의 특정 역할정체성 통제과정은 상호작용하는 두 사람에게 적용될 때 [그림 3-3]과 같은 복합적 과정을 거친다. 부부 사이에서 남편과 아내의 행동은 각각 자기의 역할정체성에 영향을 미칠 뿐만 아니라 부부 사이의 상호작용의 결과 상내방의 역할정체성에도 영향을 미치게 된다(Burke & Cast, 1997; Caste & Burke, 2002). 즉, 남편이 아내와의 관계에서 가사활동 분담에 대해 가진 기대수준(남편 역할정체성 표준)에 따라 가사를 수행하게 되면, 아내가 남편의 가사활동 참여가 적절한지에 대해 긍정적 혹은 부정적 반응을 통해 평가를 제시하게 된다. 만약 남편이 스스로 가진 가사활동분담에 대한 기대치만큼 충실히 수행했음에도 아내의 반응이 부정적이라면 남편은 가사분담에 대한 자기 내면의 표준을 상향시키게 된다. 반면 남편이 스스로 가진 가사활동분담의 표준만큼 수행하지 않은 경우라면 아내의 부정적 반응은 남편으로 하여금 자기 표준에 부합할 때까지 가사활동에 더 충실하라는 의미를 부여하게 된다. 이처럼 상호작용 상황에서 역할 상대방의 직접적인 반응은 역할 수행에 대한 행위자 자신의 자아의미로 지각되고, 이것이 행위자의 내면에 존재하는 역할정체성 표준과 비교된다. 동시에 상호작용을 통해 행위자는 자기가 수행하는 역할과 관련한 기대수준 즉, 역할정체성표준이 적정한지 아니면 상향시키거나 하향시켜야 하는지를 판단하게 되고, 그 결과 수정된 역할정체성표준이 제시되고, 이 표준이 상호작용을 통해 지각된 자아의미의 비교기준으로 작용하게 된다.

위와 같이 두 사람 이상의 집단에서 특정 역할과 관련하여 안정적인 상호작용이 전개되기 위해서는 각 구성원들이 공유하고 있는 '역할정체성표준'에 있어서 큰 차이가 없어야 한다. 그렇지 않다면 상호작용이 일어나더라도 그로부터 지각된 구성원들의 자아의미는 각각 다른 기준(각자의 역할정체성표준)과 비교될 것이므로 구성원들 사이의 협력적인 상호작용은 크게 손상되기 쉬울 것이다. 예컨대 남편은 보수적인 가정에서 성장하여 유급노동과 가사노동의 성별 분담에 근거한 배우자 역할을 내면화 하고 있고, 양성 평등적인 가정에서 성장한 아내는 남편도 가사를 대등하게 분담해야 한다는 관점에서 배우자 역할을 내면화 하고 있는 경우를 가정해 보자. 이 때 퇴근한 남편이 저녁 식사를 마친 후 설거지에 동참하지 않는 행동에 대해 남편은 지극히 당연한 것으로 해석할 수 있고, 아내는 매우 불합리한 것으로 해석할 수 있을 것이다. 만일 아내가 이러한 남편의 행동에 대해 양성평등적인 가사활동 분담에 대한 기대를 표명하고, 그러한 기대에 부응하지 않는 남편의 행동에 대해 부정적인 반응을 보였음에도 남편이 배우자 역할정체성표준을 변경하지 않는다면 남편과 아내 사이의 원활한 부부로서의 상호작용은 전개되기 어려울 것이다. 그러므로 두 명 이상의 사회적 상호작용이 전개될 때 모든 구성원들은 역할정체성표준에 대해 암묵적 합의를 이끌어내려 한다. 동시에 행위자는 내재화된 역할정체성표준에 비추어 자신의 행동에 대한 주위 사람들의 반응을 통해 자기의 역할정체성이 입증되는지 아니면 입증되지 않는지 평가하고, 이러한 평가에 따라 자신의 행동을 변화시키려 노력한다. 사회적 상호작용은 이러한 과정이 동시에, 순환적으로 진행되는 현상으로 볼 수 있다.

(3) 역할정체성과 역할행동의 의미공유 가설

'역할정체성과 역할행동의 의미공유' 가설에 따르면 개인은 역할정체성과 역할행동이 공유하고 있는 의미차원을 통해 자신의 행동을 모니터링하기 때문에 역할정체성과 부합하는 행동이 나타나게 된다(Stryker & Burke, 2000). 이 가설은 버크와 라이체스의 연구에 의해 발전되었다(Burke & Reitzes, 1981). 이들은 대표성 있는 표본으로부터 대학생 역할을 구성하는 핵심적인 의미차원을 학문적 책임성, 지성주의(intellectualism), 사교성, 개인적 자기주장 등 네 가지로 추출한 후 이를 통해 대학생들의 역할정체성을 측정하고 역할정체성과 대학원 진학 계획, 사교적 활동 참여 등 역할행동 사이에 어떠한 상관관계가 있는지 분석하였다. 대학생 역할정체성의 '학문적 책임성'이라는 의미차원은 대학원 진학의도와 같은 학문적 활동에는 긍정적 영향을 미쳤지만 사교적 활동 참여에는 부정적 영향을 미친 것으로 나타났다. 즉 역할정체성은 의미가 일치하는 역할관련 행동에만 영향을 미친다는 것이다.

이처럼 특정의 역할정체성은 복수의 의미차원들을 내포하고 있으며, 이러한 의미차원은 의미와 부합하는 행동을 예측한다. 위의 버크와 라이체스 연구(Burke & Reitzes, 1981)가 보여주듯 역할정체성을 통해 개인의 행동을 정확하게 예측하려면 역할정체성을 구성하고 있는 의미차원들을 규명할 필요가 있다. 이러한 의미차원들을 규명한다면 이를 토대로 역할정체성을 측정할 수 있는 도구를 만들 수 있고, 이러한 도구로 측정된 역할정체성의 의미차원들을 통해 개인의 역할 관련 행동을 예측하는 데 활용할 수 있을 것이다. 다만 주의할 점은 하나의 역할 정체성은 복수의 의미차원들로 구성되고, 이러한 의미차원들은 반드시 하나의 역할정체성에만 귀속되지 않으며, 하나 이상의 행동과 연결되어 있을 개연성도 있다는 점이다(Burke & Reitzes, 1981). 예컨대 비판적 사고라는 의미차원은 과학자와 시민운동가와 관련한 역할정체성에 공유되어 있을 것이지만 그러한 의미차원이 갖는 기능은 과학자에게는 연구행동으로, 시민운동가에게는 시민사회적 이슈에 대한 옹호행동으로 나타날 수 있다. 이러한 역할정체성과 의미차원, 행동 사이의 연결관계를 그림으로 표시하면 [그림 3-4]와 같다.

[그림 3-4] 의미차원을 매개로 한 역할정체성과 행동의 연결 구조

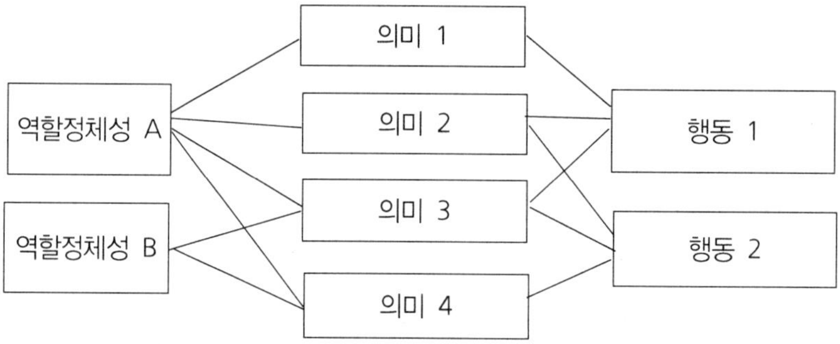

```
                        ┌──────────┐
                    ┌───│  의미 1  │
                    │   └──────────┘
┌──────────┐        │   ┌──────────┐        ┌──────────┐
│역할정체성 A│───────┼───│  의미 2  │────────│  행동 1  │
└──────────┘        │   └──────────┘        └──────────┘
                    │   ┌──────────┐
┌──────────┐        ├───│  의미 3  │        ┌──────────┐
│역할정체성 B│───────┤   └──────────┘────────│  행동 2  │
└──────────┘        │   ┌──────────┐        └──────────┘
                    └───│  의미 4  │
                        └──────────┘
```

4. 요약

역할정체성이론은 미드 및 블루머 중심의 전형적인 상징적 상호작용론이 지니는 한계에 대한 비판에서 출발하였다. 상징적 상호작용론은 지나치게 상징적 상호작용 그 자체만을 강조함으로써 사회구조가 개인의 자아와 행동에 미칠 수 있는 영향에 대해 충분한 관심을 기울이지 않았고, 그 개념이 추상적이어서 과학적 이론으로 충분히 발전하지는 않았기 때문이다. 이러한 한계점을 보완하기 위해 역할정체성이론은 다양한 기준에 의해 사회구성원들이 다양한 범주로 구분되고, 그로 인해 다양한 사회적 위치를 점하게 되고, 그에 따라 사회의 규범적 기대도 내면화 하게 된다고 본다. 특히 스트라이커(Stryker)는 역할정체성이론의 핵심적인 명제를 제시하고, 이를 경험적 연구를 통해 검증함으로써 전통적인 상징적 상호작용주의 이론이 과학적 이론으로서 지녔던 한계를 극복하는데 기여했다. 그가 연구의 기초로 삼은 핵심적인 명제는 ① '소규모의 관계망에 참여함으로써 역할과 관련한 행동을 수행할 기회를 얻고, 역할과 관련한 사회의 규범을 내재화하게 될 계기를 갖는다', ② '소규모 관계망에 대한 정서적 애착이 강할수록 해당 역할과 관련한 정체성은 더 중요한 정체성으로 자리매김하게 된다', ③ '중요한 정체성은 다양한 상황에서 지속적으로 의식 속에 활성화되어 역할과 부합하는 행동을 유발한다' 등으로 요약할

수 있다. 이러한 명제들은 다양한 경험적 연구들을 촉진함으로써 역할정체성이론의 발전을 가져왔다.

역할정체성이론에 관한 본 장의 논의를 종합하면 역할정체성의 형성·유지·변화, 역할정체성이 사회적 행동에 미치는 영향은 [그림 3-5]와 같이 표현할 수 있다. 역할과 관련한 상호작용관계망에 참여하여 상호작용하는 동안 역할에 관한 공유된 기대와 규범을 지각하면 이것이 내면화되어 역할정체성이 형성된다. 또한 특정 역할정체성의 상대적인 중요도가 높을수록 역할정체성표준이 높고, 역할정체성표준과 자아의미가 일치할수록, 역할정체성과 역할행동이 핵심적인 의미를 공유할수록 역할정체성은 개인의 행동에 더 큰 영향을 미치게 된다. 사회적 상황에서 역할에 근거한 사회적 행동을 수행하는 동안 타인들의 반응, 주관적 해석을 통해 역할과 관련한 자아의미를 파악하고 이를 내면의 역할정체성과 비교함으로써 역할정체성이 공고화 되든지 혹은 조절될 수 있고, 다른 한편으로는 역할정체성에 못미치는 자아의미를 역할정체성에 부합하도록 향상시키기 위해 역할과 부합한 행동을 강화하게 된다. 특히 역할정체성은 사회적 상호작용관계망에 참여함으로써 형성되고, 유지되기 때문에 상호작용관계망과 역할정체성 사이에는 순환적인 상호의존관계가 존재한다고 볼 수 있다.

[그림 3-5] 역할정체성과 사회적 행동

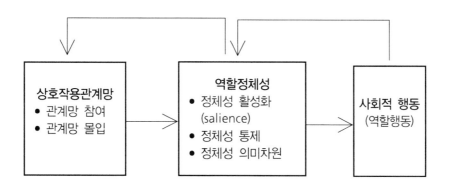

역할정체성이론은 현재 크게 스트라이커(Stryker) 중심의 구조적 접근과 버크(Burke) 중심의 인지적 접근으로 구분되며, 이 두 접근을 종합하여야 사회구조와 역할정체성의 형성과 유지 및 변화 과정, 역할정체성이 사회적 행동에 미치는 영향, 역할정체성의 내적 구조와 그 역동적 작용을 총체적으로 설명할 수 있다. 스트라이커(Stryker)는 사회구조→

역할정체성→역할행동으로 이어지는 상호작용, 자아개념, 행동 사이의 인과관계를 경험적으로 검증해 냈다는 점에서 큰 기여를 하였다. 이에 비해 버크(Burke)는 역할정체성과 역할 관련 행동은 공통된 의미체계로 연결되어 있다는 가설을 제시하고, 가설검증을 위해 역할 관련 행동들로부터 추출한 의미들을 기반으로 역할정체성 측정을 위한 정교한 도구를 개발하였다. 그 결과 역할정체성과 행동 간의 관계도 더 체계적으로 검증할 수 있는 기틀을 마련했다는 점에서 역할정체성이론의 발전에 기여했다. 특히 역할정체성이 내재화된 사회규범과 상호작용으로부터 반성적으로 성찰한 자아라는 두 요소로 구성되며, 이 두 요소 사이의 역동적 상호작용이 개인의 자아에 대한 평가, 역할과 관련한 행동에 미치는 형향에 대한 버크의 연구는 스트라이커의 이론이 간과했던 역할정체성의 내부적 작동원리를 보완하는데 크게 기여하였다. 따라서 사회적 상호작용으로부터 역할정체성이 형성되고, 역할정체성이 역할 관련 행동을 유발한다는 스트라이커의 역할정체성이론은 버크의 역할정체성 의미체계에 관한 이론들과 결합됨으로써 보다 정교한 이론으로 입지를 강화할 수 있었던 것이다.

참 고 문 헌

김문근(2009). 상호작용경험이 정신장애인의 사회적 행동에 미치는 영향. 박사학위논문. 서울대
    학교 대학원.

박아청(1990). 아이덴티의 세계. 교육과학사.

Blumer, H. (1969). Symbolic Interactionism : Perspective and Method, University of California
    Press, Los Angeles.

Burke, P.J.(1991). Identity Processes and Social stress, *American Sociological Review*, 56, 836-849.

Burke, P.J. and Cast, A. D. (1997). Stability and Change in Gender Identities of Newly Married
    Couples, Social Psychology Quarterly 66:359-374.

Burke, P.J. & Reitzes, D.C.(1981). The link between identity and role performance, *Social
    Psychology Quarterly 44*(2), 83-92.

Burke, P.J. and Reitzes, D.C.(1991). An identity theory approach to commitment, *Social
    Psychology Quarterly, 54*(3), 239-251.

Burke, P.J. and Stets J. E.(1999). Trust and Commitment through Self-Verification, *Social
    Psychology Quarterly, 62*(4), 347-360.

Burke, P. J. and Stets, J. E.(2009). Identity Theory, Oxford University Press, New York.

Callero, P.L.(1986). Toward a Meadian conceptualization of role, The Sociological Quarterly, 27(3),
    343-358.

Charng, H., Pliliavin, J.A. and Callero, P.L.(1988). Role identity and reasoned action in the
    prediction of repeated behavior, *Social Psychology Quarterly*, 51(4), 303-317.

Collier, P.(2001). A differentiated model of role identity acquisition, *Symbolic Interaction*, 24,
    217-235.

Goffman, E. (1961) *Asylums: Essays on the Social Situation of Mental Patients and Other Inmates.*
    New York

Hewitt, J. P.(2001). 자아와 사회, 윤인진 외 역, 학지사, 서울.

Hogg, M. A., D. J. Terry, et al. (1995). "A tale of two theories: A critical comparison of identity
    theory with social identity theory." Social psychology quarterly 58(4): 255-269.

Karmel, M.(1970). The Internalization of Social Roles in Institutionalized Chronic Mental Patients,
    Journal of Health and Social Behavior, 11(3), 231-235.

Lally, S.J.(1989). Does being in here mean there is something wrong with me ?, *Schizophrenia
    Bulletin, 15*(2), 253-265.

McCall, G. J. and Simmons, J. L. (1978). Identities and Interactions, New York: Free Press.

Mead, G. H. (1934). Mind, Self, and Society : from the Standpoint of a Social Behaviorist, The University of Chicago Press, Chicago.

Ritzer, G. (2006). 현대사회학이론과 그 고전적 뿌리, 한국이론사회하회 역, 박영사, 서울.

Serpe, R. and Stryker, S.(1987). The construction of self and the reconstruction of social relationships, *Advances in Group Processes, Vol. 4*, 41-66.

Smith-Lovin, L.(2002). 'Roles, identities, and emotions : parallel processing and the production of mixed emotions', in Self and Identity by Kashima, Y., Foddy, M. and Platow, M., Marhwah, N.J. : Lawrence Erlbaum Associates.

Stets, J. E.(2005). Examining Emotion in Identity Theory, Social Psychology Quarterly 68(1):39-74.

Stets, J. E. and P. J. Burke (2000). "Identity theory and social identity theory." Social psychology quarterly 63(3): 224-237.

Stryker, S.(1968). Identity salience and role performance : The relevance of symbolic interaction theory for family research, *Journal of Marriage and the Family, 30*(4), 558-564.

Stryker, S.(1980, 2002). *Symbolic Interactionism; A Social Structural Version.* Menlo Park, CA: Benjamin/Cummings.

Stryker, S.(2000a). "Identity Theory", in Borgatta, E. F. and Montgomery, R. V.(2000). Encyclopedia of Sociology, 2nd Edition, 1253-1258.

Stryker, S.(2000b). 'Identity Competition : Key to Differential Social Movement Participation, *Self, Identity, and Social Movements, Social Movements, Protest, and Contention, 13, 21-40.*

Stryker, S. & Burke, P.J.(2000). The past, present, and future of an identity theory, *Social Psychology Quarterly, 63*(4), 284-297.

Stryker, S. and Serpe.R.(1982)."Commitment, Identity Salience, and Role Behavior: A Theory and Research Example." in *Personality Roles, and Social Behavior, edited by William Ickes and Eric S. Knowles. New York: Springer-Verlag.* pp. 199-218

Turnner, J. H.(2003). The Structure of Sociological Theory 7th edition, Wadsworth,

제 2 부

상징적 상호작용주의와
정신장애의 이해

제4장 정신질환과 정신장애의 이해

제5장 정신장애와 주관적 경험

제6장 사회적 낙인과 상징적 상호작용

제7장 치료환경과 상징적 상호작용

제8장 사회적 상호작용과 정신장애인의
      역할정체성

제4장

|

정신질환과 정신장애의 이해

과거에는 장애를 유전, 사고, 질병 등과 관련하여 개인에게 발생하는 신체적, 정신적 손상과 동일시하는 의료적 관점이 일반적이었다. 하지만 이제는 의학적 손상과 기능제한이 아니라 사회적 장벽 혹은 사회적 지원의 부적절함이 장애를 생성시키는 것으로 인식하는 사회적 관점이 지배적이다. 장애에 대한 이러한 인식론적 전환은 장애인의 치료와 재활, 지역사회 자립생활을 위한 소득보장, 직업적 지원, 활동보조서비스 제공, 무장애환경의 조성, 장애인에 대한 여타의 차별 예방 및 해결 등을 사회적 과제로 요구하고 있다. 세계보건기구는 1980년 의학적 관점에 근거하여 장애화모형을 제시하였고(International Classification for Impairment, Disability and Handicap, WHO, 1980), 20여년이 지난 2001년 장애를 건강조건뿐만 아니라 사회적 환경에 의해 결정되는 것으로 인식하는 새로운 장애모형(International Classification of Functioning, WHO, 2001)을 제시하였다. 또한 2006년 발효된 국제장애인권리협약은 세계적으로 장애인의 기본적인 인권과 복지를 옹호하는 규범적 근거로 자리 잡았다.

이처럼 장애에 관한 인식론적 접근과 규범적 기준이 급변하였으나 정신장애는 여전히 1980년의 장애모형에 근거하여 의학적 손상과 이로 인한 기능장애와 사회적 불리의 순차적 전개를 가정하는 의학적 관점이 지배적이다. 이러한 의학적 관점은 정신재활모델을 통해 정신장애인의 치료, 재활, 기타 지원서비스에 반영되어 있다(김문근, 2012). 하지만 정신장애인은 여타의 신체적 장애인에 비해 환경적 요인으로 인해 사회적 참여가 더욱 제한되는 경향이 있다. 예컨대 정신장애인에 대한 편견과 낙인, 다양한 사회적 차별은 단순히 정신질환으로 인한 의학적 증상과 기능장애가 아니라 사회적 반응이 정신장애를 만들어내고 있음을 시사한다.

본 장에서는 세계보건기구의 장애화모형과 장애에 관한 다양한 사회적 접근을 다중적으로 규명한 프리스틀리의 다중모형(Priestley, 1989)을 근거로 하여 정신질환과 정신장애의 개념적 이해를 돕고, 사회적 상호작용이 정신질환이나 정신장애를 구성하는 중요한 차원임을 검토하고자 한다.

1. 장애모델과 장애의 개념적 이해

1) WHO의 장애모델과 장애의 개념적 이해

장애는 의료적 관점, 사회정치적 관점, 이들을 통합한 생리심리사회적 관점에 따라 다르게 정의될 수 있다. 장애를 분석적으로 이해하는 주된 접근은 장애의 구성요소를 개념적으로 세분화하고, 각 구성요소 사이의 관계를 시간의 흐름에 따른 인과관계로 도식화하는 것이다. 비록 장애의 개념적 구성요소를 다르게 명명하더라도 장애를 설명하는데 공통적으로 포함되는 요소들은 병리나 건강조건, 손상, 기능제한, 장애 혹은 사회적 장애를 들 수 있다(박승희, 2004). 장애에 대한 의학적 모델 혹은 생물학적 모형은 많은 비판을 받아왔지만 장애화과정(disablement process)을 '질병 → 손상 → 기능제한 → 사회적 장애'라는 시간에 따른 순차적인 인과적 과정으로 설명함으로써 장애에 대한 분석적 이해를 향상시켰다. 의료적 관점에 근거한 대표적인 장애 모형으로 Nagi모형(Nagi, 1965, 1991)과 ICIDH 모델(WHO, 1980)이 있으며, 최근에는 사회환경적 요인을 고려한 ICF 모델(WHO, 2001)이 장애를 설명하는 분석틀로 널리 사용되고 있다. Nagi모형과 ICIDH는 장애의 구성요소와 장애화과정에 대한 인식에서 큰 차이가 없고, ICIDH모형에 따르면 장애의 구성요소 사이의 관계는 [그림 4-1]과 같다. 이 모형은 장애를 병리에 의한 손상으로 유발되는 기능장애와 사회적 장애(핸디캡)로 정의한다. 장애를 개인에 내재하는 현상으로 인식하며, 장애는 유기체의 부분(손상), 유기체 개인(기능장애), 사회적 수준(핸디캡)에서 규정 및 측정될 수 있으며, 각 수준의 장애에 상응하는 고유한 서비스유형(접근)이 존재한다고 가정한다.

[그림 4-1] ICIDH-1의 장애개념(WHO, 1980)

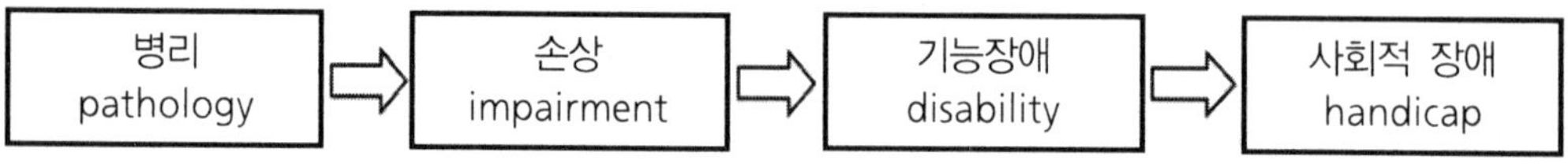

| 병리
pathology | ⇒ | 손상
impairment | ⇒ | 기능장애
disability | ⇒ | 사회적 장애
handicap |

이에 비해 ICF모형은 아래 [그림 4-2]와 같이 신체적 기능과 구조, 활동, 참여 등의 영역에서 나타나는 역기능적 측면을 장애로 정의하였으며, 이러한 장애의 구성요소들은 단선적인 인과관계가 아니라 다방향적, 상호적 영향 아래 있다고 가정한다. 특히 장애의 구성요소들은 건강조건뿐만 아니라 환경이나 개인적 속성과 같은 맥락적 요소와도 상호 영향을 주고받는다고 전제한다. 장애에 영향을 미치는 맥락적 요소는 장애의 요소에 대해 우호적 요인(facilitator) 또는 장해적 요인(barrier)으로 작용하여 관찰된 장애의 정도를 최종적으로 결정한다. 환경적 요소는 물리적 요소뿐만 아니라 사회적 태도, 사회정책이나 서비스 등을 포함한다. 이러한 환경적 요소는 손상, 활동, 참여에 각각 영향을 미칠 수 있다. 특히 활동과 참여와 관련하여 개인의 수행(Performance)과 역량(Capacity) 사이의 격차가 환경적 요소의 영향 때문이라 인식한다(Bornman, 2004; WHO, 2001). 즉, 환경적 요소의 영향을 배제한 순수하게 개인에 내재하는 의료적 결과만을 장애로 규정했던 의료적 모형과는 달리 ICF는 의료적 결과뿐만 아니라 환경적 영향이 작용한 결과를 장애의 한 요소로 포함하여 장애를 정의하는 것이다. 또한 ICF는 Nagi(1991)의 장애모형이나 ICIDH모형이 병리 → 손상 → 기능장애 → 사회적 장애 순으로 종단적인 인과관계를 가정하였던 것과는 달리 생리·심리·사회적 모형에 근거하여 장애를 사회화, 맥락화, 다방향적 인과관계 속에서 정의한다(Bornman, 2004).

[그림 4-2] ICF의 장애개념(WHO, 2001)

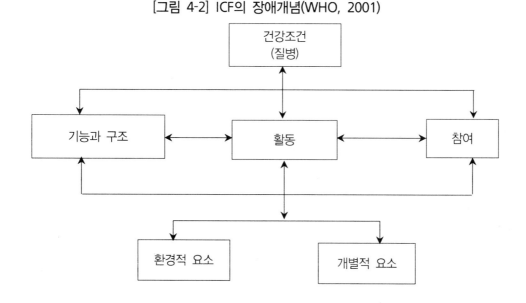

이러한 장애를 설명하는 모형의 차이에도 불구하고 장애는 건강조건, 신체구조 및 기능의 손상, 기능장애, 사회적 장애, 환경적 조건 등을 개념적 구성요소로 포함하고 있으며, 현실의 장애인복지정책은 만성성(choronicity)이라는 장애의 시간적 차원을 장애개념의 한 요소로 고려하고 있다.

① 건강조건 및 병리(pathology)

병리란 감염, 외상, 대사불균형, 퇴행성 질환, 기타 병인으로 인해 발생하며, 유기체가 정상성을 회복하려는 대응을 의미하며, 병리는 수술이나 투약, 기타 치료적 개입으로 인해 완화, 해소될 수 있다(Nagi, 1991). 병리 그 자체는 장애로 보지 않는 것이 일반적인 관점이다. ICIDH(WHO, 1980)는 병리로 인해 나타난 손상, 기능장애, 불리를 장애로 규정하고 있다. 이에 비해 ICF(WHO, 2001)는 병리라는 개념 대신 건강조건이라는 명칭 하에 다양한 질병을 포함하고 있으며 이러한 건강조건의 영향을 받는 손상, 활동, 참여의 부정적 측면을 장애로 규정하고 있으며, 건강조건은 이러한 세 요소에 영향을 미치는 인과적 조건으로 보지만 병리 그 자체를 장애의 일부분으로 보지는 않는다. 그러나 병리와 손상을 뚜렷하게 구별하기는 쉽지 않고 병리를 질병으로 명명하고 나면 손상이나 기능장애를 증상으로 동반하는 질병 그 자체도 장기간 지속될 경우 장애로 볼 수 있을 것이다. 그러므로 병리 그 자체를 손상의 일부로 간주하여 장애의 한 요소로 보는 것도 일면 타당한 점이 있다(Nagi, 1991).

② 손상(impairment)

해부학적, 생리학적, 정신적, 정서적 측면에서 관찰되는 비정상성을 뜻하며, 병리 그 자체, 활성화된 병리가 치료적 개입 등을 통해 진정된 이후에도 여전히 남아 있는 상실이나 비정상성, 병리와 직접 관련이 없는 선천적인 비정상성 등을 포함한다(Nagi, 1991). 손상의 영역은 지적손상, 기타 심리적 손상, 언어손상, 감각기능손상(청각, 시각), 장기손상, 골격손상, 변형손상, 기타 손상 등이 있다(Badley, 1993). WHO(2001)의 ICF는 이를 신체 기능과 구조의 손상으로 규정하고 있다(Bornman, 2004; WHO, 2001). 이러한 손상은 유기체의 전체적 수준보다는 구조나 기능의 부분적 수준에서 관찰된다. 특히 손상은 반드시 질병으로부터 발생하는 것은 아니며 선천적으로 타고나는 경우도 가정하므로 질병보다는 더 넓은 개념으로 볼 수 있다(박승희, 2004).

③ 기능장애(functional limitation 혹은 disability)

기능장애는 손상의 직접적인 결과 혹은 손상에 대한 개인의 심리적 반응으로 나타나며, 통상적으로 기대되는 활동을 수행하는데 있어 과도함이나 결함이 일시적 또는 영구적, 가역적 혹은 비가역적인 상태, 진행성 또는 퇴행성 등의 형태로 발현되는 것을 뜻한다 (Badley, 1993). 이러한 기능장애는 유기체 전체 수준에서 관찰되며, 유기체의 하위수준에서 나타나는 손상의 결과로 간주된다(Nagi, 1991). 기능장애는 일상생활과 관련된 활동이나 행동에서 관찰되며 그 주요 영역은 자기지각이나 상황지각과 같은 인지행동적 기능, 의사소통, 자기보호기능, 운동기능, 신체자세변경, 손기능 등과 같은 개인 수준의 기능과 관련이 있다(Badley, 1993). 개인의 기능에만 초점을 맞춘다면 사회적 역할기능(가족역할, 직업역할, 교육, 종교와 여가, 정치적 활동, 지역사회생활 등)까지 기능장애에 포함되는 것으로 볼 수도 있다(Badley, 1993; Bornman, 2004). 하지만 사회적 맥락을 배제한 채 유기체 개인수준에서 관찰되는 핵심적인 기능장애는 주로 일상생활기능에 집중된다고 볼 수 있으므로 기능장애도 일상생활기능 혹은 자기보호기능을 중심으로 정의될 수 있을 것이다.

④ 사회적 장애(handicap 혹은 social disability)

사회적 장애는 연구자들이나 장애모델에 따라 판이하게 다르게 규정된다. ICIDH에서는 사회적 장애는 기능장애로 인해 개인에게 정상적이라고 간주되는 사회적 역할수행을 제한하거나 방해하는 불리함(Handicap)으로 손상이나 장애의 결과로 발생한다고 본다 (Badley, 1993). Nagi는 사회적 장애가 유기체 수준의 기능이 아니라 사회적 수준의 기능 즉, 사회적 역할이나 과업수행에 있어 발생한다고 본다(Nagi, 1991). 장애발생영역도 노동, 고용, 경제적 활동, 교육, 여가, 자기보호 기능 등에 걸쳐 나타난다고 간주함으로써 자기보호기능을 단순한 기능장애가 아니라 사회적 수준의 역할수행 문제로 보고 있다. 사회적 모델은 물리적, 사회적 장벽으로 인해 다른 사람들과 동등한 수준의 지역사회생활에 참여하는 기회의 제한이나 상실을 장애의 본질로 규정하고 있다. 이는 ICIDH의 불리 (Handicap)의 개념과 유사한 것으로 볼 수 있다(박승희, 2004). ICF는 사회적 장(場)에 참여할 때 관찰되는 개인의 실제 수행수준을 최종적인 장애로 보고 있다(WHO, 2001; Bornman, 2004).

따라서 사회적 장애는 개인의 기능장애가 사회와의 상호작용에서 어떠한 형태로 발현,

관찰되는가와 관련이 있다. 즉, 사회적 장애는 기능장애에 사회적 환경이 영향을 미쳐 나타난 최종적인 장애이다. 사회적 장애는 장애인의 관점에서 보면 사회참여를 원하는 장애인에게 한계로 작용하는 사회적인 장벽이나 개인이 지니는 불리함이 부각되고, 사회의 관점에서 본다면 개인이 사회적 역할을 적절히 수행하지 못하는 상태가 부각된다.

⑤ 환경적 요소(context)

ICIDH모형과 ICF모형을 통해 환경적 요소는 장애의 발현에 결정적인 영향을 미치는 요소로 인식되었다. 환경적 요소를 고려할 때 장애는 환경적 영향이 배제 혹은 최소화된 장애와 환경적 영향이 반영된 장애로 구별할 수 있다. 이러한 구별이 가능하다는 인식 아래 실제 의료서비스나 사회서비스와 관련한 장애평가에서는 환경적 영향을 배제한 순수한 기능장애만을 서비스 수급자격 평가의 준거로 선호하는 경향이 있다. 특히 기능장애 중 신체구조나 기능의 손상은 환경의 영향이 배제된 가장 객관적이고 가치중립적인 장애요소로 간주한다(Imrie, 2004). 다음으로 개인적 수준에서 행동이나 일상활동과 관련한 기능장애는 사회적 환경의 영향을 완전히 배제할 수는 없다 해도 어느 정도 중립적인 평가나 측정이 가능하다고 본다. 재활기관 등에서는 실제 생활환경의 영향을 고려하지 않은 채 개인적 기능장애를 평가하곤 한다(Badley, 1993; Bornman, 2004). 이에 비해 사회의 실제 환경이나 상호작용 속에서 이루어지는 사회적 역할수행 장애는 개인의 내적 장애뿐만 아니라 물리적 환경, 법률과 규제, 사회의 지원이나 서비스, 사회의 이념과 태도, 역할기대 그리고 이들 요소에 대한 개인의 상황정의와 반응 등 다양한 환경요인의 영향도 포함하고 있다(Badley, 1993; Bornman, 2004; Nagi, 1991; Thomas, 1966; WHO, 2001).

ICF의 장애개념은 환경을 매우 중요한 요소로 고려하고 있다. ICF에 따른 장애평가는 표준적 환경에서 측정한 개인기능(역량, Capacity)과 실제 환경에서 측정한 개인기능(수행, Performance)을 비교할 수 있고, 이 둘의 차이는 환경의 영향으로 간주한다. 환경은 개인의 기능수행에 촉진적 효과를 지닐 수도 있고, 장해적 영향을 미칠 수도 있으므로 동일한 손상을 가졌다 해도 환경이 다르다면 수행수준에 차이가 나타날 수 있기 때문이다. 또한 실제 삶의 환경으로부터 분리하여 인위적인 환경 혹은 평가를 위한 표준환경에서 평가한 장애인의 기능수준과 실제 삶의 환경에서 평가한 기능수준은 다를 수 있다. 뿐만 아니라 환경적 지원이나 지원서비스를 제공한 상태에서 평가한 기능수준과 이러한 지원을 배제한 상태에서 평가한 기능수준은 다를 수 있다(Bornman, 2004; WHO, 2001). 이처럼 환경은 장애를 구성하고 있는 핵심적 요인으로 볼 수 있다.

사회서비스와 관련한 장애평가에서 환경적 요소가 갖는 중요한 함의는 사회서비스 수급자격을 결정하기 위해 장애를 평가할 때 손상. 개인적 기능장애. 사회적 기능장애 중에서 환경의 요소가 배제된 손상이나 개인적 기능장애를 더 신뢰할만한 장애평가치로 본다는 점이다(Imrie, 2004). 하지만 개인의 내적 손상과 환경의 영향을 구별하여 측정하고, 그에 대해 구별된 서비스를 처방할 수 있는 사정체계와 서비스 체계는 아직 마련되어 있지 않고 이에 대한 연구는 초기단계에 있다(Francescutti et al., 2009). 더구나 환경의 영향을 배제한 유기체 개인수준의 기능적 제한만을 장애로 규정하여 사회서비스를 제공하고자 하는 것은 장애에 대한 사회적 모델. 장애인의 지역사회 자립생활. 사회통합의 가치와 부합하지 않는다.

⑥ 지속성(chronicity)

장애인복지정책 수준에서 장애를 단기간에 치료될 수 있는 질병과는 달리 일정한 치료에도 불구하고 장기간 지속되는 질병이나 이로 인한 기능손상으로 정의하는 경향이 있다. 즉. 장애개념은 손상이나 기능장애의 지속성이라는 시간적 요소를 고려한다. ICIDH 모형은 일시적 혹은 지속적인 손상과 기능장애 모두를 장애로 간주하고 있으나. 장애인의 권리와 직결되는 다양한 법률은 지속적인 손상이나 기능장애를 장애로 정의하는 것이 보편적이다. 국제장애인권리협약(2006. 12. 13.)과 같은 국제적인 규범. 국내의 장애인복지법(2010)이나 장애인차별금지 및 권리구제에 관한 법률(2010) 등을 살펴보면 장기간에 걸쳐 지속되는 손상과 그로 인해 발생하는 일상생활이나 사회생활과 관련된 기능제한을 장애로 정의하고 있다. 건강조건에 영향을 받는 기능적 장애는 일시적이거나 지속적일 수 있고. 가역적이거나 비가역적일 수 있으며. 퇴행적이거나 호전이 예상될 수도 있으므로(Badley, 1993) 시간적 차원은 장애의 다양한 변화양상을 고려할 수 있는 준거로서 중요한 함의를 지닌다. 뿐만 아니라 단기적·일시적 장애를 공식적 장애로 인정하는가에 따라 장애인 복지급여 수급권의 보장과 제한이 결정될 수 있다(서정희, 2009). 이처럼 장애의 개념적 요소로서 지속성 혹은 시간적 차원은 장애의 중요한 개념적 차원이다.

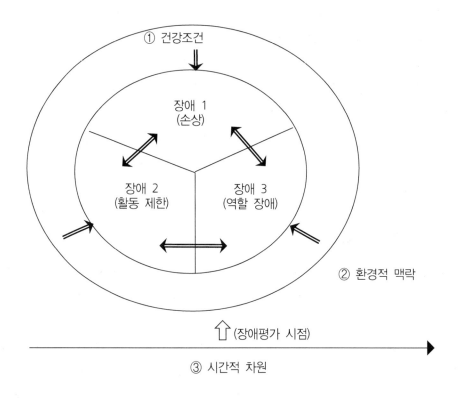

[그림 4-3] 기능장애의 총체적 모형

위와 같은 장애의 각 구성요소는 각기 다른 수준에서 관찰 또는 정의할 수 있는 장애의 일면이라 할 수 있다. 즉, 장애는 위와 같은 장애의 각 요소가 상호작용하여 결합된 하나의 총체적 현상으로 존재하는 것이다. 하지만 관찰 수준이 어떠한가에 따라 전혀 다른 차원의 장애가 포착될 수 있는 것이다(Altman, 2001; 박승희, 2004).

이상의 논의를 종합하면 기능장애는 [그림 4-3]과 같이 도식화 할 수 있을 것이다. 장애는 질병이나 외상, 선천적 요인과 같은 건강조건을 일차적 원인으로 가정하고 있다. 하지만 장애는 신체기관, 유기체 개인, 개인의 사회적 역할 수행 수준에서 관찰될 수 있다. 이들 세 차원의 장애는 구별되는 실체가 아니라 총체적 장애의 한 국면으로 간주할 수 있고 각 부분은 상호적 영향 아래 있다. 장애는 환경적 요소라는 맥락에 의해 최종적 장애정도가 결정되며, 장애의 지속기간(Chronicity)을 중요한 특성으로 지니며 시간의 변화에 따라 그 정도가 유동적일 수 있다.

<표 4-1> 장애의 개념적 구성요소

장애의 차원			관찰수준	장애 예시
Health Condition(Pathology : 병리)	손상 Impairment	Chronicity(지속성 : 시간)	유기체의 부분	●해부학적, 생리학적, 정신적, 정서적 수준 ●병리, 병리로 인한 상실과 비정상성, 병리와 무관한 비정상성	지적 손상 심리적 손상 언어손상 감각손상 장기손상 골격손상 변형손상 외
	기능제한 Functional Limitation		유기체 개인	●신체활동(ADLs) ●일상생활과업 (IADLs)	화장실 이용 개인위생 청소 조리 및 식사 약복용 돈 관리 전화사용 대중교통이용과 외출 대인관계 시간활용 여가활동
	사회적 장애 Social Disability		유기체와 환경	●사회참여 ●사회적 역할수행	1. 환경적 지원 미비 사회적 장벽과 차별 사회적 지원 미비 2. 사회적 역할수행 한계 직업역할 가족역할 교육적 역할 자기결정 (신변, 재산, 기타)

이러한 장애의 개념적 구성요소들을 종합적으로 제시하면 〈표 4-1〉과 같다. 장애란 건강조건을 전제로 하여 손상, 기능제한, 사회적 장애라는 차원을 가지며, 각각 손상은 유기체의 부분, 기능제한은 유기체 개인, 사회적 장애는 유기체 개인과 환경 사이의 상호작용 수준에서 관찰된다. 특히 이러한 장애는 일시점에 관찰될 뿐만 아니라 시간의 흐름 속에서 지속성(만성적인 정도)에 있어 차이가 있다. 기본적으로 장애는 치료에도 불구하고 손상이 지속적이거나 그로 인해 기능제한이 지속되고, 사회적 역할 수행과 관련된 문제가 지속되는 현상을 뜻하는 것이다.

2) 장애의 다중패러다임과 장애의 총체적 이해

세계보건기구의 장애모형(WHO, 1980, 2001)은 장애를 다양한 차원에서, 다양한 맥락과 조건에서 개념회 하는데 유용한 이론적 근거를 제공하였다. ICIDH(1980)와 ICF(WHO, 2001)는 장애에 대한 의료적 관점에서 출발하였지만 사회환경적 요소도 그 개념적 구성요소로 반영하는 인식론을 제공하였다.

<표 4-2> 장애의 다중패러다임(Priestley, 1998)

	물질적 차원 (materialist)	관념적 차원 (idealist)
개인적 차원 -사회적 명목론 -사회는 실재하지 않으며 명목적 으로만 지칭할 수 있으므로 장애를 개인의 차원으로 환원함.	① 개인적 유물론 -장애는 개인의 신체적 손상과 기능제한으로 환원됨. -생물학적 손상에 대한 실증주의적 연구접근을 취함. -장애에 대해서는 치료와 재활이 강조됨. -의료모델, 재활모델이 준용됨.	② 개인적 관념론 -장애는 개인적 차원의 문제, 특히 주관적, 심리내면의 경험과 의미에 따라 생성됨. -현상학적 방법, 근거이론, 해석적 심리학, 상징적 상호작용주의에 의존 -역할개념이나 정체성 등 -장애인의 손상에 대한 적응+사회구성원 개개인의 손상에 대한 태도를 다룸
사회적 차원 -사회적 실재론 -사회는 실재하 며 사회가 장애발생에 주도적 영향을 끼친다고 봄	③ 사회적 유물론 -사회적 생성주의 입장 -손상을 지닌 자에 대한 정치·사회·경제적 억압으로 장애가 형성됨. -Oliver의 사회적 모델 -사회적 장애물(social barriers) -장애에 대한 억압과 차별의 해소를 추구함.	④ 사회적 관념론 -사회구성주의적 입장 -문화적 상대주의. 즉, 동일한 손상에 대해 사회적으로 다른 의미가 부여되고, 장애인에게 상이한 처우가 가해짐. 장애는 특수한 문화적 맥락 속에서 정의되고, 처우됨. -사회적 명명, 역할기대가 사회적 장애 구성의 핵심 -Wolfensberg 정상화이론, 사회역할 가치화

출처 : 김문근(2013)에서 인용.

하지만 프리스틀리에 따르면 장애에 대해서는 사실적이고 물질적 차원과 관념적 차원에서 접근이 가능하며, 개인적 차원과 사회적 차원에 초점을 맞추어 접근할 수 있다(Priestley, 1998). 이러한 접근의 유형을 조합하면 장애에 대한 네 가지 접근패러다임이 존재할 수 있다. 그는 장애는 단일한 패러다임으로 이해 또는 설명하는데 한계가 있기 마련이므로 다양한 패러다임을 복합적으로 고려하는 것이 장애를 총체적으로 이해하거나 장애에 대한 사회의 대응을 이끄는데 타당하다고 주장하였다. 프리스틀리의 장애에 대한 네 가지 접근 패러다임을 요약하면 〈표 4-2〉와 같다.

① 개인적 유물론

개인적 유물론은 장애를 개인적 차원의 사실적 실재라고 규정하며, 개인의 신체나 정신적 기능 수준에서 존재하는 손상(impairment)과 기능제한(functional limitation)을 장애로 정의하는 접근이다. 장애에 대한 개인적 유물론의 구체적 예는 장애를 '병리 → 손상 → 기능제한'으로 규정하는 전통적인 의료모델과 그로부터 파생된 재활모델을 들 수 있다.

② 개인적 관념론

개인적 관념론은 장애를 장애인이 주관적으로 경험하는 관념적 현상으로 규정하는 접근이다. 개인적 관념론에 의하면 장애는 개인의 심리내적, 주관적 경험에 근거하여 생성되는 어떤 것이다. 즉, 당사자가 자신을 장애인이라 정의하고, 그러한 관점을 채택하게 되면 장애가 비로소 존재하게 된다. 따라서 개인적 관념론은 장애인의 자아개념이나 정체성 등을 강조하며, 장애인의 자아개념이나 정체성은 사회적 상호작용에 의해 영향을 받으므로 손상에 대한 개인의 주관적인 적응과 사회적 반응(태도, 인식)을 함께 고려한다.

③ 사회적 유물론

사회적 유물론은 장애란 의학적 손상과 기능제한으로 인해 생성되는 것이 아니라 사회가 그러한 손상과 기능제한을 지닌 사람들에 대해 적절한 지원과 배려를 제공하지 않으므로 생성된다는 장애의 사회적 모델과 같은 인식론을 뜻한다. 장애의 사회적 모델에 의하면 장애를 생성시키는 원인은 장애인의 신체적 혹은 정신적 손상과 그로 인한 기능제한이 아니라 사회가 그러한 손상과 기능제한에 대해 적절한 제도, 정책, 편의 등을 제공하지 못하는 현실 그 자체이다. 이러한 접근을 취하면 장애를 발생시키는 사회의 차별이나 억압에 대한 교정이 무엇보다 우선순위를 갖게 된다.

④ 사회적 관념론

사회적 관념론은 장애란 손상과 기능제한처럼 객관적으로 존재하는 것이 아니라 사회적으로 구성된다는 점을 강조한다. 동일한 손상이나 기능제한도 사회에 따라 다른 의미가 부여되고, 다른 처우를 받을 수 있으므로 장애는 특정 사회의 문화적 맥락 속에서 정의되고, 생성된다는 것이다. 사회적 관념론은 사회구성원들이 일상적 상호작용을 통해 장애나 장애인에 대해 특정한 꼬리표를 붙이고(labelling), 특정한 역할을 기대함으로써 장애가 생성된다고 본다. 장애인에 대한 사회적 분류, 명명, 고정관념이나 낙인의 공유, 차별행위 등은 모두 장애가 그 사회에서 부정적으로 분류, 차별의 대상이 되고 있음을 의미하는 것이다. 이러한 부정적 상호작용과 상반되는 개입전략으로서는 장애인에 대해 긍정적 역할을 보장함으로써 장애인에 대한 긍정적 의미를 부여하는 전략(사회적 역할 가치화, social role valorization)이 있다.

국내의 연구들은 다중패러다임을 장애인복지법의 정책이나 급여 등을 분류하는 근거로 활용하고 있어 그 유용성이 학술적으로 인정받고 있다(김정우, 박경수, 2005; 이동석, 2006; 조원일, 2011). 하지만 프리스틀리의 본래 취지를 존중한다면 장애의 다중패러다임을 특정 장애정책이나 서비스가 어떤 패러다임에 해당하는지 평가하는데 사용하기보다 장애에 대한 이해 또는 장애에 대한 접근의 총체적 성격을 분석하는 이론적 근거로 활용하는 것이 더 바람직하다. 프리스틀리는 장애에 대한 각각의 접근은 상호 배타적이지 않으며, 각 접근은 순수한 형태로 존재하지 않고 상호 복수의 접근이 결합된 형태로 존재한다는 점을 강조하였기 때문이다(Priestley, 1998:82-83).

상징적 상호작용론의 관점에서 본다면 장애의 네 가지 패러다임 중 개인적 관념론과 사회적 관념론이 중요한 함의를 지닌다. 개인적 관념론은 사회적 상호작용의 결과 장애인의 내면에 형성된 장애의 의미와 이에 근거한 자아인식에 초점을 맞춘 것이다. 장애의 주관적인 체험과 의미에 대한 연구를 강조하므로 주관적 측면을 심층적으로 규명하는 현상학적 질적 연구가 유용할 수 있다. 무엇보다 의학적 손상이나 기능장애에 대해 장애인 스스로 내면에 형성한 장애의 의미와 장애가 반영된 정체성 등이 장애의 핵심적 측면이라 할 수 있다. 이러한 개인적 관념론 차원의 장애는 결과적으로 장애에 대해 사회가 부여하는 의미가 장애인에게 내면화된 결과로 볼 수 있다. 개인의 손상이나 기능제한 정도가 유사하고, 장애에 대한 사회적 규범이나 문화, 반응이 동질적인 환경에 살아간다 해도 장애인 개개인의 관념론 차원의 장애 정도가 상이한 것은 장애인이 일상의 현실에서 구체적으로 경험하는 상호작용이 다르기 때문이다. 장애에 대해 평균적으로 사회가 어떠한 고정관념이나 편견을 지녔다 하더라도 어떤 가족은 장애보다 능력이나 가능성을 강조하고, 다른 가족은 장애와 의존성을 강조하는 등 구체적 상호작용에 차이가 나타날 수 있고, 이러한 상호작용의 차이는 결국 개인적 관념론 차원의 장애로 이어질 수 있기 때문이다.

한편 사회적 관념론은 사회의 규범이나 문화, 사회구성원들의 상호작용 속에서 드러나는 장애에 대한 명명, 의미 부여와 해석, 장애인에 대한 기대 등으로부터 장애를 개념화한다는 점에서 상징적 상호작용론의 관점을 적절히 반영하고 있다. 프리스틀리는 사회적 관념론에 부합하는 이론이나 접근으로 울펜스버거의 정상화 및 사회적 역할가치화를 인용하였는데 이 두 관점은 장애란 사회가 부여하는 관점, 가치, 역할기대와 기회의 제공 등에 의해 결정된다고 주장한다는 점에서 사회적 관념론에 부합하며, 상징적 상호작용론적 관점도 잘 반영하고 있다.

2. 정신질환의 개념

정신장애는 의학적 관점에서 본다면 정신병리의 발현과 그로 인한 정신적 기능 손상의 결과로 나타나는 개인적 기능, 사회적 기능의 제한과 한계를 총칭한다 하겠다. 그러므로 정신장애는 정신병리와 그로 인한 손상을 전제하지 않는다면 성립되기 어려운 개념이다. 정신질환은 시대에 따라 종교적 혹은 영적인 현상, 개인의 도덕적 결함, 생물학적인 질병 등으로 인식되는 등 각각 상이한 관점에서 사회의 대응이 이루어졌다. 하지만 1950년대 이후 다양한 항정신병약물의 발달[8], 1952년 미국 정신의학회 최초의 정신질환 진단매뉴얼(DSM-Ⅰ) 발간 이후 1968년(DSM-Ⅰ), 1980년(DSM-Ⅲ), 1994년(DSM-Ⅳ), 2013년(DSM-Ⅴ) 등 총 4회의 전면 개정을 거치면서 정신질환은 의학적 질병으로 인식되기에 이르렀다. 아래에서는 정신장애의 병리와 그에 따른 의학적 손상을 의미하는 정신질환에

---

8) 최초의 항정신병약물의 개발은 1951년 프랑스 해군 외과의사였던 앙리 라보리(Henri Laborit)가 마취강화제를 연구하던 중 Phenothiazine 계열의 항히스타민제(Chlorpromazine)를 활용하던 중 우연히 이루어졌다. 이 약물로 인해 외과수술을 받는 환자들이 주변 상황에 무관심해지는 현상을 발견하였고, 특히 수술시 매우 긴장하고, 불안해하는 기질의 환자에게 이 약물을 처방한 결과 현저하게 조용하고 편안함을 경험하는 것으로 밝혀짐에 따라 클로르프로마진은 정신질환이 있는 환자에 대해 처방되기에 이른다(Shorter, 2009).

대한 의학계의 정의를 살펴보도록 한다.

정신질환이 무엇인지에 대해 우리 사회에서 가장 보편적으로 준용되는 정의는 정신의학자들이 정신질환 진단의 준거로 삼는 미국 정신의학회의 정신질환진단편람(Diagnostic and Statistical Manual of Mental Disorders-Ⅳ, 1994)이다. DSM 5판이 국내에서도 번역되어 출간되었지만 이번 개정판에서도 20년 전 미국 정신의학회가 합의한 정신질환 개념에 근본적 변화는 없다(권준수 외 역, 2015). DSM-Ⅳ(1994)의 정신질환에 대한 개념정의를 살펴보면 아래와 같다.

"임상적으로 중요한 행동적, 심리적 증후군이나 양상으로서, 이러한 증후군이나 양상은 현재의 고통이나 무능력을 동반하거나, 고통스런 죽음이나 통증, 무능력, 또는 자유의 상실의 위험을 증가시키게 된다. 그리고 이러한 증상이나 양상이 어떤 특정한 사건(예 : 사랑하는 사람의 죽음)에 대해 기대할 만하고 문화적으로 허용되는 반응이어서는 안 된다. 이러한 증상이나 양상의 원인이 무엇이든지간에 현재 개인에게 행동적, 심리적, 또는 생물적 기능장해가 나타나고 있어야 한다. 이탈된 행동이나 갈등이 개인에게 기능장해의 증상을 초래하고 있지 않다면, 앞서 지적된 바와 같이 그 어느 것도 정신장애라고 정의하지 않는다(APA, 1995)."

이 정의와 DSM-Ⅳ의 세부적인 정신질환 진단기준들을 살펴보면 정신질환은 행동적, 심리적, 생물적 기능의 장애를 특징으로 하는 증상들이 일정기간 지속적으로 나타나고, 이러한 증상들은 당사자에게 죽음이나 고통, 무능력, 자유를 제약받을 가능성을 증가시키고, 문화적으로 통용되는 정상적 행동이나 반응의 범주를 벗어나는 상태를 뜻한다. 특히 이러한 정신질환의 원인은 특정할 수 없으며, 다양한 가능성이 있으며, 정신질환으로 인해 개인에게 행동의 문제, 갈등, 기능장해를 유발한다고 정의하고 있다. 이러한 정의는 한편으로는 복잡해 보이고, 한편으로는 지나치게 단순해 보이지만 정신질환의 병리가 과학적으로 규명된 명확한 질병으로 보기에는 한계가 있음을 시사한다. 동일한 증상이라 하더라도 개인적으로 기능장애가 경미하거나, 문화적으로 통용되는 반응의 범주에 들 수 있다면 정신질환으로 진단되지 않을 수도 있기 때문이다. 더구나 정신질환의 원인은 생물학적 요인 때문인지, 외부 환경적 스트레스 때문인지 명확하지 않은 경우가 흔하기 때문이다. 이러한 미국 정신의학회 정신질환 진단편람의 정의를 요약한다면 정신질환은 다음과 같은 개념적 구성요소들로 정의된다.

① 특정 정신질환 증상의 발현(Impairment)
② 일정기간 동안 증상의 지속(Chronicity)
③ 증상으로 인한 개인의 고통, 무능력, 적응기능의 손상(Functional Limitation)
④ 문화적으로 통용되는 정상적 반응범주로부터 일탈(Deviation from cultural norms)

그런데 이러한 DSM-Ⅳ에 의해 규정되고 있는 정신질환은 결코 신체질환과 같은 의학적 요건을 두루 갖춘 엄밀한 의미의 질병으로 보기에는 한계가 있다는 비판을 받아왔다. 여타의 의학적 질병들과 달리 정신질환을 규정하는 제반 증상들은 인간이 다양한 사회적 상황과 문화적 맥락에서 보일 수 있는, 사회적으로 기대할 수 있고, 문화적으로 허용되는 반응이나 행동들과 본질적으로 다르지는 않고 단지 정도의 차이가 있을 뿐이기 때문이다. 그래서 흔히 너무 쉽게 정신질환이라고 규정하는 증상들(증후군)도 사실은 정신질환으로 규정되기 위해서는 다음과 같은 요건들을 충족시켜야 한다는 것이다(Horwitz, 2002).

첫째, 정신질환은 내적, 정신적인 역기능(internal dysfunctions)이 존재해야 한다. 내적 정신적 역기능은 사고, 인지, 지각, 정서, 동기, 기억, 추론, 언어 등의 정신적 기능이 인간에게 기대되는 적합한 수준의 기능수행을 할 수 없는 상태가 존재함을 뜻한다. 즉, 단순히 정신적으로 내적 기능을 수행하지 않는 상태가 아니라 수행할 수 있는 능력이 없는 내적체계의 무능력 상태만을 정신질환으로 규정할 수 있는 것이다.

둘째, 이러한 내적 정신적 역기능은 단순히 사회적 스트레스 요인들에 대한 반응이 아니어야 한다. 이것은 환경적, 맥락적 요소가 원인으로 작용하고 이러한 원인에 대한 적합하고, 비례적인 반응으로서 나타나는 증상이 아니어야 한다는 것이다. 즉, 증상을 일으킬만한 사회적 스트레스요인이 존재하지 않거나, 존재하더라도 스트레스에 대한 반응이라고 보기에는 그 정도가 심각하며, 초기 스트레스요인이 사라진 이후에도 반응이 지속될 때 내적 정신적 역기능이 존재한다고 볼 수 있고 따라서 정신질환으로 규정할 수 있다는 것이다.

셋째, 정신질환은 문화적인 일탈행위와 다르다. DSM에 따르면 사회적 일탈행동은 내적 정신적 역기능에 의해 발생한 경우에만 정신질환으로 규정된다. 외적으로 사회적 일탈행동으로 관찰되는 다양한 행동들(무덤가에서 잠자기, 옷을 찢기, 살인, 쓰레기 모으기, 옷을 벗기 등)은 다양한 사회적 상황들에 의해 받아들일만한 행동인 경우가 많다. 그러나 이러한 행동들이 오로지 내적, 정신적 체계의 역기능에 의해 야기될 때만 정신질환으로 규정된다.

1960년대 서구에서는 정신질환은 실체적으로 존재하지 않으며, 단지 의학의 손을 빌려 사회의 일탈행위자를 분류하고, 통제하고, 처리하는 체계라는 비판이 거세게 일어나 정신의학이 한때 곤경에 처하기도 하였다. 하지만 시대가 흘러 정신질환의 독특성에도 불구하고, 표준화된 진단매뉴얼을 활용하여 동질적인 정신질환을 의학적으로 진단할 수 있게 되었고, 정신질환치료에 항정신병약물의 효과가 인정되면서 정신질환을 의학적인 질병의 하나로 보는데 큰 이견이 없다.

3. 장애의 이론모형과 정신장애의 이해

1) 세계보건기구의 장애모형과 정신장애의 이해

세계보건기구의 장애모형인 ICIDH(WHO, 1980)는 장애를 이해하는 체계적 관점을 제공한 바 있으며, 정신재활모형(Psychiatric Rehabilitation Model)과 같이 정신장애를 설명하는 데에도 널리 적용되었다. 이 모형에 따르면 정신장애는 아래 〈표 4-3〉과 같이 정신질환의 발병(Pathology)을 통해 정신과적 증상이 다양하게 나타나고(손상, Impairment), 이러한 손상은 곧 정신질환에 대한 진단과 치료를 요구한다. 치료를 통해 정신질환의 증상들은 완화, 해소될 수 있는 것으로 가정된다. 이러한 정신질환의 손상은 주로 사고, 언어, 지각, 정서 등 정신적 기능에 집중되며, 일부 행동적 증상도 포함한다. 정신질환의 손상은 개인적 수준이거나 사회적 수준에서 요구되는 기능수행에 제한(기능장애, Disability)을 가져온다. 정신질환으로 인한 손상과 기능수행상의 장애는 개인이 사회적으로 불리한 처우를 받거나 불리한 상태에 처하게 되는 결과로 이어진다(Handicap). 이러한 불리함을 해결하기 위해서는 지역사회수준, 국가수준에서 지원서비스나 정책적 지원이 요구된다고 가정한다(Anthony, 1992; Anthony and Liberman, 1986).

그런데 정신의학계의 정신질환에 대한 개념화와 국내의 장애인복지법령의 정신장애에 관한 정의를 살펴본다면 정신질환과 정신장애의 관계는 ICIDH나 정신재활모형에 정확하게 부합한다고 보기에는 한계가 있다. 첫째, 미국정신의학회의 정신질환진단매뉴얼 DSM-Ⅳ(1994)의 축 Ⅰ의 진단기준은 정신질환에 의한 손상의 주요 영역으로 행동이나 기능적 측면을 요구하며, 축 Ⅴ의 전반적 기능평가(Global Assessment of Functioning, GAF)는 정신질환의 증상과 함께 사회적 기능수행의 문제까지도 함께 평가하고 있다. 즉, 정신질환에 대한 정의는 정신기능의 손상과 적응행동의 장애를 모두 포함하고 있다. 이러한 정신질환의 개념에 포함되는 적응행동기능의 손상은 그 자체로 기능장애로 볼 수도 있으므로 질병의 손상과 기능장애를 구별하지 못하는 혼란을 보여주고 있다(Salvador-Carulla and Gasca, 2010). 이러한 정신질환 개념으로 인해 정신기능손상과 적응행동장애 사이의 단선적 인과관계를 가정하기는 어렵다.

둘째, 정신적 기능의 손상과 적응행동기능의 장애가 생물학적 요인과 같은 공통된 원인으로부터 발생하였을 가능성도 배제할 수는 없다. 그러므로 정신질환의 개념은 병리가 무엇인지 명확하지 않고, 다만 드러나는 증상으로서 정신적 기능의 손상과 적응기능의 장애만을 기준으로 정신질환을 분류하고 있음을 알 수 있다.

<표 4-3> 정신재활모형에 따른 정신질환과 정신장애

장애화 단계	정의	개입(서비스)
병리 (Pathology)	• 정신질환의 발병	
손상 (Impairment)	• 정신의학적 손상. • 사고(망상, 사고의 지연, 기억력 장애), 언어, 지각 (환각), 정서(불안,우울) 등의 정신적 기능에 있어 정신병으로 인한 손상(증상)	• 진단 • 치료
기능장애 (Disability)	• 손상의 결과로 역할과 과업을 수행할 능력이 아예 없거나 제한된 것. • 빈약한 자기보호기능(위생관리, 영양섭취 등), 사회적 위축, 가족으로서 책임유기, 직업무능력, 사회기술의 결핍이 나타남	• 기능사정 • 기술훈련 • 사회적 지지
사회적 장애 (Handicap)	• 손상이나 기능제약의 결과 사회적으로 불이익(적극적, 소극적 차별)을 받게 되는 상태	• 국가차원의 직업재활정책 • 지역사회지지 프로그램

출처 : Anthony(1992), Anthony와 Liberman(1986)

이처럼 정신질환의 개념이 정신적 기능의 손상과 적응기능의 장애를 모두 포함하므로 정신장애는 손상과 기능장애라는 구별되는 두 요소에 의해 정의되기는 어렵다. 오히려 정신장애는 명확하지 않은 정신병리의 결과로 나타난 손상과 기능장애가 치료에도 불구하고 회복되지 않고 남아 있어 사회적 지원이 필요한 상태로 정의된다. 즉, 정신질환과 정신장애는 지속성(Chronicity)에 의해 구별될 뿐이지 신체기관과 구조에 작용하는 병리나 그로 인한 손상과 구별되는 기능장애나 사회적 장애로 정의되지는 않고 있다. 국내의 법령에 근거하여 정신장애의 공식적인 개념을 살펴보면 정신장애란 정신질환의 손상과 기능제한이 1년 이상의 지속적인 치료에도 불구하고 지속되어 보호와 지원이 요구되는 상태를 뜻한다. 정신장애인 등록기준을 규정하고 있는 장애인복지법(1999)과 장애등급판정기준(2009)에 따르면 정신장애란 ① '정신분열병(조현병), 양극성 정동장애(조울병), 반복성 우울장애, 분열형 정동장애' 진단을 받았고, ② 1년 이상의 지속적인 치료에도 불구하고 '망상, 환청, 사고장애, 기괴한 행동 등의 양성증상 또는 사회적 위축과 같은 음성증상, 인격변화, 기분·의욕·행동·사고장애' 등의 증상과 '일상생활 또는 사회생활기능의 장애'로 인해 주위의 도움(간호 및 지도)이 필요한 상태로 규정되어 있다. 따라서 정신질환개념과 정신장애개념 사이의 관계를 그림으로 표현하면 [그림 4-4]와 같다(김문근, 2012).

[그림 4-4] 정신질환과 정신장애

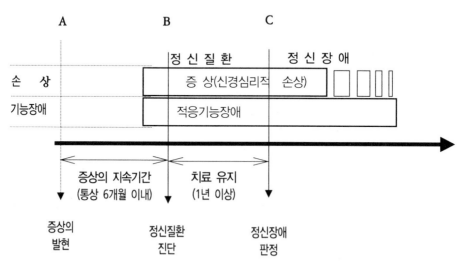

출처 : 김문근(2012), 123면에서 인용

비록 의학적 관점에 근거하고 있지만 ICIDH는 장애의 사회적 측면을 정의하였고, 이는 정신장애를 설명하는데 매우 중요한 기여를 한 것으로 볼 수 있다. 정신질환으로 인해 정신적 기능의 손상과 기능장애를 지닌 개인이 사회적 상황에서 경험하는 불리함은 사회적 편견과 낙인, 다양한 영역의 차별 등 비교적 쉽게 관찰될 수 있기 때문이다.

ICF는 지난 10여년 동안 국제적으로 장애와 관련된 정책, 서비스, 연구 등에 널리 활용되어 왔다. 국내에서도 ICF를 활용하여 장애인에 관한 사정을 실시하거나 장애를 연구하려는 시도가 지난 수년간 증가하고 있다(김용득, 2002; 김정호, 2011; 이선우, 2011; 이익섭 외, 2008; 황수경, 2004). 그럼에도 ICF모형을 활용하여 정신질환과 정신장애를 통합적으로 규정하려는 시도는 미진한 상태에 있다. 임상적으로는 ICF를 정신장애인의 재활 등에 활용하기 위해서는 신체적 장애와는 독특성을 지니는 정신장애에 대해 ICF의 각 개념적 요소들을 어떻게 조작적으로 정의하고, 임상가들에게 구체적 가이드라인(매뉴얼)을 제작하여 보급할 것인지가 선결되어야 하기 때문이다(Reed et al., 2009). 뿐만 아니라 정신보건현장에서 ICF를 널리 활용하지는 않는 것은 여전히 정신장애에 관해서는 의료모델이 지배적이고 ICF는 너무 생소하고, 복잡하여 활용하는데도 한계가 있기 때문이다(Álvarezz, 2012).

하지만 ICF모형은 ICIDH모형이 갖는 장애의 구성요소 사이의 단선적, 직선적 인과관계를 가정한 것에 비해 장애의 구성요소들 사이의 공존현상과 상호인과성, 환경적 영향 등을 함께 고려할 수 있는 장점이 있다. 이러한 ICF모형의 특성은 정신장애의 독특한 측면을 더욱 타당하게 설명하는데 유용하다. ICIDH모형은 의학적모델에 근거하여 장애화과정을 '병리→ 손상 → 기능제한 → 사회적 불리'의 순차적 인과과정으로 개념화함에 따라 병리, 손상, 기능제한, 장애의 사회적 측면 등이 상호의존적으로 존재하는 현실을 적절히 설명해 내지는 못한 한계가 있었다. 이에 비해 ICF모형은 지각, 인지, 정서, 행동 영역에서 복합적인 손상과 기능장애(신체 및 정신적 구조와 기능)가 존재하며 그와 관련하여 개인적 수준의 활동과 사회적 수준의 참여에 나타나는 부정적 측면(장애)이 건강조건, 환경적 요인, 개인적 요인과 상호 영향을 주고받으며 공존하는 만성정신질환 또는 정신장애를 설명하는데 더 적합한 것으로 볼 수 있다.

ICF모형이 정신장애를 설명하는데 있어 특히 중요한 함의를 지니는 것은 정신장애인에 대한 사회의 부정적 상호작용에 따라 정신장애인의 정신의학적 증상, 일상적 기능, 사회적 역할수행에 부정적 결과가 야기되는 현상이 다양하게 존재하기 때문이다. 특히 정신장애인에 대한 사회적 편견과 낙인, 차별적 법규정 등은 정신장애인의 사회참여를 직접적으로 제한하는 효과를 가질 수 있다. 예컨대 정신장애인에 대한 사회적 편견과 낙인은 정신장애인의 사회적 관계망 축소와 소득감소 등 사회적 차원의 장애를 야기하는 원인이 될 수 있다(Link, 1987; Link et al., 1989). 뿐만 아니라 정신질환자에 대한 비자발적인 입원을 허용하는 정신보건법령, 정신장애인을 여타의 장애인과 차별화하는 장애인복지법령 등 제도적 차별은 정신장애인의 사회참여를 가시적으로 제한하는 환경적 조건을 보여주는 대표적 증거라 할 수 있다(김문근, 2013).

2) 장애에 대한 다중패러다임과 정신장애의 이해

장애에 대한 접근을 네 가지 차별적인 패러다임으로 설명한 다중패러다임은 신체적 장애와 정신적 장애의 차별성을 고려하여 정신장애의 독특성을 설명할 수 있는 유용한 이론적 근거를 제공한다.

① 개인적 유물론(Individual Materialist Approach)

장애가 신체적 수준에서 실재한다고 보고, 장애를 개인의 문제로 환원시키는 개인적 유물론은 정신장애를 이해하는데 있어서 상당한 어려움을 제공한다. 우선 정신질환의 경우 신체적 병리가 명확하게 규명되지 않는 경우가 많기 때문이다. 그럼에도 뇌생리학적 연구가 진전됨에 따라 다양한 정신건강문제가 뇌의 생리학적 이상과 병행하고 있다는 연구결과들이 많이 제시되어 왔다. 첫째, 치매, 조현병(정신분열증), 기분장애 등을 경험하고 있는 경우 대조집단에 비해 뇌의 대사기능이나 구조에 있어 특정부위에 차별점이 뚜렷하게 존재한다는 것이다. 조현병의 경우 대조군에 비해 뇌실이 확장되어 있는 것으로 나타났으며, 기분장애의 경우 뇌측실이 확장되어 있으며, 대뇌의 전두엽 혈류량 저하가 관찰되는 것으로 나타났다(민성길 외, 2006).

둘째, 특정 정신질환과 신경전달물질의 불균형은 긴밀한 상관관계가 있는 것으로 나타났다. 조현병은 도파민 과다분비 또는 도파민수용체의 과도한 활성상태와 관련이 있으며, 우울증은 세로토닌의 감소현상과 관련이 있는 것으로 이해되고 있다. 뿐만 아니라 뇌의 구조나 작용의 이상소견도 정신질환과 관련이 있는 것으로 나타났다(민성길 외, 2006).

셋째, 뇌신경생리작용에 영향을 미치는 항정신병약물들이 정신질환의 증상을 조절하는 데 효과가 있다는 점은 정신질환이 뇌의 생리학적 기능의 이상과 관련이 있음을 강력하게 시사한다.

한편 개인적 유물론 관점에서 볼 때 정신장애도 결국은 정신질환으로 인해 야기되는 일상생활기능이나 사회적응기능의 장애로 환원시킬 수 있다. 이는 정신장애와 신체적 장애는 기능장애가 다른 병리 또는 손상에 의해 야기되지만 결과적으로 기본적 일상생활기능의 장애(Activity for Daily Living, ADL), 수단적 일상생활기능의 장애(Instrumental Activity for Daily Living, IADL)로 인해 일상적 지원과 사회적 지원이 필요하다는 점에서 공통점이 있다. 특히 신체적 장애인의 재활을 개념화하기 위해 적용되었던 세계보건기구의 장애모형 ICIDH(WHO, 1980)이 정신장애인에게 그대로 적용되어 정신재활모델(Anthony, 1992; Liberman, 1988)로 널리 활용되었다는 점은 정신장애인 역시 병리(정신질환)에 의해 야기된 기능적 장애와 그로 인한 사회적응기능의 장애가 나타난다는 점에서 신체적 장애와 유사한 장애화과정을 거치는 것으로 볼 수 있기 때문이다.

② 개인적 관념론(Individual Idealist Approach)

정신장애는 후천적으로 발생하는 장애이지만 가시적인 손상이나 기능장애가 두드러진 신체적 장애와는 달리 정상적인 경험의 연속선상에 존재하는 이질적인 사고, 정서, 행동과 관련이 있으므로 스스로 장애를 수용하는 것은 쉽지 않다. 따라서 스스로 장애인으로서의 자아와 정체성을 받아들일 때 장애가 비로소 생성된다는 것은 주관적 관점에서 볼 때 매우 타당한 설명이라 하겠다.

하지만 정신질환을 경험하는 사람이 스스로 자신의 장애를 수용하게 되는 것은 사회환경적 영향과 관련이 있다. 대개 정신장애인이 자신의 장애를 수용할 수밖에 없는 것은, 정신장애인을 둘러싼 사회적 상호작용이 그들로 하여금 자신의 문제를 장애로 수용하게끔 하는 압력으로 작용하기 때문이다. 정신질환을 경험하는 사람들이 정신건강서비스를 이용하는 과정에서 정신질환진단을 받고 정신질환자 또는 정신장애인으로서의 역할과 정체성을 수용할 경우 원활한 상호작용이 가능하지만 그렇지 않을 경우 사회적 고립과 정신건강서비스체계로부터 배제를 경험하기 때문에 정신장애의 수용은 불가피한 일로 경험된다. 이 과정에서 정신장애인은 정신장애인으로서 정체를 거부하거나 저항하지만 정신장애가 만성화되고, 정신건강체계 내에서 반복적으로 정신장애인으로서 정체성을 할당받는 경험을 하므로 긍정적 정체성을 상실하고, 정신장애인이라는 정체성을 수용할 개연성이 증가한다(Goffman, 1961; McCay and Seeman, 1998). 그러나 정신장애인에게 대안적인 역할이나 자아개념이 존재한다면 스스로를 정신장애인으로 규정하지 않을 수도 있다(Williams, 2008; 김문근, 2009).

따라서 정신장애인은 스스로 자신의 정신질환이나 장애를 수용할 수도 있고, 장애인으로서의 정체성을 부정하거나 저항할 수도 있는 주체적 위치에 있는 것이다(Lally, 1989). 이러한 관점에서 볼 때 장애는 당사자가 장애를 수용할 때 비로소 생성된다는 개인적 관념론은 정신장애의 한 단면을 적절하게 조명해 준다.

③ 사회적 유물론(Social Materialist Approach)

장애란 의학적 손상과 기능장애 그 자체로부터 기인하는 것이 아니라 그러한 손상과 기능장애에 대한 사회적 지원의 결핍에서 발생한다고 보는 사회적 유물론을 따른다면, 정신장애 또한 실재하는 사회제도적 차별을 통해 생성된다는 추론에 이르게 된다. 사회제도적 차별이 장애를 생성한다는 것은 장애의 생물학적, 의학적 원인이 되는 병리나 손상의 존재를 부정하는 것이 아니라 그러한 병리와 손상으로 인한 불리함을 상쇄할 수 있는 사회적 지원의 결핍이 실질적인 장애의 원인이라는 것이다. 사회적 지원의 결핍이 정신장애를 실질적으로 생성시킨다는 점은 장애인의 불리(handicap)를 장애개념의 한 차원으로 제시한 ICIDH(1980)와 일관성이 있다. 뿐만 아니라 환경적 요소가 장애의 세 영역 즉, 기능과 구조, 활동, 참여에 실질적인 영향을 미친다고 개념화 한 ICF(2001)와도 일관된 설명이라 하겠다.

구체적인 제도와 관련하여 정신장애의 생성을 검토해 본다면 이러한 사회적 유물론 관점은 정신장애의 생성을 설명하는 데도 타당성이 있음을 알 수 있다. 예컨대 여타의 신체적 질환과는 달리 정신질환에 관해서만 독립적인 정신건강관련 법률을 제정하여 본인의 의사에 반하는 장기간의 입원, 시설수용을 허용하는 현실은 사회적으로 실재하는 가시적 차별의 대표적 예라 할 수 있다. 특히 정부가 공식적으로 인정한 15종의 장애유형 중 정신장애에 관해서만 정신보건법에 근거한 치료, 재활서비스를 이용하도록 규정한 장애인복지법은 결과적으로 정신장애인이 의료에 초점을 맞춘 서비스체계로 인해 각종 사회적 권리가 침해되는 결과를 낳고 있다(김문근, 2013). 근래에 와서 많은 법률이 개정되어 문제가 완화되고 있으나 과거에는 많은 법률들이 각종 자격취득이나 권리의 주체가 될 수 없는 일차 요건으로 '정신질환자'를 규정하였기 때문에 정신장애인이 자격을 취득하거나 자격에 부합하는 역할을 수행할 능력이 있다 하더라도 실질적인 참여는 제한되었다. 마치 휠체어를 사용하는 장애인들에게 경사로가 없거나 저상버스의 부재라는 환경적 측면이 장애를 생성시키는 것과 같이 법제도적인 차별이 비로소 정신장애를 생성시키는 현상이라 할 수 있다.

④ 사회적 관념론(Social Constructionist Approach)

장애는 특정한 손상과 기능장애를 사회적으로 어떻게 명명하고, 어떠한 의미를 부여하고 그에 근거한 상호작용을 어떻게 전개하는가에 따라 생성된다는 사회적 관념론은 정신장애의 사회적 기원을 설명하는데 있어 매우 유용한 접근이다. 법이나 제도와 같은 가시적인 형태를 취하지 않더라도 정신건강문제는 정신의학이라는 전문분야가 규정한 의료적 관행과 규범에 따라 일관성 있게 처리된다. 정신의학은 정신건강문제를 의료적 질병으로 규정하며, 이러한 규정을 받아들이게 하는 강력한 규범적 압력을 행사한다. 정신의료기관이나 수용시설, 정신보건기관 등은 정신건강문제를 지닌 사람이 스스로를 정신질환자로 받아들이도록 전문적 치료, 재활절차를 가동하는 경향이 있다(Goffman, 1961; 남상희, 2004). 정신질환자라는 정체성을 받아들이지 않으면 안타깝게도 정신의료기관이나 정신재활기관에서 제공하는 유용한 서비스들을 이용할 수 없기 때문이다(Williams, 2008).

이러한 정신의학모델에 근거한 상호작용에서 정신건강문제를 지닌 사람의 깅짐이나 능동적 측면들은 오히려 억압된다. 정신의학모델은 정신의료기관 내에서 뿐만 아니라 지역사회의 다양한 정신건강서비스에도 확장되어 정신건강문제에 대한 획일적인 사회적 상호작용을 조형해 내며, 그 결과 정신장애인의 장애인으로서의 정체성 수용으로 이어지게 된다(이용표, 1999).

뿐만 아니라 사회구성원들은 누구나 성장과정에서 다양한 경로를 통해 정신질환과 정신장애에 관한 사회적 관념을 학습하고 내재화하는 사회화 과정을 거치게 되고, 그로 인해 정신장애에 관한 매우 일관적인 편견과 고정관념을 형성하게 된다. 그러한 고정관념은 정신질환진단이 내려질 때 정신장애인이 스스로에 대해 부정적인 자아개념을 갖도록 하는 원인이 되고, 그 결과 직업이나 소득, 사회적 참여와 같은 행동들에도 부정적 영향을 미치게 된다(Link, 1987; Link et al., 1989).

4. 요약

본 장에서는 정신질환과 구별되는 정신장애에 대한 개념적 검토를 실시하였다. 여타의 장애영역에 비해 정신장애는 의학적 병리 및 손상과 구별되는 기능장애와 사회적 차원의 장애로서 정의하려는 노력이 미진하였다. 이러한 현상은 의학적 모델이 정신보건분야에 지속적으로 영향을 강력하게 행사하고 있기 때문이다. 서구에서는 1960년대의 진보적 시기를 경험하면서 반정신의학운동이 맹위를 떨쳤고, 이런 흐름 가운데 정신장애인의 권익옹호가 이루어져 정신보건법이 개정되었으며, 정신장애인을 위한 다양한 서비스에서 자립생활모델이라든가 장애인 당사자에 의한 서비스가 도입되는 등 정신장애에 관한 새로운 이해의 틀이 마련되기에 이르렀다. 하지만 국내에서는 그러한 역사적 전환기가 없었으며, 아직도 정신의료기관의 입원이 증가하고, 여전히 정신요양시설에서 장기간 수용이 이루어지고 있다.

본 장에서는 세계보건기구의 장애개념모형 ICIDH(1980), ICF(2001)와 프리스틀리의 장애의 다중패러다임(Priestley, 1998)을 기반으로 하여 정신장애개념을 분석하였다. 분석 결과 정신장애의 독특성을 요약하면 다음과 같다.

첫째, 정신질환과 정신장애는 개념적 구성요소에서 크게 다르지 않으며, 다만 지속성(chronicity)에 있어 차이가 존재한다.

둘째, 정신장애는 사회적 상호작용에 의해 내적으로는 자아개념, 외적으로는 기능수준과 사회적 참여수준에서 장애가 생성되는 독특성이 있다.

셋째, 세계보건기구의 장애모형 ICF(2001)는 환경적 측면이 정신장애의 구조와 기능, 활동, 참여수준에 미치는 영향을 복합적으로 검토할 수 있는 틀을 제공한다는 점에서 유용한 것으로 볼 수 있다. 하지만 ICF를 활용하여 정신장애를 개념화하거나 비판적으로 검토하려는 시도는 아직 미진하고, 국내에서는 그러한 노력이 거의 이루어지지 않고 있음을 알 수 있다.

끝으로, 프리스틀리의 다중패러다임은 정신장애의 제반 특성들을 다각도로 분석하는데 유용한 것으로 나타났다. 상징적 상호작용론의 관점에서 본다면 개인적 관념론은 사회적 상호작용의 결과 내면화된 장애와 관련된 자아인식이 장애의 중요한 차원임을 지지하고, 사회적 관념론은 장애인을 둘러싼 사회의 규범과 문화, 반응, 기대 등이 장애를 구성하는 핵심 차원임을 시사한다. 사회적 유물론 또한 실재하는 사회적 장벽과 차별을 규명하고, 개선할 수 있는 인식론적 토대를 제공한다는 점에서 의의가 크다. 이러한 다중패러다임에 따르면 정신장애는 지각된 편견이나 낙인의 수용에 따른 정신장애인으로서의 정체성(자아개념) 형성과 같은 정신장애의 주관적 측면(개인적 관념론), 강제입원제도나 법률적 차별과 같은 사회적 객관적 측면(사회적 유물론), 정신장애인에 대한 사회적 편견과 낙인, 정신의학모델에 따른 치료 및 재활서비스 등과 같은 사회구성주의적 측면(사회적 관념론) 등을 조명하는데 유용한 것으로 볼 수 있다. 이러한 다중패러다임은 정신장애가 네 가지 상이한 관점에서 접근이 가능함을 시사하며, 특히 개인적 관념론, 사회적 유물론, 사회적 관념론은 사회적 상호작용을 통해 정신장애가 어떻게 생성되고 변화될 수 있는지 개념적 틀을 제공한다는 점에서 의의가 있다.

본 장의 정신장애개념에 관한 비판적 고찰을 토대로 이어지는 제 5장과 제 6장에서는 첫째, 정신장애의 주관적 측면을 다양한 연구들을 중심으로 검토할 것이다. 정신질환의 증상은 인간의 지각, 인지, 정서, 기억, 행동 등과 관련된 역기능적 측면을 특징으로 하는데, 이러한 정신질환의 증상을 주관적 차원에서 다룬 다양한 연구들을 검토하고자 한다. 둘째, 정신질환 및 정신장애와 관련한 상호작용적 특성으로 제시되는 사회적 낙인에 관하여 다양한 차원들을 검토해 보려 한다.

참 고 문 헌

김문근(2012). 정신장애인 장기요양서비스(Long Term Care) 정립방안 연구. 정신보건과사회사업 40(3): 116-144.

김문근(2013). 정신장애인 관련 법령의 정신장애개념과 정신보건법의 정신장애개념 개정방향에 관한 연구." 사회복지연구 44(2): 297-325.

김용득(2002). 장애개념의 변화와 사회복지실천현장 함의. 한국사회복지학 51: 157-182.

김정우·박경수(2005). 공동모금 재정지원을 통해 본 장애인복지분야의 서비스 패러다임 동향분석. 한국사회복지학 57(1):147-167.

남상희(2004). 정신질환의 생산과 만성화에 대한 의료사회학적 접근 : 자전적 내러티브를 중심으로. 한국사회학 38(2):101-134.

민성길 외(2006). 최신정신의학 제5판. 일조각.

박승희(2004). 장애개념화의 진전이 장애인 지원구축에 지니는 함의. 《특수교육연구》 38(4):27-65.

서정희(2009). 장애인 사회보장수급권의 실효성에 관한 기준. 박사학위논문. 서울대학교.

이동석(2004). 장애학의 다중 패러다임과 한국 장애인복지의 성격:장애인복지법을 중심으로. 한국사회복지학 제56권 제3호, 227-251.

이선우(2011). 근로능력 평가지표의 취업에 대한 영향 비교: 장애등급, ICF 활동참여수준, 일상생활도움 필요정도 및 자기평가 건강상태를 중심으로. 사회복지연구 42(2): 323-350.

이용표(1999). 정신보건프로그램에서의 능력고취(Empowerment). 사회복지연구 13: 111-137.

이익섭, 최지선 외(2008). 중증지체장애인의 활동보조서비스 욕구에 대한 영향요인 검증-ICF 분석틀의 적용. 한국사회복지조사연구 19(단일호): 105-127.

조원일(2009). 한국과 일본의 주요 인터넷 일간지에 보이는 장애인관 비교분석:오마이뉴스에 나타난 장애학의 다중 패러다임 관점을 중심으로. 중복·지체부자유아교육 52(4):1-19.

황수경(2004). 연구논문: WHO의 새로운 국제장애분류(ICF) 에 대한 이해와 기능적 장애개념의 필요성. 노동정책연구 4(2): 127-148.

Altman, B. M.,(2001). "Disability definitions, models, classification schemes, and applications." *Handbook of disability studies*, 97-122.

Álvarezz AS.,(2012),. The application of the International Classification of Functioning, Disability, and Health in psychiatry: possible reasons for the lack of implementation. *American Journal of Physical Medicine and Rehabilitation* 91:69-73.

Anthony, W.A.,(1992). Psychiatric rehabilitation : Key issues and future policy, *Health Affairs 1992(Fall)*, 164-171.

Anthony, W. A. and Liberman, P.,(1986). Practice of psychiatric rehabilitation : historical, conceptual and research base, *Schizophrenia Bulletin 12(4)*, 542-559

APA., (2015) . *Diagnostic and Statistical Manual of Mental Disorders (5th ed.)*, 권준수 외 역, 학지사.

Bornman, J.,(2004), The World Health Organisation's terminology and classification : application to severe disability, *Disability and Rehabilitation 26*(3):182-188.

Badley, E. M.,(1993). An Introduction to the concepts and classifications of the international classification of impairments, disabilities, and handicaps, *Disability and Rehabilitation*, 15(4):161-178.

Francescutti, C. et al.(2009), Towards a common disability assessment framework: theoretical and methodological issues for providing public services and benefits using ICF, *Disability and Rehabilitation*, 31(S1): S8-S15.

Goffman, E.,(1961). *Asylums: Essays on the Social Situation of Mental Patients and Other Inmates*. New York.

Horwitz, A.V.,(2002). *Creating Mental Illness*, University of Chicago Press.

Imrie, R.(2004), Demystifying disability: a review of the International Classification of Functioning, Disability and Health, *Sociology of Health & Illness* 26(3): 287-305.

Lally, S.J.,(1989). Does being in here mean there is something wrong with me?, *Schizophrenia Bulletin* 15(2):253-265.

Link, B. G.,(1987). "Understanding labeling effects in the area of mental disorders: An assessment of the effects of expectations of rejection." *American Sociological Review* 52(1): 96-112.

Link, B. G., F. T. Cullen, et al.,(1989). "A modified labeling theory approach to mental disorders: an empirical assessment." *American Sociological Review* 54(3): 400-423.

McCay, E.A. and Seeman, M.,(1998). A scale to measure the impact of a schizophrenic illness on an individual's self-concept, Archives of Psychiatric Nursing 12(1):41-49.

Nagi, S.Z.,(1991). Disability Concepts Revisited : Implications for Prevention, in *Disability in America : Toward A Agenda For Prevention*, Ed. By Andrew M. Pope and Alvin R. Tarlov, 309-327.

Priestley. M.,(1998). Constructions and Creations: Idealism, materialism and disability theory, *Disability & Society*, 13(1):75-94.

Reed, G. M., M. Leonardi, et al.,(2009). "Implementing the ICF in a psychiatric rehabilitation setting for People with Serious Mental Illness in the Lombardy region of Italy." *Disability & Rehabilitation* 31(S1): 170-173.

Salvador-Carulla, L. and Gasca, V.I.,(2010). The role of functional disability in psychiatric classification, *Life Span and Disability* 13(1), 7-27.

Shorter, E.,(2009). 정신의학의 역사 : 광인의 수용소에서 프로작의 시대까지, 최보문 역, 바다출판사, 원저, *A short history of psychiatry: From the era of the asylum to the age of Prozac*, New York: Wiley, 1997.

Thomas, Edwin J.,(1966), Problems of Disability From the Perspective of Role Theory. *Journal of Health and Human Behavior*, 7(1): 2-14

Willams, C.C. ,(2008). Insight, Stigma, and Post-Diagnosis Identities in Schizophrenia, Psychiatry vol. 71, No. 3., 246-256,

World Health Organisation.(1980). The *International Classification of Impairments, Disabilities, and Handicaps*. Geneva: WHO.

WHO.,(2001). *ICF Introduction*.

제5장

정신장애와 주관적 경험

정신질환은 인간의 주관적 경험이 갖는 정상적 경험의 연장선상에 존재하는 이질적이고, 비정상적 경험이라 할 수 있다. 정신질환을 진단, 분류하는 미국정신의학회는 진단편람을 발전시키는 과정에서 동일한 증상군을 중심으로 질병을 범주화 하였다. 관찰 및 보고된 인지, 사고, 정서, 행동적 증상들을 중심으로 진단을 구성하고, 질병을 범주화 하는 진단분류체계(DSM)의 발전은 진단의 신뢰도를 높이는데 기여하였다. 하지만 이러한 정신의학의 발달과정에서 가장 큰 손실은 정신질환의 본질인 정신 내면에서 이루어지는 다양한 주체적 체험들을 충분히 탐색하지 않고 간과한 채 정신질환의 경험을 대상화하는 결과를 야기했다는 점이다. 정신질환을 경험하는 정신장애인은 주체이지 단순히 정신질환의 희생자 또는 약물치료를 통해 증상이 호전되는 대상에 머무르는 것은 아니기 때문에 정신장애인의 내면에서 이루어지는 정신질환의 주관적 경험을 간과하는 것은 정신질환과 정신장애의 심층적 이해를 위해 바람직하지 않다(Strauss, 1989).

이러한 현실에서 본 장에서는 정신장애인이 경험하는 정신질환의 주요 증상과 그와 연결된 사회적 상호작용의 어려움이 정신장애인의 관점에서는 어떻게 체험되어지며, 상징적 상호작용론의 관점에서 어떻게 이해할 수 있는지 규명하고자 한다. 인지, 정서, 지각, 정신운동 등 다양한 증상과 그로 인한 사회적 상호작용의 어려움에 관해 정신장애인의 주관적 경험을 체계적으로 이해하는 것은, 전문직, 가족, 지역주민 등이 정신장애인을 이해하고, 수용함으로써 정신장애인의 치료, 재활, 사회통합을 원조하는데 기여할 수 있을 것이다.

그동안 일부 연구자들은 정신질환 발병초기의 주요 경험과 증상들에 관한 주관적 경험을 규명하기 위해 현상학적 연구들과 양적 연구들을 시도하였으며(Freedman, 1974:

Parnas, 2003; Rulf, 2003; 김혜영·이정숙, 2004). 정신질환의 발병부터 회복과정에 관한 주관적 경험을 규명하기 위한 질적 연구들도 끊이지 않고 있다(Goffman, 1961, 1963; 고문희, 2003;장혜경, 2006; 황순찬, 2005). 하지만 이러한 연구들은 정신장애인의 주관적 경험을 부분적으로 분석하였을 뿐 통합적 분석과 이해를 제공하지는 못하였다.

본 장에서는 상징적 상호작용론에 근거하여 자아(self)의 개념과 내적 상호작용이라는 측면에서 정신장애인에게 정신질환은 어떻게, 어떠한 의미로 체험되고 있는지 검토하였다. 본 장은 첫째, 정신질환의 증상이나 주관적 체험은 일상적으로 건강한 사람들이 경험하는 사회적 상호작용과 관련된 내면의 정신적인 작용에 있어 어떠한 변화, 한계가 발생하였는지? 둘째, 정신질환 발병과 함께 정신장애인이 경험하게 되는 자아의 손상이나 혼란과 회복 과정은 무엇인지? 셋째, 이러한 정신질환의 주관적 경험은 상호작용론적 관점에서 정신장애인의 치료나 재활에 관하여 어떠한 함의를 제시하는지 살펴보았다. 본 장에서는 다양한 정신질환 중에서 가장 극명한 인지, 정서, 사고의 혼란을 보여주는 정신분열증(조현병, Schizophrenia)에 초점을 맞추고자 한다. 정신분열증에 초점을 맞추어 정신장애의 주관적 경험을 탐색하는 이유는 첫째, 기존의 연구들이 정신분열증을 경험하는 정신장애인에 관한 질적 연구들에 치중되어 있어 기존연구자료 활용이 용이하기 때문이다. 둘째, 정신분열증의 전형적인 증상인 환각, 망상 등은 인간이 사회적 상황에서 자아(self), 타인, 사회적 대상(social objects)의 의미를 올바르게 지각하고, 그에 근거하여 행동할 수 있는 능력의 손상과 관련 있어 상징적 상호작용론에 근거해 정신장애인의 주관적 경험을 이해하는데 중요한 함의를 지닐 수 있기 때문이다.

1. 정신질환의 주요 증상의 주관적 경험

1) 조현병의 주요 증상

조현병을 경험한 환자들의 자기보고에 근거한 연구들에 따르면 정신장애인들은 지각(知覺, perception)기능의 이상을 경험한다. 지각이란 환경을 표상하고 이해하기 위해 감각기관을 통해 수집된 정보를 조직화, 확인, 해석하는 과정이나 기능을 뜻한다. 모든 지각 과정은 감각 기관에 어떤 물리적 자극이 가해지고 이것을 신경체계의 신호로 전환하는 과정을 포함하는 것으로 알려져 있다. 지각은 단순히 외부 자극을 수동적으로 받아들이는 과정이 아니라 학습, 기억, 기대, 주의집중 등에 의해 구체화 된다. 지각 과정에는 순수하게 외부 환경자극으로부터 신경체계를 통해 두뇌에 지각이 이루어지는 상향식 과정과 두뇌의 어떤 인지적 관념이 선행되고 이것이 작용하여 선택적으로 환경적 자극이 지각되는 하향식 과정으로 구성된다(Wikipedia, 2013. 12. 27.).

정신장애인들이 보고하는 지각의 이상은 1) 감각적인 지각기능의 민감성 증가, 2) 감각적 지각 기능의 둔감화, 3) 착시현상(illusion), 4) 지각이나 시각적 관점의 왜곡, 5) 자기목소리에 대한 지각의 변화 등이 있다(Freedman, 1974).

조현병을 경험하는 일부 정신장애인들은 발병 후 그들의 지각이 보다 생생하고, 직접적이고, 예민하게 변화하였다고 보고하였다. 그들은 감각이 더욱 민감하고, 경계상태에 있고, 생생하게 작동하는 경험을 하게 된다. 핵심적인 자극뿐만 아니라 그들을 둘러싼 배경 자극에 대해서도 동등하게 민감한 지각이 이루어지므로 인물과 배경을 구분할 수 없게 되기도 한다. 일부 정신장애인들은 일상적인 자극에 대해 지각이 너무 민감해져서 일상적인 발자국소리나 대화소리 등에 대해서도 극도의 고통을 경험하기도 한다.

그에 비해 어떤 정신장애인들은 자신들의 지각이 완전히 둔감화 되고, 정지되어 마치 감각적인 자극으로부터 전적으로 차단된 느낌을 경험하기도 한다. 일부 정신장애인은 그들의 정신에 두터운 안개가 끼어있는 것 같아 그들 주위의 사물들에 대해 흐릿하게만 지각하기도 한다.

착시현상은 실재 존재하는 사물을 지각할 때 다르게 지각하는 현상인데, 일부 정신장애인들은 종종 사물을 지각할 때 시각적으로 사물이 다르게 보이는 현상을 경험한다. 이러한 착시현상은 사물의 크기, 색상이 다르게 보이며, 사람들의 얼굴이 놀라울 정도로 부풀어 올라 크게 보이거나 혹은 얼굴색상이 어둡게 변하는 경험 등을 포함한다. 착시현상의 내용은 비현실적인 사고와 믿음인 망상(delusion)과 관련이 있는 경우도 있다. 뿐만 아니라 종종 조현병을 경험하는 정신장애인들은 사람이나 사물이 평면으로 보이거나 멀리 떨어져 있는 것으로 지각하며, 사물들 사이의 공간적인 관계를 제대로 지각하지 못하는 시각적 지각의 왜곡현상도 경험한다. 일부 정신장애인들은 자신들의 목소리, 음색이 자신의 것과 다르게 변화된 것 같은 느낌을 경험하기도 한다.

한편 조현병을 경험하는 정신장애인들이 주관적으로 보고한 핵심 증상 중의 하나는 인지(認知, cognition)기능의 손상이었다. 인지란 감각기관을 통해 입수된 정보가 처리, 가공, 저장, 재생, 활용되어 논리적인 추론과 문제해결에 활용되는 과정을 총체적으로 지칭한다. 전문분야에 따라 인지는 다른 의미를 내포하지만 심리학이나 인지과학, 인지심리학 등에서는 정보를 처리하는 두뇌의 기능이나 과정을 의미한다. 인지는 전의식적인 과정과 의식적이고 인위적인 과정을 모두 포함한다(Wikipedia, 2013. 12. 27.).

조현병을 경험하는 정신장애인들은 인지적인 효율성이 향상된 느낌, 치달리는 사고 (running thoughts), 생각들 사이의 연상(association)의 증가, 사고의 지연이나 차단, 주의집 중의 어려움, 어떤 어휘, 대화, 사람, 대상 등의 의미 상실과 같은 인지적 경험을 보고하 였다(Freedman, 1974; Kim et al., 1994; Weiner, 2003). 이들의 경험을 세부적으로 살 펴보면, 첫째, 정신장애인들은 인지적 효율성이 극도로 향상되어 자신들의 사고가 최고 의 능력과 대단한 통찰력, 지혜를 발휘하는 것과 같은 느낌을 경험하기도 하는 것으로 나타났다.

둘째, 일부 정신장애인들은 그들의 사고가 지나치게 빠르게 질주하는 경험을 한 것으 로 나타났다. 그들은 동시에 여러 가지 사고가 진행되어 사고를 선별하기 어렵고, 자신 의 머릿속에 어떤 사고들이 소용돌이치며, 통제되지 않고, 분방하게 작동하며, 단지 반쯤 형성된 사고의 단편들이 빠른 속도로 진행되므로 그들이 생각의 주제, 생각의 속도를 조 절할 수 없어 자신의 사고에 대해 수동적인 느낌을 경험하기도 하는 것으로 나타났다.

셋째, 생각들 사이의 연상이 증가하여 선택적으로 어떤 사고에 주의를 집중했더라면 걸러낼 수도 있었을 다양한 연상된 사고들로 인해 주의집중의 어려움과 그로 인한 정신 적 소진을 경험하는 것으로 나타났다.

넷째, 어떤 해답에 이르기 위해 사고를 하려 하면 고통스러울 정도로 사고가 지연된 느낌이나 사고가 단절되거나 차단되는 경험을 하는 것으로 나타났다.

다섯째, 일부 정신장애인들은 마치 다양한 자극이 쏟아지고, 주의가 다양한 방면으로 끌어당김을 당하므로 중요한 것과 그렇지 않은 것을 구별하고, 선택적으로 무관한 자극은 걸러내고 관련 있는 자극에 집중하는 데 어려움을 경험하는 것으로 나타났다. 특히 그들 은 감각이 지나치게 예민해져 정신적 필터가 고장난 것 같은 경험을 하였고, 무관한 사 고가 범람하므로 두뇌에 통증을 경험하는 경우도 있었다. 환각이 존재하는 경우 정신장 애인들은 주의집중이 더욱 어려운 것으로 나타났다.

여섯째, 정신장애인들은 일상적인 어휘, 대상, 사람들의 의미를 상실하는 경험을 하였 다. 그들은 익숙한 대상들로부터 의미들이 빠져나가고 그러한 대상들이 목적도 없고, 공 허한 것 같은 느낌을 갖게 되었고, 이로 인해 대상들에 대해 적절히 반응할 수 없었다는 경험을 보고하였다. 어떤 정신장애인은 온 세계가 의미가 사라진 공허처럼 느껴지고, 우 주는 광대하고 무한하며, 익숙한 사물들도 마치 무대 소품들이 여기저기 널려져 있듯이 무의미하게 존재하는 것 같은 느낌을 경험한 것으로 나타났다. 특히 중요한 의사소통의 수단이 되는 언어의 사용에 있어서 어휘의 문자적 의미와 비유적 의미를 구별하지 못한 채 어휘의 문자적 의미에만 몰두하는 경우도 있으며, 일상적 대화에서는 말을 들을 때 즉각적으로 의미가 이해되지 않아 의미를 깨닫는데 시간이 걸리므로 원활한 대화가 어려운 경험을 하기도 하였다.

이와 같은 조현병의 지각 및 인지적 경험에 관한 주관적 보고들은 정신질환에 주관적 측면에 관한 단편적 정보를 제공하는데 그치며, 기존의 정신의학서에서 열거하는 정신질환의 증상론과 다르다고 보기 어렵다. 특히 정신질환의 증상들이 무엇을 의미하는지, 증상들 간에 어떠한 관계가 있는지에 대한 이해를 제공하기에는 한계가 있다.

2) 환각(Hallucination) 경험

환각은 지각의 대상이 되는 실재의 자극이 존재하지 않는 상태에서 감각적인 지각이 일어나며, 이러한 지각은 본인의 통제 아래 있지 않기 때문에 정신장애인에게 고통을 주며, 현실적인 상호작용을 방해하는 경향이 있다. 정신장애인에게 있어 환각 중 가장 빈번하게 경험되는 것은 목소리나 특정한 소리를 듣는 환청이다. 아래에서는 환청을 중심으로 정신장애인이 경험하는 환각이 그들의 정신적인 작용에 어떠한 영향을 미치는지 살펴보도록 한다.

환청경험이 시작되는 시기에는 정신장애인들이 실제 타인과의 사회적 접촉으로부터 위축되어 있어 누군가와 상호작용을 희망하는 상태에 있으므로 음성으로 들리는 환청은 실제 인물처럼 지각되어 외로움을 완화시키므로 환청은 신기하고, 매력적인 경험으로 다가올 수도 있다. 하지만 환청은 자신의 의지와 상관없이 존재하므로 피할 수 없고, 얽매이게 되므로 괴로움을 가중시킨다. 특히 환청은 실존하는 사람의 목소리처럼 구체적이고, 지시하는 내용이어서 정신장애인이 거부할 수 없는 어떤 힘처럼 작용한다. 반복적인 환청으로 정신장애인은 다른 생각을 할 수 없고, 지시하는 내용을 따라야 할 것 같은 생각을 하기 쉽고, 저항하려 해도 끌려가는 느낌을 경험하므로 결국 환청은 정신장애인의 의지에도 영향을 미치게 된다(김혜영·이정숙, 2004).

일부 정신장애인의 경험에 의하면 환청은 처음에는 동물이나 사물에 관련된 소리가 체험되기도 하고, 어느 시점이 지나면 사람들의 목소리가 들려오고, 구체적으로 어떤 지시나 명령을 내리는 경험으로 이어지기도 하는 것으로 나타났다. 이처럼 명령하거나 간섭하는 목소리로 들리는 환청에 대해서는 정신장애인들이 공포감을 느끼거나 시달림을 당한다고 느끼지만 마땅히 대처하거나 피할 방법도 없어 압도당하게 된다. 하지만 정신장애인들은 환청에 대해 다른 사람들에게 문의하거나 대화를 나눔으로써 현실검증을 해내지는 못하는 경향이 있다. 이는 환청이 그러한 행위를 제지하거나 다른 사람들이 자신을 이상하게 볼 수도 있다는 우려, 약물치료가 강화될까 하는 우려 때문이다(박정원·임미영, 2005).

[사례 1]

"회사를 그만두고 시골로 내려 왔어요. 우리 집이 정미소를 하고 있는데 그 때 새소리가 들렸어요. 휘익, 휘익..... 처음엔 참 신비스럽더라구요. 근데 나를 끌어당기는 것 같았어요. 참 신비스러웠어요. 몇 달간 계속 되더라구요. 그러다 나중엔 '미국을 어떻게 생각하느냐?' 간첩에 대한 생각이 들고...., 그런 소리가 너무 듣기 싫어서 괴로웠어요. 아무 것도 못하게 하는 거예요. 밤에 혼자 누워서 되묻고. '왜 이런 걸 나에게 물을까?'"

"'미국에 대해서 어떻게 생각하는가?' 내가 얘기 안하고 있는데 계속 묻는 거에요. 그래서 귀찮아서 대답하다 보면, 내가 다시 묻고 있는 거에요. '그럼 너는 어떻게 생각하느냐?' 그러다가 보면 자문자답하고 있는 거에요. 내가 생각해도 웃긴거에요."(박정원·임미영, 2005:452).

[사례 2]

"처음에 비행기 소리, 기차 소리, 진동하는 종소리, 뭔가 울리는 소리, 귀가 째지는 듯한..... 밖에서는 크게 안 들리고, 집에 혼자 밤에 있을 때 주로 들렸어요."

"진짜로 얘기하는 것 같아요. 물건을 사라고...., 그런 소리가 계속 들려오면 일단은 참다가, 나중엔 사러 가거든요. 대문을 열고 나오면서, '혹시 그게 진짜 소리일 수도 있겠다.' ... 환청도 계속 연구를 해서...., 사람 목소리로 얘기하도록 무선으로 조정하는 것 같기도 해요. 기계음도 같이 들리기도 하고 실제로 말하는 것 같이 들리기도 하고."

"아버지를 때리라고... 죽이라고 할 때는 .... 무섭기도 하고 그러면 안되는데..., 계속 들리니까 못 참았어요. 참았어야 하는데... (중략) 처음엔 비행기, 방울뱀 소리 정도였는데 그때는 나한테 명령하는 소리에 시달리고 너무 시달렸어요. 날 가만히 안내버려

뒤요. 명령조의 소리. '물건 사라!', '뭐 해라'... 계속 밤새도록 시달리는 거에요. 소리
가 하라는 대로 해야지만 그 소리가 그쳐요. 안 듣고 버티면 좀 있다가 또 계속 해
요. 너무 힘들죠."(박정원·임미영, 2005:452).

이러한 환청경험의 본질을 어떻게 이해할 수 있을 것인지에 대해 다양한 가능성을 염
두에 두고 연구가 이루어져 왔다. 호프만은 신경인지모델(neurocognitive model)을 제안했
는데, 그에 따르면 환청이란 음성으로 말하기 전에 내면에서 어떤 의도로 어떤 내용을 말
할 것인지 미리 고려하는 발화(發話)의 계획을 거쳐 실제 말로 표현하는 일련의 과정이
존재하는데, 이러한 과정에 대한 통제력에 문제가 발생한 것이다(Hoffman, 1986). 즉, 발
화의도가 내면의 목소리처럼 존재하는 것은 일반적인 경험인데, 이에 대한 통제력이 상
실되어 내면의 목소리가 실제로 들려오게 된다는 것이다. 하지만 환청이 생생한 목소리
로 지각되는데 반해 내면의 목소리는 실제 음성으로 발설되지는 않고, 여전히 내면의 목
소리로 존재할 수 있기 때문에 환청을 내면의 목소리로 보는 것은 타당하지 않다는 비
판이 있다.

프리쓰 등은 환청이란 정신장애인이 자신의 사고를 타인에게 잘못 귀인시킨 현상이라
규정한 오귀인모델(misattribution model)을 제시했다. 즉, 그들은 환청이란 자아인식의 혼
란을 경험하는 정신장애인이 자신의 경험이나 행동에 대해 통제 및 모니터링을 하는 과
정에서 자신의 사고나 목소리를 자신의 것으로 인식하지 못한 채 타인들의 것으로 잘못
사고한 결과라고 설명하였다(Frith et al., 2000).

한편 일부연구자들은 환청을 '의도치 않은 과거 기억의 활성화'(Waters et al., 2006)
또는 '과거 사건에 관한 기억을 제지하는데 실패한 현상'(Michie et al., 2005)으로 간주
하는 기억기반모델(Memory Based Model)을 제시하였다. 이들에 의하면 언어적 환청은
의도치 않은 과거기억이 활성화되는 것을 제지하는 정신적 기능에 결함이 발생하였을 뿐
아니라(inhibition deficit) 과거기억이 활성화되면서 그와 관련된 배경정보들은 활성화되지
않는 결함(context memory deficit)이 함께 존재할 때 발생한다(Jones, 2010). 과거기억이
원치 않는 상태에서 회상되어 활성화될 때 배경정보가 함께 활성화되지 않으면 과거기억
은 침입적인 인지경험으로 체험되거나 현실과 구분이 어려운 환청으로 체험되는 것이다
(Waters et al., 2006).

이에 비해 써모레이스 등은 환청은 소리를 듣는 경험과 그에 대한 성찰적 사고로 구
성되는데 자아인식과 의식의 흐름 사이에 간격이 확대되어 내면의 목소리가 점점 더 구

체화되고 실체적 성질을 띠게 된 것으로 설명하였다. 즉, 대개 내면에서 조용히 이루어지는 사고의 한 형태인 내적 대화(inner speech)가 일종의 큰 소리로 사고하기(thinking aloud)라는 형태로 변형되어 환청으로 발전하였다는 것이다. 정상적인 경험으로 존재하는 내적 목소리는 내적 사고와 일치하므로 그 의미가 자아 일관적이다. 그에 비해 환청은 내적 목소리가 자아와 분리되어 있으므로 그 내용은 즉각적으로 이해되지 않고, 비로소 귀를 기울여야 그 내용이 이해되는 차이점이 존재한다는 것이다(Cermolacce et al., 2007). 이처럼 언어적 환청을 내적 대화의 변형이라 보는 주장들은 실제 내적 사고가 자기 및 타인의 목소리로 체험될 수 있고, 일상적 대화도 타인에게 지시적인 표현을 포함하는 경향이 있으므로 언어적 환청에서 빈번하게 나타나는 지시적 환청과 공통점이 있다는 점에서 설득력이 있다. 하지만 이러한 설명은 언어적 환청은 들려오는 소리이지만 내적대화는 발화하는 것이란 점, 군중의 웅성거림이나 음악소리나 소음 등 비언어적 환청은 이 모형으로 설명하기 어려운 점 등으로 인해 타당성에 한계가 있다는 비판을 받아왔다(Jones, 2010).

환청에 대한 이러한 주관적 경험들과 환청의 본질에 대한 다양한 분석들을 통해 알 수 있는 것은 환청이란 실재하지 않는 자극임에도 정신장애인에게는 체험되는 자극이어서 실재하는 일상세계에 대한 생생한 참여를 방해하며, 이미 널리 이해되고 공유되어 있는 의미에 근거하여 타인들과 원활하게 상호작용하는 것을 방해한다는 점이다. 타인들과 생생한 접촉을 통해 상호작용하여야 하지만 환청을 경험하는 정신장애인들은 오히려 내면에서 인격적 목소리로 들려오는 환청에 주의를 집중하거나 환청의 인물과 대화하거나 환청의 지시에 따라 행동하는 등 환청과 상호작용하는 경향이 있기 때문이다. 환청에 대한 다양한 분석들은 공통적으로 환청이란 결국은 정신장애인의 내면의식 속에서 주체적 자아가 행한 사고의 일부 혹은 자아의식의 일부로 존재하여야 하는 것들이, 주체적 자아의 통제를 벗어나 외부의 인물이나 실존하는 인격으로 형상화되고 그를 현실로 지각하는 현상으로 보고 있다. 환청이 일정한 주제나 내용을 지니고 있다는 점은 환청을 단순히 지각의 이상으로 볼 것이 아니라 주체적 자아의 통제를 벗어난 사고 또는 의식의 일부분임을 시사하기 때문이다(Rulf, 2003). 이처럼 자신의 사고를 실재하는 타인처럼 지각한다면, 실재하는 주위 사람들과의 상호작용을 위한 동기가 저하되거나 주위 사람들과의 상호작용에 집중하기 어렵고, 그로 인해 사회적 상황에서 포착하여야 하는 상황의 정의, 대상의 정의 등에 대해 충분히 인식하기 어렵게 된다. 그 결과 정신장애인들이 사회적 상호작용에서 실패하거나 상호작용으로부터 물러나는 경향이 심화될 수 있는 것이다.

3) 망상(Delusion) 경험

칼 야스퍼스가 20세기 초 발간한 '일반 정신의학'에 따르면 망상은 대단한 확신에 근거하며, 반박에도 불구하고 설득할 수 없고, 그 내용은 개연성이 낮고, 이상하며, 명확하게 사실이 아닌 내용으로 구성되는 특성이 있다(Wekipedia, 2013. 12. 27.). 이러한 망상의 정의를 계승한 미국 정신의학회의 진단매뉴얼에 따르면 망상은 사실적인 증거들에 의해 지지될 수 없음에도 불구하고 대단한 확신에 의해 지지되는 체계적인 신념이나 믿음을 뜻한다(DSM-Ⅴ. 2013:819).

망상은 정상적인 인간의 경험과 관련이 있으므로 환각에 비해 주관적으로 그 이질성이나 비정상성을 스스로 인지하기가 어렵고, 연구자들 또한 망상에 관한 주관적 경험을 분석하는데 어려움이 따른다. 망상을 체험한 조현병 환자들의 주관적인 보고를 담은 수기들을 살펴보면 망상은 비정상적인 지각, 불안이나 공포와 같은 부정적인 정서 등과 뒤섞여 존재하므로 어디까지가 망상이며, 어디까지가 비정상적인 지각인지 구별하기는 어렵다(Chapman, 2002; Stanton and David, 2000;Weiner, 2003). 이로 인해 환청에 대한 주관적인 경험을 보고한 수기에 비해 망상경험을 보고한 수기들로부터 망상경험을 분리해 내기란 쉽지 않고, 조현병 환자들에게 경험되는 망상의 주관적 측면을 명확하게 이해하기는 쉽지 않다.

대학생이었던 한 환자의 수기를 살펴보면 망상은 과대적 사고로부터 시작되고 그 후 타인들에 의해 감시되거나 위협을 당한다는 관계적 사고로 이어져 발전해 가는 것으로 나타났다.

[사례 3]

대학생이었던 채프만은 점차 자신이 이전에 공부한 분야가 아님에도 그 분야에 대한 대단한 통찰력을 지녔다는 생각을 하게 됐고, 이러한 생각들은 매우 강렬하고 매력적이어서 거부하기 힘들었다. 그러한 생각들은 스스로 떠올랐기에 거부할 수 없었고, 점차 자신을 특별한 존재로 여기고, 특별한 사고능력을 지닌 존재라는 생각을 하게 된다. 점차 그는 자신의 사고가 매우 유쾌하고, 창의적이어서 자신이 특별히 선택된 사람이라 여기게 된다. 자신이 천재적 아이디어를 지니고 있다고 생각함에 따라 타인들이 자신의 아이디어를 포착하고 그것을 활용하려 한다는 의심이 증가하였고, 자신의 아이디어가 수 백 만 달러의 가치가 있다고 믿었고, 그로 인해 기업의 경영자들이 자신을 감시하며 자신의 아이디어를 가로채기 위해 감시하고 있다는 생각을 하게 되었다. 이러한 생각들은 그에게 점차 과대적 사고를 갖게 하고 자신의 생각이 더욱 독창적이라 생각할수록 다른 사람들이 자신의 아이디어를 탈취하려 한다는 생각도 강해졌다. 그는 자신의 사고를 감시하는 누군가에 의해 죽을 것 같다는 생각을 하게 됐고, 어떤 생각들은 자신의 것이 아닌 것처럼 느껴졌고, 이질적으로 다가왔으며, 타인들이 자신에게 그런 생각을 주입한 것은 아닌가 여겼다. 특히 타인들이 자기 사고를 통제한다고 믿게 되고, 자기의 정신이 타인들에 의해 통제된다고 믿음에 따라 불안과 공포가 증가하였다. 이러한 공포로 인해 그는 자신 앞에 등장하는 사람들, 대개는 낯선 사람들인데 그들을 의심하지 않을 수 없었고, 그들이 그에게 원하지 않는 생각을 주입하려는 사람이라는 생각을 하게 되었다. 질주하는 생각을 좇아 밤새도록 잠들지 않은 채 생각에 매달렸으며, 삶의 열망이 변해 대학의 학업이나 취직보다는 자신의 중요하고 천재적인 자아를 중시했고, 창의적인 아이디어를 통해 성공할 것이라는 생각을 하게 되었다. 그는 점점 신과 사탄, 삶과 죽음 등 극단적인 생각에 빠졌고, 죽음에 대한 생각에 시달렸고, 사회적 접촉은 끊어지고, 정서적으로는 둔감해졌다. 일상에서는 타인들의 행동을 음모와 관련이 있다고 잘못 해석하는 일이 증가하고 경찰관이나 방문판매원이 지나가도 그들이 자신을 감시한다고 여기게 되었다. 멀리서 타인들의 대화소리가 들리거나 자동차의 경적소리가 들리면 자신에게 특별한 의미를 전달하는 것이라 생각하였고, 종종 사전을 열어 죽음, 거짓말, 악(evil) 등에 대한 단어의 뜻을 검색하여 이러한 어휘가 자기에게 특별한 의미를 지닌 것이라 생각하게 되었다 (Chapman, 2002).

대체로 조현병을 경험하는 정신장애인의 망상경험 속에는 과대적 사고로 인해 일상의 모든 현실적 상황이나 대상들이 자신을 감시, 추적, 조종하기 위한 시도와 관련이 있다는 인식을 포함하고 있다. 망상은 정신질환에서 체험되는 비정상적인 이상한 경험에 대해 그럴듯한 설명을 만들어 내는 과정에서 생성된 것으로 볼 수도 있다. 일견 이해하기는 어렵지만 충분히 시간을 들여 분석해 본다면 정신장애인에게 중요한 삶의 의미나 사건과 관련이 있음을 알 수 있다(Chapman, 2002; Stanton and David, 2000; Weiner, 2003).

이처럼 망상은 이해하기 쉽지 않은 증상임에도 조현병을 경험하는 정신장애인에게 있어 가장 전형적인 증상이며, 사회적 상호작용에 큰 장애요인으로 작용하고 있어 망상의 본질은 무엇이며, 망상의 형성, 유지, 극복과정에 관한 연구가 꾸준히 이루어지고 있다. 하지만 여전히 망상의 본질은 충분히 규명되었다고 보기는 어렵다. 조현병의 경험에 관한 다양한 질적 연구를 검토한 럴프에 의하면 망상은 인간에게 다양한 사고와 상상이 가능한 능력이 있기 때문에 나타난 증상이라 할 수 있다(Rulf, 2003). 즉, 인간은 다양한 사고와 상상을 할 수 있는 능력이 있으며, 망상은 이러한 인간의 상상력이 과도하게 확장되어 나타난 현상으로 볼 수 있다는 것이다. 인간은 일반화적 사고(추상적 사고)와 구체적 사고가 모두 가능하며, 이 두 수준의 사고를 왕래할 수 있는 능력이 있다. 사물을 구체적으로 사고하다가 추상적으로 사고할 수 있고, 다시 구체적으로 사고할 수 있는 능력으로 복귀할 수 있다. 조현병에서 나타나는 망상이란 이러한 두 수준의 사고 사이에 원활한 이동이 잘 이루어지지 않는 현상으로 볼 수 있다(Blankenburg, 19807: Rulf, 2003에서 재인용).

또한 럴프에 따르면 인간은 정신적으로 타인의 관점을 취할 수 있는 자기참조능력이 있고, 자기참조능력을 통해 주관성을 극복하게 되는데 오로지 자기만의 관점에 매여 있는 망상은 자기참조능력에 문제가 발생한 현상으로 볼 수 있다. 즉, 망상경험은 ① 개인이 자신으로부터 자기를 분리하여 타인의 입장을 취할 수 있는 자유로운 운동성이 없는 현상이거나 ② 자신으로부터 자기를 분리하여 타인의 관점을 취할 때 자유롭지가 않고 마치 타인의 관점에 의해 짓눌리고, 마비되는 현상일 수 있다(Blankenburg, 1997: Rulf, 2003에서 재인용).

한편 보벳과 파르나스에 따르면 망상이 형성되는 것은 자폐적인 상태에 처한 정신장애인이 타인들과 상호작용할 때 요구되는 자기와 세계 사이의 미세한 조정(fine-tuning) 혹은 생생한 조화(lived synchronism)에 문제가 발생한 현상으로 볼 수 있다(Bovet and Parnas, 1993). 즉, 정상적인 상태에서 사람들은 일상의 생생한 경험에 참여할 때 타인들과 관점을 공유하는 상호주관적 차원에서 상황을 이해할 수 있는 어떤 단서를 추구하고, 이를 통해 자기참조가 가능하게 된다. 하지만 자폐적인 사람은 타인들과 관계에서 자극되는 상호주관적 차원 속에서 자기참조가 어려우므로 망상을 통해 새로운 세계를 창조함으로써 스스로 경험하고 있는 고통스러운 현실로부터 탈출을 시도할 수 있다는 것이다. 흥미로운 점은 망상을 경험하는 정신장애인들은 스스로가 세계(외부환경)에 대해 전적으로 무력하여 일방적으로 그 통제 아래 있다는 극단적 생각을 하는 경우와 전적으로 자신이 세계를 통제할 수 있다는 과대망상적 사고를 하는 경우가 모두 존재한다는 점이다(Rulf, 2003). 즉, 인간이 행동주체로서의 관점을 취할 때는 세계로부터 제약받는 상태의 자기를 인식하고, 자기와 세계에 대해 성찰적인 사고주체일 때에는 추상화된 관점을 통해 마치 신적인 관점에서 자기 경험을 바라보는 현상일 수 있다. 이로 인해 행동의 주체로 자기를 지각할 때는 무력한 상태를 지각하고 그에 부합하는 망상으로 이어질 것이고, 성찰하는 사고의 주체로 자신을 지각할 때는 자기를 전적으로 전능한 존재로 지각하여 과대망상 등으로 이어질 수 있음을 시사한다.

　망상이 현실적 근거가 취약함에도 불구하고 형성되고, 유지되는 데에는 정신내적인 일관성 차원에서 이해할 수 있다. 대개 피해망상을 지닌 환자들의 발병경험을 분석해 보면 발병 전 자기에 관한 관념이 부정적이었고, 이러한 부정적 관념으로 인해 망상이 생성되기에 적합한 내적 환경이 조성돼 있다는 점이다. 피해망상이 형성되는 경우에 공통적으로 정신장애인은 내적으로 취약한 상태에 있다는 것이다. 즉, 과거의 자기 행동이나 트라우마 등을 경험한 결과 타인들과 세계가 자신에 대해 적대적이라는 인식을 내면에 형성하고 있으므로 자신이 취약하며, 비난을 받아 마땅한 상태에 있다는 인식을 보유하므로 피해망상이 형성되기에 용이하다는 점이다. 정신질환이 발생하기 수년 전부터 불안수준이 높게 유지된다는 것은 불안이 정신질환 발병에 결정적으로 기여하는 요인임을 시사한다. 즉, 불안은 피해망상이 형성되는 데에도 기여하는 성격적 요소라 할 수 있다. 일단 형성된 피해망상이 유지되는 것은 첫째, 망상에 부합하는 증거나 정보에 대해서는 선택적인 주의집중, 선택적인 기억, 정신질환에 의한 비정상적인 경험, 망상에 근거해 행동함으로써 발생하는 신념의 강화 등이 있다. 둘째, 망상과 상치되는 증거나 정보를 기각할 수 있는 것은 피해를 예방하기 위해 환자가 취한 행동과 조치 때문에 위험이 가까스로 회피되었다는 사고와 배후세력이 더 완벽한 기회를 엿보기 위해 위험이 연기되고 있다는 사고를 하기 때문 일 수 있다(Freeman et al., 2002).

　이러한 정신장애인들의 주관적인 망상경험을 살펴보면 망상은 자신을 위대하거나 특별한 존재로 보는 과대적 사고(thought of grandiose)와 잘 부합되고, 과대적 사고와 동반되는 타인의 감시, 위협, 조종 등 관계적 사고(thought of relation)로 인해 주위의 모든 사람을 적대적 인물로 간주하기 때문에 망상에 대해 현실검증을 할 계기가 조성되지 않는다. 더구나 정신장애인이 망상과 정신질환의 초기경험에 주의를 집중하면 사회적 관계로부터 물러나게 되고, 그로 인해 자신의 망상에 관해 타인들과 공유하거나 현실검증을 하기 어렵고, 형성된 망상에 근거하여 현실적 경험들을 지각하고 해석하기 때문에 망상은 더욱 공고화 되는 경향을 보이기 쉽다.

　정신장애인의 주관적 측면으로서 망상경험이 지니는 함의는, 정신질환의 발병기에 망상이 형성되면 일상적인 생활과 대인관계에서 요구되는 상황에 대한 파악과 정의를 내리는데 있어 타인들과 공유된 의미가 아니라 자기 내면의 망상적 믿음체계를 참조하므로 비정상적 행동이 나타나고 그 결과 대인관계나 사회적 역할수행에 어려움이 가중되기 쉽다는 점이다. 망상은 비정상적인 믿음으로 타인과 공유하기에는 너무나 신기하고, 비밀스럽고, 자존감을 보상하는 기능도 지니므로 타인들에게 개방하여 현실검증을 거치기가 쉽지 않다. 특히 이러한 망상체계는 자기보존적 성격이 있어 그에 부합하는 증거는 수용하고, 상충되는 증거나 정보들은 간과함으로써 점점 정신장애인의 자아개념과 상황인식을 타인들과 괴리시켜 원활한 사회적 상호작용의 장해요인으로 작용할 수 있다.

2. 정신장애인의 자아손상과 회복

상징적 상호작용론에 의하면 사회적 대상으로서 자아(self)는 타인들과의 상호작용 속에서 스스로 평가하여 내재화 한 자기인식이다. 정신장애인의 주관적 경험의 중요한 한 측면은 정신질환과 정신장애를 경험하면서 정신장애인의 자아가 손상되고, 부정적 자아가 형성되고, 때때로 자아의 혼란을 경험하고, 일부는 긍정적 자아를 회복하게 된다. 이러한 정신장애인의 자아의 손상과 회복경험은 다양한 질적 연구들에 의해 규명되어 왔다.

1) 정신장애와 긍정적 자아의 손상

정신질환을 경험하면서 이전의 긍정적이었던 자아가 손상되는 과정에 관한 대표적인 연구는 고프만의 연구를 들 수 있다. 그는 정신질환이 발병하고, 시설에 입소하여 치료를 받는 과정에서 정신장애인의 긍정적이었던 자아개념이 손상되고, 점차 정신질환자로서의 부정적인 자아개념이 확장되어 가는 과정을 잘 보여주고 있다. 특히 고프만은 사회적으로 긍정적인 자아개념을 지녔던 사람이 정신질환으로 인해 정신의료기관에 입원(입소)함에 따라 시설 특유의 치료절차를 거치면서 더 이상 긍정적 자아개념은 사회적으로 뒷받침되지 않으므로 유지되기 어렵다고 주장하였다. 즉, 의학적인 모델에 근거한 정신병원일수록 전문가들은 정신장애인에게 그들의 과거가 실패였고, 실패의 원인은 정신장애인에게 있으며, 정신장애인의 삶에 대한 태도는 그릇되었으며, 정신장애인은 다른 사람들과 관계하는 방식이나 자기에 대한 인식을 수정하도록 강요하므로 정신장애인은 환자역할에 국한된 자아인식을 형성할 수밖에 없다는 것이다. 그는 한 사람의 자아는 사회체계의 통제시스템 안에 존재하며, 자신뿐만 아니라 타인들과 관계된 것으로 정신병원은 정신장애인의 지니고 있던 기존의 자아개념을 지지하기보다는 정신질환과 환자역할을 수용하도록 강요함으로써 그에 근거한 새로운 자아를 형성시킨다는 점을 강조하였다. 정신병원에 입원한 정신장애인은 정신의학적 관점에 내재된 신념을 수용하거나 정신장애인에게는 치료가 요구된다는 사회적 관점을 수용함으로써 그의 자아개념도 환자역할에 부합하여 부정적인 방향으로 변화가 일어날 가능성이 증가한다는 것이다(Goffman, 1961: 150-168).

이어진 후속 연구들에 따르면 일부 연구는 정신장애인이 장기간 입원하게 될 경우 병원 밖에서 수행하던 사회적 역할을 수행할 기회가 보장되지 않으므로 병원 밖 사회적 역할에 근거한 자아개념은 감소하고, 병원의 환자역할과 관련한 자아개념은 일정부분 상승한다는 증거를 제시하였다(Karmel, 1970). 그러나 일부 연구들은 환자역할에 근거한 자아개념이 획일적으로 형성된다는 증거를 제시하지는 못하였다. 더구나 정신장애인이 정신병원에 적응한 결과 순응적인 행동을 보인다 하더라도 이것이 곧 환자역할에 근거한 부정적 정체성의 형성을 의미하는 것은 아닐 수도 있다는 관점에서 고프만의 연구를 비판하는 연구자도 있었다(Townsend, 1976).

그럼에도 다양한 연구들에 따르면 정신질환 발병 후 첫 입원은 정신장애인에게 병명이 부여되는 등 자아에 대한 부정적 인식이 형성될 계기로 작용하며, 퇴원 후에도 자아개념에 부정적 영향을 미칠 개연성이 높다. 특히 정신병원 입원 후 일정기간 치료가 진행되어 환자임이 명백해진 다음에야 가족의 동의에 의해 퇴원이 이루어지므로 정신장애인이 원하든 원하지 않든 정신질환이 있는 환자로서의 자아개념이 부여되는 것이다.

'어느 날 부모님이 "병원에 가자" 하시더라구요. 저는 어디 가는지도 몰랐어요. 그냥 따라 나섰더니 병원에 가서 "잠깐 기다려라. 곧 온다"고 하시더니 기다려도 기다려도 부모님은 오지 않아요. 간호사가 오더니 주사를 한 방 맞고, 쉬고 있으면 부모님이 오실거라고 하더라구요. 그래서 주사를 맞고 한잠 자고 일어나니까 병원이더라구요. 그게 뭐예요. 갑자기 갇혀버린 거지요. 그래서 잠긴 문쪽으로 달려가서 막 울부짖었어요. 저를 어떻게 정신병원에 보낼 수가 있었는지. 제가 나가고 싶다고 해도 부모님이 "병이 나아야 데리고 나간다"라고 하셨죠. 그렇게 거기 6개월 있었어요.'(남상희, 2004:119).

'저는 상담만 하고 그냥 집에 올라고 그랬는데 입원까지 시켜갖구 가자마자..(상담같은 거) 안 받아봤어요. 그냥 가자마자 들어갔어요... 들어가서 저는 되게 상처를 많이 받았거든요.. 6개월 동안 있었거든요. (퇴원하고 나서) 약 타러 갔을 때.. 선생님은 평생을 먹어야 된다고 그러더라구요...(병원에 가서) 스트레스만 받고 나왔다니깐요... 억지춘향으로 병명이 생긴 거예요... 근데 그 병을 제가 떳떳하게 밝힐 수 있게끔 병원에서 해줘야 되는데, 그렇지가 못했거든요. 제가 숨기게끔, 그 병이 나쁘다는 그런 인식만 쌓고 나왔었다니까요. 거기 가서 재활이 안됐다구요... 괜히 병원에 와 갖구, 빨간 줄만 그어지는 게 아닌가. 그렇게 생각하고 그랬었어요.'(황순찬, 2005:29).

또한 정신장애인은 정신의료기관 입원경험뿐만 아니라 지역사회에서 살아가는 경험 속에서도 정신질환과 관련된 부정적인 자아개념을 수용하도록 하는 환경적 압력을 경험하기도 한다. 그 과정에서 정신장애인은 환자로서의 자아개념을 형성하기도 하고, 때로는 이러한 부정적 자아개념에 저항하여 정신보건서비스체계와 거리를 두기도 한다(남상희, 2004; Forrester-Jones and Barnes, 2008; Pettie and Triolo, 1999; Williams, 2008). 아래에서는 정신질환의 첫 발병과 진단 및 치료, 이후의 재활과 회복과정을 거치는 동안 정신장애인이 상황에 따라 다양한 자아개념과 정체성을 지닐 수 있고, 정신질환으로 인해 부여되는 부정적 자아개념에 대항하여 긍정적 자아개념을 유지하려는 주체적 대응도 가능하다는 점을 검토하고자 한다.

2) 정신장애와 자아개념의 다양한 가능성

정신질환이 발생한 후 진단, 치료, 재활과 회복을 거치는 동안 정신장애인의 자아는 손상되어 일체 부정적 자아개념으로만 귀결되는 것은 아니며, 정신장애인 또한 긍정적 자아개념을 유지, 회복하기 위한 적응적 과정을 거친다. 그러므로 환자역할에 부합하는 부정적 자아개념뿐만 아니라 긍정적인 사회적 상호작용에 근거하여 상대적으로 긍정적인 자아개념을 지니는 경우도 있다.

인간은 긍정적인 자기인식에 대한 기본적인 욕구를 지니고 있다는 점은 매슬로우의 욕구위계이론이 우리에게 가르쳐 주는 기본적인 진리이다. 정신장애인이 정신질환 발병 후 정신의료기관에 입원할 때 부정적인 경험으로부터 이전의 자아인식을 보존하기 위해 의도적인 노력을 한다는 점은 고프만의 연구에 잘 드러나 있다. 정신병원에 처음 입원한 정신장애인들은 쉽게 자신의 자아개념을 포기하지 않는다. 오히려 자신의 입원 이유를 자신만의 이야기로 재구성함으로써 이전의 가치 있는 자아개념을 유지하려 한다. 정신병원 입원이 정신장애인에게 수치스러운 경험이지만 입원 후 얼마동안 정신장애인은 자아개념을 긍정적으로 유지하려는 경향을 보인다. 이들은 자신의 질병을 부정하고, 단지 실수로 입원되었다고 주장하거나 곧 퇴원할 것이라 주장한다. 이러한 대처반응으로 인해 입원한 정신장애인들 사이에서는 서로 자신들의 미화된 이야기를 공유하고 상대방을 지지하는 분위기가 조성될 수 있다(Goffman, 1961:152-158). 이러한 대처가 반드시 긍정적인 사회적 정체성이나 자아개념을 보장하지는 않지만 정신질환 진단과 입원경험을 통해 그들의 자아개념에 대한 위협이 발생하면 정신장애인은 이러한 위협에 대항하여 긍정적 자아개념을 적극적으로 추구하거나 보존하려 하는 주체임을 시사한다

포레스트 존스와 반즈는 정신장애인에 대한 질적 연구를 통해 정신장애인의 정체성을 환자정체성(the sick identity), 낙인정체성(the stigmatized identity), 회복정체성(the identity of recovery) 등으로 유형화 하였다(Forrester-Jones and Barnes, 2008). 물론 이러한 유형화는 정신장애인의 주관적인 인식은 아니며, 정신장애인을 대상으로 인터뷰, 관찰 등을 통해 그들의 행동이나 삶의 정황으로부터 연구자들이 그들의 정체성(자아개념)을 추론하여 유형화 한 것이다. 그럼에도 이러한 유형화는 정신장애인이 사회적 상황 속에서 타인과의 관계를 통해 자신을 어떻게 인식하고, 그에 따라 어떠한 행동이 나타날 수 있는지 정보를 제공해 주기에 정신장애인의 치료, 재활, 지원과 관련하여 중요한 함의가 있다.

환자정체성(the sick identity)은 정신장애인들이 질병에 대한 치료와 보호를 받는 과정에서 의존적인 환자역할을 수행하게 되고, 전문적 서비스로부터 오히려 낙인과 경멸감 등을 경험하게 됨으로써 형성된다. 이러한 상태에 있는 정신장애인들은 전반적으로 동기가 저하되어 있고, 절망감이 높고, 자아존중감이 낮고, 수동성이 높은 특징을 보인다. 환자정체성을 형성한 경우 정신보건서비스에 대해 의존적이며, 정신의료기관에서 퇴원하더라도 혼자 살아야 하는 경우 외로움을 견디지 못해 오히려 정신의료기관에 다시 입원하려 하는 경우도 있었다. 특히 사회적 책임의 면제나 장애인에게 주어지는 경제적 지원 등을 위해 정신질환자 또는 정신장애인으로서의 정체성을 영구적으로 수용해 버리는 경우도 있는 것으로 나타났다. 다음과 같은 정신장애인의 진술은 장기간의 반복적인 입원의 결과 환자로서의 정체성을 영구적으로 수용한 정신장애인의 자아상태를 반영하는 것으로 볼 수 있다.

'그러다가 (병원에) 또 들어가고 나오고, 또 들어가고 한거지요. 이걸 두고 '회전문…' 뭐라 하나? 어느 날 정신병원에서 퇴원하라는데 나오기가 싫은거예요. 나오려는데 병실에 햇살이 비치는거야. 그게 너무나도 평화스럽더라구요. 그래서 나가기 싫다고 그랬지요. 그러다가 '햇살은 여기만 있는 것이 아니라, 다른 데도 있다'라는 생각을 하면서 나왔지요.…'(남상희, 2004:123).

'센터 좋아요. 같은 처지에 있는 사람이니까 편해요… 사람들이 좋아요. 센터 나오게 되면 도움이 되요… 센터 나와서 내가 솔직하게 의지할 수 있는 데를 만났다. 거리낌 없이 살 수 있는 데를 만났다… 정서적으로 안정이 된다. 솔직히 저는 프로그램 하러 나가는 게 아니에요. 정서적인 안정을 위해서 나가지… 선생님들이 엄마처럼 보여요..'(황순찬, 2005:54).

이에 비해 낙인정체성(the stigmatized identity)은 정신장애인으로서 낙인이 부여되는 현실에 대해 정신건강서비스체계 내로 도피하거나 혹은 건강이 호전될 경우 적극적으로 정신질환을 감추고 정신건강서비스체계와 거리를 두려하는 대처반응으로 특징지워진다. 이들은 정신질환이나 이로 인한 장애가 심각할 경우 통상적 사회규범이 요구하는 정도의 단정한 외모를 갖추지 않거나 그렇게 할 능력이 없는 것처럼 행동하므로 낙인이 부여될 수밖에 없는 상태에 있다. 이들의 가족은 정신장애인을 항상 감시하고, 보호하는 온정적 태도를 취함으로써 정신장애인의 의존성을 강화하는 경향이 있다. 특히 낙인화된 정체성을 지닌 정신장애인들은 힘들거나 어려운 경우에는 정신의료기관을 피난처로 삼지만, 건강이 호전되면 사회적으로 바람직한 정체성을 추구하고, 정신장애인 동료들과는 거리를 두려고 시도한다. 아래와 같은 정신장애인의 진술은 정신장애인으로서 자신의 정체성에 낙인이 부여되어 있음을 인지하고 이를 탈피하려는 상태에 있는 정신장애인의 자아인식을 생생하게 묘사하고 있다.

'여기(주간재활시설)에서 빨리 벗어나야 해. 여기서도 그걸 원해. 나도 처음에 왔을 때는 여기가 천국인 줄 알았어. 모두들 잘 얘기하고 잘 들어주고 선생님들이 잘 대해주니까 천국같더라고. 그래서 애들이랑 몰려다니고 술도 마시러 다니고 사주고 했지. … 사회는 여기와는 달라. 여기처럼 사회 나가서 이렇게 하다간 쫓겨나지. 취업 나가서 실패하고 돌아오는 사람들이 얼마나 많은데… 얼마나 힘든데… 여기서 하는 일은 일도 아냐. 밖에 나가면 '빠리빠리' 해야지. 여기서처럼 허여멀겋게 해서 동태눈을 하면 누가 받아주냐'(남상희, 2004:123-124)

회복정체성(the identity of recovery)을 지닌 정신장애인은 정신질환이 있는 환자나 장애인 역할을 대체할 수 있는 긍정적 역할을 추구하고, 그러한 역할로부터 자존감을 확보하려 시도하는 것으로 나타났다. 예컨대 남성을 사귀게 된 여성 정신장애인은 여자친구 역할을 통해 누군가에게 정서적 지지를 제공하는 역할을 함으로써 긍정적 자아개념을 지닐 수 있게 되며, 딸의 아이들을 돌봐주게 된 정신장애인은 아이를 돌보는 역할을 통해 긍정적 자아개념을 형성할 수 있는 것으로 나타났다(Forrester-Jones and Barnes, 2008).

한편 윌리엄스에 따르면 정신장애인은 ① 정신장애인에 대한 사회의 부정적 낙인을 얼마나 내면화하였는가, ② 정신장애인집단과 자신을 얼마나 동일시하는가에 따라 〈표 5-1〉과 같은 네 가지 유형의 상이한 정체성을 지닐 수 있다. 정신장애인은 사회화 과정에서 정신질환과 정신질환을 가진 사람에 대해 사회적 낙인을 내면화하고 있으며, 정신질환을 지닌 환자 혹은 정신장애인으로서 정체성은 부정적 정체성으로 이를 받아들이지 않으려고 저항할 수 있다. 정신질환 진단을 받으면 이러한 낙인을 자기에게 적용하게 되는데 사회적 낙인을 자기에게 적용하면 자기의 정체성을 재설정해야 하는 어려움에 직면하게 된다. 따라서 정신장애인은 질병중심의 정체성을 수용할 것인지 아니면 다른 정체성들을 추구할 것인지 갈등하게 되고, 어떤 형태로든 자신의 정체성을 설정하면 그에 따라 자아존중감, 정신보건서비스 이용 등과 관련하여 실익이나 손실이 뒤따를 개연성이 있다(Williams, 2008).

〈표 5-1〉 정신장애인의 정체성 유형

		내면화된 낙인	
		높음	낮음
정신질환 진단 집단과의 동일시	높음	**Engulfed identity (질병정체성)** • 부정적 편견이 자기에게 적용됨 • 부정적 편견에 의해 자존감이 손상됨 • 환자 정체성이 일차적 사회적 정체성 • 다른 사회적 정체성 추구는 약함	**Empowered identity (역량강화정체성)** • 부정적 편견이 자기에게 적용되지 않음 • 정체성에 대한 자부심으로 자존감 유지됨 • 환자 정체성이 일차적 정체성 • 다른 사회적 정체성 추구 않음
	낮음	**Resistant identity (저항정체성)** • 부정적 편견이 자기에게 적용됨 • 질병에 대한 저항, 부정으로 자존감 유지 • 환자 정체성이 일차적 정체성은 아님 • 다른 사회적 정체성 추구가 강함	**Detached identity (분리정체성)** • 부정적 편견이 자기에게 적용되지 않음 • 분리와 무관심으로 자존감이 유지됨 • 환자정체성이 일차적 정체성은 아님 • 다른 사회적 정체성 추구가 강함

출처 : Williams(2008:249)

첫째, 정신장애인에 대한 사회적 낙인을 전적으로 내면화 하고, 정신장애인집단에 대한 동일시 정도가 강하다면 정신장애인은 질병정체성(Engulfed identity)을 보유할 개연성이 높다. 이들은 환자로서의 정체성을 수용하며, 사회의 낙인을 자기에게 적용함으로써 스스로를 주류 사회로부터 제한시키게 된다. 환자역할에 치중된 정체성을 수용하게 될 경우 정신장애인은 정신보건서비스체계, 정신보건전문가들로부터 지역사회에서 요구되는 다양한 자원이나 보호를 제공받을 수 있으며, 주류 사회의 공개적인 차별은 피할 수 있다.

둘째, 내면화된 낙인은 높으나 자신을 정신장애인집단과 동일시하지 않는 유형은 저항정체성(Resistant identity)을 지닌 것으로 간주된다. 이들은 정신장애인에 대한 사회적 낙인이 높게 내재화되어 있으므로 정신장애인집단과 자기를 동일시할 경우 자아존중감의 심각한 손상이 따를 것을 예상하기 때문에 정신질환자 또는 정신장애인으로서 자기 정체성을 인정하기 어렵다. 그 결과 자아존중감 손상이 나타나지 않는 대안적인 정체성을 추구하게 된다. 하지만 이들은 정신장애인으로서 정신건강서비스체계로부터 적절한 지원과 사회의 보호를 받을 수는 없게 된다.

셋째, 정신장애인집단과 자기를 동일시하지 않으며, 정신장애인에 대한 사회적 낙인을 그다지 많이 보유하지 않으면 정신장애인이라는 정체성으로부터 적절한 거리를 유지하는 분리정체성(Detached identity)을 지닌 것으로 볼 수 있다. 이들은 정신장애인 정체성을 수용하지 않은 채 다양한 대안적인 정체성을 보유할 수 있고, 긍정적 정체성을 추구할 수도 있다. 이들은 정신장애인으로서 정체성에 대해 무관심하거나 선별적으로 반응하는 경향을 보일 수 있다.

넷째, 내면화된 사회적 낙인은 낮으나 정신질환을 가진 동료들과는 동일시가 강한 정신장애인들은 역량강화정체성(Empowered identity)을 보유한 것으로 간주된다. 이들은 환자로서의 정체성을 일차적 정체성으로 지니고 있으며, 치료를 받아들이고, 질병을 인식하며, 다른 정신장애인들과 관계를 형성한다. 이들은 정신보건서비스체계 내에서 옹호자, 동료 상담가, 비공식적 서비스 제공자 역할을 담당하곤 한다.

한편 회복과정에 있는 정신장애인들의 자아개념은 일상생활기능과 같은 기능장애에 관한 주관적인 인식차원에서도 실증적으로 검증이 가능하다. 장애인들은 타인들이 그들에게 기대하는 사회적 역할과 그들이 스스로 수행하기로 선택하는 사회적 역할이 상이하게 조합될 가능성이 있다는 토마스의 연구(Thomas, 1966)에 근거하여 김문근(2011)은 정신장애인의 일상생활기능 정도(Activities for Daily Lining, Instrumental Activities for Daily Living)

에 대한 정신장애인 자신과 가족의 인식을 비교분석하였다. 그 결과 정신장애인이 가족보다 스스로의 기능수준이 더 높다고 인식하는 경우는 연구참여자의 56.2%였고, 정신장애인이 가족보다 스스로의 기능수준을 더 낮게 인식하는 경우는 24.1%로 나타났고, 기능수준에 대한 인식이 일치하는 비율은 19.7%였다. 이러한 연구결과를 장애인의 자아개념에 관한 위의 연구들에 대입해 본다면 가족보다 자신의 기능수준을 더 높게 평가하는 정신장애인일수록 사회적으로 생산적이거나 가치 있는 역할을 추구하고, 그를 통해 긍정적 자아개념을 추구할 개연성이 있다.

이처럼 정신장애인은 정신질환의 발생, 진단, 치료와 재활 과정에서 발병 이전의 사회적 역할에 근거한 자아개념의 변화를 경험할 수 있다. 고프만의 연구 등에서 관찰되는 환자역할에 근거한 자아개념의 형성은 정신의학모델에 근거한 치료와 재활과정에서 피하기 어려운 현상이라 하겠다. 그럼에도 정신장애인은 지속적인 질병의 경과와 재활 및 회복과정을 거치는 동안 환자로서의 정체성을 수용하는 정도에 차이가 있고, 대안적인 사회적 정체성을 선택할 수도 있을 것이다.

3. 정신장애의 주관적 경험에 관한 상징적 상호작용론적 이해와 함의

1) 조현병의 핵심증상과 자아의 장애

많은 연구자들은 정신질환 중 가장 심각한 장애를 동반하는 조현병의 본질적인 현상은 자아의 손상과 이로 인해 나타나는 세계에 대한 공통된 인식(혹은 감각)의 상실이라는데 의견을 같이 하고 있다. 사고의 혼란, 지각의 이상, 망상, 환각 등 조현병의 전형적 증상들이 상호 연결되어 있음은 앞서 정신장애인의 수기에서 검토한 바 있다. 이러한 정신질환의 주요 증상들은 공통적으로 타인들과 함께 살아가는 세계에 대해 생생히 참여하거나 세계에 관한 공통된 의미나 감각을 유지하는 자아의 핵심적인 기능의 손상을 의미한다(Cermolacce et al., 2007; Parnas et al., 2005; Parnas and Handest, 2003; Rulf, 2003).

조현병을 경험하는 정신장애인에게서 흔히 발견되는 사회적 관계로부터의 후퇴(withdrawal)는 그들이 타인들과 원활하게 상호작용하기 위해 필요한 공통된, 공유된 의미를 즉각적으로 감지하여 상호작용의 틀로 활용할 수 없기 때문에 나타난 현상으로 이해할 수 있다. 다음의 사례는 이러한 정신장애인의 경험을 잘 반영하고 있다.

22세의 마리아는 다른 사람들을 이해할 수 없고, 그들의 자연스러운 태도들을 이해할 수 없어 동료들과의 관계에서 심각한 어려움을 경험하였다. 그는 다른 사람들이 마치 자신만 모르는 어떤 규칙을 따르는 것 같은 경험을 하였다. 그는 때때로 자신만 어떤 안개 속에서 살아가고 있음을 느꼈다. 그는 질주하는 생각들, 연결성 없는 생각들이 산만하게 끼어듦으로써 중심주제에 관해 사고하는데 어려움을 경험했다. 그는 이러한 생각들이 자신의 생각임을 알고는 있지만 순수하게 자신의 생각이라고 느끼지는 않으며, 자신의 자아와 거리가 있는 생각임을 깨닫는다. 그는 자신이 인간이 아니거나 이 지구상의 존재가 아니며, 마치 주체가 아닌 사물과 같은 느낌을 경험하였다. 이러한 환자의 경험은 일상에서 세계의 의미를 포착해 내지 못하고, 즉각적인 자아정체감을 확보하지 못하는 혼란과 관련이 있는 것으로 볼 수 있다. 이러한 혼란으로 인해 환자는 타인들과 상호작용하는데 어려움을 경험하며, 무엇을 말해야 할지, 어떤 의미를 표현해야 할지 모르게 된다(Cermolacce et al., 2007).

위의 정신장애인이 경험하는 정신질환의 증상은 타인들과 세계의 자명한 의미를 더 이상 감지하지 못하는 현상을 반영한다. 타인들과 원활한 상호작용을 위해서는 사회적 상황 속의 다양한 대상들이 지닌 자명한 의미를 이해하여야 한다. 그렇지 않으면 정신장애인은 일상적 상황에서 당황할 수밖에 없고, 자연스러운 상호작용은 방해받게 된다(Cermolacce et al., 2007). 대개 이러한 일상적인 상황에 대한 참여는 의식의 주체적 측면에서 볼 때 깊은 사고를 거치지 않고 직관적이고 즉각적으로 상황에 관해 공유된 의미에 맞추어 이루어진다. 하지만 주체로서의 자아에 대한 의식이 감소되거나 사라지면서 정신장애인은 일상적 경험을 주체적 관점이 아니라 마치 제 3자가 관찰하는 것과 같은 관점에서 체험하게 된다. 그러므로 자명한 일상적 상황의 의미를 깨닫지 못한 채 일상적인 상황들이 다양한 의미를 지닌 것처럼 지각하고, 다양한 의미들도 어떤 연결이나 조직화 된 것이 아니라 조각난 것처럼 지각하므로 혼란을 경험하게 된다. 그들은 어떠한 상황에 직면하면 상황이 지니는 모든 가능한 의미들을 상상하므로 혼란에 빠져 상황의 의미를 이해할 수 없고(polyvalence), 마치 다른 사람들이 벌이는 게임의 규칙이 무엇인지 이해할 수 없는 것과 같은 경험을 하게 된다. 상황에 함께 참여하는 동료들로부터 배제되어 있어 상황의 의미를 이해할 수 없는 것처럼 느끼고, 다른 사람들이 벌이는 상호작용의 의미를 깨닫기 어렵고, 신비하다는 느낌을 갖게 된다. 이처럼 정신장애인은 어떠한 상황에 참여할 때 그 상황이 지닐 수 있는 다면적 의미들과 관련하여 중심적인 관점이 무엇인지 파악하기 어려우며, 그러한 상황을 이해하는 유력한 참조의 틀이 무엇인지 파악하는데 어려움을 경험한다(Parnas and Handest, 2003). 그러므로 정신장애인이 사회적 관계로부터 물러나는 것은 상황의 의미를 쉽게 파악하지 못하는 자아의 어려움에 대한 소극적인 반응으로 이해할 수 있을 것이다.

한편 정신장애인이 경험하는 혼란은 자아의 행동하는 주체로서의 작용(I)과 타인과의 관계에서 자신을 성찰하는 작용(Me) 사이의 완전한 통합의 와해 때문으로 추론할 수 있다. 예컨대 키무라는 인간이 과도하게 자기에 관한 성찰적 사고를 전개할 경우 이런 주체적 국면의 자아와 사회관계적 측면의 자아가 의식 속에서 분리될 수 있고, 그에 따라 개인은 혼란을 경험할 수 있다고 분석하였다. 즉, 인간의 성찰은 대개 행동 이후에 이루어지지만 성찰이 과도하게 이루어지는 경우에는 행동과 성찰이 동시에 전개되고, 그로 인해 자아의 행동하는 작용과 성찰하는 작용 사이의 간극(chasm)이 확대되어 어느 한 쪽의 소외가 발생할 수 있다. 만일 행동의 주체적 측면(reflected self, 성찰의 대상이 되는 자아)이 소외될 경우 성찰하는 자아가 볼 때 자신의 행동이 타인의 것처럼 지각될 수 있다. 그로 인해 정신장애인은 가장 사적인 자신의 내면에 타인이 침입해 있는 것처럼 지각되고, 곧 자기가 타인의 통제 아래 있는 것과 같은 경험을 하게 된다. 반면에 자아의 성찰하는 측면(reflecting self)이 소외된 경우 행동하는 주체로서 자아는 마치 타인에 의해 감시당하는 것과 같은 경험을 하게 된다(Kimura, 1992; Rulf, 2003:28-30에서 재인용).

한편 파르나스와 한데스트는 과도한 성찰이 정신장애인이 경험하는 내적 혼란을 유발한다는데 대해 키무라와 같은 입장이지만, 자아의 혼란은 의식의 주체들 사이의 통합이 와해된 결과로 보고 있다. 일반적으로 사람들의 의식은 흐름이 있고, 의식의 작용으로 어떤 사고가 이루어지게 되면 이미 지나버린 사고의 과정이나 그 결과물은 현재의 의식 작용에 의해 관찰되고 성찰된다. 대개 지나버린 사고과정과 현재 사고하는 주체로서의 자아(의식)는 구분은 되지만 사실은 늘 일체감을 지각한다. 즉, 매순간 전개되는 사고과정에서 사고하는 자아는 사고의 과정이나 결과들이 자기에게 귀속된 것임을 인지하므로 사고와 사고하는 자아 사이에는 통합이 보장된다. 하지만 조현병을 경험하는 정신장애인은 과도한 성찰로 인해 의식 속에서 관찰 대상인 자아와 관찰의 주체인 자아 사이의 분열이 심화되고, 어느 것도 자기로 지각되지 않는다. 이런 현상을 통해 의식 내에 상이한 자아들 사이의 분열, 갈등이 지속되고, 의식은 혼란을 경험하기 쉽다. 이러한 혼란으로 인해 마치 사고과정이 자동적이거나 타인의 영향 아래 있어서 자기가 통제할 수 없거나 자기의 사고가 아닌 타인의 사고가 내면에 존재하는 것과 같은 경험을 하게 된다(Parnas and Handest, 2003:129).

상징적 상호작용론적 관점에서 볼 때 자아는 하나의 의식적 작용의 주체이며 동시에 스스로에게 의식적 작용의 대상이 되기도 하므로 주체와 객체적 측면을 모두 지니고 있다. 인간은 타인들과 함께 참여하는 사회적 상황에 대해 사고할 때 자기 자신을 그 상황의 일부로 완전히 포함시켜 객관적으로 사고할 수 있으므로 인간의 의식은 사고의 주체로서 근본적으로 자기 자신을 대상화할 수 있는 성찰적 능력을 지니고 있다(Mead, 1934:136-138). 이러한 자아의 의식적 작용이 사회적 상황에서 그에 부합하는 행동을 안내하는 기능을 제대로 수행하기 위해서는 순간순간 자신에게 요구되는 행동(Me)이 무엇인지 떠올릴 수 있어야 하고, 그에 근거해 행동하고(I), 그 후에는 다시 자신의 행동을 사회적 상황 속에서 성찰하여 다음 행동을 위해 요구되는 바람직한 대안(Me)을 떠올리는 순환적 작용이 원활하게 일어나야 한다[9]. 하지만 과도한 성찰로 인해 자아가 분열되어 자신의 행동을 자기의 것으로 지각하지 못하거나 성찰적 사고과정을 자신의 것으로 인식하지 못한다면 주체적 행동과 성찰적 사고의 순환적 과정을 원활하게 통합하기 어려울 것이다. 이로 인해 정신장애인들은 타인들과 조화될 수 있는 생생하고, 즉각적인 사회적 상호작용을 하는데 어려움을 경험하게 되고, 사회적 상호작용으로부터 물러나 위축되는 것으로 볼 수 있다.

2) 정신장애인의 자아개념 손상과 대안적 정체성

상징적 상호작용론에 따르면 인간이 사회적 상호작용 속에서 자기에게 부여되는 기대나 의미에 따라 스스로 자아개념을 형성하고, 이러한 자아개념은 곧 개인의 행동을 이끄는 틀이 된다. 정신장애인의 주관적 경험을 다룬 연구들은 정신장애인이 정신질환의 발병 후 진단, 치료, 재활과 회복과정을 거치는 동안 정신보건서비스체계 속에서 상호작용을 통해 긍정적인 자아개념이 손상될 수 있음을 보여주었다. 정신장애인은 발병 후 지각, 인지기능의 손상 등 고유한 정신질환의 증상의 영향으로 원활한 사회적 상호작용에 필요한 상황정의, 자아에 대한 정의가 혼란을 겪을 수밖에 없다. 그 결과 자아의 혼란과 심리적, 정신적으로 불행 혹은 불만족, 불쾌감을 체험하므로 자아에 대한 부정적인 인식이 의식 전반에 자리 잡기 쉽다. 이러한 정신질환의 증상의 영향뿐만 아니라 치료 및 재활체계서비스 이용과정에서 경험하는 비자발적 입원절차나 입원 후 병실에서의 억압적 상호작용,

---

9) 허버트 미드는 인간의 의식은 행동하는 주체로서의 자아(I)와 타인의 관점과 기대를 근거로 자신을 성찰하는 자아(Me)의 순환적인 운동과 결합으로 보고 있다(Mead, 1934). 자세한 내용은 제 1장을 참조하기 바람.

가족의 결정에 의해 이루어지는 치료절차 등은 정신장애인으로 하여금 어쩔 수 없이 정신질환과 환자역할 수용을 유도하게 함으로써 자아인식에 부정적 영향을 끼칠 수 있다. 정신질환의 발병과 치료, 재활과정에서 정시장애인은 질병과 장애, 사회적 상호작용 속에서 피드백 되는 정신장애인에 대한 편견과 낙인의 영향으로 자아의 손상은 피하기 어려운 현실이 되기 쉽다.

하지만 정신장애인이 진단, 치료, 재활과정에서 환자역할을 강요받는 중에도 나름대로 기존의 긍정적이었던 자아인식을 유지하기 위해 주체적인 반응을 보였던 것처럼 정신질환의 증상이 일부 완화되거나 치료되는 회복기에는 정신장애인의 의식적 작용이 일부 제자리를 잡음으로써 자아에 대한 다양한 인식의 가능성을 탐색할 수 있고, 자신이 처한 여건에 따라 상이한 자아인식패턴들 중에서 주체적 선택과 그에 따른 고유한 반응들이 나타날 수 있다. 일부 질적 연구들은 이러한 정신장애인이 채택할 수 있는 자아인식이나 정체성의 상이성을 보여주었다.

정신질환 발병 후 진단, 치료, 재활과정에서 정신장애인이 경험하는 자아인식의 손상과 회복기 정신장애인의 자아인식의 다양한 가능성에 관한 연구들이 시사하는 바는 첫째, 정신장애인의 자아인식은 그 자체로 정신장애인의 주관적인 복지와 삶의 질과 관련한 중요한 영역이므로 정신건강체계가 관심을 가져야 한다는 점이다. 둘째, 환자역할 중심의 부정적 자아인식으로부터 긍정적 자아인식으로 변화에 기여하는 조건과 환경이 무엇인가 규명하는 연구가 중요하다는 점이다. 즉, 긍정적 자아인식을 위해서는 긍정적 역할을 수행할 수 있는 사회적 관계망이 무엇보다 중요하다는 상징적 상호작용론의 기본 전제를 고려할 때 정신장애인에게 긍정적 자아인식을 생성, 지지할 수 있는 사회적 관계망은 무엇이고, 정신장애인에게 보장해야 하는 대안적인 사회적 역할들은 무엇인지 규명할 필요가 있다는 점이다. 아울러 정신장애인의 긍정적 자아개념 형성을 촉진함으로써 정신장애인의 재활과 사회통합의 효과를 제고할 수 있는 구체적 정책방안을 모색할 필요가 있다.

4. 요약

정신장애인의 치료, 재활, 사회통합에 관한 기존의 접근은 의학모델에 근거하여 정신장애를 정신질환 → 기능장애 → 사회적 불리 등의 연속선상에서 이해하는 경향이 강하였다. 이러한 정신의학모델은 정신장애인의 치료, 재활, 사회통합을 위해 전문가들의 진단과 처방, 전문적 원조를 강조함으로써 정신장애인을 대상화 하였다. 하지만 정신장애인은 정신질환의 발병, 치료, 재활, 회복 과정에서 여전히 이러한 제반 경험을 영위하는 주체이며, 정신장애인 역시 자유로운 의사와 결정의 주체임을 부정할 수는 없다. 특히 정신장애인의 복지는 심리 내적인 복지와 밀접한 관련을 지니고 있기에 정신장애인이 정신질환의 발병과 치료, 재활, 회복과정에서 어떠한 경험을 하고 있는가는 당사자인 그들의 관점에서 조명될 필요가 있다.

이러한 필요에서 현상학적 접근에 근거한 다양한 질적연구들은 정신질환의 치료, 재활, 회복과정을 정신장애인의 주체적 관점에서 조명하는데 기여하였다. 이러한 연구들은 가장 난해하고 비정상적 증상으로 알려져 있는 조현병의 환각경험, 망상경험도 정신장애인의 주체적인 관점에서 어떻게 체험되어지는지 규명하고, 주체적인 체험이 인간 의식의 작용, 자아의 작용과 관련하여 어떠한 혼란과 손상을 반영하는지 보여주었다. 이처럼 정신장애인이 내적으로 경험하는 의식과 자아수준의 혼란과 손상들은 지역사회에서 그들이 보호자와 치료 및 재활전문가, 지역주민 등과 일상적인 상호작용에서 왜 정신장애인이 부적응적인 행동을 보일 수밖에 없는지 이해하는데 도움이 될 것이다. 뿐만 아니라 일상적인 상호작용에서 어려움을 경험하는 정신장애인들의 치료, 재활, 회복과정에서 관계되는 다양한 사회구성원들이 정신장애인들을 어떻게 원조할 수 있는지 이해하는데 도움을 줄 수 있을 것이다.

한편 치료와 재활과정의 경험이 정신장애인의 자아인식에 미치는 영향을 고려할 때 휠체어를 사용하는 신체장애인에게 사회의 다양한 시설물의 물리적 접근성 보장이 장애인의 사회통합의 핵심적인 요인이듯이 치료, 재활, 지역사회 생활 과정에서 드러나는 정신장애인에 대한 가족, 전문가, 지역주민의 인식이나 태도 등은 정신장애인의 재활과 사회통합을 위한 중요한 환경이라 할 수 있다. 이러한 심리사회적 환경은 정신장애인의 자아개념을 훼손하고, 심리적인 복지를 훼손할 수도 있고, 반대로 긍정적 자아인식을 강화하여 사회통합을 촉진할 수도 있다. 그러므로 물리적 접근성의 문제를 해결하여 장애인에게 무장해 환경을 확보하는 것이 장애인복지정책의 핵심적인 정책아젠다가 되는 현실에 비추어 볼 때, 정신장애인의 사회참여에 심각한 장해환경으로 작용하는 사회적 낙인과 편견, 차별 등에 대한 정책적 대응이 정신보건정책 및 정신장애인복지정책의 중요한 영역으로 자리매김해야 할 것이다.

특히 정신상애인에게 심리적 트라우마를 야기힐 수 있는 정신의료기관의 강제입원절차가 보여주듯 의학적 모델에 근거하여 정신의료기관이나 정신재활기관의 전문직이 정신장애인을 일방적으로 진단, 처방하고 정신장애인의 의사와 자기결정을 존중하지 않는 일상적인 상호작용과정은 정신장애인의 자아에 부정적 영향을 끼칠 수 있음을 비판적으로 성찰할 필요가 있다.

한편 정신장애인은 질병과 장애에도 불구하고 환자 또는 장애인으로서의 정체성을 수용하는 정도는 상이하고, 보다 긍정적 역할의 기회가 보장될 때 긍정적 자아개념을 회복하는데 긍정적 효과가 기대되는 것으로 나타났다. 따라서 정신장애인이 치료, 재활, 회복과정에서 사회적으로 바람직하고, 긍정적인 역할들을 수행할 수 있는 기회들을 다양하게 제공할 수 있도록 정책적, 실천적 지원이 필요할 것이다. 정신장애인들에게 돌봄을 받기만 하지 않고 돌봄을 제공하는 역할, 이성교제와 관련된 역할, 직업을 갖는 것과 같은 생산적인 역할, 성인으로서 교육과정에 참여하는 학습자 역할, 정신장애인의 권익을 옹호하는 역할 등 정신장애인에게 가치 있는 다양한 사회적 역할을 일상생활 가운데 보장한다면 정신장애인의 치료, 재활, 사회통합에 긍정적 효과를 기대할 수 있을 것이다.

참 고 문 헌

김문근(2009). 직업적 역할은 정신장애인이 지각한 편견을 감소시키는가. 사회복지연구 40(3): 299-326.

김문근(2011). "정신장애인의 기능장애에 대한 당사자와 보호제공자의 주관적 인식 비교." 정신보건과사회사업 38(단일호): 81-112.

김혜영·이정숙 (2004). "정신분열병환자의 환청 경험." 정신간호학회지 13(2): 156-166.

박정원·임미영(2005). "만성정신분열병 환자의 환청 경험." 정신간호학회지 14(4): 449-458.

황순찬(2005). 정신장애인의 체험에 담긴 발견적(heristic) 의미 : 현상학에 기초하여. 성공회대학교 석사학위논문.

Cermolacce, M., J. Naudin, et al. (2007). "The "minimal self" in psychopathology: re-examining the self-disorders in the schizophrenia spectrum." Consciousness and cognition 16(3): 703-714.

Chapman, R. K. (2002). "First person account: eliminating delusions." Schizophrenia Bulletin 28(3): 545-553.

Ekeland, T. and Bergem, R.(2006). The negative of identity among people with mental illness in rural communities, *Community Mental Health Journal, 42*(3), 225-232.

Estroff, S.E.(1989). Self, Identity, and Subjective Experiences of Schizophrenia : In Search of the Subject, Schizophrenia Bulletin vol. 15. No. 2. 189-196.

Forrester-Jones, R. and Barnes, A.(2008). On being a girlfriend not a patient : The quest for an acceptable identity amongst people with a severe mental illness, *Journal of Mental Health 17*(2), 153-172.

Freedman, B. J. (1974). The Subjective Experience of Perceptual and Cognitive Disturbances in Schizophrenia: A Review of Autobiographical Accounts, *Archives of General Psychiatry.*30(3):333-340.

Freeman, D., P. A. Garety, et al. (2002). "A cognitive model of persecutory delusions." British Journal of Clinical Psychology 41(4): 331-347.

Jones, S. R. (2010). "Do we need multiple models of auditory verbal hallucinations? Examining the phenomenological fit of cognitive and neurological models." Schizophrenia Bulletin 36(3): 566-575.

Kim, Y., K. Takemoto, et al. (1994). "An analysis of the subjective experience of schizophrenia." Comprehensive psychiatry 35(6): 430-436.

Michie, P. T., Badcock, J. C. et al. (2005). "Auditory hallucinations: Failure to inhibit irrelevant memories." Cognitive Neuropsychiatry 10(2): 125-136.

Parnas, J. and P. Handest (2003). "Phenomenology of anomalous self-experience in early schizophrenia." Comprehensive psychiatry 44(2): 121-134.

Parnas, J., P. Handest, et al. (2005). "Anomalous subjective experience among first-admitted schizophrenia spectrum patients: empirical investigation." Psychopathology 38(5): 259-267.

Pettie, D. and Triolo, A.(1999). Illness as evolution : The search for identity and meaning in the recovery process, *Psychiatric Rehabilitation Journal 22*(3), 255-262.

Rulf, S. (2003). "Phenomenological contributions on schizophrenia: A critical review and commentary on the literature between 1980-2000." Journal of Phenomenological Psychology 34(1): 1-46.

Stanton, B. and A. S. David (2000). "First-person accounts of delusions." Psychiatric Bulletin 24(9): 333-336.

Strauss, J. S. (1989). "Subjective experiences of schizophrenia: Toward a new dynamic psychiatry: II." Schizophrenia Bulletin 15(2): 179.

Thomas, E. J. (1966). Problems of Disability From the Perspective of Role Theory. *Journal of Health and Human Behavior, Vol. 7*, No. 1 (Spring, 1966), pp. 2-14

Waters, F., J. Badcock, et al. (2006). "Auditory hallucinations in schizophrenia: Intrusive thoughts and forgotten memories." Cognitive Neuropsychiatry 11(1): 65-83.

Weiner, S. K. (2003). "First person account: living with the delusions and effects of schizophrenia." Schizophrenia Bulletin 29(4): 877-879.

Willams, C.C.(2008). Insight, Stigma, and Post-Diagnosis Identities in Schizophrenia, Psychiatry vol. 71, No. 3., 246-256,

제6장

|

사회적 낙인과 상징적 상호작용10)

정신장애인에 대한 사회의 낙인을 하나의 사회문제로 인식하고 이를 개선하려는 노력은 주로 사회 일반이 지니고 있는 정신장애인에 대한 고정관념, 차별적 태도, 차별행위 등에 초점을 맞춘다. 즉, 낙인문제는 정신장애인에 대한 사회의 부적절하거나 부정의한 반응이 문제의 본질이므로 정신장애인이 경험하는 주관적 삶의 질이나 사회적 참여 혹은 사회통합을 향상시키려면 궁극적으로 사회구성원들의 고정관념이나 부정적 태도, 차별행위 등 사회환경을 개선해야 한다고 본다. 정신장애인에 대한 사회적 낙인은 인지적 차원의 고정관념, 정서적 차원의 차별적 태도, 행위적 차원의 구체적 차별행위로 구성된다. 그동안의 연구성과를 종합해 보면 고정관념과 차별적 태도, 차별 행위는 인과적 경로를 통해 상호 긴밀히 연관되어 있는 것으로 보인다(Corrigan, 2000; Weiner, 1988, 1993, 1995). 뿐만 아니라 정신장애인에 대한 사회의 편견과 차별은 사회구조적, 사회문화적 과정을 통해 유지, 강화되는 경향이 있다(Kahng, 2006; Link and Phelan, 2001; 신영전, 2002).

한편 일각에서는 정신장애인에 대한 사회적 낙인은 대중의 의식 속에서 인지적 요소나 정서적 태도로 존재하거나 행동으로 나타나는 것뿐만 아니라 정신장애인이 사회의 부정적 태도나 차별을 의식함으로써 내면의 정서나 자아인식의 일부로 자리하고, 그들의 사회적 행동에 부정적 영향을 끼친다는 점을 강조하였다. 상징적 상호작용주의 관점에 근거한 Goffman(1963)의 연구, 명명이론(Scheff, 1966), 수정된 명명이론(Link, 1987; Link, Cullen, Streuning and Shrout, 1989) 등은 사회적 낙인이 정신장애인의 심리 내적, 주관적 경험의 매개를 거쳐 그들에게 영향을 미친다는 점을 명확히 보여주고 있다. 즉, 상징적

---

10) 이 부분은 2010년 한국정신보건사회복지학회 춘계학술대회 발표한 미간행 논문을 일부 수정하였음.

상호작용주의 관점에 의하면 사회적 낙인은 정신장애인이 사회와 상호작용하는 과정에서 지각하고 내면화하는 낙인이 더 본질적 문제임을 시사한다. 사회적 낙인의 일차적 근원은 대중의 인식과 태도, 차별행동이라 할 수 있지만, 사회적 낙인의 궁극적 영향은 정신장애인이 사회에 참여하는 동안 지각하는 편견과 낙인, 지신의 자기개념 내로 통합시켜 내면화된 자기낙인을 통해서 나타난다는 것이다.

그렇지만 사회적 낙인을 정신장애인의 자기낙인화로 규정하게 되면 사회적 낙인은 사회문제가 아니라 정신장애인 개인의 내적 문제로 환원되고 그 해결방안도 정신장애인의 내적 역량강화로 귀착된다. 이러한 접근은 낙인문제의 사회적 근원을 간과한 채 희생자를 비난하고 희생자의 변화만을 요구하는 매우 보수적인, 반사회개혁적인 접근으로 비판받기 쉽다.

따라서 사회의 낙인문제를 연구하거나 사회의 낙인 해결 방안을 모색함에 있어 대중의 잘못된 인식과 태도, 차별행위를 바로잡으려는 시도에 초점이 맞추어져 왔다. 이것은 사회정책적으로 안전한 길이며, 사회정의의 관점에서 보더라도 타당한 방법일 것이다. 그렇지만 이런 접근을 통해 얼마나 성과를 얻었는가 자문해 본다면 가히 실망할 만하다. 미국에서 이루어진 연구에 따르면 1950년과 비교했을 때 1996년경에는 정신질환에 대한 정보의 보급에도 불구하고 정신질환자는 위험하다는 편견은 오히려 2.5배나 증가한 것으로 나타났다(NIMH, 1999; Phelan, Link, Stueve, and Pescosolido, 2000). 하지만 설사 대중의 인식을 조사한 연구들이 정신장애인에 대한 사회의 인식이 개선된 것으로 보고하였다 하더라도 이것이 갖는 함의는 제한적일 수밖에 없다. 사회가 현대화됨에 따라 노골적인 편견은 사라졌다 할지라도 은밀한 편견은 잠재되어 있다가 은연중에 태도나 행위로 표출될 수 있기 때문이다(Fisk, 2002).

그렇다면 사회의 낙인문제를 정신장애인의 개인적 수준과 사회적 수준에서 균형 있게 접근할 수 있는 대안은 무엇인가? 정신장애인의 내적이고 주관적인 경험차원에서 사회적 낙인문제를 다루더라도 사회환경적 개입의 함의를 충분히 도출할 수 있는 대안은 없는가? 본 장에서는 본래 사회적 상호작용이 지니는 상징적 의미에 초점을 맞추어 발달한 사회적 낙인 개념을 상징적 상호작용주의 관점 위에 재정립함으로써 사회적 낙인문제 해결을 위해 사회와 정신장애인 사이의 상호작용에 초점을 맞추는 대안적 접근을 제안하고자 한다. 이를 위해 사회적 낙인을 거시적인 사회구조의 문제로 환원하지 않을 뿐만 아니라 단순히 미시적인 개인의 부적응적 인지, 정서, 행동으로 축소시키지도 않을 것이다. 오히려 정신장애인과 사회구성원들의 상호작용 속에서 어떻게 사회 구성원들의 편견과 차별적 태도 및 행동이 형성되고, 정신장애인이 사회의 편견을 어떻게 지각하여 내면화하는지 분석할 수 있는 개념적 프레임을 제안하고자 한다. 이를 위해 상징적 상호작용주의 관점에 근거한 사회적 역할개념과 사회적 역할에서 기인하는 자아개념(역할정체성)에 관한 이론을 활용하여 정신장애인에 대한 낙인의 형성과정을 설명하고, 낙인의 개선방안을 논의할 것이다.

1. 정신장애인에 대한 사회적 낙인 연구의 현주소

1) 정신장애인에 대한 낙인의 개념

낙인(stigma)에 관한 가장 고전적인 고프만의 연구(Goffman, 1963)에 의하면 낙인은 개인의 손상된 인격적 특성을 뜻한다. 고프만은 상징적 상호작용주의에 근거하여 손상된 신체적, 정신적 특성을 지닌 개인이 민감하게 사회적 반응을 고려하는 과정에서 낙인이라는 현상이 가장 두드러지게 포착될 수 있음을 보여주었다. 그럼에도 그는 낙인이란 본질적으로 개인에게 귀속된 어떠한 특성으로 정의하였다. 하지만 이제 사회적 낙인은 보다 다차원적인 개념으로 받아들여지고 있다. 사회적 낙인은 인지적 요소인 고정관념(stereotype), 부정적 정서태도인 편견(prejudice), 구체적 차별행위(discrimination) 등의 세 차원으로 구성되며, 이들 사이에는 일종의 인과적 관계가 있다(Corrigan, 2000, 2002). 뿐만 아니라 사회적 낙인은 차이에 대한 명명, 명명된 차이와 부정적인 고정관념의 연결, 명명된 차이를 통한 우리와 타자의 분리, 명명되어 분리된 사람들의 사회적 지위 상실과 차별경험, 이러한 제과정의 사회·정치·경제적 권력에 대한 의존 등의 복합적 과정을 내포하고 있다(Link and Phelan, 2001).

뿐만 아니라 정신장애인에 관한 낙인을 연구한 문헌들을 살펴보면 낙인은 크게 정신장애인에 대한 사회의 낙인(public stigma)과 정신장애인의 내면화된 낙인(self stigma)으로 구분할 수 있다(Corrigan, 2002; Corrigan, Kerr and Kudsen, 2005). 정신장애인의 내면에 존재하는 낙인은 정신장애인이 지각한 낙인(perceived stigma)과 이를 내면화 한 자기낙인(self-stigma 혹은 internalized stigma)으로 구분할 수 있다. 정신장애인이 지각한 낙인은 사회 구성원들이 지녔다고 간주하는 사회의 낙인이며(Link, 1985; 김정남·서미경, 2004),

내면화 한 낙인이란 사회의 일반적인 낙인을 정신장애인이 자신에게 개별적으로 적용한 결과 갖게 되는 부정적 자기 인식을 뜻한다(Ritsher, Otilingam and Grajales, 2003; Watson, Corrigan, Larson and Sells, 2007). 낙인의 내면화 혹은 자기적용은 낙인에 대한 지각을 거쳐 가능하므로 엄밀히 구별한다면 낙인에 대한 주관적 지각과 지각된 낙인의 자기 적용이라는 두 차원은 별개의 개념이라 할 수 있다.

한편 링크 등의 수정된 명명이론에 따르면 사회적 낙인은 사회의 구성원이나 정신장애인 개인의 내면에 존재하기 이전에 이미 사회규범적 요소로 존재한다(Link et al.,1989). 사회에는 정신질환과 정신장애인에 관한 고정관념, 부정적 정서와 차별적 태도 등이 이미 존재하며, 사회구성원들은 사회화 과정에서 이를 학습하고 내면화한다. 일반인은 이를 정신장애인에게 적용하게 되고, 정신장애인은 정신질환이 발생하고 공식적인 치료를 시작할 때 자기에게 적용하게 된다. 따라서 정신장애인에 관한 낙인은 개별 사회구성원들뿐만 아니라 사회문화 속에 존재한다고 보아야 할 것이다. 다만 사회적 낙인이 구체적으로 드러나는 것은 사회구성원들과 정신장애인의 행동과 반응을 통해서이다.

그러므로 이상의 논의를 요약하면 정신장애인에 대한 낙인은 그림과 같이 가장 근원적으로는 사회문화나 사회규범으로 존재하고, 대중의 인식 속에 존재하며, 개별 정신장애인의 내면에 자기낙인으로 존재한다. 그리고 사회적 상호작용에 참여하는 정신장애인에게 상황적으로 지각된 낙인이 존재한다. 통상 대중의 낙인과 사회규범적 낙인은 동일한 현상으로 볼 수 있으나 엄밀한 의미에서 사회의 구성원들이 누구인가에 따라 집합적으로 조사하더라도 대중의 낙인과 사회규범적 낙인 사이에는 일정한 차이가 있는 것으로 볼 수 있다. 예컨대 사회의 보편적 규범을 반영한 법률들이 정신장애인에 관한 차별 규정을 내포하고 있을지라도 대중은 이보다 진보하여 정신장애인에 대해 보다 평등한 처우가 요구된다는 인식을 보유할 수 있기 때문이다. 그동안 낙인에 관한 연구는 정신장애인이 지각한 낙인 혹은 자기낙인에 초점을 맞추거나 대중이 보유한 사회적 낙인에 초점을 맞추었다. 하지만 사회적 낙인이란 사회적 상호작용 속에서 가장 명확하게 포착될 수 있다. 또한 자기낙인은 장애인이 비장애인과 사회적 관계 속에서 상호작용하게 될 때 비로소 그 영향력을 발휘한다(Goffman, 1963; Link et al., 1989).

[그림 6-1] 사회적 낙인의 총체적 개념

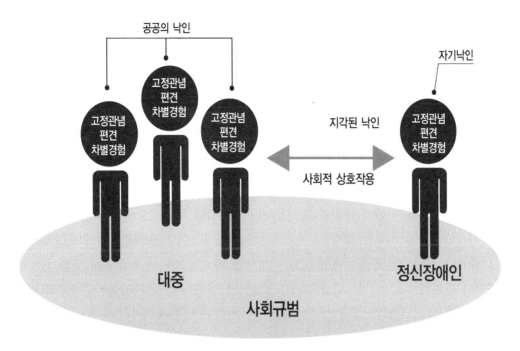

2) 정신장애인의 사회적 낙인에 대한 연구동향

정신장애인에 대한 사회의 낙인에 관한 연구들은 크게 낙인의 내용을 조작적으로 정의하고 일반 대중 또는 정신장애인으로부터 사회적 낙인의 실태를 측정하고자 한 연구, 낙인이 정신장애인이나 가족에게 미치는 영향을 규명한 연구, 낙인의 형성과 유지의 심리내적 원리나 사회적 원리를 규명 또는 논의한 연구, 사회적 낙인을 해결하기 위한 개입방법들에 관한 연구들로 구분할 수 있다.

그동안 일부 연구자들은 낙인에 대한 조작적인 정의와 측정도구의 개발을 위해 다양한 연구를 시행하였으며, 정신장애인에 대한 사회의 낙인을 측정하는 도구로는 Cohen과 Struening(1962)이 개발한 정신장애인에 대한 견해 척도(Opinions about Mental Illness Scale)가 사회의 편견조사에 널리 활용되었다(Corrigan, 2000: 김용익 외, 1994). 이 척도는 정신장애인에 대한 편견이 권위적 태도, 자비심, 사회적 제한 등으로 구성되어 있음을 보여준다. 최근에는 국내에서 김정남(2003)이 정신장애인에 관한 사회의 편견을 측정할 수 있는 새로운 도구를 개발하였다. 이 연구에 따르면 정신장애인에 대한 사회의 편견은 위험, 회복불능, 식별가능, 무능력 등의 네 가지 하위개념으로 구성된다.

한편 정신장애인이 지각한 낙인을 측정하고자 하는 시도는 링크의 연구(Link, 1987)가 대표적이다. 그의 척도는 수정된 명명이론의 검증을 위해 활용되었고(Link et al., 1989), 국내에서도 널리 활용되고 있다. 이 척도는 정신장애인들에 대한 사회의 보편적인 편견을 '가치저하'와 '차별'이라는 두 요인으로 측정할 수 있다. 서미경과 김정남(2004)은 김정남(2003)이 개발한 정신장애인에 대한 사회의 편견척도를 정신장애인에게 적용하여 지각된 편견을 측정한 후 정신장애인의 자기개념에 미치는 영향을 검정하였다. 이 연구에 따르면 편견은 '회복불능', '위험', '식별가능'이라는 세 차원을 포함하는 것으로 나타났다.

링크와 동료들은 사회적 낙인을 정신장애인이 지각한 낙인으로 정의하고, 사회적 낙인이 정신장애인에게 미치는 영향을 연구하였다(Link, 1987; Link et al., 1989). 그들은 일반 대중의 낙인이 정신장애인에게 미치는 영향을 거시적 수준에서 검증하기 보다는 정신장애인이 주관적으로 지각한 낙인이 정신장애인의 심리적 복지나 사회적응행동에 미치는 영향을 주로 분석하였다[11]. 이러한 연구방법은 사회의 낙인과 정신장애인이 지각한 낙인이 동일하다고 볼 수 없기에 사회적 낙인에 관한 연구로서 한계를 지닌 것으로 볼 수 있다. 하지만 상징적 상호작용주의 관점에서 보면 실제 정신장애인에게 영향을 미치는 것은 그들이 지각한 낙인이므로, 지각한 낙인을 통해 사회적 낙인의 영향을 간접적으로 연구하는 것도 의의가 있다. 특히 링크 등의 연구는 사회적 낙인을 측정할 수 있는 도구를 제시함으로써 정신장애인이 지각한 낙인이 그들에게 미치는 영향에 관한 다양한 연구들을 촉진하였다는 점에서 그 가치가 인정된다.

전통적인 낙인 연구들은, 사회적 상호작용을 통해 낙인이 개개인에게 습득되고, 습득된 낙인이 정신질환 발병 후 자기에게 적용되어 자아인식이 되고, 사회구성원들에게는 정신장애인에 대한 일종의 기대, 인식의 틀로 작용한다는 가정을 토대로 하고 있다. 쉐프의 명명이론(Sheff, 1966), 링크와 동료들의 연구(Link, 1987; Link et al., 1989)는 한 사회에 존재하는 정신장애인에 대한 편견과 낙인은 사회화 과정에서 누구나 습득하게 되므로 정신장애인도 정신질환 발병 전부터 사회의 편견과 낙인을 자연스럽게 습득한다고 보았다. 이렇게 습득된 정신질환 및 정신장애인에 관한 고정관념 또는 낙인이 정신질환 발

---

11) 만일 거시적 수준에서 사회의 낙인이 정신장애인에게 미치는 효과를 검증하려면 사회의 정신장애인에 대한 낙인수준과 그 사회의 정신장애인이 경험하는 심리 내적 복지나 사회참여나 사회통합에 어떠한 상관관계 혹은 인과관계가 있는지 분석하여야 할 것이다. 하지만 이러한 연구는 두 변수 사이에 다양한 제 삼의 요인이 끼어들 수 있어 이를 통제한 정밀한 연구설계를 하기가 어렵고, 그러한 연구설계를 충족하는 자료수집도 쉽지 않다.

생후 자신에게 개별적으로 적용된다는 주장은 링크 등의 실증적 연구를 통해 검증되었으며 널리 받아들여지고 있다. 이러한 주장은 집단에 관한 사회의 평가가 개인의 자기개념에 영향을 미치는 원리를 제시한 로젠버그의 관점과도 일맥상통한다. 그는 개인이 소속집단에 관한 사회의 평가를 인식하고(awareness), 수용하며(agreement), 집단에 대한 사회의 평가나 고정관념이 자기에게도 해당한다고 믿으면(personal relevance) 집단에 대한 평가가 개별적으로 자기에게 적용된다고 주장하였다(Rogenberg, 1979). 정신장애인에 대한 사회의 관점을 사회화 과정에서 습득하여 정신질환의 발생과 치료를 시작하는 시점에 자기에게 적용한다는 주장은 이러한 사회의 편견이나 낙인도 일종의 사회의 역할기대로 작용하고 있음을 시사한다. 링크 등의 연구가 시사하는 바도 사회적 낙인은 정신장애인에 대한 일반적인 사회의 역할기대로 작용하므로 그에 상응하는 반응을 유발하는 예기적 효과를 지닌다는 것이다. 누구나 사회적 낙인을 자기에게 적용되는 것으로 받아들이면 사회적인 가치절하와 차별을 예상하므로 자신의 장애를 감추려 하거나(secrecy), 사회적으로 위축되거나(withdrawal), 혹은 타인들의 그릇된 관점을 변화시키려(education) 시도한다는 것이다(Link et al., 1989).

또한 사회심리학적 연구들을 통해 사회적 낙인의 인지적 차원인 고정관념이나 정서적 차원인 편견의 형성과 유지 등 사회적 낙인의 내적 기제가 규명되어 왔다. 강상경은 사회심리학적 연구에 관한 문헌 검토를 통해 편견의 형성과 유지의 과정을 통합적으로 설명하였다(Kahng, 2006). 이 연구에 따르면 사회적 낙인은 사회적 기반과 인지적 기반을 갖는다. 사회적 낙인은 심리 내적으로는 인지효율성을 추구하기 위한 범주화와 범주화에 근거한 판단을 활용하는 인지적 과정(heuristic cognitive process)에 의해 형성 및 유지된다. 이러한 심리 내적 인지과정뿐만 아니라 사회적으로는 권력차이에 따라 사회적 자원이 다르게 배분되며, 권력을 지닌 사람들이 정보를 통한 영향력이 더 크므로 사회적 낙인의 형성과 유지를 뒷받침하게 된다. 더구나 권력을 보유한 사람들은 문제의 원인을 외부로 귀인하는 반면 권력을 지니지 못한 정신장애인들은 문제의 원인을 내부로 귀인한다. 나아가 사회적 지위가 낮거나 권력을 갖지 못한 사람들은 타인들과의 관계에서 주의집중을 하여 통제된 사고를 하는데 비해 권력을 가진 사람들은 사회 약자와의 상호작용에서 보다 편의적 사고과정(shortcuts)을 활용하므로 편견과 낙인에 무감각하기 쉽다.

조은영(2000)은 사회학습이론에 근거하여 사회 구성원들이 정신장애인에 대한 편견과 낙인을 형성하고 유지하는 과정을 설명하였다. 이 연구에 따르면 사회적 낙인은 정신질환이나 정신장애인에 대해 부모, 주위사람, 대중매체 등이 제공하는 정보나 정신장애인에 대한 이들의 반응을 주의 깊게 관찰함으로써 싹트기 시작한다. 관찰을 통해 정신장애인이 지니는 차이에 관한 정보를 입수하면 이미지나 언어로 부호화하여 보유하게 된다. 이렇게 보유한 정보는 인지적으로 재생되거나 운동적으로 재생됨으로써 개인의 내면으로 학습된다. 이렇게 학습된 행동은 강화를 기대할 때 동기화 되어 정신장애인에 대한 편견이나 차별적 행동으로 나타나게 된다. 이러한 일련의 과정이 순환되면서 이미 형성된 편견이 강화 및 유지되는 결과를 가져온다.

한편 사회적 낙인의 극복방안과 관련된 다양한 연구들도 이루어져 왔다. 코리건과 펜은 그동안 이루어진 사회심리학적 연구와 정신장애인에 관한 사회적 낙인의 완화효과를 검증한 다양한 연구들을 종합하여 사회적 낙인에 관한 접근은 편견에 대한 항의(protest), 정신질환에 관한 교육(education), 심각한 정신장애를 가진 사람들과의 접촉경험 제공(contact) 등 세 가지 접근이 있음을 논증하고 각 접근의 장점과 한계에 대해 논하였다(Corrigan and Penn, 1999). 이 연구에 의하면 '항의(protest)'는 편견이나 차별행위는 감소시킬 수 있으나 오히려 정신장애인에 대한 사회적 낙인이라는 자극을 제시하는 효과(priming effect)로 인한 반작용이 나타날 수 있다. '교육(education)'은 견고한 편견은 쉽게 변화되지 않으며, 교육받은 정보에 주의 집중하는 인지과정이 뒤따르지 않으면 그 효과가 제한적이다. 그럼에도 교육은 정신장애인에 대한 차별행위를 감소시키는 효과는 있는 것으로 받아들여지고 있다. 정신장애인과의 '접촉(contact)'은 전형적인 정신장애인. 자신과 약간의 차이가 있는 정신장애인 등과 긍정적인 접촉경험을 제공할 때 낙인 완화에 효과적인 것으로 나타났다. 그러므로 정신장애인과의 접촉경험을 충분히 제공한다면 그들에 대한 사회적 낙인의 개선 또한 기대할 수 있을 것이다.

또한 코리건은 귀인이론을 통해 정신장애인에 대한 사회적 낙인이 나타나는 과정을 설명하였다(Corrigan, 2000). 정신질환의 증상이나 행동이 정신장애인으로서는 통제 불가능한 것이라고 간주하면 정신장애인에게 그 책임이 귀속되지 않으므로 사람들은 연민의 감정을 갖게 되고 원조행동이 나타난다. 하지만 증상이나 행동에 대한 통제가능성이 있다고 간주하면 사람들은 증상이나 행동에 대한 책임을 정신장애인에게 귀속시켜 분노감정과 그에 동반되는 처벌행위를 보이게 된다는 것이다. 이는 향후 검증되어야 할 가설적 모형이지만 귀인이론은 정신장애인에 관한 사회의 낙인을 해결하는데 하나의 이론적 근거를 제공한다는 점에서 함의가 있다. 이러한 코리건의 연구를 따른다면 낙인을 완화하려면 정신질환과 정신장애는 개인이 스스로 통제하기 어려운 질병과 장애라는 과학적 지식과 정보를 제공할 필요가 있음을 시사한다.

이와 같이 기존의 연구들은 정신장애인에 대한 사회의 낙인을 개념화하고 측정하며, 사회적 낙인이 정신장애인에게 미치는 영향을 검증해 왔다. 뿐만 아니라 사회적 낙인의 형성·유지·해소를 설명할 수 있는 이론적 근거를 모색하고 경험적 검증을 실시해 왔다. 하지만 아직 경험적 연구는 일천하고, 사회적 낙인에 관한 이론적 논의의 통합은 미진한 상황에 있다. 정신장애인에 관한 사회적 낙인의 형성과 유지는 상징적 상호작용주의에 근거한 명명이론(labeling theory)이나 수정된 명명이론(modified labeling theory), 사회학습이론, 귀인이론, 인지과정에 관한 이론, 사회구조적 특성과 심리내적 과정의 영향 등으로 설명된다. 하지만 그동안 정신장애인에 관한 사회적 낙인의 형성과 그 영향, 사회적 낙인의 극복방안을 일관되게 설명할 수 있는 통합적인 이론은 미완성으로 남아 있다. 대개 사회적 낙인을 비정신장애인의 입장에서 다루거나 정신장애인의 입장에서 다루고 있을 뿐 이를 전체적 관점에서 총체적으로 접근하는 이론은 결여되어 있다. 나아가 사회적 낙인의 극복방안은 사회일반의 인식과 태도를 변화시키는 접근에 치중하고 있다. 사회일반의 인식개선이 사회적 낙인 극복에 필수 불가결한 일이겠으나 정작 사회적 낙인을 실질적으로 경험하는 정신장애인에게 어떠한 사회적 낙인 극복 방안이 있는지 명확하지 않다.

2. 사회적 낙인의 재정의 : 상징적 상호작용주의 관점

1) 상징적 상호작용주의와 사회적 낙인 연구

이제 상징적 상호작용주의에 천착하여 정신장애인에 대한 사회적 낙인의 작동기전을 규명함으로써 사회적 낙인 극복을 위한 총체적 접근 방안에 관한 함의를 도출하고자 한다.

상징적 상호작용주의는 상징을 활용하는 사회적 상호작용을 통해 대상의 의미가 생성, 공유, 소멸된다고 본다. 어떤 대상은 그것이 사물이든 활동이든 사람이든 사회적 상호작용 속에서만 그 상징적 의미가 규명될 수 있다. 나아가 대상이 지니는 상징적 의미란 고정 불변의 것은 아니며 사회적 상호작용이 전개됨에 따라 의미가 생성되기도 하고 소멸되기도 하며 때로는 세밀한 조정(tuning)이 이루어지기도 한다. 행위의 주체인 사회구성원은 사회적 상호작용 속에서 자기에게 주어지는 상징적 의미를 지각하고 해석한다. 사회적 상호작용을 통해 다른 사회구성원으로부터 입수하는 정보에 근거해 자신에게 기대되는 행동이 무엇인지 지각하고 이러한 행동을 수행함으로써 사회와 조화되는 생활을 영위한다. 사회와 조화되는 방식으로 상호작용하는 동안 사회의 기대를 지각하고 이러한 기대에 부응하는 행동을 통해 자기의 의미는 심리내면에 자기개념(self concept)으로 축적된다 (Blumer, 1969; Hewitt, 2001; Mead, 1934). 그러나 많은 경우 자기개념은 사회적 역할을 통해 사회적 상호작용상황에 참여하면서 내면화된다. 이러한 상징적 상호작용주의의 기본적 이해의 틀은 사회적 낙인을 연구하는 학자들에게 이론적 근거로 활용되어 왔다.

상징적 상호작용주의가 정신장애인에 대한 사회적 낙인을 설명하는 이론적 근거로서 갖는 특유의 장점은 사회의 대중과 정신장애인이 사회적 낙인을 습득하는 과정을 단일한 이론으로 설명할 수 있다는 점이다. 상징적 상호작용주의에 따르면 사회구성원이라면 누구나 이미 사회화 과정에서 특정한 일탈자나 오점을 보유한 사람에 대한 사회적 고정관념과 편견을 습득한다. 그러므로 정신장애인에 대한 사회적 낙인도 사회화 과정에서 습득되며 정신질환이 발생하거나 공식적인 치료를 시작하는 등의 계기가 도래하면 비로소 이러한 낙인을 자기에게 적용하게 된다(Goffman, 1963; Scheff, 1966; Link et al., 1989). 그럼에도 불구하고 상징적 상호작용주의에 근거하여 정신장애인에 대한 사회적 낙인을 개념화하거나 분석한 연구들은 사회적 상호작용 속에서 정신장애인과 정신장애를 갖지 않은 사회구성원이 어떠한 영향을 받는지 규명할 수 있는 종합적인 설명모델을 제시하지는 못하였다. 그 이유는 정신장애인에 대한 사회적 낙인을 대중의 인식 속에 존재하거나 정신장애인의 인식 속에 존재하는 현상으로 간주하는 경향이 있었기 때문이다. 즉, 사회구성원 속에 존재하는 사회적 낙인이 사회화 과정에서 습득되었다고 전제하고 일상적인 상호작용 속에서 사회적 낙인이 어떻게 지속적으로 생성, 유지, 변화, 소멸될 수 있는지 충분히 논의하지 못했고 이를 설명할 수 있는 이론적 근거도 충분히 제시하지 못했던 것이다. 따라서 기존의 연구들은 정신장애인에 대한 사회의 낙인 현상을 설명하는데 있어서 상징적 상호작용주의 관점이 가질 수 있는 독특한 장점을 충분히 활용하지 못했다는 점이다.

그렇다면 상징적 상호작용주의 관점이 사회적 낙인을 설명하는데 가질 수 있는 독특한 이론적 장점은 어디에서 오는가? 그것은 사회적 상호작용이라는 지속적인 과정을 통해 사회적 대상의 의미가 생성, 조정, 변화, 소멸한다는 상징적 상호작용주의의 핵심적 전제와 관련이 있다. 링크 등과 쉐프의 연구모형은 한계는 있지만 상징적 상호작용주의에 근거하여 사회적 낙인을 설명하려는 시도했던 선구적 사례로 볼 수 있다(Link et al., 1989; Scheff, 1966). 그들의 연구는 사회구성원은 누구나 사회화 과정에서 사회적 낙인을 습득했으며, 공식적 과정을 통해 정신장애인으로 명명됨으로써 개인에게 중요한 변화가 일어난다고 전제한다. 그러나 두 연구에서 설명하는 사회적 낙인은 전혀 다른 현상이다. 쉐프는 가벼운 일탈행위를 하던 사람이 정신질환자로 명명되면서 정신질환자 역할을 수용하게 하는 사회적 압력이 작용하여 결국 정신질환자 정체성이 형성되고 이로 인해 정신질환이 고착화된다고 본다(Sheff, 1966). 이에 비해 링크 등은 정신질환을 진단받거나 치료를 개시할 때 정신장애인은 이전에 학습한 고정관념에 따라 자신이 무가치하고 차별받을 것임을 예상하고 사회적으로 위축된 반응을 보이기 때문에 심리적으로 자기개념이 손상되고, 취업이나 사회관계망 참여도 위축되어 정신장애가 악화된다고 설명한다(Link et al., 1989). 그럼에도 이 두 연구는 일탈적 행동을 하였거나 정신질환의 증상을 지닌 사람이 공식적으로 정신질환자로 명명되면 자신에게나 주위 사람들에게 일정한 역할기대가 부여되고 이러한 역할기대가 그들의 행동에 영향을 끼치는 원리를 규명했다는 점에서 의의가 있다. 하지만 이 두 연구는 정신장애를 경험하는 사람과 사회구성원 사이의 사회적 상호작용을 심층적으로 분석하지는 않았다.

그렇다면 상징적 상호작용주의의 기본 관점에 충실히 근거하여 정신장애인에 관한 사회적 낙인을 설명하기 위해서는 기존 연구에 어떠한 개념적 구성요소가 보완되어야 하는가? 상징적 상호작용주의에 따르면 사회구성원들 사이의 상호작용을 통해 사회적 의미가 생성, 유지, 변화되는데 사회적 상호작용은 사회적 역할을 통해 전개되며, 사회적 역할로 인해 상호작용에 참여하는 행위자는 사회로부터 자기의 의미를 발견, 해석하여 내면화하기 때문에 자기개념이 생성된다(Blumer, 1969; Hewitt, 2001; Mead, 1934). 기존의 연구들은 이 같은 상징적 상호작용주의의 기본 관점에 비추어 볼 때 사회적 상호작용을 매개하는 핵심적 요소인 사회적 역할을 간과하고 있다. 즉, 기존연구들은 정신장애인은 하나의 사회적 역할이며 이에 대해 사회의 규범적 기대가 인지적 요소, 정서적 요소, 행동적 요소 등으로 나타날 수 있음을 명확히 인식하지 못했던 것이다.

상징적 상호작용주의 관점에 따르면 사회적 역할을 통한 상호작용과 자기개념의 형성, 자기개념의 형성O과 그에 따른 사회적 행동은 긴밀한 인과관계를 갖는데 그동안 상징적 상호작용주의 관점은 경험적 검증 가능성에 있어 한계가 있는 것으로 알려져 있다. 하지만 제 2장이나 제 3장에서 소개한 바와 같이 상징적 상호작용론을 정교하게 이론화하기 위한 노력이 이어졌다. 본 장에서는 사회적 상호작용, 사회적 역할, 자기개념, 행동적 반응 사이의 상호관계를 체계적으로 진술하고 있을 뿐만 아니라 경험적 연구를 통해 그 주요 가설이 검증된 역할정체성이론(Identity Theory)을 소개하고 이에 근거하여 정신장애인에 대한 사회적 낙인을 재정의하고자 한다.

2) 역할정체성이론(Identity Theory)

역할정체성이론은 특정한 사회적 위치를 점한 사람들이 그들에게 기대되는 사회적 역할에 근거하여 상호작용하는 동안 형성되는 자기개념인 역할정체성을 통해 개인의 사회적 행동을 설명하려는 이론이다. 역할정체성 이론은 1960년대 말 싹트기 시작하여 1980년대를 지나면서 체계화되었고, 다수의 경험적 연구들을 거쳐 그 주요 가설이 지지되었다. 국내에서는 본 연구자의 논문을 통해 2009년 역할정체성이론이 처음 소개 되었다(김문근, 2009). 아래에서는 사회적 역할의 개념, 사회적 역할과 관련된 규범적 기대, 역할정체성이 사회적 행동에 영향을 미치는 영향, 역할정체성의 유지와 변화 등을 중심으로 역할정체성이론을 소개하였다.

역할정체성이론은 사회적 역할로부터 형성되는 자기개념인 역할정체성에 의해 개인의 사회적 행동이 결정된다고 본다. 사회적 역할을 통해 상호작용하는 동안 사회적 역할에 대한 기대가 내면화되어 자기개념이 형성되며, 사회적 역할에 근거한 자기개념이 형성되면 개인은 역할과 관련한 자기개념과 일관된 방향으로 행동한다는 것이다(Stryker, 1980, 2000a, 2000b; Stryker & Burke, 2000). 역할정체성이론에 따르면 다양한 사회적 지위, 개인의 속성, 구별되는 행위 등과 관련하여 사회적 범주가 성립되고, 이러한 범주에 속한 사람들에게 사회로부터 일정한 규범적 기대가 부여될 때 이를 사회적 역할이라 규정한다. 사회적 역할은 사회의 구체적인 지위(교수, 대학생, 배우자, 엄마, 아이, 의사, 세일즈맨, 목사 등)뿐만 아니라 귀속적인 범주(성별, 인종 등), 구별되는 특정 행위(종교활동, 헌혈, 테니스 등)와 관련된 집단의 구성원에게도 적용되는 개념이다(Stryker, 2000a). 역할정체성이론에 근거한 실증적 연구들은 대학생(Collier, 2001), 배우자(Cast, Stets and Burke, 1999)와 같은 구체적인 사회적 지위뿐만 아니라 성별과 같은 귀속적인 특성(Callero,1992), 헌혈(Callero, 1985), 데이트(Hoelter, 1983), 종교활동(Strker and Serpe, 1982), 친환경적 소비(Sparks & Sheperd, 1992)와 같은 구별되는 행위 등도 사회적 역할로 간주하고 있다.

역할과 관련한 사회의 규범적 기대란 특정한 위치를 점한 사람들의 특성이 보편적으로 어떠한가, 어떠해야 하는가에 대한 사회의 공유된 관점을 의미한다. 예를 들면 성별에 따라 남자와 여자는 어떠해야 하는가에 대한 사회의 공통된 인식과 기대가 존재한다. 사회적 역할에 부여되는 규범적 기대는 형용사로 표현할 수 있는 특성들 혹은 동사로 표현할 수 있는 행동적 경향들과 같은 의미들로 구성된다(Burke and Tully, 1977; Callero, 1992; Smith-Lovin, 2002). 예컨대 여성은 남성에 비해 약하고, 정서적이고, 부드럽다는 사회의 기대가 존재하고(Burke and Tully, 1977), 대학생에 대해서는 학문적 책임성이 있고, 지적이고, 사교적이고, 자기주장을 잘 할 것이라는 기대가 있다(Burke & Reitzes, 1981). 이러한 기대는 여성이나 남성, 대학생으로 사회적 상호작용에 참여하는 동안 자기개념으로 내면화된다. 사람들은 역할을 통해 상호작용하는 동안 역할의 의미 즉, 역할에 대한 사회의 규범적 기대를 지각하여 역할에 관한 내적 표준(identity standards)을 형성하고 역할수행과 관련한 자기의미(perceived self-meaning)를 지각하며, 이 두 차원이 역할에 근거한 자기개념 '역할정체성'을 구성한다는 것이다(Burke, 1991; Burke & Stets, 1999; Callero, 1992; Cast & Burke, 2002). 일부 연구자는 특정 역할의 규범적 의미를 학습하는데 있어 직접적인 사회적 상호작용경험이 가장 중요한 요소라 할지라도 문화적 영향이나 타인에 대한 관찰도 중요한 영향을 미치는 것으로 보고 있다(Smith-Lovin, 2002).

한편 상징적 상호작용주의에 따르면 사회적 상호작용에 참여하려면 사회적 상황을 정확하게 지각하고 해석하여 정의내리는 것이 필요하다. 상징적 상호작용주의자들은 토마스(Thomas, 1937)가 주장한 바와 같이 객관적 사실이란 존재하지 않으며, 행위자가 주관적으로 지각, 해석, 정의내리면 그것이 그에게는 현실이 된다고 전제하기 때문이다(Reitzer, 2003; Stryker and Serpe, 1982). 이러한 상황에 대한 지각, 해석, 정의를 내리려면 타인의 관점을 상상해 보아야 하는데 사회적 역할은 이 과정에서 유용한 도구로 활용된다(Hewitt, 2001). 역할정체성이론은 역할을 매개로 형성된 자기개념 '역할정체성'이 사회적 상황을 해석, 정의하고 사회적 상황 속에서 자기에 대한 기대나 의미에 관한 정보를 지각, 해석하여 처리할 때 활용되는 인지적 도식(schema)이라 가정한다. 역할정체성이 의식 속에 활성화되면 그 역할정체성과 관련이 있는 외적상황적 단서, 자신의 내적 단서에 대해 대단히 높은 민감성과 수용성을 보인다. 개인에게 중요한 역할정체성은 그 역할과 관련된 상호작용상황을 초월하여 역할과 직접 관련이 없는 대인관계나 사회적 상황에서도 의식 속에 활성화되어 행동에 영향을 끼친다. 통상 상징적 상호작용주의에서는 역할에 근거한 자기개념은 역할과 관련한 상호작용이 직접 일어나는 대인관계나 사회적 상황에서만 의식 속에 활성화된다고 본다(Hewitt, 2001). 하지만 역할정체성이론에 의하면 개인에게 중요한 역할정체성은 역할과 직접 관련이 없는 상황에서도 의식 속에 활성화되어 행동에 영향을 미칠 수 있는 상황초월적(trans-situational)인 자기개념이다(Stryker, 2000b, p. 34; Stryker & Serpe, 1982, p. 207). 그러므로 개인에게 중요한 의미를 갖는 역할로부터 형성되는 자기개념은 다양한 대인관계, 다양한 상황에서 개인의 행동에 폭넓게 영향을 미칠 수 있다.

또한 역할에 부합하는 행동이 나타나는 것은 역할정체성의 두 요소인 역할에 대한 사회적 규범(identity standards)과 역할과 관련한 자기평가(self-meaning)가 일치할 때 긍정적 정서를 경험할 수 있고 원활한 사회적 상호작용이 보장되므로 개인은 사회규범에 부합하는 정도까지 역할수행을 향상시키려고 노력하기 때문이다. 예컨대 부부관계에서 자신이 이상적으로 생각하는 배우자 역할표준(identity standards)과 상호작용 속에서 인지하는 자아의미(self meaning)가 일치할수록 자아존중감, 자아효능감, 통제감이 향상되었고 부부관계에 대한 신뢰나 헌신이 향상되었으며, 우울이나 불안, 적의 등 부정적 정서는 감소하는 것으로 나타났다 (Burke et al., 1999: Cast et al., 2002). 특히 사회적 역할을 통해 상호작용하는 관계에서 역할기대의 조화가 요구되는데 역할상대방과의 관계에서 사회경제적 지위나 힘의 불균형이 존재할 때는 역할기대에 사회적 압력이 동반될 수 있다. 경험적 연구에 따르면 사회경제적 지위가 낮은 사람은 지위가 높은 사람의 관점에 의해 더 크게 영향을 받는 것으로 나타났다. 사회적 지위가 낮은 사람은 지위가 높은 사람이 제시하는 역할기대와 역할수행에 대한 평가에 민감하게 반응하는 경향이 있었다. 예컨대 부부관계에서 사회경제적 지위가 높은 배우자의 관점은 사회경제적 지위가 낮은 사람의 '배우자역할' 정체성('spouse role' identity)에 더 큰 영향을 미쳤다(Cast, Stets, and Burke, 1999). 사회경제적 지위가 낮은 사람은 지위가 높은 사람이 제시하는 역할기대와 역할수행에 대한 평가에 민감하게 반응하는 경향이 있다는 것이다.

한편 역할정체성은 역할을 통한 사회적 상호작용을 통해 형성되고 유지되며, 중요한 역할정체성일수록 쉽게 변하지 않는다(Serpe & Stryker, 1987: Stryker, 2000b: Stryker et al., 1982). 하지만 역할정체성을 둘러싼 환경이 극적으로 변화하여 기존의 역할정체성이 개인의 행동에 적절한 방향성을 제시해 주지 못하거나 타인들과 원활한 상호작용을 보장하지 못할 때 역할정체성에 근본적인 변화가 일어난다. 만일 전혀 다른 상호작용관계망(또는 준거집단)에 참여하거나, 전혀 다른 문화로 진입함으로써 동일한 역할에 대해 새로운 해석이 내려지거나, 기존의 상호작용관계망 속에서 역할에 대한 이해나 기대가 변화할 때 역할정체성은 변화할 수 있다. 예컨대 적국의 전쟁포로가 된 군인, 이제 막 중년기에 접어든 사람, 첫 아기를 출산한 신혼부부 등은 이전의 역할기대와는 전혀 부합하지 않는 새로운 상황을 맞게 되며, 이들은 변화된 환경에 맞추어 역할정체성표준을 조정하지 않을 수 없으므로 역할정체성이 변화하게 된다(Burke, 1991: Burke & Cast, 1997).

이상의 논의를 요약하면 역할정체성이란 '사회의 특정한 위치를 점한 사람에게 주어지는 사회의 규범적, 행동적 기대인 사회적 역할을 통해 상호작용하는 동안 형성되는 자기개념'이다. 역할정체성은 사회의 규범적 기대와 자기의 역할수행에 대한 평가의 두 차원으로 구성된다. 역할정체성은 사회적 상호작용에 관한 정보를 처리하는 인지적 도식으로 활용되므로 역할정체성이 활성화되면 다양한 상황에서 그 역할과 부합하는 행동이 나타날 가능성이 증가한다. 역할정체성은 사회적 위치에 부과되는 사회의 규범적 기대와 역할수행에 대한 자기평가이므로 개인이 담당하는 역할에 대한 사회의 기대가 변화하거나 개인이 전혀 다른 역할을 담당하게 된다면 개인의 자아개념을 구성하는 역할정체성들은 변화할 수 있는 것이다.

3) 역할정체성이론에 근거한 사회적 낙인의 재정의

상징적 상호작용주의와 역할정체성이론에 따르면 몇 가지 근거에서 정신질환자는 정신장애인에게 있어 하나의 사회적 역할이라 할 수 있고, 사회적 낙인은 정신질환자 역할을 담당하는 정신장애인에게 주어지는 사회의 규범적 기대라 할 수 있다. 첫째, '정신질환을 경험하는 사람'은 하나의 사회적 범주이며, 사회구성원들이 점할 수 있는 하나의 위치라 할 수 있기 때문이다. Goffman(1963)은 사회적 낙인을 개인의 인격적 가치를 손상시키는 오점이라고 정의했는데 이러한 오점은 그 자체로 낙인일 수는 없겠지만 오점으로 인해 사회의 다른 구성원과 구별되고 부정적인 가치평가가 주어진다는 점에서 사회적 낙인의 출발점이라 할 수 있다. 사회적 낙인은 하나의 특징을 선택하여 구별하고 범주화하고, 명명하는 과정을 전제한다(Link, Yang, Phelan, and Collins, 2004). 정신장애인은 정신질환이라는 속성으로 인해 구별되는 집단이고, 이 집단의 구성원에게는 고유한 규범적 기대가 부과된다.

둘째, 정신질환자에 대해서는 고정관념과 편견이 따르는데 이는 일종의 사회의 규범적 기대라 할 수 있기 때문이다. 정신질환을 경험하는 사람은 비이성적·비합리적이거나 무능력하며(Glass, 1997; 김문근, 2007) 위험하거나 회복되지 않을 것이라는 고정관념(김정남, 2003)이 존재한다. 정신질환자에 대해서는 이러한 고정관념과 더불어 동정적인 태도, 분노, 권위적 태도, 온정적 태도 등 행동적 기대가 존재한다(Corrigan, 2000). 이러한 고정관념과 편견은 사회에 보편적인 규범처럼 존재하므로 사회의 대중들뿐만 아니라 정신장애인들도 사회화 과정에서 자연스럽게 습득한다(Link et al., 1989; Scheff, 1966).

셋째, 정신질환자에 대해 사회구성원들은 사회의 기대와 일관된 회피, 차별, 사회적 제한이나 격려, 원조 등의 행동적 경향을 보이기 때문이다(Corrigan, 2000). 정신보건분야의 전문가들은 정신질환자는 치료에 대해 스스로 합리적인 결정을 할 수 없다고 간주하여 보호자의 주장에 근거하여 명확한 진단도 없이 비자발적인 입원을 결정하는 경향이 있다(김문근, 2007). 뿐만 아니라 질병의 진단, 치료 및 재활에 관한 주요 결정에 있어 당사자인 정신질환자에게 충분한 참여와 자기결정을 보장하지 않는다. 이로 인해 정신질환자들은 점점 무력화되고 무기력을 학습하는 결과로 이어지기도 한다(Deegan, 1992; Manning, 1998; Segal et al., 1993).

넷째, 정신장애인 역시 이들에 대해 주어지는 사회적 기대를 민감하게 인식하고 이에 대해 반응하기 때문이다. 사회화 과정에서 학습한 정신질환자에 대한 고정관념이나 편견으로 인해 정신장애인은 사회로부터의 가치손상이나 차별을 예상하므로 정신질환을 감추려 하거나 사회적 상호작용으로부터 물러나는 경향이 있다(Link et al., 1989[12]; Sells, Stayner and Davidson, 2004). 사회의 바람직한 역할에 대한 기대는 아니므로, 대개 정신장애인은 정신질환자 정체성이나 정신질환자에 대한 고정관념에 대해 저항하려 시도한다(Barham and Hayward, 1998; Estroff, 1989; Goffman, 1961). 하지만 정신질환자 역할을 수용하지 않으면 사회적 낙인을 더 민감하게 지각하며 자기정체성에 대해 갈등하고 정신의료기관이나 재활기관, 지역사회에서 원활한 상호작용도 어렵게 된다. 이로 인해 정신장애인은 결국 사회의 고정관념과 정신질환자로서의 역할을 받아들이게 된다(Ekeland and Bergem, 2006).

이러한 정신장애인에 대한 사회일반의 고정관념과 편견을 상징적 사호작용주의 관점에서 시민들과 정신장애인 사이의 역할기대에 근거한 상호작용으로 표현하면 [그림 6-2]와 같다.

---

12) 때로는 이와 같은 사회의 부정적 기대나 차별행위에 대해 저항하기 위해 정신장애인에 대한 정확한 실상을 교육하려 하거나(Link et al., 1989), 정신장애인들에 대한 사회의 차별에 분노를 표출하며 권익옹호 활동에 참여할 수도 있으나 이러한 행동들도 실상 정신장애인에 대한 사회적 낙인을 민감하게 고려하고 있다는 방증이기도 하다.

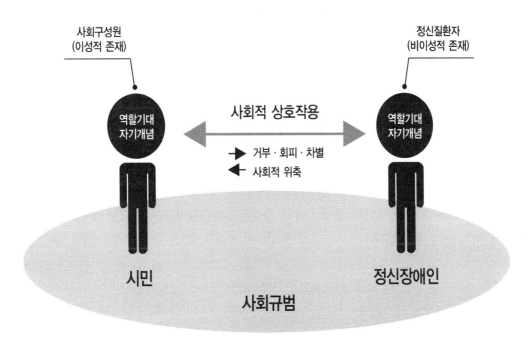

[그림 6-2] 시민과 정신장애인 사이의 상호작용

　또한 정신질환의 발생, 치료 및 재활과정을 거치는 동안 정신장애인이 경험하는 사회적 상호작용과 그로 인한 자기개념의 변화과정은 정신질환자가 된다는 것이 하나의 사회적 역할을 담당하는 것임을 시사한다. 정신질환자에 대해서는 사회의 규범적 기대가 강력하게 작용하며, 이러한 사회의 기대에 근거한 상호작용구조는 정신의료기관이나 재활기관, 지역사회 등에서 견고하게 유지되므로 정신장애인은 이러한 역할을 수용하여 자기개념에도 변화가 발생하기 때문이다. 다수의 질적 연구들에 따르면 정신장애인이 치료과정에 참여하면서 이전의 다양한 사회적 역할에 근거한 정체성을 상실하고 그 대신 정신질환자 역할에 근거한 정체성을 확립하게 된다(Barham and Hayward, 1998; Estroff, 1989; Goffman, 1961; Lally, 1989; Pettie and Triolo, 1999). 환자역할이란 반드시 정신질환에만 국한되는 것은 아니지만 정신질환을 경험하는 환자에게 주어지는 역할기대는 정신질환의 양상과 그 상징적 의미 때문에 다른 질병을 경험하는 환자들과는 차이가 있다. 정신장애인은 정신병원 입원 등을 통해 사회적 상호작용의 장으로부터 격리되고, 이전에 수행하던 가치 있는 사회적 역할들을 상실하게 된다. 이로 인해 정신장애인의 역할은 오로지 정신질환자라는 단일한 역할로 환원되고, 정신질환자 역할이 정신장애인의 자기개념을 전반적으로 잠식하게 된다(Barham and Hayward, 1998; Estroff,1989; Goffman, 1961).

정신질환을 경험하는 환자에게는 비이성적이거나 폭력적일 수 있으며 자기의 치료와 삶에 대해 스스로 결정할만한 능력이 결여되어 있다는 관념이 부과된다. 이리한 기대는 치료과정에서 전문가와 정신장애인 사이의 상호작용에 그대로 반영된다. 정신질환에 대한 진단과 치료에 대한 처방은 전문가의 고유권한으로 인정되고, 정신장애인의 과거경험은 질병의 원인으로 간주되며, 과거의 긍정적 사회역할에 근거한 정체성을 유지하려는 시도는 병식이 결여된 것으로 평가된다. 이러한 치료과정에서 형성된 정신장애인의 학습된 무기력은 오히려 음성증상으로 정의된다(Deegan, 1992; Manning, 1998; Segal et al., 1993). 그러므로 정신장애인은 총체적으로 수동적, 의존적이고 무기력한 환자역할을 수용하고 이에 적응하게 된다.

[그림 6-3] 전문가와 정신장애인 사이의 상호작용

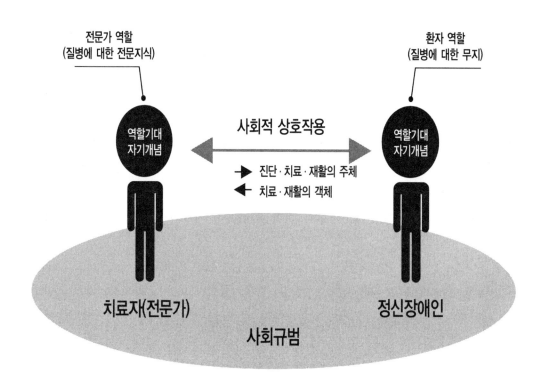

　고프만의 연구는 환자역할에 근거한 상호작용만 허용되는 정신병원 내에서 정신장애인은 비록 사회의 부정적 역할기대라 할지라도 환자역할을 수용하지 않을 수 없으며 이로 인해 정신장애인의 자기개념은 환자역할을 중심으로 형성될 수밖에 없음을 보여주었다 (Goffman, 1961). 정신병원에 입원한 정신장애인은 정신병원의 전형적인 상호작용과정을 경험하는 동안 사회에서의 자기개념을 더 이상 유지하지 못하고 결국 환자역할을 수용하게 된다. 정신병원에서 이루어지는 의사소통, 진단과 치료과정, 일상적인 생활과정은 의료모델의 전형적 관점을 반영하므로 정신장애인은 점차 스스로를 정신질환을 경험하는 환자로 인식하고, 환자로서 기대되는 역할에 순응하며, 그 결과 이전의 사회적 역할에 근거한 긍정적 자기개념은 소멸된다. 환자역할에 부여된 사회의 고정관념이나 편견은 정신병원의 의료진과, 동료환자들과의 상호작용 속에서 정신장애인의 자기개념으로 내면화되고 이는 향후 정신장애인의 행동에 영향을 미치게 된다.

　이와 같은 논의를 근거로 환자역할을 중심으로 정신건강전문가와 정신장애인 사이의 사회적 상호작용을 표현하면 [그림 6-3]과 같다. 정신장애인은 항상 정신의학전문가의 진단과 처방에 순응하는 치료와 재활의 객체로 인식되고, 전문가는 정신질환에 대한 진단, 치료, 재활의 주체로 간주된다.

　이상의 논의는 사회는 정신질환을 지닌 사람에게 환자역할을 기대하고 정신장애인은 환자역할을 수용하고 자기개념에 반영함으로써 이후의 사회적 행동에 부정적 결과가 야기되는 현상을 보여준다. 사회가 정신장애인에게 제시하는 환자역할은 오랫동안 사회문화적으로 형성된 고정관념과 편견을 동반하며, 사회구조적으로 정신장애인에게는 다른 가치 있는 역할대안이 존재하지 않는다. 정신장애인이 치료 및 재활서비스 체계 내에서 도움을 받거나 타인들과 원활한 상호작용을 위해 환자역할을 수용하지 않을 수 없고, 환자역할을 수용하면 긍정적 자기개념은 상실된다. 그렇다면 이와 같이 정신장애인에 대한 사회의 낙인의 문제를 상징적 상호작용주의와 역할정체성이론에 근거하여 하나의 사회적 역할로 간주하는 것은 사회의 낙인에 대한 대응에 어떤 새로운 함의를 부여할 수 있는가?

3. 사회적 낙인 극복을 위한 함의

정신질환자라는 사회적 위치는 사회의 고정관념과 편견 같은 사회의 규범적 기대가 동반되는 하나의 사회적 역할이라 할 수 있고, 정신질환자와 사회구성원 및 전문가 사이의 상호작용은 정신질환자 역할을 매개로 이루어진다. 정신질환자 역할을 매개로 이루어지는 사회적 상호작용은 정신장애인의 자기개념을 부정적으로 변화시킨다. 그렇다면 공공의 사회적 낙인과 정신장애인의 자기낙인을 극복하기 위해 어떠한 접근이 가능할 것인가?

정신장애인의 자기낙인화 극복을 위해 미시적으로는 정신장애인에게 정신질환자 역할 이외의 가치 있는 사회적 역할을 보장하고 이러한 역할에 근거한 상호작용을 증진함으로써 정신장애인의 긍정적 정체성 형성을 보장해야 할 것이다. 거시적으로는 정신장애인에게 가치 있는 사회적 역할에 접근할 수 있도록 기회를 확대하는 등 사회구조적 변화가 필요할 것이다. 정신장애인이 정신질환자 역할이 아니라 보다 가치 있는 사회적 역할을 통해 사회구성원들과 상호작용할 때 정신질환자역할에 부여된 편견과 낙인도 개선될 수 있을 것이다. 아래에서는 정신장애인에게 가치 있는 사회적 역할을 보장하는 임파워먼트접근과 사회적 역할 가치화(Social Role Valorization) 접근을 중심으로 사회적 낙인 극복방안을 논의하였다.

1) 임파워먼트 접근

임파워먼트 접근에 근거한 연구들은 정신장애인이 전통적인 의료모델을 따르는 정신건강서비스체계 내에서 서비스를 이용하는 동안 정신질환자 역할을 강요받는 억압적 상태를 경험하므로 학습된 무기력 상태에 이르며, 의존적, 수동적 태도가 형성된다고 분석하였다. 이러한 분석에 근거하여 수동적, 의존적, 순응적인 환자역할 대신 서비스 제공, 자기결정, 집단과 공동체에 대한 참여와 기여, 서비스에 대한 통제와 관리 등 능동적이고 주체적인 소비자 역할을 보장할 것을 제안했다(Chamberlin, 1997; Manning, 1998; Salzer, 1997; Staples, 1999; Stromwall et al., 2003). 이는 전통적 정신건강서비스체계 내에서 정신질환자 역할에 대한 규범적 기대를 재설정하는 것을 뜻한다. 정신장애인이 정신건강 프로그램에서 소극적인 참여자가 아니라 자기 삶의 관리자가 되고(Stromwall et al., 2003), 치료나 변화의 객체가 아니라 주체가 되며(Staples, 1999), 서비스의 소비자일 뿐만 아니라 서비스의 제공자로서의 역할도 담당하도록(Dickerson, 1998) 상호작용을 변화시키는 것이다.

이러한 역량강화적인 사회적 상호작용이 정신건강체계 내에서 보장될 때 정신장애인은 자신을 의존적이고 수동적이며 무능력한 환자가 아니라 스스로 결정할 수 있고, 집단이나 공동체에 참여하고 기여할 수 있는 존재로 인식하게 된다는 것이다(Finfgeld, 2004; Staples, 1999). 최근에는 이러한 주장을 뒷받침 하는 연구결과들도 이어지고 있다(Crane-Ross et al., 2006; Kosciulek, 2005; Kosciulek et al., 2001; Rosenfield, 1992; 하경희, 2007). 임파워먼트접근은 보다 명확하게 정의된 사회적 역할개념을 활용하지 않았기에 사회적 상호작용이 정신장애인의 자기개념과 사회적 행동에 미치는 영향을 설명하는 내적 인과이론은 미흡했다. 하지만 김문근(2009a)의 연구는 정신재활기관 내에서 정신장애인이 선택과 자기결정, 집단에 참여하고 기여하는 것과 같은 능동적이고 적극적인 역할에 근거한 상호작용을 경험하면 역할정체성이 능동적으로 변화되고, 그 결과 능동적인 행동이 나타날 수 있음을 보여주었다.

전통적 의료모델에 따라 정신질환자역할을 매개로 상호작용이 이루어질 경우 정신장애인은 환자역할에 내포된 편견과 낙인까지 자기에게 적용하므로 사회적으로 위축되고 의존적인 행동을 보이게 된다. 하지만 임파워먼트접근을 통해 능동적 역할에 근거한 상호작용이 시작되면 자기개념이 능동적, 주체적으로 변화하게 될 것이다. 그렇다면 정신장애인이 정신건강서비스를 이용하면서 정신질환자라는 사회적 위치에 결부된 낙인을 극복하는 것이 가능할 까? 이에 대해서는 향후 더 많은 논의와 실증적 연구가 필요할 것이다. 일부 질적연구에 따르면 정신장애인은 정신건강체계 내에서 정신건강서비스기관의 직원이 되는 등 역량강화된 역할을 맡는다 하더라도 정신질환자 역할에 부여되었던 부정적 자기개념의 극복이 어려운 것으로 나타났다(Barham and Hayward, 1998). 하지만 정신장애인이 전통적 정신건강서비스를 이용하더라도 보다 역량강화된 역할을 담당하는 경우 자기낙인화는 낮을 수 있음을 시사하는 연구들도 있다. 윌리엄스는 권익옹호활동가나 동료상담가, 동료들을 위한 대안적 서비스 제공자라는 역할을 담당하는 정신장애인들은 정신질환자에 동반되는 사회적 낙인은 강하게 거부하므로 자기낙인화는 낮다고 보고하였다(Williams, 2008). 정신재활기관을 이용하는 정신장애인을 대상으로 실시된 일부 연구에서 역량강화적 상호작용을 경험하고 자기개념이 향상되면 사회적 낙인 인식은 감소하는 효과가 있는 것으로 나타났다(하경희, 2007).

2) 사회적 역할가치화 접근

울펜스버그는 사회에서 가치가 박탈된 상태에 처한 사람에게 가치가 부여된 사회적 역할을 창조하고 지원해 주는 것이 정상화의 궁극적 목표라 주장하였다(Wolfensberg, 1983). 사회적 역할가치화 접근은 사회적 역할이 사회 속에서 개인의 가치를 좌우하는 매개체가 되고, 사회적 상호작용을 결정지으며, 개인의 자기개념에도 직접적인 영향을 미치며, 진정한 사회통합으로 이끄는 매개체라는 인식에 근거하고 있다. 그는 더 나아가 장애로 인해 낙인이 부여되더라도 가치 있는 사회적 역할이 부여된다면 낙인을 동반하는 장애로 인한 가치 박탈 효과를 희석시킬 수 있다고 주장한다(이성규, 2001). 이 같은 울펜스버그의 주장들은 경험적으로 검증이 어려운 것으로 인식되어 왔다.

하지만 일부 연구들은 정신장애인의 자기 낙인화는 정신질환자집단과 동일시에 의해 결정되며, 이러한 동일시는 대안적인 가치 있는 사회적 역할이 있을 때 완화될 수 있다고 주장한다(Forrester-Jones and Barnes, 2008; Watson et al., 2007). 대개 정신장애인은 정신질환자 역할 외에 사회적 역할 대안이 결핍되어 있으므로 정신질환자 역할을 수용하게 되지만 다양한 역할들이 있다면 대안적인 역할들로부터 형성된 사회적 낙인을 방어할 수 있는 자기개념이 형성될 수 있을 것이다. 다양한 역할을 보유하면 자기개념이 다양한 역할로부터 형성되며(Stryker, 2000a, 2000b), 특정한 역할과 관련된 자기개념으로부터 부정적 의미가 발생하더라도 이에 대해 다른 긍정적 역할로부터 형성된 자기개념에 의한 보호효과가 나타날 수 있기 때문이다(Linville, 1985, 1987). 예컨대 '여성들은 수학을 잘 못한다'는 성차별적 고정관념을 지각한 채 수학시험에 임하는 여성들은 대개 수학시험에서 남성보다 더 낮은 성적을 얻는다. 그럼에도 다양한 역할이나 특성들에 근거해 자기를 규정할 수 있는(self-complexity가 높은) 여성들은 수학시험에서 성적이 저하되는 효과가 나타나지 않았다. 즉, 수학과 관련되지 않은 다른 긍정적 역할들이 제공하는 자아개념들은 수학성적과 관련한 고정관념 위협효과(stereotype threat)로부터 자신을 방어하는 자원이 되는 것으로 나타났다(Gresky, Ten Eyck, Lord & McIntyre, 2005).

국내의 일부 연구들에 따르면 직업적 역할이나 학생역할 등 대안적 역할이 있는 경우 정신질환자역할에 동반되는 사회적 낙인 지각이 감소하는 효과가 있었다. 정신장애인은 정규직, 비정규직에 관계없이 직업적 역할이 있거나 학생 역할이 있다면 직업적 역할이 없는 경우에 비해 낙인인식이 더 낮았고(성준모, 1997), 직업의 유형에 따라서는 전문직이나 사무직, 서비스직 등에 종사하는 정신장애인이, 생산직이나 농어업 종사하거나 학생 또는 직업이 없는 정신장애인에 비해 낙인인식이 낮았다(한경례 · 김성완 · 이무석, 2002). 특히 정신장애인이 보호작업이나 임시취업과 같은 매우 제한적인 직업적 역할을 지니고 있는 경우에도 사회적 편견인식이 유의미하게 감소하는 효과가 있었다(김문근, 2009b). 이러한 연구결과는 가치 있는 사회적 역할을 보장함으로써 자기낙인화를 완화할 수 있음을 시사한다.

이처럼 정신장애인에게 가치 있는 사회적 역할을 보장함으로써 이들의 사회통합과 재활을 촉진하는 사회적 역할가치화 접근에 근거한 사회적 상호작용을 표현하면 [그림 6-4]와 같다. 정신장애인과 사회구성원들은 동등한 지역주민으로 상호작용할 수 있고, 고용주와 피고용인, 동료 학생, 교수자와 학생, 동료 자원봉사자, 자원봉사자와 수혜자(시민), 정신건강서비스(자조서비스) 제공자와 이용자 역할 관계 등을 통해 상호작용할 수 있을 것이다. 사회적으로 가치 있는 역할들은 정신장애인과 사회구성원들의 상호작용을 호혜적 관계로 전환시킬 수 있고, 정신장애인에 대한 역할기대를 변화시켜, 정신장애인의 내적 자아인식도 향상시키는 결과로 이어질 수 있을 것이다.

[그림 6-4] 사회적 역할가치화

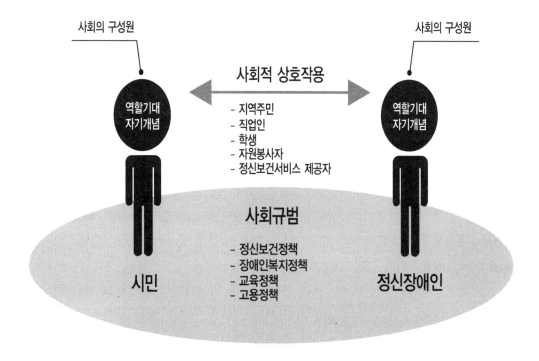

이처럼 정신장애인에게 정신질환자가 아닌 가치 있는 사회적 역할을 보장하려면 정신건강체계를 넘어서는 거시적인 사회체계 수준에서 제도적 개선이 필요할 것이다. 정신장애인의 인권과 관련한 연구들이 제안하는 비자발적 강제입원의 엄격한 제한, 각종 자격증 취득의 제한 철폐, 의무고용 · 지원고용 · 경쟁고용 등 직업적 기회확대, 정신장애인이 제공하는 대안적 정신건강서비스에 대한 제도적 인정과 정부 공공재원의 지원, 최근 활성화되고 있는 정신장애인 자원봉사활동에 대한 제도적 지원 등은 정신장애인에 부과되는 사회적 낙인의 해소와 극복에 도움이 될 것이다. 이러한 정책적 접근은 그 자체로 정신장애인의 권익을 향상시킬 뿐만 아니라 사회구성원들로 하여금 정신장애인들이 사회의 다양한 역할들을 담당할 수 있다는 상징적 의미를 전달하게 된다. 이러한 상징적 의미들은 정신장애인에 대한 편견과 낙인의 영향을 감소시키는데 기여할 수 있을 것이다.

4. 요약

정신장애인에 대한 사회적 낙인은 다양한 관점에서 접근할 수 있는 현상이다. 정신장애인에 관한 사회적 낙인을 해결하고자 하는 사회정책적 관심이나 노력은 주로 대중의 인식 속에 존재하는 공공의 사회적 낙인에 초점을 맞추어 왔다. 한편 사회적 낙인의 부정적 영향에 대한 연구들은 정신장애인이 지각하는 낙인이나 내면화된 낙인에 초점을 맞추어 왔다. 하지만 사회적 낙인은 사회적 상호작용 속에서 드러나는 현상으로서 정신장애인에게 가치 있는 사회적 역할대안이 없는 상황에서, 사회의 고정관념과 편견적 태도가 동반되는 정신질환자역할을 통해 사회구성원들과 상호작용할 때 포착될 수 있는 현상이다. 따라서 사회적 낙인을 극복하기 위해 계몽적 성격을 지니는 홍보 및 교육활동을 통해 대중의 인식을 변화시키려 시도하는 것만으로는 효과적이지 않을 것이다. 이보다 정신장애인에 관한 사회의 낙인과 정신장애인의 자기낙인이 끊임없이 재생산되고 유통되고 확산되는 매개체가 무엇인지 파악하고 개선하는데 초점을 맞추어야 할 것이다.

상징적 상호작용주의와 역할정체성이론에 따르면 사회적 상호작용은 사회적 규범을 반영하는 사회적 역할을 통해 이루어지고, 역할로부터 자기개념이 형성되고 자기개념이 형성되면 그에 부합하는 사회적 행동이 나타난다. 그러므로 가치 있는 사회적 역할을 보장한다면 정신질환자역할에 부여된 사회적 낙인이 정신장애인의 자기개념으로 내면화 되는 것을 예방할 수 있을 것이다. 더불어 정신장애인과 사회구성원이 사회의 다양한 가치 있는 역할들을 통해 상호작용할 때 사회구성원들의 정신장애인에 대한 왜곡된 편견과 낙인도 자연적으로 개선될 것이다.

　사회적 역할에 초점을 맞추는 접근은 사회적 낙인을 극복하기 위한 정책적 개입에 있어서 미시적 접근과 거시적 접근 사이의 균형이 잘 맞는 통합적 접근을 보장한다. 미시적으로는 정신건강체계 내에서 임파워먼트접근이나 직업재활서비스 등을 통해 정신장애인에게 제한적이지만 긍정적이고 가치 있는 사회적 역할을 보장함으로써 사회적 낙인 효과를 반감시킬 수 있다. 거시적으로는 교육, 고용, 보건(치료), 복지(재활과 사회보장) 등에서 정신장애인이 다른 사회구성원들과 차별 없이 가치 있는 사회역할을 공유하고, 이러한 역할을 통해 상호작용이 촉진될 수 있도록 사회적 제도와 규범을 확립함으로써 공공의 사회적 낙인을 완화시킬 수 있을 것이다.

참 고 문 헌

김문근(2009a). 정신장애인의 상호작용경험이 사회적 행동에 미치는 영향 : 역할정체성의 매개 효과를 중심으로. 서울대학교 박사학위논문.

김문근 (2009b). "직업적 역할은 정신장애인이 지각한 편견을 감소시키는가?" 사회복지연구 40(3): 299-326.

김문근(2007). 정신보건법상의 강제입원조항과 인권침해기제에 관한 질적 사례연구. 사회복지연 구. 22. 123-158.

김정남. (2003). 정신장애인에 대한 사회적 낙인 척도개발. 한국심리학회지:건강, 8(3), 595-617.

김정남·서미경(2004). 정신장애인에 대한 편견과 차별에 관한 연구. 한국심리학회지:건강. 9(3). 589-607.

성준모. (1997). 퇴원한 정신질환자가 자각하는 낙인의 정도와 그 대처경향에 관한 연구. 미간행 석사학위논문. 숭실대학교.

신영전(2002). "브롬덴 추장은 무사히 그 골짜기로 돌아갈 수 있었을까? : 정신질환자의 배제와 차별의 정치경제학". 김창엽 외(2000). 나는 나쁜 장애인이고 싶다. 삼인. 203-226.

이성규(2001). 장애인복지정책과 노말리제이션. 홍익재.

조은영(2000). 정신질환을 가진 사람에 대한 스티그마 형성과정에 관한 연구. 연세대학교 대학 원 박사학위 논문.

하경희. (2007). 지역사회정신보건서비스를 이용하는 정신장애인이 인식한 임파워먼트실천의 효 과에 관한 연구. 박사학위논문. 서울대학교.

한경례·김성완·이무석. (2002). 정신분열병 환자의 낙인에 영향을 주는 요인. 신경정신의학. 41(6). 1185-1196.

Barham,P. and Hayward, R.(1998). In sickness and in health : Dilemmas of the person with severe mental illness, *Psychiatry, 61*(2), 163-170.

Blumer, H.(1969). *Symbolic Interactionism : Perspective and Method*, Englewood Cliffs:Prentice Hall

Burke, P.J.(1991). Identity Processes and Social stress, *American Sociological Review, 56*, 836-849.

Burke, P.J. and Cast, A.D.(1997). Stability and Change in the Gender Identities of Newly Married Couples, Social Psychology Quarterly, 60, 277-290.

Burke, P.J. and Tully, J.C.(1977). The Measurement of Role Identity, Social Forces, 55(4), 881-897.

Callero, P.L.(1985). Role Identity Salience, *Social Psychology Quaterly, 48*(3), 203-215.

Callero, P.L.(1992). The meaning of self-in role : a modified measure of role-identity, *Social*

Forces, 71(2), 485-501.

Cast, A.D., Stets J.E. and Burke, P.J.(1999). Does the self conform to the view of others, *Social Psychological Quarterly, 62*(1), 68-82.

Chamberlin, J.(1997). A working definition of empowerment, *Psychiatric Rehabilitation Journal, 20*(4), 43-46.

Collier, P.(2001). A differentiated model of role identity acquisition, *Symbolic Interaction, 24,* 217-235.

Corrigan, P.W.(2000). Mental health stigma as social attribution : Implications for research methods and attitude change, Clinical Psychology : Science and Practice, 7(1), 48-67.

Corrigan, P.W. and Penn, D.L.(1999). Lessons from Social Psychology on Discrediting Psychiatric Stigma, American Psychologist, 54, 765-776.

Corrigan, P.W., Kerr, A. and Knudsen, L.(2005). The stigma of mental illness : Explanatory models and methods for change, *Applied and Preventive Psychology, 11,* 179-190.

Crane-Ross, D., Lutz, W. and Roth, D.(2006). Consumer and Case manager's Perspectives of Service Empowerment : Relationship to Mental Health

Deegan, P.E.(1992). The independent living movement and people with psychiatric disabilities : Taking back control over own lives, *Psychosocial Rehabilitation Journal, 15*(3), 3-19.

Dickerson, F.B.(1998). Strategies that foster empowerment, *Cognitive and Behavioral Practice, 5,* 255-275.

Ekeland, T. and Bergem, R.(2006). The negotiation of identity among people with mental illness in rural communities, *Community Mental Health Journal, 42*(3), 225-232.

Estroff, S.E.(1989). Self, Identity, and Subjective Experiences of Schizophrenia : In Search of the Subject, *Schizophrenia Bulletin, 15*(2), 189-196.

Finfgeld, D.L.(2004). Empowerment of individuals with enduring mental health problems, *Advances in Nursing, 27*(1), 44-52.

Forrester-Jones, R. and Barnes, A.(2008). On being a girlfriend not a patient : The quest for an acceptable identity amongst people with a severe mental illness, *Journal of Mental Health 17*(2), 153-172.

Glass, K.C.(1997). Refining Definitions and Devising Instruments: Two Decades of Assessing Mental Competence, International Journal of Law and Psychiatry, 20(1), 5-33.

Goffman, E. (1961) *Asylums: Essays on the Social Situation of Mental Patients and Other Inmates.* New York

Goffman, E. (1963). *Stigma:Notes on the management of spoiled identity,* Englewood Cliffs,

NJ;Prentice Hall.

Gresky, D.M., Ten Eyck, L.L., Lord, C.G. & McIntyre, R.B.(2005). Effects of salient multiple identities on women's performance under mathematics stereotype threat, *Sex Roles, 53*, 703-716.

Hewitt, John P.(2001). 자아와 사회, 윤인진 외 역, 학지사 : 원저 *Self and Society : a symbolic interactionist social psychology*, 8th ed. Allyn and Bacon,2000.

Hoelter, J. W.(1983). The effects of role evaluation and commitment on identity salience, *Social Psychology Quarterly, 46*(2), 140-147.

Kahng, S.K.(2006). A study on the Psychological and Social Nature of Mental Illness Stigma : Implication for Social Work, 정신보건과 사회사업 22집, 125-148.

Kosciulek, J. F. and Merz, M.(2001). Structural analysis of the consumer -directed theory of empowerment, *Rehabilitation Counseling Bulletin, 44*(4), 209-216.

Kosciulek, J. F.(2005). Structural equation model of consumer-directed theory of empowerment in a vocational rehabilitation context, *Rehabilitation Counseling Bulletin,* 49(1), 40-49.

Lally, S.J.(1989). Does being in here mean there is something wrong with me ?, *Schizophrenia Bulletin, 15*(2), 253-265.

Link, B.G.(1987). Understanding labelling effect in the area of mental disorders : An assessment of the effects of expectation of rejection, *American Sociological Review*, 52, 96-112.

Link, B.G., Cullen, F.T., Struening, E., Shrout, P.E. and Dohrenwend, B.P.(1989). A modified labeling theory approach to mental disorders : An empirical assessment, *American Sociological Review, 54,* 400-423.

Link, B.G. and Phelen, J.C.(2001). Conceptualizing stigma, *Annual Review of Sociology, 27,* 363-85.

Link, B.G., Yang, L. H., Phelan, J.C. and Collins, P.Y.(2004). Measuring mental illness stigma, *Schizophrenia Bulletin, 30*(3), 511-541.

Linville, P.W.(1985). Self-complexity and affective extremity : Don't put all of your eggs in one cognitive basket, *Social Cognition, 3*, 94-20.

Linville, P.W.(1987). Self-complexity as a cognitive buffer against stress-related illness and depression, *Journal of Personality and Social Psychology, 52*(4), 663-676.

Manning, S.S.(1998). Empowerment in Mental Health Programs : Listening to the Voices. in *Empowerment in social work practice,* edited by Gutierrez, L.M., Parsons, R. J. and Cox, E. O. CA: Brooks/Cole.

Mead, G.H.(1934). *Mind, self, and society : From the standpoint of a social behavior*, University of Chicago Press.

NIMH(1999) Mental Health : A Report of the Surgeon General. Department of Health and Human Services.

Pettie, D. and Triolo, A.(1999). Illness as evolution : The search for identity and meaning in the recovery process, *Psychiatric Rehabilitation Journal, 22*(3), 255-262.

Phelan, J.C., Link, B.G., Stueve, A. and Pescosolido, B.A.(2000). Public Conception of Mental Illness in 1950 and 1996 : What is Mental Illness and Is It to be Feared?, Journal of Health and Human Behavior, 41(2), 188-207.

Reitzer, G.(2003).Contemporary Sociological Theory and Its Classical Roots : The Basics, 2nd ed.

Ritsher, J. B., Otilingam, P. G. and Grajales, M.(2003). Internalized stigma of mental illness : psychometric properties of a new measure, Psychiatry Research, 121, 31-49.

Rosenberg, M.(1979). *Conceiving the Self*, Basic Books : New York.

Rosenfield, S.(1997). Labeling mental illness: The effects of received services and perceived stigma on life satisfaction, *American Sociological Review, 62*, 660-672.

Salzer, M,S.(1997). Consumer empowerment in mental health organizations : Concept, benefits, and impediments, *Administration and Policy in Mental Health, 24*(5), 425-434.

Scheff,T.J.(1966). *Being mentally ill: A sociological theory*, Chicago : Aldine.

Segal, S.P., Silverman, C. & Temkin, T.(1993). Empowerment and self-help agency practice for people with mental disabilities, *Social Work, 38*(6), 705-712.

Sells, D.J., Stayner, D.A., and Davidson, L.(2004). Recovering the self in schizophrenia : An integrative review of qualitative studies, *Pscychiatric Quaterly, 75*(1), 87-97.

Smith-Lovin, L.(2002). 'Roles, identities, and emotions : parallel processing and the production of mixed emotions', in *Self and Identity* by Kashima, Y., Foddy, M. and Platow, M., Marhwah, N.J. : Lawrence Erlbaum Associates.

Staples, L.(1999). 'Consumer Empowerment in a Mental Health System : Stakeholder Roles and Responsibilities', in *Empowerment Practice in Social Work*, edited by Shera, W. and Wells, L.M. Canadian Scholar's Press.

Stromwall, L.K. and Hurdle, D.(2003). Psychiatric Rehabilitation : An Empowerment-Based Approach to Mental Health Services, *Health and Social Work*, 28(3), 206-213.

Stryker, S.(1980). *Symbolic Interactionism; A Social Structural Version*. Menlo Park, CA: Benjamin/Cummings.

Stryker, S.(2000a). 'Identity Theory', in *Encyclopedia of Sociology* edited by Borgatta, E. F. and Montgomery, R. V. 2nd Edition, 1253-1258.

Stryker, S.(2000b). 'Identity Competition : Key to Differential Social Movement Participation, *Self,*

Identity, and Social Movements, Social Movements, Protest, and Contention, 13, 21-40.

Stryker, S. & Burke, P.J.(2000). The past, present, and future of an identity theory, *Social Psychology Quarterly, 63*(4), 284-297.

Stryker, S. and Serpe.R.T.(1982)."Commitment, Identity Salience, and Role Behavior: A Theory and Research Example." in *Personality Roles, and Social Behavior, edited by William Ickes and Eric S. Knowles. New York: Springer-Verlag.* 199-218

Watson, A.C., Corrigan, P., Larson, J.E., and Sells, M.(2007). Self-Stigma in people with mental illness, *Schizophrenia Bulletin, 33*(6), 1312-1318.

Willams, C.C.(2008). Insight, Stigma, and Post-Diagnosis Identities in Schizophrenia, Psychiatry, 71(3), 246-256,

제7장

|

치료환경과 상징적 상호작용

인간의 행동, 건강, 웰빙 등을 결정하는 요인은 다양하지만 크게 구분해 본다면 개인의 내부적 요인과 외부적 요인으로 나눌 수 있다. 인간의 내부적 요인으로는 생물학적 측면에서 뇌의 신경생리학적 기관들과 그 작용을 들 수 있으며, 심리학적으로는 인간 내면에 존재하는 것으로 가정되는 성격적인 구조와 속성들을 들 수 있다. 외부적 요인으로는 환경이 지니는 제약, 우호적 조건 등을 들 수 있다. 환경은 자연적 환경, 물리적 환경, 사회적 환경, 심리적 환경 등을 들 수 있을 것이다. 그러므로 정신질환을 경험하는 정신장애인의 치료와 재활, 사회통합에는 이와 같은 개인 내면의 영향요인에 대한 개입과 환경에 대한 개입 양 측면에서 이루어질 수 있을 것이다. 과거 정신약물학이 발달하기 전에는 정신장애인에 대한 개입은 정신장애인을 사회로부터 분리하거나 온화한 처우를 제공하거나 도덕적 훈련을 제공하는 등 환경적 접근이 이루어졌다. 특히 프로이드의 정신분석이론이 정신의학의 주류 이론이었던 시기에는, 가족 환경의 영향으로 나타난 심리내적인 억압과 갈등이 치료개입의 핵심영역이었다. 그 후 뇌신경전달물질에 작용하는 정신약물의 발달로 환경적 개입보다는 생물학적 요인에 대한 개입이 정신질환의 치료와 정신장애인의 재활, 사회통합에 기여할 것이라는 기대에 부응했다.

하지만 여전히 정신약물만으로는 정신장애인의 치료와 재활, 사회적응을 완전히 성취하기 어려웠고, 장기간의 정신병원 입원이 정신장애인의 행동 및 사회적응에 미치는 부정적 영향이 우려를 자아내기도 했다. 1940년대 초에는 그에 상응하는 대응으로 정신병원 내에서 정신장애인의 사회적응기능을 향상시킬 수 있는 환경을 의도적으로 조성하려는 치료공동체 및 환경치료접근이 시행되었다. 이러한 환경치료접근은 19세기에는 피넬이나 튜크 등에 의해 정신병원에 입원되거나 수용되어 있는 정신장애인에 대해 따뜻하고 인격적인 처우, 좋은 환경을 제공함으로써 증상의 개선을 도모하는 도덕치료에서 그 기원을 찾을 수 있을 것이다(이용표 외, 2006:36). 또한 정신재활분야는 오래 전부터 정신과적 장애를 지닌 사람들의 기능을 개선하고, 그들이 선택한 환경에서 최소한의 전문적인 지원을 받으면서 성공적이고 만족스러운 삶을 살도록 지원함에 있어 약물치료를 바탕으로 기술훈련과 환경적 지원을 함께 고려함으로써 정신장애인을 둘러싼 환경이 정신장애인의 재활과 지역사회 적응에 미치는 영향을 중요하게 인식해 왔다. 다만 정신재활에서 강조되었던 환경의 영향은 일차적으로 가족과 지역사회로부터 정신장애인의 적응에 유용한 자원을 개발, 연계, 조정하는데 강조점을 두었다(Anthony et al., 1998:137-155).

한편 환경치료접근과 인식론을 일부 공유하면서 정신보건기관의 사회심리적 환경의 중요성을 강조하였던 다른 유형의 연구전통도 확립되어 왔다. 무스(Moos, R. H.)는 1960년대 후반부터 정신의료기관을 포함하여 다양한 제도적 시설들의 사회심리적 환경을 개념화 하였고, 측정도구를 개발하였으며, 사회심리적 환경이 정신장애애인의 치료, 재활성과에 미치는 영향에 관한 연구들을 수행하면서 환경의 영향에 관한 이론구축과 경험적 연구의 발전에 크게 기여하였다. 하지만 여전히 이러한 연구들은 환경이 지니는 의미나 기능들이 정신장애인에게 어떠한 함의를 지니는지, 그러한 환경들은 정신장애인에게 어떠한 영향을 미치는지에 대한 통합적 관점은 제시하지 못했다. 특히 국내의 정신보건분야는 여전히 사회심리적 환경이 정신장애인의 치료나 재활, 사회통합에 미치는 영향에 관한 연구가 체계화되어 있지 않은 채 사회적 지지에 관한 연구, 임파워먼트에 관한 연구 등 각각의 지엽적 연구들이 촉진되어 왔다.

이러한 현실에서 본 장은 치료환경의 개념은 무엇이며, 치료환경은 어떻게 측정할 수 있으며, 치료환경이 지니는 효과는 무엇인지 검토하고자 한다. 나아가 상징적 상호작용론적 관점에서 치료환경이 정신장애인의 치료와 재활에 지니는 함의를 살펴보고자 한다. 사회의 모든 상호작용은 사회적 대상에 어떠한 의미를 부여한다는 상징적 상호작용론의 기본 전제를 고려하면, 정신보건기관에서 이루어지는 모든 프로그램은 정신장애인에게 어떠한 의미를 부여하는 효과를 지닌다. 그러므로 치료환경이 정신장애인의 치료, 재활, 사회통합에 미치는 효과는, 치료환경이 정신장애인에게 어떠한 의미를 지니는가에 의존한다 하겠다. 본 장에서는 이러한 관점에 근거해 정신보건기관의 사회심리적 환경이 정신장애인에게 어떠한 의미를 전달하는지, 그 효과는 무엇인지 논의하고, 바람직한 치료환경이 내포해야 할 요소는 무엇인지 제안하고자 한다.

1. 치료환경의 개념

1) 치료공동체

치료공동체는 19세기 초 튜크 등의 도덕치료운동의 영향을 받아 1942~1948년에 걸쳐 버밍햄의 노스필드 병원(Northfield Hospital)의 정신과 의사들이 외상후장애를 경험하는 참전군인들을 대상으로 특별 병동을 만들어 개개인의 문제보다는 병동 전체에 초점을 맞추는 공동체를 조성한데 기원을 두고 있다. 그들은 병동을 상호 지지를 제공하고 협동하며 생활하는 공동체로 조직하고, 그러한 과정들을 점검하고 이해시키는 전략으로 비지시적인 개방적 집단토론을 실시하였다. 이러한 접근은 생활을 통한 학습(living-learning)이라 불리게 되었다. 비슷한 시기에 런던의 밀힐(Mill Hill)에서 맥스웰(Maxwell J.)은 비슷한 병동을 조직하여 외상후장애에 시달리는 군인들을 치료했다. 이 병원은 나중에 벌몬트 병원(Belmont Hospital)으로 개명되었다. 정신질환의 생리학적 근거에 대한 강의를 시작하였으나 점차 개방된 토론으로 발전하였고, 먼저 치료받은 환자들이 나중에 입원한 환자들에게 정보를 제공하는 역할을 담당하였으며, 의사, 간호사, 환자 사이의 역할경계는 다소 느슨해졌다. 영국에서는 1960~1970년대에 걸쳐 치료적 공동체가 증가하였고, 건강보험의 재정지원 감소로 1980~1990년대에는 치료공동체가 문을 닫는 경우가 많았다. 2000년 초에는 다시 치료공동체가 개설되기도 하는 것으로 나타났다(Campling, 2001).

이러한 치료공동체가 어떻게 치료적 기능을 지니는지에 대한 대표적 연구로는 라포포트의 벌몬트 병원의 치료공동체 연구를 들 수 있다. 그는 'Community as Doctor'(Rapoport, 1960)라는 제목의 보고서에서 치료공동체의 핵심적인 기능을 민주주의(democracy), 현실직면(reality confrontation), 관용(permissiveness), 공동체성(communality)이라 밝혔다. 민주주의는 치료공동체의 구성원인 환자들의 발언권과 의사결정권 보장을 뜻하며, 현실직면은 공동체 내에서 타인들에게 해를 주는 행위에 대한 직면과 제한 등과 관련 있으며, 이는 결국 지역사회적응을 향상시키기 위해 사회적으로 바람직한 행동을 발전시키는 것을 목적으로 한다. 관용은 일상적 규범에 의해 다소 일탈적으로 보일지라도 다양한 범위의 행동에 대한 허용을 보장하는 것이며, 공동체성은 자유로운 의사소통을 통해 정보와 지식을 공유하는 것을 의미한다(Belcher, 1965; Campling, 2001).

이러한 치료공동체는 정신병원 내에서 정신장애인들에게 상호지지를 보장하고, 전문가와 정신장애인 사이의 상호작용, 정신장애인들 사이의 상호작용을 촉진하고, 부적응적 행동에 대한 통찰 향상과 행동교정을 도모하고, 다양한 활동 속에서 책임감을 향상시키고, 자아존중감 등 긍정적인 자아개념의 발달을 촉진하며, 안정감을 제공하는 등에 목적을 두었다. 특히 병동 내에서 일어나는 모든 일들에 관한 정보제공과 의사결정, 개인적인 치료와 재활계획 등을 공유하도록 하였던 공동제회의(community group), 비구조화된 소집단활동 등은 이러한 목적을 달성하는데 기여한 것으로 보인다(Roberts and Smith, 1994).

한편 정신장애인을 위한 치료공동체가 갖추어야 할 치료환경의 요건들도 다양하게 제시되어 왔다. 정신장애인을 위한 치료공동체는 ① 정신장애인의 현실 왜곡을 최소화 하며, ② 타인과 현실적이며 의미 있는 의사소통을 촉진하고, ③ 타인들과 참여를 통해 만족감과 안정감을 경험하도록 하며, ④ 불안을 감소시키고 편안함을 증진하며, ⑤ 자아존중감을 향상시키며, ⑥ 정신질환과 그 원인에 대한 통찰력을 향상시키며, ⑦ 자신의 잠재력에 대한 인식을 향상시킬 수 있는 환경의 의도적 조성을 강조하였다. 이러한 환경의 조성은 기계적이라기보다는 일종의 정신병동 내의 전체적 문화를 변화시키는 작업을 동반하여야 한다(Belcher, 1965). 그럼에도 구체적으로 치료공동체접근을 시도하는 정신의료기관 현장에서는 뚜렷한 지침이나 규칙에 근거하지 않고 이러한 접근을 추진하는 경우가 많았다. 그리하여 치료공동체접근은 전통적인 정신병원의 이미지를 개선시키기 위한 수사적(修辭的) 접근에 지나지 않는 경우도 적지 않았다(Roberts and Smith, 1994).

치료공동체를 직접 조성하는 것과는 달리 치료공동체의 주요 원칙들을 일부 차용하는 정신의학적 접근도 환경의 치료적 기능을 활용한 것으로 볼 수 있다. 정신과 의사들은 환경이 정신건강에 미치는 영향을 사회정신의학이라는 개념으로 이해하였고, 정확히 치료공동체와는 구별되지만 치료공동체의 일부 속성들을 반영하는 치료공동체접근이 정신병원에 도입되어 활용되었다. 1953년 발행된 국제보건기구(WHO)의 정신보건에 관한 전문가위원회 보고서는 정신병원에 존재하는 무형의 요소인 병원의 분위기가 병원이 제공하는 직접적인 치료들보다도 더 월등한 치료효과를 지닌다고 발표했다. 나아가 정신병원은 일반병원과 수용소의 중간성격을 지니는 시설이 아니라 치료공동체를 형성할 필요가 있다고 제안하였다. 이는 정신장애인들이 병원에서 상당한 기간 동안 생활하므로, 병원에서 생활하고, 일하고, 대인관계를 맺고, 보상과 처벌을 경험하는 것 등이 병원에서 제공되는 치료 그 자체보다도 더 중요하다고 인식하는 다소 혁신적 사고라 할 수 있다(Campling, 2001).

이와 같이 정신병동을 중심으로 이루어진 치료적 공동체나 환경치료접근은 여전히 환경의 어떠한 점이 어떠한 원리로 어떠한 치료적 효과를 지닐 수 있는지에 대해서는 이론적 근거가 충분히 발전되어 있지 않음을 알 수 있다. 많은 경우 행동주의 이론의 영향을 받아 행동에 대한 보상체계를 고려하고 있으며, 정신분석이론의 영향을 받아 정신장애인이 자신의 행동과 문제에 대한 통찰을 향상시키도록 기대하고 있다. 또한 도덕치료의 영향으로 정신장애인에게 인간적이고 온화한 환경을 조성하며, 한 인간으로서의 인격적 처우를 강조한 것으로 볼 수 있다.

2) 시설의 사회적 분위기(social climate) 연구

정신보건분야를 비롯하여 제도화된 다양한 시설의 사회심리적 환경(social climate)을 체계적으로 연구한 대표적 학자는 무스(Moos, R. H.)를 들 수 있다. 그는 인간의 행동은 환경과 분리하여 이해할 수 없다고 보았고, 인간환경은 물리적 환경뿐만 아니라 다양한 사회심리적 측면도 포함한다고 규정했다. 그는 인간을 둘러싼 환경의 특성을 다양한 개념과 차원으로 구분하여 체계적으로 이해함으로써 인간행동을 이해, 설명, 예측하는데 상당한 기여를 할 수 있을 것으로 보았다(Moos, 1973:662). 그의 인간환경에 대한 다양한 연구는 환경적 강점과 개인적 강점이 결합될 때 인간의 성숙에 긍정적 영향을 미칠 수 있다는 다분히 생태체계론적 관점에 근거하고 있다. 그가 환경 연구에 헌신한 것은 인간행동에 영향을 미치는 환경을 모니터링하고, 이를 통해 환경을 향상시킬 수 있는 방안을 모색하기 위함이었다. 그는 휴먼서비스기관의 환경은 프로그램의 성과에도 영향을 미칠 것이라 가정하였다(Moos, 1996:198-200).

무스는 다양한 시설의 사회심리적 환경을 연구하면서 인간을 둘러싼 환경을 생태적 차원, 행동의 장, 조직구조, 거주자의 행동적 특성, 심리사회적 속성과 조직분위기, 행동강화요인 등 총 6개 차원으로 구분하였다(Moos, 1973). 이는 〈표 7-1〉과 같이 요약할 수 있다.

여섯 가지 인간환경의 차원 중 거주자의 개인적, 행동적 특성은 개인에게 직접 귀속되는 독특한 차원이며, 그 외의 다섯 가지 차원들은 행위자인 인간의 외부에 존재하는 환경의 차원들을 개념화 한 것이다. 인간의 외부에 존재하는 환경차원들 중 생태적 차원과 행동의 장은 물리적 환경을 구분한 것으로 볼 수 있고, 조직구조, 심리사회적 속성과 조직분위기, 행동의 강화요인 등은 사회적 상호작용과 관련된 환경을 개념화 한 것으로 볼 수 있다. 이러한 환경의 여섯 가지 차원들 중 행동강화요인은 행동주의이론에 근거하여 행동에 미치는 영향을 고려한 환경차원이므로 환경이 행동에 미치는 영향을 설명하는데 별도의 이론이 필요하지는 않다. 인간환경의 생태적 차원과 행동의 장이 인간행동에 미치는 영향은 생물학적 제약이나 촉진요인, 혹은 물리적 제약이나 촉진요인 등을 뜻하므로 그 자체로 인간행동에 미치는 영향은 비교적 용이하게 설명될 수 있다. 물론 지리, 기후, 물리적 환경이 인간행동에 미치는 영향은 인간이 생태적, 물리적 환경을 어떻게 지각, 인식, 체험하는 가에 따라 그 의미가 각각 다를 것이므로 이러한 환경요인의 영향에 대한 심층적 연구 또한 필요할 것이다. 이에 비해 조직구조, 심리사회적 특성 및 조직분위기가 인간행동에 미치는 영향은 자명하게 인식, 설명되기는 어려운 것으로 보인다. 조직구조가 인간행동에 미치는 영향은 사회학, 행정학, 경영학 등의 학문에서 다양하게 연구되어 왔으며, 이러한 지식들은 정신장애인의 치료와 재활, 가족 내 적응, 지역사회적응에 필요한 실용적 지식을 산출하는 상담학, 사회복지학의 주요 연구주제이기도 하였다.

<표 7-1> 환경의 다양한 차원

차원	구체적 특성
생태적 차원 Ecological dimensions	• 지리적, 기후적, 건축공학적, 물리적 환경은 그 자체로 인간의 성격과 행동에 영향을 미침. • 지리와 기후가 지역주민의 성격, 행동, 생산성을 좌우함. • 인간이 조성한 물리적 환경이 가져오는 긍정적, 부정적 효과가 있음.
행동의 장 Behavioral Setting	• 행동은 특정 공간에서 이루어지며, 공간 안에는 행동 수행에 사용되는 비심리적 사물들이 존재함. • 개인을 초월하여 안정적으로 존재하며, 개인의 행동과 정서 즉, 개인의 경험에 영향을 미침.
조직구조 Organizational Structure	• 조직의 지위나 하위조직들이 상호 체계적으로 연결된 방식이 조직 구성원의 행동에 영향을 미침. • 조직의 크기, 중앙집중화, 조직위계의 수, 조직통제의 범위, 하위 조직의 크기 등의 차원으로 조직구조를 정의하기도 함 (Porter and Lawler, 1965)
거주자의 개인적 / 행동적 특성 Personal and Behavioral Characteristics	• 특정 환경의 거주자들의 특성이 곧 환경의 특성을 구성함. • 사회적 및 문화적 환경은 거주자들을 통해 전승된다는 Linton의 주장에 근거하여 환경의 특성은 곧 구성원들의 특성에 의존한다는 개념. • 구성원들의 인구사회적 특성, 시간사용, 조직참여 등이 환경의 특성을 구성한다는 관점.

차원	구체적 특성
심리사회속성과 조직분위기 Psychosocial Characteristics and Organizational Climate	• 조직의 사회심리적 환경이 행동에 영향을 미침. • Moos의 다양한 조직의 분위기 측정도구 개발 연구. • Moos는 관계, 개인적 발전, 체계유지와 변화 등 3차원을 중심으로 조직분위기 평가도구를 개발함.

행동 강화요인
Functional Reinforcement
Analyses of Environments
	• Bandura의 사회학습이론에 근거하여 행동을 강화하는 환
	  경의 기능적 측면을 분석함.
	• 행동을 조형하고, 유지시키는 환경적 자극을 개념화 함.
	• 유사한 환경적 강화인이 작용한다면 유사한 행동이 나타날
	  수 있으므로 행동변화를 위해 환경변화를 추구할 수 있음.

출처 : Moos(1973)의 내용을 요약함.

이러한 사회심리적 속성과 조직분위기는 생태환경이나 물리적 환경, 사회적 구조의 영향을 받지만 무엇보다도 환경 속에 존재하는 개인이 그러한 환경을 어떠한 의미로 지각하는지, 이러한 환경에 대한 차별화된 인식이나 지각이 어떠한 사회적 상호작용을 시사하는 것인지에 대해서는 다양한 가능성이 존재한다. 그러므로 그에 대한 연구도 다양한 가능성을 지닌다.

무스는 이러한 인간환경을 연구함에 있어 특히, 집단적으로 어떠한 제도적 틀 내에서 한계지워진 시설의 조직구조화, 관계적 측면, 프로그램의 내용 등을 중심으로 인간행동에 영향을 미치는 사회심리적 환경을 개념화 하고, 그 측정도구를 개발하였다. 그는 이를 시설의 사회적 분위기(Social Climate)라 칭했으며, 시설의 사회적 분위기는 물리적 조건, 조직의 정책, 집단구성원들의 집합적 특성들(소득수준 등)에 의해 결정되는 것으로 보았다. 물리적 환경은 상호작용을 촉진 또는 제약할 수 있고, 정책들은 개인에게 선택권을 어느 정도 부여할지와 같은 결정을 반영하여 다양한 상호작용에 영향을 미치고, 구성원들의 소득수준과 같이 집합적 특성 역시 조직의 분위기에 영향을 미칠 수 있다고 보았다 (Moos, 1996:194-197).

무스는 정신병원의 병실분위기를 측정할 수 있는 도구(Ward Atmosphere Scale, WAS)를 개발하고, 이를 응용하여 지역사회 정신치료프로그램, 교정기관, 군훈련조직, 대학·학생거주시설, 고등학교 교실환경, 사회과업치료중심집단, 작업환경, 가족환경 등을 측정하는 도구를 개발하였다(Insel and Moos, 1974). 무스가 개념화한 제도화된 시설이나 기관의 분위기 환경 측정도구(Community Oriented Programs Environment Scale, COPES)의 개념적 구성요소를 살펴보면 〈표 7-2〉와 같다(Moos, 1972).

첫째, 관여, 지지, 즉시성(표현)은 프로그램관계(Relation)라는 하위 영역을 구성한다. 프로그램관계란 프로그램 이용 회원들이 프로그램에 참여하고, 직원이 회원들을 시시하며, 회원들은 다른 회원을 돕거나 지지하며, 이 모든 관계에서 자연스러움과 개방성이 보장되는 정도를 의미한다. 그러므로 프로그램관계란 회원들 사이의 관계와 회원과 직원 사이의 관계가 참여, 상호지지, 자연스러움과 개방성을 어느 정도나 보장하고 있는가를 뜻한다. 이러한 관계적 요인이 개인의 존엄성을 존중하고, 지지적이며, 친밀감을 보장할 경우 개인의 성장과 발달에는 긍정적 기여를 하는 것으로 가정되고 있다.

둘째, 자율성, 실용적 지향, 사적 문제 지향, 분노와 공격성 표출은 프로그램(Program) 영역을 구성한다. 이러한 프로그램영역은 기본적으로 개인의 성장 또는 프로그램이 지향하는 목표가 무엇인지와 관련이 있다(Moos, 1984). 자율성은 회원들이 자립적, 자조적일 때 자기결정을 보장받는 정도를 뜻하고, 실용적 지향과 사적문제 지향은 프로그램의 내용이 갖는 지향성을 뜻한다. 분노와 공격성 표출은 기관과 직원들의 가치를 반영하는 지표로서 회원들의 공개적인 분노와 공격성 표출을 어느 정도 허용하고 있는가 하는 점이다. 분노와 공격성 표출을 유용한 작용으로 본다면 기관이나 직원들은 이를 어느 정도 허용하는 환경을 조성할 것으로 기대되며, 만일 이러한 분노와 공격성 표출이 회원들에게 불안을 야기하거나 부정적 효과를 지닌다고 가정한다면 이를 가능한 한 엄격히 통제하는 환경을 조성할 가능성이 높을 것이다. 이러한 프로그램변수들은 일차적으로 프로그램이 개인의 성장이나 발달에 기여하는 정도를 개념화 한 것이다.

셋째, 질서와 구조화, 명료성, 직원통제는 행정적 구조(Administrative Structure)에 대한 지표로서 프로그램의 기능을 질서 있게, 명료하게, 일관되게 유지하는 정도를 측정하기 위한 것이다. 이러한 질서와 구조화, 직원 통제 등을 통해 프로그램의 명료성이 증가할 경우 프로그램 내에서의 역할과 그에 따른 행동의 예측 가능성이 증가하므로 이용자들에게나 기관 및 직원들에게 프로그램은 안정감을 제공하는데 기여할 수 있다. 무스는 이러한 환경의 질서와 구조화, 명료성, 직원통제 등이 하나의 체계로서 프로그램이 유지되고, 구성원들의 행동을 변화시키는 데 기여하는 것으로 보고 있다. 하지만 이러한 행정적 측면이 지니는 효과는 기본적으로 개인의 자유로운 성장과 발달에 대해서는 일종의 부정적 자극으로 작용할 개연성이 있다.

<표 7-2> 무스의 프로그램 분위기 척도(COPES)

	하위척도	정의
관계	관여 Program involvement	• 일상적 프로그램 속에서 회원들은 얼마나 능동적인가? • 회원들은 그들이 행하는 것들에 에너지를 투입하며, 자신의 향상을 위해 노력함.
	지지 Support	• 직원과 회원들로부터 제공되는 지지. • 건강한 회원이 연약한 회원을 도움. • 직원은 회원을 돕기 위해 하던 일을 멈춤.
	즉시성 Spontaneity	• 회원들의 정서표현에 대한 보장, 격려
프로그램	자율성 Autonomy	• 자기결정에 대한 보장, 격려 • 회원의 제안을 직원이 따름. • 회원이 리더역할을 담당함.
	실용적 지향성 Practical Orientation	• 환경이 회원들로 하여금 프로그램 수료 후 적응에 기여하는 정도. • 새로운 직업에 대한 훈련을 강조. • 회원들이 장기계획을 세우도록 독려함.
	개인적 문제 지향성 Personal Problem Orientation	• 회원들이 개인적 문제와 정서를 인지하고 다루도록 도움. • 회원은 서로 자신의 사적 문제를 공유함. • 직원은 회원의 정서를 이해하고자 함.
	분노와 공격성 표출 Anger & Aggression	• 회원 상호간 논쟁, 직원과 논쟁, 공개적인 분노 표출, 다른 공격적 행동의 허용 정도. • 회원은 종종 불평을 표현함. 직원은 논쟁하는 것이 건강한 일이라 인식함.
행정적 구조	질서와 구조화 Order & Organization	• 프로그램 내에 활동계획과 질서가 중요시 되는 정도. • 회원들의 활동은 사려깊게 계획됨. • 직원들은 질서정연함을 보장함.
	명료성 Program Clarity	• 목표나 규칙을 명확하게 제시하는 정도. • 회원은 규칙위반의 결과를 인지하고 있음. • 직원은 회원이 향상되면 이를 알림.
	직원의 통제 Staff Control	• 직원이 규칙을 결정하는 정도. • 일단 일과표가 결정되면 회원들은 따라야 한다. • 이곳의 책임자가 누구인지 누구나 알 수 있다.

*출처 : Moos(1972)의 내용을 요약함.

하지만 한계 지워진 시설이나 프로그램의 사회심리적 환경을 이와 같이 개념화한 데 대한 뚜렷한 이론적 근거는 명확하지 않다. 따라서 프로그램 환경을 다양하게 개념화할 수 있는 가능성은 열려 있다고 보아야 할 것이다. 버트 등이 무스의 프로그램 환경의 개념화를 비판하면서 유사하게 프로그램 환경을 프로그램 분위기와 상호작용, 임파워먼트, 서비스 구성요소들(직업에 대한 지원, 긴급시 지원, 주거에 대한 지원 등)로 개념화 하여 프로그램환경척도(Program Environment Scale)를 개발한 바 있다(Burt et al., 1998). 하지만 그들의 프로그램환경의 개념 역시 동일한 한계를 극복하지는 못하고 있다. 무스와 버트 등의 프로그램환경 개념화는 다분히 귀납적 접근을 따르고 있는 것으로 보인다. 각종 문헌들과 연구들을 참조하여 프로그램의 사회심리적 측면이나 상호작용적 측면에 관한 개념이나 문항들을 추출하여 이를 다시 동질적인 것으로 묶어 개념화 하였기 때문이다.

3) 환경의 치료적 기능

무스(Moos)와 달리 군더슨(Gunderson, 1978), 헤이(Haigh, 2013) 등은 환경의 치료적 기능에 초점을 맞추어서 치료환경을 개념화 하였다.

군더슨(Gunderson, J. G.)은 무스(Moos)의 시설의 사회적 분위기환경 연구는 환경이 치료성과에 미치는 영향을 검증하기 위해 전제되어야 할 환경의 기능적 측면에 대한 구체적인 수준의 개념화와 측정도구의 개발에 있어 한계가 적지 않다고 비판하였다(Gunderson, 1978). 특히 그는 환경의 치료적 측면은 단순히 환경의 속성을 서술하거나 묘사하는데 그쳐서는 곤란하고, 시설이나 프로그램의 치료과정 혹은 기능적 측면을 명확히 제시할 수 있어야 환경과 치료성과와의 관계를 규명할 수 있고, 치료성과를 위해 환경에 대한 처방적 접근을 취할 수도 있다고 보았다. 그는 환경의 치료적 기능을 제한(Containment), 지지(Support), 구조(Structure), 참여(Involvement), 승인(Validation) 등 다섯 가지로 개념화 하였다. 군더슨이 정의한 환경의 치료적 기능 다섯 가지를 요약하면 〈표 7-3〉과 같다.

<표 7-3> 환경의 치료적 기능

기능	정의 및 목적	전략 및 주의점
제한 Containment	• 입소자들에 대해 적절한 통제를 가함으로써 최소한의 안전한 환경을 확보하고, 자타해 사고와 신체적 건강악화를 방지하는 노력. • 신체적인 웰빙을 보장하고, 과도한 자기통제의 부담을 줄여주며, 스스로 모든 것을 할 수 있다는 생각도 덜어 줌	• 음식, 숙소, 격리, 창문을 가림, 문의 잠금장치, 의료적 보호 등도 기여. • 직원은 신체적으로 강인하며, 신뢰할만하고, 절제력이 있음. • 공격적이거나 자기 파괴적 환자, 혼란을 경험하거나 충동적인 환자에게 유용함. • 과도한 통제가 주어지는 환경은 장애인에게 주도성, 희망을 억제하고, 고립을 강화할 수 있음. • 직원들이 통제가 심한 병동에 근무하게 되면 무료함을 경험하고, 업무를 기계적으로 다루게 됨. 가장 극명한 사례는 Goffman의 연구에서 다루어진 주립정신병원임.
지지 Support	• 사회적 관계망을 통해 정서를 향상시키고 자존감을 강화하는 의도적 노력. • 정서적 안정감을 향상시키고 스트레스와 불안을 경감 • 19세기 도덕적 치료의 전통과 맞닿아 있으며, 각종 정신병동, 숙박형 정신재활 프로그램에 적용되는 원칙임.	• 사회적 관계망 강화, 실질적인 도움제공(음식, 보호, 담배, 관심 등), 지도, 조언, 현실 검증, 교육과 같은 언어적 표현. • 직원이 개인적인 경험을 공유하고, 개인적인 반응을 설명해 주고, 퇴원 후 외래치료시 직원이 기꺼이 만남을 제공. • 장애인들이 자신감을 갖고 이전의 활동에 참여하도록 격려함. • 지지를 제공하는 환경은 마치 요새처럼 기능하며 장애인에게 양육, 허용, 격려, 지도를 제공하여 정신치료, 재활, 가족치료 등에 참여토록 함. • 안정적이고, 인내심 있고, 내성적이며, 환자들보다 연령이 많은 직원이 지지를 제공하기에 적합함. • 지나친 지지는 장애인들에게 자신의 문제는 그들의 능력을 넘어선다는 생각을 조장하거나 의존성을 조장할 수 있음.
구조 Structure	• 환경에 대해 예측가능성을 부여하는 구조화(시간, 장소, 사람) • 장애인들로 하여금 환경에 대해 안전함을 느끼면서 적응하도록 함. • 장애인의 증상과 행동에 대한 변화를 유도함(행동의 결과를 예측할 수 있음).	• 병동 내의 특별한 보상체계(권익체계) • 통일된 복장, 명찰, 계약서, 탈감화, 계획된 제재와 칭찬, 토큰경제, 의무적인 회의 참여와 약물복용, 수면/식사/고립/위생에 대한 규제. • 직원은 정확성, 질서, 규칙을 중시하며, 공격성에 대해 명확한 관용의 한계를 설정하여 편안함을 확보함. • 과도한 구조화는 장애인의 정신병리를 감추는 결과로 이어질 수 있으며, 구조화 정도가 낮은 현실세계에 대해 정신장애인들의 대응력을 낮춤.

기능	정의 및 목적	전략 및 주의점
		• 과도한 구조화는 장애인의 자기주장과 창의성을 억제함. • 구조화로 인해 직원이 공식적인 기능만을 수행하게 되면 직원들이 자신의 가치를 저하시킬 수 있으나 직원의 갈등은 예방됨. • 구조화는 조기 퇴원에 초점을 둔 의료모델에서 강조될 수 있음.
참여 Involvement	• 환경에 적극적으로 참여하며 환경과 상호작용 • 장애인의 자아를 강화하고, 역기능적 대인관계패턴을 수정함.	• 공간 개방, 공개회의, 환자가 진행하는 프로그램, 목표 공유, 환경치료 참여, 지역사회 활동, 문제의 표현, 자기주장 경험. • 권한과 의사결정의 공유, 역할경계의 완화, 분노표현의 강조, 집단에서의 협동, 타협, 조화의 강조. • 대인적 의사소통과 관련된 정신증상의 맥락에 관심을 기울임. • 참여를 과도하게 강조하면 장애인은 위협, 거부감을 보일 수 있으며, 직원들은 회원들을 선별적으로 대우하며 일부 회원을 소외시킬 수 있음.
승인 Validation	• 입소자로 하여금 자기고유성을 확신하게 해주는 환경적 기능 • 자신에 대한 타인들의 인정과 수용을 통해 비로소 자신의 속성을 현실로 인식하게 되고 이를 통해 명확한 자기정체성을 갖게 됨.	• 개별화된 프로그램, 혼자 있을 권리와 비밀 보장, 개별적 대화, 실패에 대한 기회제공, 자신의 능력의 한계에 대한 도전 보장. • 장애인의 무능력, 위축, 증상 등을 의미 있는 표현의 일종으로 보며 관심을 기울여야 한다고 봄. • 개인의 고유성, 상실에 대한 내성, 고독감의 경험 등을 강조함. • 직원의 공감적 기술, 민감성, 불확실성에 대한 인내 등을 통해 구현됨. • 장애인이 친밀감과 명확한 정체성을 확립하는데 기여함. • 매우 수동적인 장애인, 언어적 표현을 잘 안하는 장애인에게는 무관심이나 방치되었다는 느낌을 줄 수 있기에 부적합함. • 자살위험성이 있는 장애인에게 부적합함. • 직원들은 '비강제적 방식으로 정신장애인과 함께 있어 주기'와 같은 접근이 요구됨. • 직원들은 경쟁심을 느끼거나 서로 시기하거나 뭔가 해야 한다는 생각에 시달리기 쉬움.

*출처 : Gunderson(1978)의 내용을 요약함.

이러한 환경의 치료적 기능에 대한 분류는 제한(Containment)과 같은 요소조차도 급성기 정신장애인과 주위 사람들의 신체적 안전을 보호하거나 정신장애인이 경험하는 과중한 스트레스를 줄여주기 위해 치료적 기능을 지닐 수 있다는 점을 명확히 하고 있다. 이는 치료기관 운영자에게 실질적으로 치료적 효과를 기하기 위해 추구할 수 있는 개입방향을 제시한다는 점에서 단순히 치료환경의 속성을 몇 가지 요소로 개념화하고, 이를 바탕으로 환경을 기술하는데 그친 무스(Moos)보다 진일보한 연구라 할 수 있다.

군더슨(Gunderson)에 따르면 이러한 환경의 치료적 기능은 정신의료기관 내에 포함되어 있는 핵심 기능이어야 하며, 이러한 기능들은 정신장애인이 정신질환의 치료경과를 거치는 과정에서 각각 적절한 순서에 따라 치료효과를 배가하는데 기여할 것으로 기대된다. 정신질환의 급성기에는 정신장애인의 충동성으로부터 위험을 방지하기 위해 제한(Containment)이 필요하며, 증상이 진정되고 정신장애인이 우울하거나 무기력한 상태에 있을 때에는 치료진의 인내와 함께 적절한 격려가 제공되어야 하며(Support), 점차 정신장애인이 활동이나 환경으로부터 대인관계기술을 배워야 하는 요구가 증가하므로 이러한 활동이나 환경을 치료시설 내에 구조화하여 배치하는 것이 필요하다(Structure). 이러한 활동이나 환경에 정신장애인이 참여할 경우(Involvement) 자신이 타인에게 줄 수 있는 영향과 타인들이 자신에게 끼칠 수 있는 영향을 인지할 수 있는 능력이 향상된다는 것이다. 결국에는 정신장애인이 정신의료기관을 퇴원하여 지역사회로 돌아가야 할 것이므로 퇴원을 준비하기 위해서는 정신장애인이 자기의 고유성을 확립할 수 있도록 그에 대해 수용해주고, 공감해주며, 타인과 친밀한 관계를 형성하며, 자기의 고유한 정체성을 확립하도록 다양한 기회를 활용해 승인(Validation)을 제공할 필요가 있는 것이다(Gunderson, 1978).

군더슨의 연구는 환경의 치료적 기능을 명확히 하고, 이를 치료기관의 운영에 반영할 수 있는 보다 구체적인 지침을 논리적으로 제시하였다는 점에서 의의가 있다. 특히 그는 치료적 기능들은 특정한 점에서 치료적 효과에 기여하지만 그에 따르는 위험성도 있으며, 치료적 기능들 사이에는 상쇄효과나 상충효과도 존재할 수 있으므로 적절한 균형이 필요하며, 치료기관 운영자는 치료적 목표에 따라 치료적 기능의 특정한 요소를 특화하거나 적절한 균형을 이룰 수 있도록 전략적으로 접근해야 한다는 점도 명확히 하였다.

헤이는 치료적 환경의 핵심적인 기능을 애착(Attatchment)형성, 제한과 안전보장(Containment), 의사소통과 개방성(Communication), 참여와 통합(Involvement and Inclusion), 주체성과 역량강화(Agency and Empowerment) 등 다섯 가지 기본적 발달 욕구를 충족시키는데 있다고 주장하였다.(Haigh, 2013). 이를 요약하면 〈표 7-4〉와 같다.

헤이가 이러한 발달적 욕구와 치료기관의 환경이 지녀야 하는 치료적 기능을 명확화하고, 그와 관련된 치료공동체의 상호작용에 관해 논의한 것은 환경의 치료적 기능은 우연한 발견이나 귀납적 접근에 근거해 상정되는 것이 바람직하지 않음을 시사한다. 즉, 인간이 사회적 관계에서 추구하거나 충족시켜야 하는 심리사회적 발달욕구에 환경이 조응할 때 비로소 환경이 치료적 기능을 지니게 된다는 것이다. 이는 마치 에릭슨(Erikson)이 인간의 발달과정에서 요구되는 성격적 속성이 있고, 이를 위해 점차 확대되는 대인관계 속에서 성공적인 성취를 경험하는 것이 중요함을 강조하였던 방식과 유사한 관점이라 하겠다.

<표 7-4> 발달적 욕구와 환경의 치료적 기능

발달적 욕구	환경의 기능	구체적 내용
애착 Attachment	소속 Belonging	• 혼란이 존재할 때 일차적인 치료과업은 안전한 애착을 제공함으로써 관계 속에 깊이 내재된 변화를 유발하고, 행동패턴을 변화시키는 것임. • 치료관계에서 충분한 애착이 제공되지 않으면, 고통, 분노, 수치 등의 정서가 체험되며, 치료자와 애착형성에 대해 양가감정을 형성하게 됨.
제한 Containment	안전 Safety	• 한계를 설정하는 것은 허용을 보장하는 것과 상충될 수 있지만, 공동체의 제한 내에서 허용되는 것들을 명확히 함으로써 정서적 안정감을 제공함. • 안전한 한계설정이라는 원칙을 구현하는 환경적 특성은 지지, 규칙, 경계유지 등
의사소통 Communication	개방성 Openness	• 공동체주의(communalism)는 치료공동체의 근본 주제이며, 개방적인 의사소통과 친밀한 관계성으로 정의할 수 있음. 공동체주의는 친밀성, 비공식성, 모든 구성원의 참여 등에 의해 구현됨. • 공동체 내에서 개방적 의사소통을 위해서는 잘 정비된 구조가 필요함. 즉, 구성원자격이 명확하고, 시간과 장소가 보장되며, 비밀보장과 출석 등 경계선에 대한 상호 합의가 보장되는 안정적이고 신뢰할만한 집단이 요구됨.

발달적 욕구	환경의 기능	구체적 내용
참여 Involvement & Inclusion	생활을 통한 학습 Living-Learning	• 치료공동체에서 일어나는 모든 일은 치료적 효과를 위해 활용될 수 있다는 것임. • 모든 구성원의 경험의 총합은 항상 인간의 환경과 관련하여 우리 자신을 이해하는데 관련성이 있음을 의미함. • 공동체 회의는 참여와 통합의 핵심 기제임. 구성원들이 관련된 모든 사안들이 다루어지며, 공동체 회의의 개최 빈도, 소요시간, 시기, 구조, 구체적인 특정 안건 등은 모두 참여와 통합이란 목적에 기여하도록 설정.
주체성 Agency	임파워먼트 Empowerment	• 치료적 공동체에서 권한은 협상 가능하며, 어떤 사회적 위계보다도 관계망을 중요시하며, 구성원들이 개인적인 주체라는 느낌을 제공받게 됨. • 구성원들이 개인적으로나 집단적으로 치료자에게 의존하려는 시도를 거부하며, 그들에게 결정권을 돌려주고 그들의 주체성을 보장함.

*출처 : Haigh(2013)의 내용을 요약함.

4) 치료환경의 개념

앞서 검토한 바와 같이 치료환경의 개념은 인간환경에 대한 생태체계적 관점에 기반하고 있으며, 19세기 초에 유행하였던 도덕치료의 전통, 1940년대 초에 실험적으로 이루어져 큰 반향을 일으킨 치료공동체운동과 그 영향을 받은 치료공동체접근, 그 후 촉진된 병동의 사회적 분위기 연구나 지역사회프로그램의 환경연구 등을 통해 오랜 기간 동안 관심을 끌었다. 이러한 치료환경 관련 접근들은 크게 시설이나 프로그램의 사회심리적인 분위기나 속성을 단순히 기술하려는 접근들과 이용자들의 치료 및 재활성과를 향상시키기 위해 시설이나 프로그램이 전체적인 상호작용의 맥락 속에서 지녀야 하는 기능적 요소들을 제시하는 접근으로 구분할 수 있다. 치료환경의 개념을 정신장애인의 치료와 재활, 사회통합과 관련하여 시설이나 프로그램의 환경적 측면이 지니고 있는 치료적 효과에 관한 다양한 실천, 연구들로부터 정리, 요약해 본다면 아래와 같다.

첫째, 치료환경은 정신병원이나 수용시설, 지역사회프로그램이 제공하는 본연의 치료 및 재활개입 외에 그곳에서 이루어지는 전반적인 관리운영방식, 상호작용, 사회심리적 분위기 등 환경이 내포하고 있는 '치료적 요소나 기능'을 뜻한다. 이러한 치료환경은 정신장애인에게 제공되는 약물치료, 정신치료, 재활서비스 등의 직접적 효과와 구별되는 고유한 치료 및 재활효과를 지닌다.

둘째, 치료환경은 치료공동체접근에서 시설이나 프로그램 내의 생활이나 일상적 상호작용을 통해 이용자들의 행동 변화, 자아개념 향상 등 학습이나 치료효과가 나타날 수 있도록 의도적으로 조성한 특정한 환경적 측면을 뜻한다.

셋째, 치료환경은 경계 지워진 시설이나 프로그램이 내포하고 있는 사회심리적 속성 혹은 사회적 분위기(social climate)로 참여, 지지, 표현과 같은 관계적 측면, 질서와 구조화, 명료성, 직원의 통제 등 행정적 측면, 자율성, 실용적 지향, 개인적 문제 지향, 분노와 공격성의 표현 등 프로그램의 실용적 측면 등으로 규정할 수 있다.

넷째, 치료환경은 시설이나 프로그램의 기능적 측면으로서 이용자들의 치료, 회복, 성장과 발달에 영향을 미칠 수 있는 활동이나 개입전략을 포함한다. 즉, 치료환경은 사회적 관계망을 통해 소속감과 지지를 제공하고, 한계 설정을 통해 안정감을 제공하며, 구조를 통해 예측 가능한 환경을 조성하여 개인의 행동을 변화시키며, 참여와 개방적 의사소통을 통해 공동체성을 보장하고, 개인의 활동과 자아에 대한 승인을 통해 주체성과 임파워먼트를 보장하는 것 등 정신장애인시설이나 프로그램이 지니고 있는 고유한 기능을 뜻한다.

2. 치료환경 평가와 치료환경의 효과 연구

1) 정신병동과 수용시설의 치료환경

정신병원이나 대규모 수용보호시설의 치료환경은 치료공동체 실험, 고프만(Goffman, E.)의 정신병동과 그 속에서 이루어지는 정신장애인의 자아손상에 관한 연구, 정신병원 장기입원에 따라 나타나는 시설화증후군(Institutionalism) 등과 관련된 중요한 연구주제였다. 고프만의 질적연구는 정신병원이 의료모델에 근거하여 정신질환으로 입원한 정신장애인들을 처우하고 관리하는 독특한 조직적 환경을 구성하고 있으며, 그러한 정신병원의 환자관리방식은 정신장애인의 자아개념을 훼손시키고 정신질환자임을 수용하도록 유도하는 효과가 있음을 보여주었다(Goffman, 1961). 이 연구는 정신병원의 고유한 운영방식이 입원한 환자가 지니고 있는 사회적 정체성과 자아개념을 지지하기보다는 무력화시키는 결과를 가져오고, 환자로서의 역할과 인식, 태도를 강화하는 효과를 지닌다고 분석하였다. 한편 1930년대 말부터 다양한 연구자들이 정신병원에 장기간 입원할 경우 정신장애인들에게 나타나는 부정적인 정서, 태도, 행동반응 등을 수감 정신증(prison psychosis), 시설화(institutionalism), 심리적 시설화(psychological institutionalism), 시설신경증(institutional neurosis), 소외(alienization), 사회적 붕괴증후군(social breakdown syndrome) 등으로 명명하며 시설 장기입원자의 부적응의 심화과정과 영향요인 등에 대해 연구해 왔다. 시설화증후군의 핵심적인 특성은 정신장애인이 시설에 장기간 수용될 경우 정서적 결여, 동기 결여, 시설의 운영방식이나 직원들의 처분에 대한 순응과 그에 따른 수동성 등이다. 이러한 시설화증후군을 유발하는 환경은 정신병동의 감금 경험, 대규모 환자를 효율적으로 통제하기 위한 과도한 규정과 통제, 의사와 간호사의 권위적 지배, 수치스러움을 유발하는 처우, 외부세계와의 접촉 단절, 병동 내에서의 의미 있는 대인관계의 결여, 개인의 소유물과 이름의 박탈, 병동의 강요된 게으름, 열악한 물리적 환경 등이다(Johnson and Rhodes, 2008).

정신병원이나 수용시설의 치료환경에 대한 연구는 무스가 병동의 사회적분위기를 측정할 수 있는 측정도구를 개발하면서 활성화되었다. 이후 촉진된 연구들은 정신장애인을 위해 바람직한 환경은 무엇인지, 정신장애인과 직원들이 인식하는 병동의 치료환경은 어떠한지에 대한 실상을 보여주었다. 기존의 연구들을 토대로 정신장애인들에게 바람직하다고 간주되는 병동환경에 대해 살펴보면 정신병적 장애가 있는 경우와 정신병적 장애가 없는 경우 각각 바람직한 병실환경은 차이가 있다. 정신병적 장애가 있는 경우 지지, 실용적 지향, 질서와 조직화, 프로그램 명확성 등은 높고, 표현(즉시성), 분노와 공격성에 대한 허용성이 낮은 환경이 바람직하다. 이에 비해 정신병적 장애가 없는 환자들을 위해서는 지지, 표현(즉시성), 자율성, 실용적 지향, 사적인 문제 지향, 프로그램 명확성 등이 높고, 직원통제는 낮으며, 분노와 공격성 표출의 허용은 중간정도가 바람직하다(Friss, 1986a).

프리스는 무스가 개발한 병동분위기환경척도(Ward Atmosphere Scale)를 활용하여 미국의 35개 단기 정신병동을 대상으로 정신병적 장애를 지닌 환자들과 비정신병적 장애를 지닌 환자들을 대상으로 그들이 선호하는 병실환경에 대해 조사하였다. 그리고 이러한 조사결과를 토대로 바람직한 병실환경에 대해 내린 잠정적 결론은 아래 〈표 7-5〉와 같다. 즉, 정신병적 장애의 경우 선행연구들과는 달리 자율성, 개인적인 문제 지향은 중간 수준, 직원의 통제는 낮은 것이 바람직한 것으로 나타났다. 이에 비해 비정신병적 장애에 대해서는 참여,

지지, 즉시성(표현), 자율성, 현실지향, 개인적 문제 지향, 질서와 조직화, 명확성 등은 높은 것이 바람직하고, 분노와 공격성 표현에 대해서는 중간정도로 허용하며, 직원통제는 낮은 것이 바람직한 것으로 나타났다(Friss, 1986a).

<표 7-5> 단기입원병동 환자의 선호하는 병실환경

하위척도		정신병적 장애		비정신병적 장애	
		기존 문헌	Friss	기존 문헌	Friss
관계	관여 Program involvement	중간	중간	높음	높음
	지지 Support	높음	높음	?	높음
	즉시성 Spontaneity	낮음?	낮음?	높음	높음
프로그램	자율성 Autonomy	?	중간?	높음	높음
	실용적 지향성 Practical Orientation	높음	높음	높음	높음
	개인적 문제 지향성 Personal Problem Orientation	?	중간?	높음	높음
	분노와 공격성 표현 Anger & Aggression	낮음	낮음	중간	중간
행정적 구조	질서와 조직화 Order & Organization	높음	높음	?	높음
	명확성 Program Clarity	높음	높음	높음	높음
	직원의 통제 Staff Control	?	낮음?	낮음	낮음

* 출처 : Friss(1986a:471-472)의 자료를 통합하여 재구성함.
* ? 표시는 다소 명확한 결론을 내리기는 어려움을 시사함.

한편 프리스는 동일한 자료에 근거한 연구를 통해 정신병원 입원 정신장애인들이 지각하는 병실환경 영향요인과 정신병원의 직원들이 지각하는 병실환경 영향요인을 규명하였다(Friss, 1986b). 이 연구에 의하면 정신장애인의 평균연령이 높을수록 병실환경의 참여, 즉시성(표현), 개인적 문제 지향, 분노와 공격성 표출 허용 정도에 부정적 영향을 미치는 것으로 나타났으며, 정신병적 진단을 받은 환자의 비율이 높을수록 직원의 통제가 높다는 인식이 증가했고, 참여, 즉시성(표현), 자율성, 실용적 지향, 개인적 문제 지향 등에 대한 인식은 부정적인 것으로 나타났다. 특히 약물치료가 아닌 직원과 환자가 함께 참여하는 집단 프로그램(상호작용을 촉진하는 요소임)은 평균연령, 정신병적 장애진단의 비율, 환자수, 훈련받은 직원/총환자 비율 등 중요한 영향요인을 통제한 상태에서도 병실환경척도의 10개 하위 요인 중 9개 요인에 유의미한 영향력을 지닌 것으로 나타났다. 이는 입원병동이라 할지라도 정신장애인들은 직원과 환자 사이에 상호작용이 많이 일어나는 집단프로그램을 통해 병실환경을 긍정적으로 지각할 수 있다는 점을 보여준다. 한편 직원의 병실환경에 대한 인식은 정신병적 장애의 진단 비율, 환자수, 훈련받은 직원과 환자의 비율에 의해 영향을 받는 것으로 나타났다.

이처럼 치료를 담당하는 직원과 치료를 받는 정신장애인의 병실환경에 대한 인식을 비교분석하는 것은 병실환경이 긍정적으로 인식될 때 치료성과도 향상될 수 있다는 점에서 중요한 연구주제라 할 수 있다. 통상 전통적인 의료모델을 따를 때 정신과 전문의가 중심이 되어 약물치료를 포함하는 모든 정신치료에 대한 최종적인 결정권을 지니며, 치료의 철학이나 기저의 접근방법까지도 결정하게 된다. 그런데 정신장애인들에게 적합한 환경이라는 것이 전문가들의 판단과 인식에 근거하여 일방적으로 처방되는 것이 전문가들이 기대하는 효과를 가져올 것인지는 의문이다. 특히 상징적 상호작용론의 관점에서 볼 때 전문가들이 의도한 치료환경은 정신장애인들에게 다른 의미로 인식될 수 있고 그에 따라 치료에 부정적 영향을 초래할 수도 있기 때문이다.

[그림 7-1] 현재의 병실환경(좌)과 이상적인 병실환경(우)에 관한 인식 비교

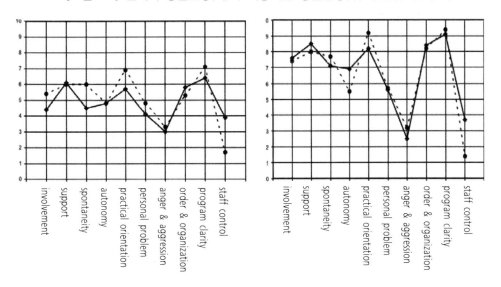

* 출처 : Schjødt et al.(2003)에서 인용
* 실선은 환자, 점선은 직원의 인식

쇼이뜨 등은 덴마크의 급성 정신질환자 입원병동을 대상으로 96명의 환자와 66명의 전문가들을 통해 병실환경에 대한 인식을 조사하여 비교분석하였다(Schjødt et al., 2003). 그 결과 [그림 7-1]과 같이 현재의 병실환경과 이상적으로 희망하는 병실환경에 대한 인식은 동일한 패턴을 보였다. 직원과 환자 모두 현재의 병실환경은 지지, 실용적 지향성, 질서와 조직화, 프로그램 명확성 등은 높으며, 분노와 공격성 표현, 직원통제는 낮다고 인식하는 것으로 나타났다. 이러한 패턴은 이상적인 병실환경에 대한 인식에서도 그대로 재현되었다. 다만 현재의 병실환경에 비해 분노와 공격성 표출, 직원통제는 현 수준을 유지하고, 그 외의 영역은 더 향상될 필요가 있다고 인식하는 것으로 볼 수 있다.

이 연구에서 직원과 환자의 현재 병실환경에 대한 인식을 비교한 결과 직원들은 환자들에 비해 직원통제는 더 낮다고 인식하였고, 환자의 참여, 표현, 현실적 지향, 개인적 문제지향, 프로그램 명확성을 더 긍정적으로 인식하고 있었다. 이상적인 병실환경에 대한 인식을 비교한 결과 직원들은 환자들보다 실용적인 지향을 강화하고 직원통제는 감소시켜야 한다는 인식을 지니고 있었다. 환자들은 직원들에 비해 지지, 자율성을 더 강화하여야 한다고 인식하는 것으로 나타났다(Schjødt et al., 2003).

한편 시설화증후군에 대한 비판과 치료공동체에 대한 인식이 증가하던 시기에 벨쳐는 미국 남부의 주립 정신병원을 대상으로 한 연구에서 병원의 주요 치료활동들과 입원한 정신장애인들의 가치나 신념 등은 상충되어 치료에 부정적 영향을 미칠 수 있다는 연구 결과를 발표했다(Belcher, 1965). 입원한 정신장애인들은 단일한 문화를 보유하고 있다는 증거는 없었으나 대체로 근본주의적 기독교 가치를 보유하고 있었으며, 병원에서 실시하는 춤추기, 흡연, 카드놀이, 영화 등의 활동은 그들의 종교적 가치와 상충되어 죄책감을 유발하는 것으로 나타났다. 뿐만 아니라 병원에 입원하기 전에는 흡연하지 않던 환자들이 흡연을 시작함으로써 재사회화되는 등 병원입원으로 기존의 가치와 다른 문화나 행동을 학습하는 것으로 나타나 우려를 던져주었다. 따라서 정신장애인들이 보유한 규범을 간과한 채 병원을 조직화 하여 특정한 병실환경을 조성하는 것은 사회적응이나 또는 치료효과를 위해 바람직하지 않다는 것이다.

2) 지역사회 프로그램 환경

지역사회 프로그램과 정신병동의 입원치료서비스는 정신장애인의 증상이나 기능 정도가 다를 수 있고, 치료나 재활의 목적도 상이할 수 있다. 따라서 지역사회 프로그램환경과 정신병동의 병실환경을 유사하게 개념화 하는 것이 타당할지는 의문이다. 하지만 이러한 문제에 대한 심각한 성찰이 없었거나 지역사회 프로그램환경을 차별화 할 수 있는 이론적 근거, 개념, 측정도구의 개발이 충분히 이루어지지 않은 상태에서 무스는 병실치료환경척도(WAS)와 개념적 구성이 거의 동일한 지역사회프로그램환경척도(Community Oriented Programs Environment Scale, COPES)를 고안하였다(Moos, 1972). 이후 많은 연구들은 이 척도를 활용해 지역사회 프로그램환경을 측정하였고, 부분입원프로그램이나 재활병동처럼 지역사회프로그램과 치료적 프로그램이 혼합되어 있는 경우 여전히 병실치료환경척도 WAS를 통해 치료환경을 연구해 왔다.

무스는 COPES를 활용하여 지역사회의 소규모 주거시설 두 곳의 프로그램환경을 측정하였고, 주거시설의 유형에 따라 프로그램환경이 다르며, 직원과 정신장애인 사이의 프로그램 환경 인식에 차이가 나타날 수 있음을 보여주었다(Moos, 1972).

두 곳의 주거시설 모두 정신병원 퇴원 정신장애인들의 지역사회 복귀 전 단계 주거서비스 제공기관이지만 특성과 운영은 약간 상이하다. 남녀공동 주거시설의 경우 9명이 거주하였으며, 이들은 주거시설이 아니었다면 입원되었을 정도로 아직은 지역사회 적응이 어려운 정신장애인들이 입주해 있었다. 이곳에서는 집단 정신치료 참여, 공동회의 참가 외에는 가사를 분담하며 가능한 한 정신장애인들이 독립적으로 생활하도록 권장하는 시설이었다. 이에 비해 여성주거시설은 4명의 여성 정신장애인에게 가정과 같은 환경을 제공하며, 두 명의 여성직원이 어머니 역할을 하며 정신장애인들을 지원하는 곳이었다. 이곳에 입주한 정신장애인들은 낮 동안 학교, 직장, 주간보호서비스를 받을 수 있는 형태로 운영되었다.

[그림 7-2] 남녀공동거주 주거시설(좌)과 여성주거시설(우) 프로그램환경 비교

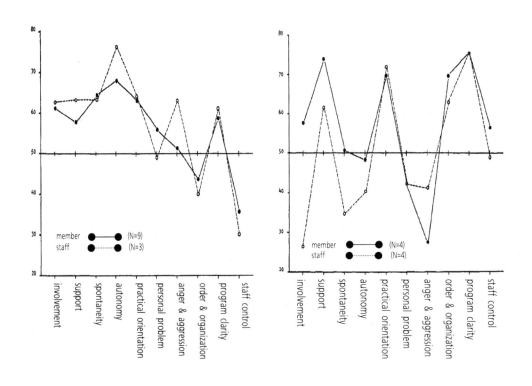

*출처 : Moos(1972)에서 인용

[그림 7-2]에서 보는 바와 같이 여성 주거시설의 경우 정신장애인과 직원의 프로그램환경에 대한 인식은 큰 차이를 보였다. 특히 관계성 하위지표에서 직원과 정신장애인의 환경에 대한 인식은 불일치 정도가 큰 것으로 나타났다. 정신장애인들은 참여, 즉시성(표현) 등에 대해 평균수준의 점수를 보였으나 직원들은 평균보다 낮은 점수를 보였다.

즉, 정신장애인들은 프로그램 참여에 그들의 에너지를 많이 투입하고 있다고 인식하였지만 직원들은 정신장애인들의 에너지 투입이 저조하다고 인식하고 있었고, 정신장애인들은 직원들보다 지지를 더 중요한 환경으로 인식하는 것으로 나타났다. 따라서 이 연구는 지역사회프로그램이 어떻게 운영되는가에 따라 정신장애인과 직원이 인식하는 프로그램환경에 차이가 나타날 수 있음을 보여주었다.

한편 부분입원치료프로그램의 프로그램환경을 지역사회프로그램환경척도(COPES)로 측정하여 직원과 정신장애인의 인식을 비교한 골드슈타인 등의 연구에 따르면 직원과 정신장애인들은 일부 프로그램환경에 대한 인식에서 차이가 있었다(Goldstein et al., 1988). 정신장애인들은 직원들에 비해 부분입원병동은 지지가 낮고, 분노와 공격성 표현이 낮으며, 프로그램의 구조화가 강력하고, 직원들의 통제도 높다고 인식하는 것으로 나타났다. 프로그램의 지지, 질서와 조직화, 프로그램의 명확성 등에 대한 인식은 일치하였다. 프로그램환경과 프로그램의 도움정도에 대한 인식을 비교한 결과 정신장애인들은 프로그램이 지지적이며, 참여보장이 높고, 명확성이 높을 때 부분입원프로그램이 도움이 된다고 인식하는 것으로 나타났다. 하지만 직원들은 프로그램이 개인적 문제에 초점을 맞추고, 실용적인 문제를 지향할수록 부분입원프로그램이 도움이 된다고 인식하는 것으로 나타났다. 이는 직원과 정신장애인은 동일한 프로그램을 두고서도 프로그램환경을 긍정적으로 인식하는 지점이 다를 수 있음을 보여준다.

하지만 병실환경척도(WAS)와 유사한 지역사회프로그램환경척도(COPES)는 입원(입소)시설의 환경을 평가할 목적으로 개발되었으며, 그 개념도 지나치게 일반적이며, 정신장애인이 직접 운영하는 프로그램을 고려하지는 않고 있으며, 입원처럼 시간제한이 있는 프로그램을 가정하고 있으며, 지역사회의 다양한 자원과 정신장애인을 연계시키려는 노력에 대해서는 간과하고 있다는 비판을 받았다(Burt et al., 1998). 이러한 측정도구의 한계를 고려할 때 지역사회프로그램환경척도(COPES), 심지어는 병실환경척도(WAS)를 그대로 적용하여 지역사회의 주거시설, 재활서비스, 다양한 클럽형태의 정신장애인 주도적인 서비스, 자조집단 등의 프로그램환경을 측정하는 것은 바람직하다고 볼 수는 없을 것이다.

버트와 동료들은 병실환경척도와 그에 근거한 지역사회프로그램환경척도의 위와 같은 한계를 극복하기 위해 문헌을 검토하고 그 결과를 토대로 ① 프로그램 분위기와 상호작용, ② 임파워먼트(empowerment), ③서비스 구성요소 등으로 구성된 프로그램환경척도(Progra Environment Scale, PES)를 개발하였다(Burt et al., 1998). 그들이 개발한 프로그램환경척도의 구성은 3개 영역, 24개 하위척도로 구성되었으며 〈표 7-6〉과 같다.

<표 7-6> 프로그램환경척도(Program Enviroment Scale)

영역	하위척도	측정내용
프로그램 분위기/ 상호작용	program care about me	직원이 회원에게 관심을 기울이며, 회원의 말에 경청하는 정도
	energy level	흥미로운 활동들이 진행되는 정도 혹은 지루한 정도
	friendliness	친근한 분위기 및 환영하는 정도
	openness	회원들이 자기감정을 표현할 수 있는 정도, 직원들이 자기감정을 표현하는 정도.
	staff-client respect	직원이 회원들을 존중하는 정도
	client-client respect	회원들이 상호 존중하는 정도
	reasonable rules	적절한 규칙이 존재하며, 규칙을 존중하며, 적절한 수준으로 규칙을 적용하는 정도
	available good touch	친근한 방식으로 포옹하는 정도
	protection from bad touch	동의하지 않은 상태에서 신체적 접촉이 일어나는 정도
	staff commitment	직원의 일에 대한 열정, 즐거움, 흥미의 정도
	confidentiality	기관에서 직원들이 신뢰할만하며 비밀을 보장하는 정도
임파워 먼트	program empowerment	프로그램에 대해 회원들과 논의가 이루어지며, 회원의 건의가 프로그램에 반영되며, 프로그램 변경시 회원의 의견이 존중되는 정도
	treatment empowerment	회원이 프로그램을 선택하여 참여할 수 있으며 하루를 어떻게 보낼지 스스로 결정할 수 있는 정도.
	space use	직원만을 위한 공간이 분리되어 있는지 혹은 회원들이 직원들과 함께 모든 공간을 사용할 수 있는지.

영역	하위척도	측정내용
서비스 구성요소	support for paid work	회원들의 유급직업 취업에 대해 지원을 제공하는 정도
	work importance	기관 내에서 회원에게 유용한 업무를 제공하며, 일하는 것을 중요하다고 인식하고 있는 정도.
	emergency access	프로그램 종료 후, 주말에도 위급하면 직원에게 전화하거나 도움을 받을 수 있는 정도
	family activities	회원들의 가족들을 지원하거나 가족을 위한 프로그램활동을 제공하는 정도
	housing	회원들이 주거를 확보하도록 지원하는 정도
	link to public benefits	소득보장, 장애연금 등 공공복지혜택 신청과 수급을 지원하는 정도
	community activities	회원들이 지역사회에서 필요한 활동에 참여하도록 지원하는 정도
	medication management	회원들의 약복용을 지원하고, 스스로 할 수 있도록 훈련하는 정도
	substance abuse	회원들의 약물 및 알코올의존 문제 해결에 대한 지원
	continuity of staff contact	직원이 회원들과 지속적으로 접촉을 취하며, 결석하면 연락을 취하는 정도

* 출처 : Burt et al.(1998:862-864)의 측정내용 97개 문항을 하위척도별로 내용을 요약함.

버트 등은 이 척도를 통해 클럽하우스(club house), 낮치료프로그램, 사회적 클럽(social club), 심리사회재활프로그램 등의 프로그램환경을 비교평가하여 경험적으로 다른 프로그램환경을 지니고 있는 이들 프로그램들의 환경을 제대로 판별해 내는지 검증한 결과 각 프로그램들의 차별성을 측정할 수 있는 것으로 나타났다(Burt et al., 1998). PES를 통해 측정한 프로그램환경의 하위 척도들과 각 유형의 프로그램들과 상관관계에 근거하여 프로그램환경을 살펴보면 첫째, 클럽하우스는 프로그램 분위기와 상호작용영역에서는 직원과 클라이언트 사이의 존중, 양질의 접촉에 있어 긍정적이며, 임파워먼트영역에서는 프로그램임파워먼트, 치료임파워먼트, 공간사용 등에서 모두 긍정적이었다. 서비스 구성요소영역에서는 유급직업에 대한 지원, 일에 대한 강조 등은 긍정적이고, 약물치료관리와 물질남용서비스는 저조한 것으로 나타났다.

둘째, 낮치료 프로그램은 임파워먼트영역에서 치료임파워먼트와 공간사용에서 부정적이며, 서비스 구성요소영역에서 가족을 위한 활동, 정신치료관리, 물질남용 관리에는 긍정적인 환경을 지닌 것으로 나타났다.

셋째, 사회적 클럽은 프로그램분위기 및 상호작용 영역에서 합리적인 규정이 미흡하며, 서비스 구성요소영역에서 유급직업에 대한 지원, 일에 대한 강조, 약물치료관리, 직원 접촉의 지속성 등에 부정적인 환경으로 나타났다.

넷째, 심리사회재활프로그램은 프로그램분위기 및 상호작용영역에서 프로그램이 정신장애인에 관심을 기울이는 정도, 개방성(자기감정 표현), 합리적인 규칙 영역에서 부정적인 환경이며, 서비스 구성요소영역에서는 가족을 위한 활동이 저조한 것으로 나타났다.

버트 등이 개발한 척도는 그동안 무스가 개발한 병실환경척도(WAS), 지역사회프로그램환경척도(COPES)와 하위영역에서 차이가 있다. 프로그램분위기/상호작용영역은 무스의 도구와 일치하지만 임파워먼트, 프로그램구성요소는 명확하게 차이가 있다. 특히 임파워먼트는 그것이 정신장애인 치료 및 재활기관의 전반적인 가치지향, 전문가-장애인 사이의 상호관계나 역할설정 등에 있어서 고유의 이론적, 실천적 기반을 지니고 있는 개념이다(Gutiérrez et al.,2003). 그러므로 임파워먼트를 촉진하는 물리적, 사회심리적 환경을 조성하기 위해 노력하고, 환경이 임파워먼트를 어느 정도 반영하는지 평가하고 그 평가결과와 치료, 재활성과 사이의 관계를 규명한다면 치료환경의 임파워먼트요소가 지니는 효과를 검증할 수 있을 것이다. 이처럼 환경이 갖는 특정한 심리사회적 의미 및 관련된 사회적 상호작용에 대해 명확한 이론에 근거해 치료환경이나 프로그램환경을 개념화하고, 이를 실천에 적용한다면 정신장애인의 치료, 재활, 사회통합과 관련한 함의가 더욱 클 것으로 기대된다.

3) 치료환경의 효과

치료환경이 정신장애인의 치료 및 재활 성과에 어떠한 영향을 미치는지에 대한 체계적인 검증을 위한 연구는 여전히 과제로 남겨져 있다. 다양한 치료환경과 그 효과를 연구해 온 무스는 치료환경이 미치는 효과를 통합적으로 설명하기 위해 [그림 7-3]과 같은 모형을 제시하였다(Moos, 1984). 이러한 무스의 모형은 사회생태학이론과 스트레스대처이론에 근거하고 있는 것으로 보인다.

이 모형에 의하면 환경체계와 개인체계가 각각 영향을 미쳐 스트레스상황과 사회적 지지자원이 상호작용하며 개인의 스트레스상황과 자원, 이에 대한 평가와 대처반응, 개인의 건강과 웰빙 등에 쌍방향적으로 영향을 주고받을 수 있다. 이 모형은 이전의 경험적 연구들을 종합하여 환경이 개인의 적응에 미치는 영향을 설명하고 있다.

이 모형이 주는 이론적 함의는 다음과 같이 복합적이다. 첫째, 사회생태학적 관점에서 볼 때 특정한 프로그램개입이 줄 수 있는 효과는 다른 환경에 의해 영향을 받을 수 있다. 즉, 프로그램 참여자가 처한 사회생태적 환경의 영향으로 프로그램 개입의 효과는 강화되거나 약화될 가능성이 존재한다(Moos, 1984, 1996).

[그림 7-3] 치료환경의 효과에 관한 무스의 인식론적 틀

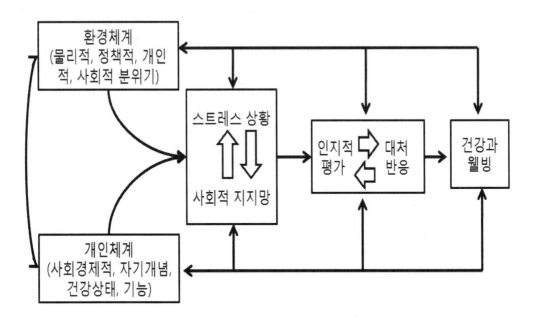

*출처 : Moos(1984), 8면에서 인용

둘째, 사회체계가 개인의 적응에 미치는 영향은 체계가 지니는 핵심적 특성에 따라 차별화될 수 있다. 사회체계가 학교라면 과업수행과 학습적인 추구를 강조하는 환경에 노출될 때 학습에 있어 성취가 향상될 수 있으며, 정신장애인 치료 및 재활기관이라면 정신장애인의 자립을 강조하는 프로그램환경에 노출될 때 그들의 사회적 기능이나 직업적 기능 향상을 기대할 수 있다. 밀착된 관계를 강조하는 환경에서는 성과에 대한 압력이 끼치는 부작용을 완화하며, 체계유지와 관련된 환경들이 적절한 수준으로 강조되면 개인의 성장과 자아 통제력 향상에 기여하지만 지나치게 체계유지 요소가 강력한 환경에서는 오히려 개인적 성장이나 발전이 저해될 수 있다. 뿐만 아니라 일반적으로 환경체계는 발달이 덜 이루어진 개인 혹은 기능이 낮은 개인에게 더 중요한 영향력을 지닐 수 있다(Insel and Moos, 1974; Moos, 1984).

셋째, 환경이 개인의 적응이나 행동에 미치는 영향은 개인의 취약성이나 강점 등 다양한 개인적 차원의 속성들에 따라 차이가 나타날 수 있다. 만일 환경이 아무리 강력한 효과를 지니고 있더라도 개인이 환경 속에서 스스로 위축된, 고립적인 상태에서 존재한다면 환경의 영향은 크지 않을 수도 있다. 또한 개인의 유능성이 높다면 환경을 적극적으로 구조화 할 수 있고 환경을 통제할 수 있지만, 유능성이 낮은 경우에는 그의 행동이 환경에 의해 더 강한 영향을 받아 순응성이 두드러질 수 있다. 개인이 미성숙했거나 정신적, 사회적 역량이 낮을수록 구조화된 환경이 긍정적 효과를 지닐 수 있다(Moos, 1984, 1996). 특히 정신질환의 증상으로 인해 편집증적 사고가 있거나 추상적인 사고능력이 낮은 경우 프로그램환경을 명확히 지각하는데 어려움이 따르고, 타인의 분노와 공격성은 더 민감하게 지각할 가능성이 있으며, 기능수준이 낮을 경우 프로그램 내에서의 지지를 낮게 지각할 가능성이 있다(Janssen and Eklund, 2002). 〈표 7-5〉에 나타난 바와 같이 프리스의 연구(Friss, 1986a)는 정신병적 진단을 지닌 정신장애인과 비정신병적 진단을 지닌 정신장애인이 선호하는 환경이 다름을 보여준다. 즉, 정신장애인은 정신질환의 유형에 따라 경험하는 어려움이 다르다면 그들에게 도움이 될 수 있는 적합한 치료환경 또한 달라야 할 것이다.

넷째, 환경체계가 어떠한 과정을 통해 개인의 적응행동이나 건강, 웰빙에 영향을 미치는지에 대해서는 여전히 불명확하다(Moos, 1984). 즉, 그동안의 연구는 환경체계의 속성을 정의하고 그 의미를 제시하며, 그러한 환경체계의 속성에 대한 다양한 주체들의 인식을 조사하여 비교하고, 그 환경 내에서 서비스를 이용하는 사람들의 적응에 미치는 영향을 검증해 왔다. 하지만 이러한 환경체계의 영향, 그 중에서도 사회적 환경이 개인에게 미치는 영향이 무엇인지에 그 기제를 이론적으로 규명하는 것은 여전히 과제로 남아있다. 이러한 연구문제들의 일부는 치료환경이나 프로그램환경에 관한 연구보다는 다양한 사회심리학적 연구에 의해 다루어져 왔을 것으로 추정된다. 이 책은 상징적 상호작용주의 관점에서 정신보건기관이라는 사회체계가 조성하는 사회적 상호작용과 그에 내포된 상징적 의미가 자아개념, 행동 등에 미치는 영향에 초점을 맞추고 있다. 이에 대한 심층적 논의는 임파워먼트, 역할정상화이론, 역할정체성이론 등 이어지는 장들에서 다룰 예정이므로 여기서는 임파워먼트접근의 효과에 관하여 간략하게 언급한 것을 제외하고는 구체적으로 논의하지는 않았다.

치료환경이 정신장애인의 치료 및 재활성과에 어떠한 효과를 지니는지 검증한 일부 연구들에 따르면 치료환경은 입원기간을 단축시키는 등의 긍정적 효과를 지니는 것으로 나타났다. 멜르 등은 노르웨이 오슬로의 응급병동의 정신장애인 단기입원병동을 대상으로 실시한 연구에서 치료환경의 개선이 치료효과에 끼친 영향을 검증했다. 치료환경의 변화 이전인 1980년과 치료환경이 개선 된 1983년 입원환자들을 각각 비교한 결과 병동의 질서와 조직화를 향상시키고, 분노와 공격성 표출은 감소시키는 환경적 변화가 입원한 정신장애인들의 입원기간을 유의미하게 단축시키는 효과를 지니는 것으로 나타났다. 병실환경척도로 측정한 병실환경에 대한 정신장애인들의 인식은 병동의 환경변화가 정신장애인에게도 인식되거나 체험되었음을 시사하므로 이러한 치료성과의 향상은 병동의 구조와 조직화, 분노와 공격성표출 영역의 병실환경 개선의 효과로 볼 수 있다(Melle et al., 1996).

보에쳐 등에 따르면 미시간주의 칼라마주 주립정신병원을 대상으로 정신병원의 시설화 증후군을 예방하고, 개선하기 위해 치료환경을 변화시켰고, 그 결과 병원에 안주하기를 원하던 만성 정신장애인들의 퇴원을 촉진하는 효과를 거두었다. 이 병원에서 치료환경의 개선은 소규모 집단을 활성화 하는 것이었으며, 이를 통해 만성 정신장애인들에게 퇴원에 대한 기대감을 높이고, 그들을 자신의 삶에 관한 다양한 문제해결에 참여시키고, 직원들은 직접 문제를 해결해 주기보다는 자문하거나 조언하는 역할을 수행함으로써 병동안에서의 행동을 변화시켜 퇴원을 촉진하는 조치였다. 특히 퇴원을 향해 긍정적 변화가 나타났을 때 가동되는 보상과 특권체계, 문제해결을 위한 기술습득의 기회 제공, 시설화의 부작용 극복을 촉진하는 사회적 역할의 보장, 직원역할을 최소화시킴으로써 직원과 장애인 관계의 변화를 통한 의존성 억제, 소득 획득과 관련된 기능의 향상, 집단을 통해 지지 받는 경험의 제공 등이 정신장애인의 퇴원촉진에 기여한 것으로 나타났다(Boettcher and Vander Schie, 1975).

이와 유사하게 미국의 핀헤이 재활병동은 환경치료접근을 적용한 결과 정신장애인이 인식한 병실환경(WAS로 측정)이 꾸준히 향상되었고, 그 결과 27명 중 20명이 퇴원하는 효과를 거두었다. 핀헤이 재활병동은 병동 내에서 매일 공동체회의를 진행하여 다양한 병동 내 생활에 대한 의사결정을 다루고, 비구조화된 소집단을 활용하여 사회적 만남의 기회를 강화하였다. 그 결과 병동 내에 고립되었던 장애인이 일대일 관계에 참여하고, 나아가 소집단과 공동체회의(대집단)에 참여함으로써 대인관계가 향상되는 효과를 거두었다(Roberts and Smith, 1994).

한편 지역사회정신보건프로그램의 치료환경이 지니는 효과에 대한 실증적 연구도 일부 이루어져 왔다. 미국 국립정신보건연구원의 지원을 받아 미시간주 25개 지역사회 정신재활기관의 정신장애인 351명을 대상으로 실시한 연구에 따르면, 지역사회프로그램환경에 대한 인식(COPES)은 정신장애인의 자기효능감에 영향을 미치고, 이를 통해 대처행동(사회적 위축,Social Withdrawal)에 영향을 주는 것으로 나타났다(Kahng, 2007). 이 연구는 치료환경이 개인의 적응에 미치는 영향을 스트레스대처이론에 근거하여 설명하였던 무스의 관점(Moos, 1984)을 경험적으로 검증해 낸 것으로 볼 수 있다. 국내에서는 지역 정신재활기관을 이용하는 정신장애인들이 인식한 프로그램환경(COPES)의 행정적 구조요인(질서와 조직화, 프로그램 명료성, 직원통제)은 사회적 관계에 부정적 영향을 미치지만, 관계요인(지지, 참여와 관여, 즉시성)은 사회적 관계, 삶의 만족에 긍정적 영향을 주는 것으로 나타났다(이용표, 2000).

뿐만 아니라 임파워먼트실천에 대한 사회적 관심이 제고되면서 국내에서는 정신보건시설의 임파워먼트를 촉진하는 상호작용이 정신장애인의 재활성과에 미치는 영향에 관한 연구도 일부 이루어졌다. 이러한 연구들은 치료환경을 '임파워먼트'라는 측면에서 정의한 연구로 볼 수 있을 것이다. 정신장애인들이 지역정신재활기관의 상호작용을 '역량강화적(empowering)'이라고 인식하는 경우 통제감이 향상되고, 통제감 향상은 사회통합과 같은 행동적 재활성과에 긍정적 영향을 주는 것으로 나타났다(하경희, 2007). 뿐만 아니라 지역정신재활기관을 이용하는 정신장애인이 재활기관에서의 상호작용을 '역량강화적(empowering)'이라고 인식할수록 능동적 정체성을 형성하게 되고 그 결과 사회참여와 기관 내에서의 능동적 참여는 향상되고, 사회적 위축행동은 감소하는 것으로 나타났다(김문근, 2009).

3. 치료환경에 대한 상징적 상호작용주의적 이해

기존의 연구들을 종합해 볼 때 정신보건기관의 심리사회적 환경을 어떻게 개념화할 것인지, 심리사회적 환경의 효과는 어떠한 이론에 근거하여 설명할 수 있는지, 그러한 심리사회적 환경을 조성하고 관리하는 전략은 무엇인지에 대하여 명확한 답을 제공하지는 못하고 있다. 다만 기존의 연구들은 첫째, 정신보건기관의 사회심리적 환경이 정신장애인의 치료 및 재활 성과에 중요한 영향을 미치는 요인임을 보여주었다. 둘째, 생태체계이론과 스트레스이론에 근거하여 정신보건기관의 사회심리적 측면들이 정신장애인의 증상, 행동, 기능 등에 영향을 미칠 것이라는 매우 일반적 수준에서 이론적 근거를 제시하였고, 그 효과도 일부 검증하였다. 셋째, 무스(1972, 1974), 버트 등(Burt et al., 1998)의 연구는, 정신보건기관의 사회심리적 환경의 개념화와 측정도구 개발은 이론적 기반이 취약하고, 매우 광범위한 사회심리적 환경의 일부만을 조작적으로 정의해 내고 있으며, 그로 인한 한계가 극복되지 않고 있음을 시사한다. 그럼에도 이러한 도구의 개발이 이 분야의 연구를 촉진시켰고, 정신보건서비스의 이용자인 정신장애인들이 지각한 정신보건기관의 사회심리적 환경을 조사하고 이를 정신보건서비스 전달에 반영할 수 있는 길을 열었다는 점에서 함의가 크다.

이제 상징적 상호작용주의 관점에서 정신보건기관의 사회심리적 환경으로서 치료환경의 중요성은 무엇인지, 치료환경을 어떻게 개념화하고 측정하며, 이를 서비스 개선에 활용할 수 있을 것인지에 대해 논의하고자 한다.

1) 정신보건기관 치료환경의 중요성

상징적 상호작용주의에 따르면 우리의 자아개념은 타인들과의 사회적 상호작용 속에서 우리에게 부여된 의미를 내면화 한 것이다. 이러한 자아개념은 주관적이고 심리적인 만족이나 삶의 질을 좌우할 뿐만 아니라 우리의 행동에도 영향을 미칠 수 있다. 대체로 인간의 행동은 다른 조건이 동일하다면 자아 일관적인 행동을 선택할 가능성이 높기 때문이다. 그러므로 정신보건기관에서 이루어지는 상호작용은, 정신장애인이라는 대상에 대해 어떠한 의미를 끊임없이 생성시키고, 부여하며, 재생산하고, 때로는 그러한 의미를 변화시켜 나가는 과정이다. 정신장애를 장기간 경험하는 정신장애인이 내면에 보유하고 있는 자아개념은 이전의 사회적 역할이나 가족환경 등의 영향을 받은 결과물이기도 하다. 하지만 장기간 정신장애인으로서 치료, 재활을 경험하면서 사회적 편견이나 낙인을 경험해왔다면 정신장애인의 자아개념은 정신장애 발생 이후의 사회적 상호작용에 의해 부정적으로 영향을 받았을 개연성이 높다. 시설화증후군에 대한 연구들, 고프만의 질적연구들, 사회석 낙인에 관한 방대한 연구들은 정신질환 발생 이후의 사회적 상호작용에 의해 정신장애인의 자아개념이 부정적으로 변화된다는 점을 지지하기 때문이다.

사회적 상호작용이 자아개념을 생성시킬 수 있다는 상징적 상호작용론의 기본 전제에 따르면, 부정적 상호작용이 부정적 자아개념을 생성시킬 수 있으며, 또한 동일한 원리로 긍정적 상호작용은 정신장애인의 자아개념을 긍정적 방향으로 변화시킬 수 있다. 그렇다면 정신보건기관은 정신장애인의 긍정적 자아개념을 손상시키는 상호작용은 억제하면서, 긍정적 자아개념을 유지, 향상시키는 상호작용은 촉진하기 위한 의도적, 체계적 노력이 요구된다. 행동주의 이론가들이 모든 자극을 바람직한 행동이나 바람직하지 않은 행동에 미치는 강화라는 측면에서 분석하고, 의도적 개입을 꾀하는 것처럼 상징적 상호작용론에 근거한 재활전문가라면 정신보건기관 내의 모든 사회적 상호작용이 정신장애인의 자아에 어떠한 의미를 생성시킬 수 있음을 명확히 인식하고, 환경에 대한 의도적 개입을 기획할 필요가 있다. 즉 정신보건기관 내의 모든 상호작용이 정신장애인의 자아에 어떠한 의미를 지니는지 민감성을 가져야 하며, 정신장애인의 자아에 긍정적 의미를 전달할 수 있도록 치료재활기관의 사회적 상호작용을 개선하여야 할 것이다.

2) 정신보건기관 치료환경 개념화를 위한 과제

상징적 상호작용론은 정신보건기관의 다양한 방식의 사회적 상호작용이 정신장애인의 자아에 어떠한 의미를 생성시키거나 부여하는 효과가 있음을 시사하는 기초이론이다. 이 이론에 근거할 때 정신보건기관은 정신장애인에게 부정적인 자아개념을 유발하는 상호작용은 억제하고, 긍정적인 자아개념을 유발하는 상호작용은 촉진, 장려하여야 정신장애인의 치료, 재활에 긍정적 성과를 기대할 수 있을 것이다. 그렇다면 정신보건기관의 상호작용을 통해 생성되는 부정적인 자아개념 혹은 긍정적인 자아개념은 무엇인지 규명하는 것이 선행되어야 할 것이다. 아울러 정신장애인의 긍정적인 자아개념을 형성하는데 기여하는 정신보건기관의 상호작용요소들은 무엇인지 규명할 필요가 있을 것이다.

기존의 연구들에서 이러한 핵심적 이슈는 여전히 미해결 상태에 있다. 무스(Moose,

1972)의 치료환경 개념을 구성하는 관계, 프로그램, 행정적 구조는 하위척도들을 살펴보더라도, 이러한 하위영역들이 정신장애인에게 미치는 긍정적 부정적 영향을 단정하기는 쉽지가 않다. 의미적으로도 혼재되어 있어 개념의 혼란은 더욱 심하다. 예컨대 정신병원 내에서 직원의 통제와 정신장애인의 자율성, 정신장애인의 참여는 상호 의존적이며, 단일한 현상의 다른 표현에 불과할 수도 있다. 무스의 치료환경 개념화를 비판하고 대안을 제시한 버트 등(Burt et al., 1998)은 임파워먼트라는 새로운 개념요소를 도입하는가 하면, 다양한 프로그램들을 각각 도입함으로써 특정한 목적이나 기능을 지니는 구체적인 프로그램개입과 정신보건기관이나 프로그램의 사회심리적 혹은 상호작용적 환경을 혼합하고 있다. 이는 기존의 치료환경(프로그램환경) 개념이 확고한 이론적 근거 없이 귀납적으로 이러저러한 연구들을 종합하여 구성된 것임을 시사한다.

군더슨(Gunderson, 1978)과 헤이(Haigh, 2013)는 보편적인 발달욕구나 그에 상응하는 환경의 기능을 고려하여 치료환경을 계획할 필요가 있음을 보여주었다. 이러한 접근은 다양한 이론에 근거하여 응용이 가능할 수도 있다. 예컨대 매슬로우의 욕구이론을 따라 생리적 욕구, 안전에 대한 욕구, 소속과 사랑의 욕구, 자존감의 욕구, 자아실현의 욕구 등을 고려하여 정신보건기관의 사회심리적 환경을 개념화 하는 것도 대안일 것이다. 또는 에릭슨의 발달이론에 근거하여 생애주기에 따라 요구되는 성격적 발달을 이상적으로 보장할 수 있는 프로그램환경을 규명하고 이를 실천에 반영하는 방안도 고려가 가능할 것이다. 예컨대 성인초기의 정신장애인이라면 친밀감을 강화하는 프로그램환경의 조성이 필요할 것이고, 중장년기라면 다양한 의미에서 생산성을 보장하는 프로그램환경이 적합할 수도 있다.

한편 버트 등(Burt et al., 1998)은 임파워먼트라는 개념요소를 도입하였는데, 이는 특정 한 이론적 기반에 따라 프로그램환경은 다양한 변형이 가능할 수 있음을 시사한다. 예컨대 직업적 자립을 중요한 기반으로 삼는 경우 인위적인 프로그램을 통해 직업적 기술을 훈련할 뿐만 아니라 정신보건기관 내에서 일상적으로 이루어지는 상호작용 속에서 직업의 의미를 부각시키는 상호작용환경을 조성함으로써 직업재활성과 향상을 기대할 수도 있을 것이다. 마찬가지로 임파워먼트나 리커버리 등 정신장애인의 주체성과 자립을 강조하는 가치를 기반으로 독특한 프로그램환경을 조성할 수도 있을 것이다. 예컨대 클럽하우스모델은 일의 가치, 친구, 평등한 관계, 지역사회의 다양한 삶의 요구 충족 등 고유한 철학과 가치, 문화를 바탕으로 정확하게 그러한 의미를 생성시키는 구조, 운영, 상호작용을 구현해 내고 있어 치료환경이라는 관점에서 볼 때 매우 이상적인 모델로 볼 수 있다.

3) 정신보건기관의 치료환경 개선 방안

이상의 논의를 통해 정신보건기관의 치료환경 개선 방안을 다음과 같이 제안할 수 있다. 첫째, 정신보건기관의 치료환경 개선을 위해 요구되는 일차적 과제는 성신보건기관의 프로그램환경의 개념화라 할 수 있다. 이 과제를 해결하기 위한 일차적 전략은 정신장애인 당사자의 인식과 욕구로 되돌아가는데 있다. 그들이 바람직하게 여기는 환경은 무엇인가를 규명하고, 이에 근거하여 치료환경을 개념화 하고, 평가, 모니터링하며 치료환경 개선 노력을 경주할 필요가 있다. 특히 장애인복지분야에서 장애인 당사자들이 무장애환경에 대한 모니터링, 장애인차별에 관한 모니터링을 직접 담당하여 옹호활동이 활발히 추진하듯이 정신보건기관의 치료환경에 관한 모니터링도 정신장애인 당사자들이 주도할 수 있는 여건이 마련되어야 할 것이다.

둘째, 정신보건기관의 치료환경은 장애인복지분야 일반에서 기본 가치로 받아들여지는 주요 접근이나 이론적 기반을 수용할 필요가 있다. 예컨대 장애인복지분야에서 일찍부터 장애인의 주도성을 강조하는 자립생활모델(Independent Living Model), 임파워먼트 접근 등이 널리 수용되어 왔다. 그렇다면 정신보건기관들도 임파워먼트를 강조하는 치료환경, 자립생활모델에 준하는 상호작용환경을 조성하는데 역점을 두어야 할 것이다. 최근 국내 정신보건분야에서 임파워먼트접근이나 리커버리접근이 널리 연구되고, 실천에 도입되는 것은 치료환경 개선이라는 점에서 이러한 가치들의 반영이 중요함을 시사한다.

셋째, 제 6장에서 논의한 바와 같이 정신장애인에게 주어지는 사회적인 편견, 낙인, 차별을 완화, 해소할 수 있는 소극적 전략과 정신장애인에게 긍정적 역할을 부여할 수 있는 적극적 전략이라는 관점에서 정신보건기관의 치료환경을 개념화 할 필요가 있다. 자기결정, 직업적 역할, 서비스 제공자 및 운영자 역할 등 사회적으로 바람직하고 긍정적인 역할을 보장하고 이에 근거하여 긍정적 자아개념을 담보할 수 있는 치료환경을 조성하여야 할 것이다.

4. 요약

정신장애인의 치료와 재활을 위해 환경적 요인에 대한 개입은 도덕치료운동과 19세기 초 도덕치료운동에 영향을 받은 치료공동체 등에서 그 기원을 찾을 수 있다. 정신병원에 존재하는 무형의 요소인 병원의 분위기가 직접적인 치료보다 월등히 효과가 있다는 세계보건기구의 발표는 환경적 개입의 중요성을 시사한다. 치료환경은 정신병원이나 시설, 지역사회프로그램 등이 제공하는 본연의 치료 및 재활개입 외에 관리운영방식, 상호작용, 사회심리적 분위기 등 환경이 지닌 치료적 요소나 기능을 의미한다. 치료환경에 대한 개념화와 측정도구 개발은 무스(Moos, 1972), 프리스(1986a), 버트와 동료들(Burt et al., 1998) 등에 의해 다양하게 시도되었으며, 치료환경은 물리적 환경, 조직의 관리운영, 관계나 상호작용에 드러난 사회심리적 특성이나 분위기 등을 포함한다. 하지만 치료환경에 대한 개념화는 어떤 명확한 이론적 근거에 의존하기 보다는 다양한 관점을 혼합하여 절충적이고, 귀납적 방법에 의존하여 이루어진 것이 아닌가 하는 우려가 있다.

한편 기존의 연구와 문헌을 검토해 본 결과 치료환경이 어떠한 이론에 근거해 치료 및 재활 등에 효과를 갖는지 명확하지 않고, 치료환경의 효과에 관한 연구들이 일부 이루어져 왔지만 그 효과는 충분히 검증되지 않아 연구과제로 남아 있다. 치료환경의 효과에 관한 이론적 근거는 생태학적 이론과 스트레스 대처이론 외에는 뚜렷하지 않다. 치료환경의 효과에 관한 무스(Moos, 1984)의 모형은 사회생태학적 관점에 근거해 환경이 개인과 상호작용하는 과정에서 개인의 인지와 대처, 건강과 웰빙 등에 미치는 영향에 관한 기초적인 도식을 제공한다. 임파워먼트이론에 근거한 연구들은 재활기관의 역량강화적인 상호작용이 재활성과에 미치는 영향을 검증하였다. 이러한 연구들은 특정한 이론에 근거해 치료환경을 개념화 할 수 있으며, 그 효과를 검증할 수 있음을 시사한다.

본 장의 치료환경에 관한 개념화와 연구들을 종합적으로 고려할 때 정신보건기관의 치료환경은 치료적 개입 못지않게 중요하다. 또한 치료환경을 개념화하고, 측정도구를 개발함에 있어 스트레스대처이론 외에도 매슬로우의 욕구이론, 임파워먼트나 리커버리, 클럽하우스모델 등과 같이 명확한 이론이나 실천모델에 근거하는 것이 바람직할 것이다. 뿐만 아니라 정신보건기관의 치료환경을 개선하기 위해 정신장애인의 욕구와 인식에 근거한 프로그램환경의 개념화, 임파워먼트나 리커버리 등의 핵심가치의 반영, 사회적 낙인과 편견의 완화와 긍정적 사회적 역할기회 확대 등 긍정적 자아개념을 보장할 수 있는 치료환경 조성이 중요할 것이다.

참 고 문 헌

강상경 (2007). "정신장애인의 지역사회 재활기관 환경에 대한 인식과 대처행동: 자기 효능감의
      역할을 중심으로." 정신보건과 사회사업 27(단일호): 152-175.

김문근 (2009). "역량강화적 상호작용이 정신장애인의 사회적 행동에 미치는 영향-역할정체성의
      매개효과를 중심으로." 정신보건과 사회사업 33(단일호): 5-35.

이용표 (2000). 지역사회 정신보건프로그램이 정신장애인의 재활효과에 미치는 영향. 서울대학
      교 대학원.

이용표, 강상경. et al. (2006). "정신보건의 이해와 실천패러다임." EM 커뮤니티: 303-304.

하경희 (2007). "지역사회 정신보건서비스를 이용하는 정신장애인이 인식한 임파워먼트 실천의
      효과에 관한 연구." 서울대학교 대학원 사회복지학과 박사학위논문.

Anthony, W. A., M. R. Cohen, et al. (1998). 정신재활, 손명자 역, 성원사.

Belcher, J. C. (1965). "Background Norms of Patients and The Therapeutic Community." Journal
      of health and human behavior 6(1): 27-35.

Boettcher, R. E. and R. Vander Schie (1975). "Milieu therapy with chronic mental patients." Social
      Work 20(2): 130-134.

Burt, M. R., A.-E. Duke, et al. (1998). "The Program Environment Scale: Assessing client
      perceptions of community-based programs for the severely mentally ill." American journal
      of community psychology 26(6): 853-879

Campling, P. (2001). "Therapeutic communities." Advances in Psychiatric Treatment 7(5): 365-372.

Friis, S. (1986a). "Characteristics of a good ward atmosphere." Acta Psychiatrica Scandinavica
      74(5): 469-473.

Friis, S. (1986b). "Factors influencing the ward atmosphere." Acta Psychiatrica Scandinavica 73(5):
      600-606.

Goffman, E. (1961). "Asylum." New York.

Gunderson, J. G. (1978). "Defining the therapeutic processes in psychiatric milieus." Psychiatry:
      Journal for the Study of Interpersonal Processes 41(4): 327-335.

Gutiérrez, L.M., Parsons, R. J. and Cox, E. O.(2003), Empowerment in Social Work Practice,
      Wadsworth Group.

Haigh, R. (2013). "The quintessence of a therapeutic environment." Therapeutic Communities: The
      International Journal of Therapeutic Communities 34(1): 6-15.

Insel, P. M. and R. H. Moos (1974). "Psychological environments: Expanding the scope of human ecology." American Psychologist 29(3): 179-188.

Jansson, J.-Å. and M. Eklund (2002). "How the inner world is reflected in relation to perceived ward atmosphere among patients with psychosis." Social psychiatry and psychiatric epidemiology 37(11): 519-526.

Johnson, M. M. and R. Rhodes (2008). "Institutionalization: A theory of human behavior and the social environment." Advances in Social Work 8(1): 219-236.

Melle, I., S. Friis, et al. (1996). "The importance of ward atmosphere in inpatient treatment of schizophrenia on short-term units." Psychiatric Services 47(7): 721-726.

Moos, R. (1972). "Assessment of the psychosocial environments of community-oriented psychiatric treatment programs." Journal of Abnormal Psychology 79(1): 9-18.

Moos, R. H. (1973). "Conceptualizations of human environments." American Psychologist 28(8): 652-665.

Moos, R. H. (1984). "Context and coping: Toward a unifying conceptual framework." American journal of community psychology 12(1): 5-36.

Moos, R. H. (1996). "Understanding environments: The key to improving social processes and program outcomes." American journal of community psychology 24(1): 193-201.

Roberts, J. and J. Smith (1994). "From hospital community to the wider community: developing a therapeutic environment on a rehabilitation ward." Journal of Mental Health 3(1): 69-78.

Schjødt, T., T. Middelboe, et al. (2003). "Ward atmosphere in acute psychiatric inpatient care: differences and similarities between patient and staff perceptions." Nordic Journal of Psychiatry 57(3): 215-220.

제8장

사회적 상호작용과 정신장애인의 역할정체성

　상징적 상호작용론은 개인이 사회의 구성원으로 살아가면서 사회적 상호작용을 통해 사회적 대상들의 의미를 체득하고, 그에 근거해 사회적 행동을 조화롭게 수행할 수 있다고 주장한다. 그러한 사회적 대상들 가운데서도 무엇보다도 인간의 사회적 행동에 중요한 영향을 끼치는 요소는 자아이다. 자아의 의미는 사회적 상호작용 속에서 타인들이 자기에게 기대하는 의미와 행동이 무엇인지 스스로 지각하고 해석하여 이를 내면화 한 것이므로 사회적 상호작용을 통해 형성되며, 사회적 상호작용 속에서 개인의 행동을 안내하는 행동의 중앙통제기능을 담당하는 인지적 구성물이라 할 수 있다.

　이러한 상징적 상호작용론의 이론적 전제에 비추어 본다면 정신장애인은 정신질환과 정신장애의 경험, 정신질환과 정신장애에 대해 사회가 부여하는 의미, 기대, 가치, 규범에 근거해 정신질환이나 장애가 없는 사람들과는 다른 환경 속에서 상호작용에 참여할 것이라 가정할 수 있다. 7장에서 살펴본 바와 같이 정신의료기관이나 정신재활기관 등 다양한 사회서비스 기관을 이용하는 동안 경험하는 사회적 상호작용은 그들의 자아인식에 중요한 영향을 끼칠 수 있을 것이다. 또한 6장에서 다룬 바와 같이 사회적 편견과 낙인이 만연하다면 정신장애인들은 일상의 상호작용에서 끊임없이 사회의 편견을 자기에게 적용할 것인지 아니면 그러한 편견을 부정할 수 있을 것인지 갈등하지 않을 수 없을 것이다. 또한 프리스틀리의 장애에 관한 다중적 관점(Priestley, 1998)에 비추어 보더라도 정신장애인이 실제 경험하는 정신질환과 정신장애는 단순히 의학적 손상의 객관적 산물에 그치는 것이 아니다. 오히려 사회적 상호작용을 통해 정실질환과 정신장애의 의미가 구성되며, 그러한 의미가 정신장애인에게 끊임없이 전달되며, 그들은 자신의 질병과 장애에 대해 스스로 내면의 의식작용을 통해 그 의미를 내면화 하여 다양한 양상의 자아개념을 지닐 수 있기 때문이다. 이러한 자아인식으로 인해 그들의 행동은 상황에 따라, 그들이 떠올리는 자아의 의미에 따라 다르게 나타날 가능성이 있다.

본 장에서는 정신건강서비스기관을 이용하는 동안 정신장애인이 경험하는 사회적 상호작용을 어떻게 측정할 수 있으며, 그러한 사회적 상호작용이 전달하는 의미에 따라 정신장애인의 자아인식은 어떠한 영향을 받고, 그 결과 그들의 행동에는 어떠한 영향이 나타날 수 있는지 실증적 연구사례를 통해 살펴보려 한다. 이를 통해 상징적 상호작용론과 역할정체성이론을 기반으로 한 연구접근의 함의도 살펴보려 한다.

1. 상징적 상호작용론과 정신장애인 연구의 중심주제

상징적 상호작용론을 적용하여 정신장애인과 관련된 다양한 주제를 연구하려 할 때 핵심적인 주제는 사회적 상호작용과 자아개념, 사회적 행동이어야 할 것이다. 상징적 상호작용론의 주요 가설들을 구체적인 상호작용 영역에 대입함으로써, 상호작용 → 자아개념, 자아개념 → 사회적 행동, 사회적 행동 → 자아개념, 자아개념 → 상호작용 등의 관계를 다양하게 검증할 수 있기 때문이다. 이러한 개념 간의 상호관계들 중 상징적 상호작용론과 역할정체성이론에 의해 가장 강한 지지를 받는 가설은 '상호작용 → 자아개념'과 '자아개념 → 사회적 행동'에 관한 가설이다. 이러한 두 가지 가설을 중심으로 정신장애인과 관련한 연구들을 살펴봄으로써 정신장애인의 경험을 상징적 상호작용론을 통해 이해해 보고자 한다.

1) 사회적 상호작용과 정신장애인의 자아개념

정신장애인의 주관적인 경험에 관한 연구들은 정신장애인이 유사한 질병과 장애에도 불구하고, 다양한 자아개념을 지닐 수 있음을 보여주었다. 이러한 자아개념은 정신장애인이 경험한 사회적 상호작용의 결과로 볼 수 있는데, 그렇다면 무엇보다도 어떤 유형의 사회적 상호작용을 통해 어떠한 자아개념이 형성될 수 있는지가 연구의 핵심주제라 할 수 있다. 성인이 경험할 수 있는 사회적 상호작용은 매우 다양하고, 그가 속한 사회집단에 따라 상호작용의 큰 틀이 결정될 것으로 기대된다. 그렇다면 정신장애인이 관여하는 사회집단이나 사회체계 수준에 따라 특정한 사회적 상호작용이 그들의 자아인식에 어떠한 영향을 끼치는가를 연구의 초점으로 삼아야 할 것이다. 가족 내에서 사회적 상호작용, 정신건강서비스기관 내에서의 상호작용, 지역사회에 살아가는 동안 경험하는 일반적 상호작용, 직업을 구하는 상황과 같은 구체적인 사회관계 속에서의 상호작용 등 다양한 상호작용들을 떠올려 볼 수 있다. 특히 상징적 상호작용론과 역할정체성이론은 사회적 역할이 사회적 상호작용을 구성하는 기초단위이고, 사회적 상호작용을 개념화 하는 요소로보고 있으므로 정신장애인이 관여하는 사회적 상호작용 또한 그들이 담당하는 역할을 기반으로 유형화 하는 것이 용이할 것이다.

① 지역사회구성원으로서 상호작용과 낙인의 내면화

우선 지역사회구성원으로서 정신장애인이 다른 지역사회구성원들과 대면하여 상호작용하거나 그러한 상황을 간접적으로 경험함으로써 그들의 자아개념이 영향을 받을 수 있는데, 이에 관련한 대표적 연구주제는 사회의 고정관념이나 편견, 낙인이다. 이미 6장에서 사회적 편견과 낙인을 다루면서 사회적 편견이나 낙인이 정신장애인에 대한 일종의 역할기대이며, 정신장애인이 그러한 사회의 편견과 낙인을 내면화하면 곧 자아개념이 될 수있음을 살펴보았다. 상징적 상호작용론에 따르면 자아개념을 구성하는 자기에 대한 타인의관점은 대면적이고, 직접적인 상호작용 속에서 직접 얻은 정보를 해석하여 확보할 수도있지만 타인들의 상호작용을 직간접적으로 관찰하고 사람들의 반응 속에 내재된 의미를상상함으로써 얻어지기도 한다. 낙인이론가들이 주장하는 바와 같이 사회화 과정에서 정신장애인에 대한 편견을 학습하여 내면화 한 후 자신에게 정신질환이 발생하고 치료를받으며 정신질환 진단을 받는 순간 비로소 자기 내면에 형성된 정신장애인에 대한 편견과 관념들을 자기에게 적용하여 자신의 자아를 정의하게 된다. 이 과정에서 링크와 같은수정된 명명이론가들은 진료를 통해 정신질환 진단이 확정되고, 치료서비스체계에 진입하면서 낙인은 그들의 자아의 위축효과를 발생시킨다고 주장하였고, 연구를 통해 이러한가설을 입증했다(Link et al., 1989).

한편 사회적 편견과 낙인이 어떻게 정신장애인의 자아개념에 결정적 영향을 주는지심층적 과정을 발견하기 위한 연구들도 이어졌다. 사회화 과정에서 사회적 편견과 낙인을 내재화 했다 하더라도 자신에게 그러한 편견과 낙인을 적용하지 않는다면 자아개념에미치는 영향은 미미할 수도 있을 것이므로 정신장애인이 정신장애인 일반에 관한 편견과 낙인을 어떠한 상황에서 자기에게 적용하게 되는가 하는 것은 중요한 연구주제라 할 수 있기 때문이다. 왓슨 등은 정신장애인이 자신을 정신장애인집단의 한 구성원으로 동일시하고, 정신장애인에 관한 편견을 지각하고 편견 내용에 대해 동의하고, 이를 자기에게 적용하면 결과적으로 자아존중감과 자기효능감이 약화되는 현상을 실증적 연구를 통해 규명했다(Watson, Corrigan, Larson and Sells, 2007). 이 연구는 정신장애인이 사회적 편견과 낙인으로부터 자아개념을 방어하기 위해서는 정신장애인집단과 동일시를 차단하거나 정신장애인에 대한 고정관념에 대해 동의하기보다는 반박할 수 있도록 하는 것이 효과적 대안일 수 있음을 시사한다. 그렇다면 정신장애인집단과 동일시가 긍정적 자아개념을 훼손하는 것을 방지하려면 어떤 대안이 있을까? 첫째, 정신질환이나 정신장애를 극복하고 성공적으로 살아가는 회복자들이나 직업재활 등 긍정적 역할을 수행하는 정신장애인들과 동일한 집단에 참여하는 것이다. 둘째, 직업적 역할 등 사회적으로 바람직한 역할들을 담당하고 수행함으로써 그러한 역할에 근거한 자아개념을 강화, 확장해 나가는 것이다. 셋째, 정신질환의 증상과 기능장애가 경미하다면 고프만의 연구(Goffman, 1963) 및 골드버그 등의 연구가 시사하듯 정신장애인으로서 정체성을 감추어 버리는 것이다(Goldberg et al.,2005). 하지만 첫째 대안처럼 성공한 정신장애인으로 정체성을 갖는 것도 여전히 정신장애인으로서 정체성이므로 궁극적으로 개인에게 만족감을 주지 못한다는 연구결과도 있다. 성공적이라는 것이 정신질환의 증상과 기능장애까지 상당히 극복한 상태라면 정신장애인들은 기꺼이 정신질환자 혹은 정신장애인의 정체성을 벗어버리고자 할 것이다. 아래의 사례는 정신장애인으로서 성공적인 정체성이 아니라 정신장애인 정체성을 벗어버리고 지역사회 일원으로 통합되고자 하는 정신장애인의 강한 열망을 드러낸다.

"만일 우리가 지역사회의 일원이 되려한다면 자신의 재능과 한계가 있지만 자신의 권리를 지닌 한 사람으로 존재하면 될 뿐이지 굳이 조현병환자로 살아갈 필요는 없다. 나는 성공한 조현병 환자가 되고 싶지는 않다. 사람이 정신질환을 가졌지만 행복할 수 있다는 것은 말이 되지 않는다. 나는 단지 나의 정신질환에 대한 것들이 잊혀졌으면 좋겠다. 나는 나의 정신질환을 자랑스럽게 여기지 않는다. 이것은 처절한 느낌을 준다. 나는 조현병 환자라고 불리는 것이 싫다."(Barham and Hayward, 1998).

그렇다면 사회적 편견과 낙인으로부터 정신장애인의 자아개념을 방어할 수 있는 길은 사회적으로 가치 있는 역할대안들이 존재하지 않는 정신장애인에게 주어지는 강력한 역할기대인 편견과 낙인을 대체할 긍정적 사회적 역할을 확보하는 것이 가장 바람직한 대안일 수 있다. 정신장애인 외에 다른 긍정적 역할들을 보유한다면 상대적으로 사회적 편견과 낙인이 정신장애인의 내면에 자아개념으로 수용되어 고착화 되는 것을 방지할 수 있기 때문이다. 정신장애인은 정신재활기관에서 실시하는 보호작업이나 임시취업과 같은 불완전한 취업일지라도 직업적 역할을 담당하고 있으면 사회의 편견을 덜 지각하는 것으로 나타났다. 뿐만 아니라 직업재활서비스 욕구를 통해 유추한 직업적 역할에 대한 추구의사가 높을수록 역시 편견지각이 감소하는 것으로 나타났다. 이 또한 직업적 역할의 맥락에서 자아를 인식할 수 있다면 정신질환자에게 주어지는 전형적인 편견과 고정관념을 덜 지각하게 되는 효과가 있음을 시사한다(김문근, 2009b).

② 가족구성원으로서 상호작용과 자아인식

한편 긴밀하게 상호작용하는 사람들은 현실에 대해 공통된 인식을 갖는다는 현실공유 이론(shared reality theory)(Sinclair, Huntsinger, Skorinko & Hardin, 2005)에 따르면 가족은 정신장애인의 자아개념에 가장 큰 영향을 끼칠 가능성이 있다. 가족과 정신장애인은 상시적으로 의사소통하며, 서로에 대한 역할기대를 주고받으므로 가족이 정신장애인에 대해 지니고 있는 역할기대는 정신장애인의 자아개념에 영향을 끼칠 수 있을 것이다. 일상적인 상호작용 속에서 편견과 낙인은 은연중에 전달될 수 있을 것이므로 정신장애인에 대한 가족의 편견이 높다면 그들과 생활하는 정신장애인 또한 사회적 편견을 더 많이 지각하여 내면화 할 가능성이 있다. 저자의 연구에 따르면 지역사회에 거주하는 정신장애인의 가족이 지각하는 사회적 편견이 높을수록 정신장애인이 지각하는 사회적 편견 또한 높았다(김문근, 2009b). 이러한 결과는 단지 가족과 정신장애인이 모두 사회화 과정을 거치면서 정신장애인에 대한 사회의 편견을 받아들임으로써 나타난 우연한 상관관계(spurious relationship)만을 의미한다고 할 수는 없다. 가족들은 정신장애가 있는 가족성원과 상호작용하면서 스스로 인식하지 못한 채 그들 내면의 편견을 정신장애인에게 표현하거나 전달함으로써 정신장애인의 자아인식에 부정적 영향을 끼칠 수 있기 때문이다. 예컨대 정신장애인 아들을 둔 부모는 이웃과의 관계를 의식하여 정신장애인 아들에게 정신병원에 다닌다는 사실이 드러나지 않도록 주의를 요구할 수도 있고, 아들이 이용하는 정신재활기관에서 집으로 우편물이 도착하면 아들을 불러 이런 우편물이 다시는 집으로 발송되지 않도록 기관에 알리도록 요구할 수도 있다. 이러한 상호작용 가운데서 아들은 아버지가 자신에 대해 어떠한 기대나 인식을 가지고 있는지 해석하게 될 것이고, 아버지와 상호작용하는 동안 아버지의 행동을 통해 전달되는 정신장애인에 대한 편견의 일부를 받아들이고 그 결과 사회적 편견은 아들의 자아개념의 일부로 자리 잡을 것이다.

위와 같은 현실공유이론에도 불구하고 가족이 정신장애인에 대해 갖는 기대와 정신장애인이 스스로 자신에 대해 갖는 기대 및 자아인식은 차이가 있을 것이다. 저자는 장애인의 자아개념을 구성하는 핵심요소인 장애에 대한 인식에 있어 가족과 장애인의 인식차이가 존재할 수 있다는 가설을 검증하기 위해 실증적 연구를 실시한 바 있다. 이 연구에 따르면 일상생활기능(Instrumental Activity for Daily Living)장애의 심각도에 대한 인식에 있어 보호자가 정신장애인보다 기능장애를 더 심각하다고 인식하는 사례(56%)는 정신장애인이 보호자보다 자신의 수단적 일상생활기능장애의 심각도를 더 높게 지각하는 사례(24.1%)보다 두 배 이상 많았다. 이 연구에 의하면 정신장애인들은 보호자들이 그들의 기능장애가 심각하다고 인식할수록 그들 또한 자신의 장애가 높다고 인식하는 경향이 있었다. 하지만 보호자의 소득수준이 높거나 장애인에게 직업적 역할이 있는 경우 기능장애의 심각도를 더 낮게 지각하는 경향이 있었다(김문근, 2011). 이러한 연구결과는 정신장애인의 핵심적 자아개념이라 할 수 있는 자신의 기능장애에 대한 인식이 곧 가족의 장애인식이나 그들의 사회적 역할에 의해 영향을 받는 것으로 나타났다는 점에서 매우 흥미롭다. 즉, 정신장애인이 내면에 형성하고 있는 자신의 장애와 관련한 자아인식은 가족과의 상호작용으로부터 영향을 받을 수 있고, 직업적 역할을 통한 사회적 상호작용에 의해 영향을 받을 수 있음을 시사하기 때문이다. 특히 위 연구에서 직업적 역할은 보호작업과 임시취업이 직업유형의 68.8%나 차지한다는 점에서 매우 제한적이고, 명목적인 수준의 유급 일자리라 하더라도 생산적인 역할을 수행한다면, 가족이 정신장애인의 기능장애를 심각하다고 인식하는 상황에서도, 여전히 정신장애인은 자신의 일상생활기능을 훨씬 더 긍정적으로 지각하게 된다는 점이다. 즉, 직업적 역할을 통해 매일매일 담당하는 업무와 그를 통해 받는 사회의 기대와 평가 등이 가족이 전달하는 기능장애의 심각성에 대한 메시지들을 중화시키거나 조절하는 효과를 지님으로써 자신의 기능장애가 자아인식에서 차지하는 영향력을 약화시키는 계기가 될 수 있음을 시사하는 것이다.

<표 8-1> 기능장애에 대한 인식과 장애인에 대한 역할 기대의 조합

		보호자의 인식	
		기능장애 높음	기능장애 낮음
장애인의 인식	기능장애 높음	Ⓐ 합의된 의존	Ⓑ 강요된 자립(의존과 자립의 갈등)
	기능장애 낮음	Ⓒ 강요된 의존(의존과 자립의 갈등)	Ⓓ 합의된 자립

출처 : Thomas(1966:10)와 김문근(2011)의 표를 재구성함.

위 연구는 토마스가 제시한 장애인과 사회구성원의 역할기대의 결합유형을 기능장애에 대한 보호자의 인식과 장애인의 인식의 조합으로 재해석함으로써 도출된 〈표 8-1〉과 같은 역할기대의 조합에 관한 가설을 토대로 이루어졌다(김문근, 2011). Ⓐ와 Ⓓ는 기능장애에 대한 인식이 상호 일치하므로 보호자와 장애인 사이에 적절한 의존과 자립을 향한 기대가 공유되고, 그에 따라 장애인의 지역사회 재활과 생활이 촉진될 수 있을 것이다. 그에 비해 보호자와 장애인 사이에 장애에 대한 인식이 불일치할 경우 보호자에 의해 장애인이 무리하게 자립을 강요받는 상호작용Ⓑ에 놓이거나 장애인이 충분한 역량에도 불구하고 불필요한 의존을 강요받는 상호작용Ⓒ을 경험하고, 그에 따라 자아개념에 부정적 영향이 나타나고, 부적응의 문제가 나타날 우려도 있다. 따라서 이러한 연구결과는 전문가가 가족과 정신장애인 사이의 역할기대를 비교해 보고, 상호 역할기대가 불일치하거나 갈등이 존재할 때 가족과 정신장애인에게 적절한 중재나 상담을 제공함으로써 상호 기대의 불일치를 줄여야 긍정적인 치료 및 재활성과를 기대할 수 있음을 시사한다.

③ 정신건강서비스 이용과 자아개념

정신장애인은 정신건강서비스기관을 이용하는 과정에서 독특한 상호작용을 경험하게 된다. 정신질환과 기능장애를 지닌 정신장애인에 대해 특정한 가치, 관념, 이론, 실천모델에 따라 서비스를 전달하고 이용하는 상호작용이 결정되기 때문이다. 고프만을 비롯한 일부 연구자들은 1960~1970년대를 거치며 정신의료기관이나 수용시설을 이용하는 과정에서 정신장애인은 이전의 사회적 정체성과 자아개념은 점점 약화되고, 정신질환을 지닌 환자 또는 장애인으로서 정체성은 강화될 수 있음을 보여주는 질적연구와 실증적 연구들을 진행했다. 고프만의 고전적 연구는 대규모 정신병원 및 수용시설에서 이루어지는 정신질환자에 대한 전문가와 보호인력의 행동양식과 정신질환자들간의 상호작용이 새롭게 정신병원에 입원한 정신질환자의 자아개념을 허물어뜨리는 과정을 흥미롭게 묘사하고 있다. 예컨대 처음 병원에 입원한 환자들은 누구라도 그러하듯이 병원 밖에서의 자아를 유지하기 위해 자신의 질병을 부정하고, 자신의 입원 이유를 자기만의 이야기로 구성하며, 질병이 아니라 실수로 입원된 것임을 강조하며, 빠른 시일 내에 퇴원이 이루어질 것을 기대하기도 한다. 뿐만 아니라 입원 전 사회에서의 경력과 삶을 미화하는 다양한 이야기를 즐겨하기도 한다. 하지만 병원에서는 사례회의, 개별상담, 집단프로그램 등을 통해 질병을 공공연히 강조하고, 질병에 대한 환자의 잘못이나 책임을 언급하며, 질병에 대한 자기고백을 강요한다. 병원의 의료진들이 때로 환자들을 농담거리로 삼기도 하고, 병원의 기능직 직원들에 이르기까지 환자들을 무시하는 태도로 일관하기도 한다(Goffman, 1961:150-168).

위와 같은 고프만의 연구에 묘사된 상호작용들은 자아개념이 사회적 상호작용을 통해 생성, 유지, 변화될 수 있다는 상징적 상호작용론의 주장과 기존의 자아개념이 유지되려면 그러한 자아개념을 뒷받침하는 사람들의 관계망 안에 지속적으로 참여할 수 있어야 한다는 역할정체성이론에 비추어 볼 때 시사하는 점이 많다. 이전의 긍정적이던 자아개념을 뒷받침하는 상호작용이 사라지고, 환자로서의 수동적이고 복종적 역할을 강요하는 억압적인 상호작용체계 속에서 이전의 자아개념이 장기간 지속될 수 있는 개연성은 크지 않기 때문이다. 역할정체성이론에 근거한 실증적 연구에 따르면 기존의 자아개념을 뒷받침 하던 사회적 관계망을 일시적으로 상실하게 되면, 유사한 관계망을 복원시키려는 시도가 나타나고, 그러한 시도가 성공하지 못한다면 기존의 사회적 역할에 근거한 자아개념은 약화될 수밖에 없다(Serpe and Stryker, 1987). 그러므로 지역사회와 상호작용이 단절된 채 폐쇄되어 운영되는 정신의료기관이나 정신요양시설에서 생활하거나 보호를 받는 정신장애인의 자아개념은 정신질환자나 정신장애인으로서의 자아개념 외에 긍정적 자아개념이 형성되기에는 매우 불리한 처지에 있는 것으로 볼 수 있다.

전혀 정신질환이 없었지만 부부 갈등 중 남편에 의해 강제로 정신병원에 입원한 한 가정주부의 사례는 폐쇄된 정신병원 안에서는 오로지 의료모델에 근거한 정신의학적 접근이 모든 상호작용을 통제하는 제일의 원칙이므로 다른 관점, 다른 틀의 의사소통과 관계형성은 용인되기 어렵고 그 누구라도 그러한 상호작용 속에서는 정신질환자 또는 정신장애인이라는 정체성을 강요당할 수밖에 없음을 보여준다.

"'정신'자가 붙으면 사람이 아니라고 생각을 해요. '정신질환자'라 이러면 그 사람은 전혀 생각도 할 수 없고 인격도 없고 전혀 존중해야 될 의견을 들어야 될, 의견을 물어야 될 것도 전혀 없다고 그런 인식하에서 모든 것을 생각하는 것 같아요. (중략) 제가 만일 남편을 끌고 갔으면 남편이 입원 당했겠죠. 그 안에 들어오는 순간부터는 이 사람은 전혀 의견을 물어야 되고 존중해야 되고 이게(이런 인식이) 전혀 없이 하니까 인권유린은 당연히 될 수밖에 없고 짐승취급은 당연히 받을 수밖에 없는 거 같아요."(김문근, 2007:146).

정신병원에서 입원과정을 진행할 때나 입원한지 오래지 않은 환자를 대할 때 환자로 추정되는 자가 "나는 정신병자가 아니다"라거나 "왜 나를 입원시키느냐"고 주장한다 해도 이러한 주장은 정신질환의 증상 또는 장애로 인식되며, 그에 따라 정신병원의 환자관리방식이 획일적으로 작용하기 때문에 환자라는 정체성을 강요받게 된다.

장기간 정신병원이나 입소시설에 수용될 경우 정신장애인의 기존의 사회적 역할을 기반으로 하는 자아개념이 손상된다는 주장은 1960년대~1970년대에 뜨거운 쟁점이었다. 특히 주스만은 시설의 장기수용으로 인해 입원환자들의 자아개념이 취약해지고, 환자역할을 수용하고, 직업적 기술 및 사회기술이 퇴화되고, 환자들과 자신을 동일시하는 현상을 사회적 붕괴증후군(social breakdown syndrome)이라 지칭하면서 뜨거운 관심을 끌었다(Zusman, 1966). 한편 카르멜은 주립병원에 최초로 입원한 환자 50명에 대해 1개월 간격으로 종단적 조사를 통해 고프만의 사회적 자아 몰락 가설(self-mortification)을 검증했으나 1개월이라는 단기적 입원만으로는 사회적 정체성의 손상이 거의 나타나지 않는다는 연구결과를 얻었다(Karmel, 1969). 또한 카르멜은 후속연구를 통해 주립병원 환자들에게 장기입원이 사회적 정체성을 손상시키고, 병원환자로서의 정체성을 강화시키는지 검증하였다. 이 연구에 의하면 장기입원이 사회적 정체성을 약화시키기는 하지만 병원의 입원환자로서 정체성을 강화시키지는 않는 것으로 나타났다. 가정생활과 관련한 사회적 정체성이 높은 환자들의 비율은 입원 후 1개월 경과시점에 67%였으나 입원 2~5년이 경과하자 25%로 급격히 감소한 것으로 나타나 가족과 분리가 장기화 되면서 가정생활과 관련한 정체성이 손상되었음을 시사한다. 하지만 입원 후 2~5년이 경과하는 사이에 병원관련 정체성이 높은 환자들의 비율은 22~25% 수준까지 증가하는데 그쳐 입원이 길어진다 하여 환자로서의 정체성이 강화된다고 보기에는 한계가 있는 것으로 나타났다(Karmel, 1970).

한편 1980년대와 1990년대에도 정신건강서비스 이용과 정신장애인의 자아개념의 변화에 대한 연구들이 이어졌다. 랠리와 맥케이 등은 명명이론가(labeling theorists) 슈어러가 제시한 역할잠식(role-engulfment)개념으로부터 정신장애인의 자아개념이 점차 정신질환과 환자역할을 중심으로 잠식되는 자아정체성 잠식(engulfment)을 개념화하고, 정신의료기관 이용이 환자역할에 의한 자아개념 잠식에 미치는 영향을 연구하였다. 랠리의 연구에 따르면 정신장애인들은 정신병원 입원기간, 입원횟수, 정신질환의 증상 경험이 증가할수록 정신질환자 역할이 자아개념을 잠식하는 것으로 나타났다. 이러한 정신장애인의 자아개념이 환자역할을 중심으로 재구성되는 과정은 초기에는 환자역할 부정과 저항의 형태로 나타나지만 정신병원 입원이 반복되고, 정신질환의 증상이 지속되면서 점차 환자역할을 받아들여 무력한 상태에 이르는 것으로 나타났다. 환자역할이 정신장애인의 자아개념을 전적으로 잠식하면 사회적 참여는 감소하고, 정신장애인 및 정신건강서비스기관의 전문가와 교류는 강화된다. 특히 장애인등록과 사회보장수급 과정을 거치면서 환자역할이 자아개념의 중심으로 확고히 자리 잡게 된다(Lally, 1989). 한편 맥케이와 씨맨의 연구는 정신장애인의 자아개념이 환자역할에 의해 잠식되는 것은 정신질환의 증상과 그에 따른 기능장애가 심화되고, 지속되는 것과 깊은 관련이 있으며, 자아개념이 환자역할에 의해 잠식되면 절망감은 높아지고, 자아존중감과 자기효능감은 낮아짐을 보여준다(McCay and Seeman, 1998). 이들의 연구는 정신건강서비스기관 이용과 자아개념의 잠식을 연결 짓지는 않았으나 정신질환과 기능장애가 결과적으로 환자역할을 중심으로 자아개념이 재 구성되는데 기여하고 그 결과 긍정적 자아개념은 감소한다는 점을 시사한다.

이러한 고프만, 주스만, 카르멜의 연구는 당시 탈시설화와 지역정신보건, 인권운동 등과 시대적 배경을 같이하면서 정신의료기관의 입원치료나 수용시설의 서비스가 정신장애인의 치료와 보호, 재활에 긍정적 효과뿐만 아니라 자아개념의 손상이라는 부정적 영향을 줄 수 있음을 환기시키는데 기여한 것으로 볼 수 있다. 1980년대와 1990년대 이루어진 랠리와 맥케이 등의 연구 또한 정신건강서비스 이용과 정신장애인의 자아개념 변화에 관한 중요한 연구성과를 남겼다. 이러한 연구들은 자아개념은 한 개인에게 있어서 가장 사적이고, 내밀한 부분이며, 개인의 삶의 질과 만족감을 좌우하는 핵심 요소라 가정할 때 자아개념에 부정적 영향을 끼치는 정신건강서비스 전달방식에 대한 성찰과 개선이 필요함을 시사한다.

③ 역량강화적 상호작용과 능동적 자아개념의 회복

정신장애인이 경험하는 긍정적인 상호작용이 자아개념에 미치는 긍정적 효과에 관한 연구들은 치료환경, 사회적 역할가치화, 임파워먼트, 클럽하우스모델 등과 관련이 깊다. 저자는 이러한 다양한 개념과 실천, 연구들이 상징적 상호작용론의 관점에서 재해석 할 수 있다고 가정하였기에 각 주제들에 관해 별도의 장에서 다루었다. 본 장에서는 주로 임파워먼트 및 클럽하우스와 관련 연구를 중심으로 사회적 상호작용이 정신장애인의 자아개념 회복에 미치는 영향을 살펴보고자 한다.

클럽하우스모델은 정신장애인에게 공동체의 회원이라는 역할을 실제적으로 부여하며, 전통적인 치료 및 재활훈련 대신 클럽하우스 운영에 필요한 실제적 일을 수행하는 것이 주된 프로그램이다. 그 과정에서 전문가와 정신장애인은 동등하고 상호 협력적인 관계를 형성하며, 클럽하우스의 모든 의사결정과 업무를 분담하고 협력한다. 뿐만 아니라 클럽하우스의 모든 공간은 전문가와 정신장애인에게 동등하게 개방되어 있으며, 전문가와 정신장애인은 클럽하우스의 운영 원칙인 스탠다드를 함께 학습하고, 스탠다드에 부합하는 클럽하우스 운영을 위해 노력한다. 클럽하우스에서 상호작용의 핵심적 특징은 전문가와 정신장애인의 동등한 관계, 의료모델과는 다른 일중심의 프로그램과 그에 근거한 상호작용, 전인격적 대인관계 등을 들 수 있다. 이러한 클럽하우스프로그램은 정신장애인에게 환자역할 대신 공동체의 의사결정이나 운영을 위해 요구되는 일에 구체적으로 기여하는 회원역할을 부여한다. 이러한 회원역할은 명목상에 그치는 것이 아니라 클럽하우스 운영을 통해 실질적인 의미를 지닌다.

질적연구들에 따르면 정신장애인들은 클럽하우스 참여를 통해 자신에게 성인으로서의 정상적인 역할이 기대된다는 점을 인식하게 되고, 그 결과 점차 자신을 가치있고, 능력 있는 존재로 인식하게 되는 것으로 나타났다(Norman, 2006; Kennedy-Jones et al., 2005; 최희철 외, 2006; 한국클럽하우스연맹 질적연구팀, 2010). 양적 연구들 또한 정신장애인이 클럽하우스를 이용하는 동안 서비스의 소비자로서 서비스에 관한 의사결정권을 행사하고, 서비스에 대한 선택권을 보장 받으며, 적합한 정보를 제공받고, 지속적인 정서적 지지를 경험하며, 그 영향으로 심리적 임파워먼트가 향상되고, 자신의 삶에 대한 통제감이 향상되고, 지역사회통합이나 삶의 질에도 긍정적 효과가 있는 것으로 나타났다(Kosciuleck et al., 2001; Rosenfield, 1992).

한편 국내의 일부 연구들에 따르면 임파워먼트실천 혹은 임파워먼트의 취지에 부합하는 상호작용을 많이 지각할수록 정신장애인의 자아인식에 긍정적 효과가 있는 것으로 나타났다. 정신장애인들이 지역사회의 편견을 개선하기 위해 영화를 제작하고, 출품하는 경험을 중심으로 하는 집단프로그램에 참여한 후 자신감, 삶에 대한 통제감 등 자아인식이 개선된 것으로 나타났다(성희자, 2005). 또한 정신장애인이 지역사회의 정신재활기관을 이용하는 동안 공동체적인 분위기, 전문가와 협력적인 관계, 정신장애인의 자기결정과 강점에 대한 존중 등 정신장애인에게 보다 가치 있는 역할을 부여하는 상호작용을 더 많이 경험하였다고 인식할수록 그들에게 심리적 낙인감은 감소하고, 심리적인 통제감은 향상되었다(하경희, 2007).

제한적이지만 이러한 연구들은 정신장애인이 환자역할보다는 더 능동적이고, 생산적이고, 자기결정의 주체로 인정받는 사회적 상호작용을 경험할 때 그들의 자아인식도 긍정적으로 회복되는 효과가 나타날 수 있음을 보여준다.

2) 자아개념과 정신장애인의 사회적 행동

특정한 사회적 상호작용을 통해 형성된 정신장애인의 자아개념이 행동에 미치는 영향에 관한 연구들은 찾아보기 어려우며, 일부 연구들이 있으나 엄밀히 말해 상징적 상호작용론을 전제한 연구로 볼 수는 없다. 그러한 한계에도 불구하고 특정한 자아개념이 특정한 상황에서 정신장애인의 행동이나 대처에 미치는 영향을 검증한 일부 연구들이 있다. 이러한 유형의 연구들은 낙인을 내재화 한 정신장애인들이 상호작용 장면에서 위축된 행동을 나타내는지 검증한 연구들을 들 수 있다.

파리나 등은 퇴역군인병원에서 정신과 외래치료중인 피험자 29명을 대상으로 그들의 취업가능성을 평가한다는 설명을 제시하고 실험을 진행했다. 실험은 피험자들이 정신장애를 감추고 취업할 수 있는가에 관해 그들이 정신장애인임이 알려져 있는 상황과 그렇지 않은 상황에서 어떻게 반응의 차이가 나타나는지 검증하는 목적에서 시행되었다. 피험자들은 기업 인사과에서 훈련받고 있는 직원들과 함께 과업을 수행하게 되는데, 한 집단에게는 직원들에게 그들이 정신질환자로 알려져 있다고 설명하였고, 다른 집단에게는 그들이 퇴역군인병원의 외과 환자로 알려져 있다고 설명하였다. 실험결과 외과 환자로 알려져 있다고 믿은 피험자들은 대화에 더 많이 참여하였고, 미로게임에서도 더 좋은 성과가 있었다. 특히 미로게임에서는 통계적으로 유의한 정도로 성과가 높았다. 하지만 정신과 환자로 알려져 있다고 믿은 피험자들은 더 많은 불안과 긴장을 경험한 것으로 나타났다(Farina et al., 1971).

한편 골드버그 등의 질적연구에 따르면 취업한 정신장애인들은 정신장애인임을 공개한 후 부정적 경험을 하게 되면 향후 취업 시 정신장애인임을 감추는 경향이 있음을 보고하였다(Goldberg et al., 2005). 이는 사회적 편견을 지각할 경우 자신이 그러한 낙인이 적용될 수 있는 정신장애인임을 알기에 사회적 상호작용에서 위축되기 때문이다. 퀸 등의 실험연구 에 의하면 자신의 정신질환을 공개한 정신장애인들은 정신질환을 공개하지 않은 정신장애인들에 비해 인지적 과제의 수행성과가 훨씬 저조하였다. 이러한 현상은 사회적으로 소수집단이나 차별받는 집단 구성원들이 자신의 정체성이 알려질 수 있다는 불안감으로 인해 통상적인 인지적 과제수행에서 이전보다 수행 수준이 더욱 저하되는 고정관념위협효과와 유사한 정체성 위협효과(identity threat) 때문이다(Quinn et al., 2004). 정신장애인은 정신질환자라는 사실이 알려진다면 자신에 대한 사회의 평가나 처우가 자신에게 심히 불리하게 작용하리라는 것을 예상함으로써 경험하는 긴장과 불안 때문에 평상시보다 더 낮은 수행수준을 나타낼 수 있는 것이다.

하지만 이러한 연구들은 '사회적 상호작용→자아개념→행동'에 이르는 연쇄적 효과를 검증하지는 못했다. 이러한 연구의 한계는 사회적 상호작용, 자아개념, 행동 등 각각의 변인을 조작적으로 정의하고, 변인 사이의 관계를 체계적으로 검증하여야 극복될 수 있다.

2. 정신장애인의 역할정체성 연구 사례

이제 상징적 상호작용론의 기본가정을 충실히 반영하여 '사회적 상호작용→자아개념', '자아개념→사회적 행동'의 가설을 체계적으로 검증한 저자의 연구(김문근, 2009a)를 중심으로 사회적 상호작용이 정신장애인의 자아개념에 미치는 영향과 자아개념이 사회적 행동에 미치는 영향에 관한 연구의 실제와 연구결과, 연구의 함의를 살펴보고자 한다. 이 연구는 상징적 상호작용론과 역할정체성이론을 근간으로 임파워먼트이론, 사회적 낙인 연구, 정신건강서비스기관의 상호작용과 정신장애인의 자아개념 등에 관한 연구들로부터 연구가설을 도출하였다. 이 연구의 핵심가설은 정신재활기관에서 정신장애인을 임파워먼트하는 상호작용경험을 더 많이 경험할수록 정신장애인에게 능동적인 자아개념이 형성되고, 그 결과 정신장애인은 정신재활기관 내에서 뿐만 아니라 사회에서도 더욱 능동적으로 행동하게 되리라는 것이었다.

1) 연구의 가설

저자는 상징적 상호작용론(Symbolic Interactionism)과 역할정체성이론(Identity Theory)에 기초해 정신장애인에게도 사회적 상호작용이 자아개념형성에 영향을 미치고, 그 결과 사회적 행동에도 영향을 가져오는지 검증하기 위해 연구를 설계했다. 이를 위해 전통적 정신의료기관에 관한 고프만과 카르멜, 주스만 등의 연구, 임파워먼트에 관한 다양한 연구, 수정된 명명이론(Modified Labeling Theory)과 사회적 낙인의 내면화에 관한 연구, 정신건강서비스기관의 치료환경에 관한 연구, 클럽하우스모델에 관한 연구들을 종합적으로 검토하였다. 이러한 문헌연구를 통해 정신재활기관에서 정신장애인이 역량강화적 상호작용(empowering social interaction)을 더 많이 경험할수록 그들의 자아개념 또한 능동적 자아개념으로 변화되고, 그 결과 그들의 행동 또한 능동적이 될 것이라는 가설을 수립하였다. 저자의 연구에서 주요 연구가설은 다음과 같았다(김문근, 2009a).

○ **연구가설 1. 역량강화적 상호작용경험이 높을수록 역할정체성은 능동적일 것이다.**

연구가설 1은 임파워먼트실천을 하게 되면 그 효과가 일차적으로 정신장애인의 심리 내적 수준에서 자기효능감이나 통제감, 유능감 등 자아개념이 보다 주체적이고 능동적인 형태로 변화된다는 임파워먼트이론의 기본 가설에 근거해 도출되었다. 무력함을 느끼거나 무기력 상태에 있는 정신장애인에게 서비스를 전달하는 전문가가 선택권과 결정권을 부여하는 등 역량강화적 상호작용을 하면 정신장애인이 내적으로 자기효능감이나 통제감이 향상되리라는 것이 임파워먼트이론의 가설이기 때문이다.

○ **연구가설 2. 역량강화적 상호작용경험은 상호작용에 관한 인식의 매개를 거쳐 역할정체성에 영향을 미칠 것이다.**

연구가설 2는 임파워먼트이론으로부터 연역된 연구가설 1에 상징적 상호작용론의 '상황정의(definition of the situation)' 개념을 적용하여 제시한 가설이다. 상징적 상호작용론에 따르면 사람들은 사회적 상호작용에 참여하면 상황을 정의하고, 상황정의에 부합하는 행동을 하게 된다. 그런데 상황정의는 진행중인 사회적 상호작용이 어떠한 의미를 내포하고 있는지 읽어내고, 해석하는 과정을 거쳐야 가능하다. 즉, 정신재활기관 전문가들이 아무리 임파워먼트실천을 적용한다 하더라도 정작 정신재활기관을 이용하는 정신장애인이 전혀 역량강화적이라고 인식하지 못한다면 그들의 자아개념에 유의미한 영향을 끼치리라 가정할 수 없기 때문이다.

○ **연구가설 3. 역할정체성이 능동적일수록 정신장애인의 행동은 능동적일 것이다.**

연구가설 3은 역할정체성이론에 근거한 가설이다. 역할정체성이론에 따르면 상호작용에 근거하여 형성된 자아개념인 역할정체성이 역할에 부합한 행동을 유발하기 때문이다.

정신재활기관에서 정신장애인에게 능동적인 역할을 부여하는 역량강화적 상호작용을 경험한다면 스스로를 능동적 주체로 인식하게 될 것이고, 그 결과 능동적 행동을 하게 되리라 가정할 수 있을 것이다.

○ 연구가설 4. 역량강화적 상호작용경험은 역할정체성의 매개를 거쳐 정신장애인의 행동에 영향을 미칠 것이다.

연구가설 4는 역할정체성이론에 근거해 역할정체성이 그에 부합한 행동을 유발하리라는 가설이다. 정신재활기관에서 정신장애인에게 능동적인 역할을 보장하는 상호작용을 한다면 능동적인 역할에 근거한 자아개념이 형성될 것이고, 그러한 능동적 자아개념의 영향으로 정신재활기관 내에서뿐만 아니라 지역사회에서도 더욱 능동적 행동이 나타날 것으로 기대된다는 것이다. 연구가설 4는 결국 임파워먼트이론이 은연중에 가정하고 있지만 체계적인 연구를 통해 검증해 내지는 못하고 있는 연구가설이기에 저자의 연구에서 궁극적으로 지지된다면 임파워먼트이론의 발전에 큰 함의를 지닐 수 있으리라 기대되었다.

2) 연구 참여자

이 연구는 서울지역의 정신보건센터(현 정신건강증진센터)와 정신장애인 사회복귀시설을 이용하는 정신장애인을 대상으로 하였으며, 해당 시설을 적어도 3개월 이상 이용하고 있는 장애인들을 표집하였다. 기존 연구들에 따르면 대개 어떤 정신재활기관을 이용할 때 기관 이용을 통해 긍정적 효과를 기대하는데 요구되는 최소한의 기간을 3개월 정도로 가정하는 경향이 있기 때문이다. 특히 이 연구에서는 정신장애인이 그 기관을 이용하면서 역량강화적인 상호작용을 직접 경험해야 하므로 초기적응과정을 고려할 때 최소 3개월은 경과해야 의미있는 상호작용에 참여할 수 있으리라 가정했다. 정신보건센터 8곳에서 총 80명이 표집되었고, 사회복귀시설 18곳에서 총 302명이 표집되어 연구참여자는 총 382명이었다.

3) 변수의 조작적 정의

① 사회적 상호작용의 조작화 : 역량강화적 상호작용

사회적 상호작용에 따라 정신장애인의 자아개념이 형성된다고 가정할 경우 무엇보다도 정신장애인에게 긍정적 자아개념을 향상시키거나 새롭게 형성시킬 수 있는 상호작용의 핵심의미는 무엇이며, 이것을 어떻게 조작적으로 정의하느냐가 중요하다. 역할정체성이론에 따르면 결국 자아개념(역할정체성)은 역할을 매개로 하는 상호작용과 의미에 있어 일관성이 있기 때문이다. 이 연구에서는 임파워먼트이론이 강조하는 역량강화적 상호작용이 정신장애인의 자아개념과 사회적 행동에 미치는 영향을 검증하고자 하였기에 우선 '역량강화적 상호작용'을 조작적으로 정의하고, 측정도구를 정의하는 것이 우선적 과제였다.

그런데 역할정체성이론에 의하면 상호작용경험은 크게 두 차원으로 구분하여 접근할 필요가 있다. 상호작용경험이란 상호작용에 참여하는 행위나 경험 그 자체와 그러한 행위나 경험에 관해 해석하거나 지각, 인식한 의미 차원으로 구성되며, 상징적 상호작용론에 따르면 더욱 중요한 것은 상호작용을 어떻게 인식했는가 하는 점이기 때문이다[13]. 예컨대 장애인에게 사회적 지지를 제공하기 위해 만든 자조집단에 참여한 행위가 반드시 사회적 지지를 경험하였다고 단정하기는 어려운 것은 그 집단에서 사소한 갈등을 경험하고, 결과적으로 공격적이고 갈등적인 모임이었다고 느낀다면 명목상 자조집단이었어도 지지효과가 발생하였다고 보기는 어렵기 때문이다. 그래서 이 연구에서 역량강화적 효과를 줄 수 있는 상호작용관계망 참여경험과 경험했던 상호작용에 관한 인식을 각각 구별하여 조작적으로 정의할 필요가 있었다.

ⓐ 역량강화적 상호작용 관계망 참여 경험

저자는 로젠필드(Rosenfield, 1992)와 니즈-토드 등(Neese-Todd et al., 1992)이 활용한 영향(influence) 척도, 파슨스(Parsons, 1999)의 임파워먼트실천원칙척도, 정신장애인 임파워먼트에 대한 연구들(Kenny-Jones et al., 2005; Kosciuleck & Merz, 2001; Manning, 1998; 하경희, 2007)을 검토한 후 능동적 역할의 중심의미인 '자기결정'과 '집단(공동체)에 대한 참여와 기여'를 역량강화적 상호작용의 핵심적 의미로 정의했다. 이러한 역량강화적 상

---

13) 상징적 상호작용주의자 토마스(Thomas, 1937)의 '만일 사람이 상황을 현실로 정의하면 그때 비로소 상황은 그에게 현실이 된다' 는 주장처럼 사람은 객관적 현실보다는 그 현실이 자기에게 갖는 의미 즉, 자기가 내린 상황에 대한 정의에 근거해 반응한다(Coser, 1977, p.520-523; Stryker & Serpe, 1982, p.203; Reitzer, 2006, p.88-89; Hewitt, 2001, p.98).

호작용을 경험할 수 있는 상호작용관계망을 조작적으로 정의하는 것이 다음 과제였다. 이를 위해 역량강화된 역할을 경험할 수 있는 상호작용관계망을 정신장애인과 전문가 사이의 일대일관계(dyad)와 정신장애인과 전문가, 정신장애인과 정신장애인 사이의 상호작용이 다방면으로 이루어지는 집합적 상호작용관계를 균형 있게 고려하였다. 상호작용관계망 참여 측정 도구는 일대일관계에서는 자기결정과 관련한 상호작용을, 집합적 상호작용관계에서는 집단에 대한 참여나 기여와 관련된 상호작용을 측정할 수 있도록 총 6문항으로 구성하였다[14]. 신뢰도는 집단에 참여(3문항) .600, 자기결정(3문항) .642로 나타났다. 세부 문항은 다음과 같았다.

ⓑ 역량강화적 상호작용에 관한 인식

이 연구에서 역량강화적 상호작용에 관한 인식은 '정신장애인이 정신건강서비스기관을 이용하는 동안 경험하는 전문가나 다른 정신장애인과의 상호작용 속에서 스스로를 의존적이고 수동적인 환자가 아니라, 자신의 삶의 주요 영역에 대해 스스로 선택과 결정을 내릴 수 있고, 집단에 참여하거나 집단을 위해 기여할 수 있는 존재로 자각하도록 만들어 주는 상호작용요소들에 관한 인식'으로 정의하였다. 역량강화적 상호작용에 관한 인식에 대한 측정도구는 임파워먼트접근에 대한 연구들에 널리 활용되어 온 임파워먼트실천원칙 척도(Empowerment Principles Practice)를 활용하였다. 이 척도는 파슨스가 쉼터시설과 가정폭력생존자를 위한 기관의 지역사회지원프로그램, 노인거주시설임파워먼트 프로그램, 정신장애인 거주프로그램, 미국 저소득 아동가정에 대한 공적부조(AFDC) 수혜자 연맹 프로그램 등에 참여하는 이용자들과 직원들에 대한 질적 연구를 통해 개발하였으며, 프로그램에 반영된 임파워먼트 특성을 평가하기 위해 활용되어 왔다(Parsons, 1999). 이 연구에서는 초기의 척도를 33문항으로 수정한 척도(하경희, 2007)를 활용하였다. 이 척도는 정신건강서비스기관에서 이루어지는 상호작용 속에 내포된 '정신장애인의 강점에 대한 인정', '전문가와 정신장애인이 협력적 관계', '집단이나 공동체적 문화', '문제해결을 위한 교육적 경험의 제공' 등 정신장애인을 역량강화하는 네 가지 상호작용 요소에 관한 정신장애인의 인식을 조사할 수 있도록 구성되었다. 각 하위 척도의 신뢰도는 강점에 대한 사정 .866, 협력적 관계 .698, 공동체문화 .736, 교육중심 .754로 나타났다.

---

14) 6개 문항의 내용은 회원이 직접 진행하는 프로그램이나 모임 참여, 치료 및 재활계획 수립시 직원과 합의를 통한 결정, 참여하고 싶은 프로그램에 대한 자기결정, 자치회의 참여경험, 회원들의 발표와 건의가 프로그램 및 시설운영에 반영된 경험, 직원과 장애인이 함께 하는 회의에서 자신의 의견발표 경험 등으로 구성함.

② 자아개념의 조작화 : 역할정체성

이 연구에서 자아개념은 역할정체성이론에 근거하여 역할정체성을 의미하며, 역량강화적 상호작용을 통해 형성되는 역할정체성은 역량강화적 상호작용에 내포되어 있는 정신장애인이 담당하는 역할과 의미가 연결되어 있어야 한다. 그래서 우선 역량강화적 상호작용 속에서 정신장애인이 수행하는 역할의 핵심은 무엇이며, 그로부터 도출되는 자아의 의미는 무엇인지 정의하여야 한다.

이 연구에서 정신장애인이 정신건강서비스기관에서 경험하는 역량강화적 상호작용을 통해 수행하는 역할이란 정신건강서비스기관을 이용하는 정신장애인 이용자에게 부여되는 회원역할로서 전통적인 정신건강체계에서 정신장애인에게 주어졌던 의존적, 수동적인 환자역할을 대체하는 보다 긍정적이고, 능동적인 역할로 정의하였다. 그런데 이러한 능동적인 회원역할에 근거해 형성되는 역할정체성을 정의하려면 역할정체성의 다양한 하위 의미차원을 도출하여야 한다(Callero, 1992). 이를 위해 본 연구에서는 문헌들로부터 정신장애인의 능동적 역할정체성의 의미차원을 추출하고, 이러한 의미차원을 측정할 수 있는 측정도구를 선정하여 역할정체성 측정에 적합하도록 변형하였다.

저자는 임파워먼트 접근에 관한 연구, 지역사회 정신건강서비스기관의 프로그램환경에 관한 연구, 정신장애인의 자아개념의 변화에 관한 연구, 클럽하우스에 관한 연구 등을 검토한 후 정신장애인을 역량강화 하는 긍정적 상호작용을 통해 형성될 것으로 기대되는 역할정체성을 '자기결정과 통제'(Chamberlin, 1997; Finfgeld, 2004; Lord & Hutchison, 1993; Manning, 1998; Parsons, 1998), '집단 또는 공동체에 대한 참여와 기여'(Dickerson, 1998; Kennedy-Jones et al., 2005; Lee, 1996; Lord et al., 1993; Norman, 2006; Manning, 1998, 1999)를 핵심적 의미차원으로 갖는 '능동적 역할정체성'으로 정의하였다.

다음으로 저자는 이러한 '자기결정과 통제', '집단 또는 공동체에 대한 참여와 기여'라는 두 가지 하위 의미차원을 측정할 수 있는 측정도구를 모색하였다. 이를 위해 임파워먼트 관련 측정도구들과 지역사회프로그램환경척도 등을 포괄적으로 검토하였다. 최종적으로 자기결정과 집단 또는 공동체에 대한 참여와 기여를 측정하기 위해 볼튼 등(Bolton and Brooking, 1996, 1998)의 Personal Opinion Scale[15] 중에서 '자기결정'과 '집단지향' 두 영역의 29문항을 번역하여 신뢰도 검사를 통해 유의성이 없는 3개 문항을 제외하고, 총

---

15) Personal Opinion Scale은 Bolton과 Brooking(1996, 1998)이 재활과 지역사회심리학연구들로부터 임파워먼트개념을 광범위하게 검토한 후 장애를 가진 사람 중 임파워먼트된 사람의 20가지 특성을 측정할 수 있도록 구성하였다(Bolton & Brooking, 1998; Brooking & Bolton, 2000). 이 척도의 응답범주는 예, 아니오로 나뉘고, 예에 대해 1점을 부여한 후 점수를 합산하여 활용하는 척도로서 신뢰도는 자기결정 α =.80, 집단에 대한 참여지향 α =.86이었다.

26개 문항을 선택하였고, 5점 리커트 척도로 변화하여 활용하였다.

한편 역할정체성이론에 의하면 역할 관련 자아개념은 2개의 다른 차원을 갖는다. 첫째 차원은 역할과 관련하여 자신의 내면에 형성되어 있는 시설의 회원역할에 대한 일반적 기대나 규범으로서 역할정체성표준(identity standards)이다. 둘째 차원은 회원역할과 관련하여 자기의 실제 수행수준에 관한 인식인 자아의미(self meaning)이다(Burke, 1991; Callero, 1992). 한 사람의 역할정체성이 역할에 부합하는 행동을 유발하는 원리는 내면화된 역할기대(역할정체성표준)와 역할수행에 대한 자기평가(자아의미)를 지속적으로 비교하여 이 둘을 일치시키려는 동기가 모든 사람에게 존재하기 때문이다. 이 연구에서 저자는 볼튼과 브루킹의 측정도구에서 가져온 26개 문항을 2가지 차원을 측정할 수 있는 문항으로 각각 구성하였다. 이러한 두 차원의 측정도구를 일부 소개하면 다음과 같다. 이 연구에서 신뢰도는 정체성 표준이 .751, 역할관련 자아인식이 .828이었다.

<표 8-2> 역할정체성표준과 역할 관련 자아의미 측정도구 비교

	역할정체성표준 (identity standards)	자아의미 (self meaning)
측정도구 지시문	이 센터를 이용하면서 일반적으로 이 센터(시설)의 회원들은 어떤 사람이라고 생각하는지 각 문항에 대해 귀하의 생각과 가장 일치하는 칸에 표시해 주십시오.	이 센터(시설)를 이용하면서 자신에 대해 어떻게 생각하는지 각 문항에 대해 귀하의 의견과 일치하는 곳에 표기해 주십시오.
자기결정 관련 문항	이곳에서 회원들은 다른 사람들에게 자신의 생각을 표현하는 것을 싫어할 것이다.	이곳에서 나는 다른 사람들에게 나의 생각을 표현하는 것을 싫어한다.
	이곳에서 회원들은 예민한(논쟁이 있을 수 있는) 주제에 대해서도 자신의 의견을 표현할 것이다	이곳에서 나는 예민한(논쟁이 있을 수 있는) 주제에 대해 나의 견해를 표현한다.
집단 지향 관련 문항	회원들은 센터(시설)에 도움이 되는 일들을 하는 것을 좋아할 것이다.	나는 센터(시설)에 도움이 되는 일들을 하는 것을 좋아한다.
	이곳에서 회원들은 주위에 아무도 없는 곳에서 지내려 할 것이다.	이곳에서 나는 주위에 아무도 없는 곳에서 지내려 한다.

③ 사회적 행동의 조작화 : 사회적 참여 및 사회적 위축

이 연구에서 저자는 임파워먼트이론 등에서 강조하는 역량강화적인 상호작용이 정신보건센터나 사회복귀시설에서 충분히 이루어진다면 능동적 역할정체성이 형성되고, 그 결과 능동적 행동도 강화될 것으로 가정하였다. 그렇다면 역량강화적 상호작용을 통해 형성, 강화된 능동적 역할정체성으로부터 나타날 능동적 행동은 어떻게 정의하고, 측정할 것인가가 중요하다. 이에 저자는 기관 내에서는 각종 활동과 프로그램에 대한 적극적인 참여로, 기관 외부에서는 각종 사회활동참여의 증가로, 사회적 편견과 낙인의 영향으로 나타날 수 있는 사회적인 위축행동(social withdrawal)은 감소할 것으로 가정했다.

ⓐ 기관 내에서의 참여

기관에 대한 적극적인 참여행동은 정신보건센터나 사회복귀시설을 이용하며 회원으로서 보일 수 있는 능동적인 행동들을 추출하여 7문항으로 구성하였다. 그 내용을 구체적으로 살펴보면 1) 기관에 새롭게 등록한 회원에 대한 개별적인 환영과 관계형성, 2) 다른 회원에 대한 도움 제공, 3) 다른 회원에게 자신의 생각이나 감정의 표현, 4) 센터운영이나 프로그램에 관한 협의가 이루어지는 회의(자치회의)에서 자신의 의견 발표, 5) 센터운영이나 프로그램과 관련하여 불만족스러운 상황에 대해 직원에게 건의하기, 6) 기관의 주요 프로그램에 대한 참여, 7) 기관에 도움이 되는 일과 활동에 대한 참여 등이었다. 이 연구에서 능동적 대처(1~5번)는 신뢰도가 .774였고, 프로그램 참여(6~7번)의 신뢰도는 .719였다.

이 연구에서 기관 내에서의 참여행동이 역량강화적 상호작용관계망 참여경험과 의미적으로 일부 일치하는 경향이 있으므로, 정확하게 현재의 행동을 측정하기 위해 질문지의 지시문을 "귀하의 센터(시설)활동에 대한 질문입니다. 지난 1개월간의 실제 경험을 바탕으로 응답해 주세요."로 표기하였다. 상호작용관계망 참여경험에 관한 질문지의 지시문이 "귀하가 이 센터(시설)에 등록한 이후 현재까지의 실제 경험한 바에 근거해 응답해 주십시오."였음을 고려할 때 지난 1개월의 실제경험을 바탕으로 한 응답은 현재의 행동을 보다 충실하게 측정해내는데 어느 정도 기여했다.

ⓑ 기관 외부에서 사회적 참여

역할정체성이론에 따르면 하나의 정체성이 그에게 중요하고 두드러진 정체성이라면 다른 상황에서도 그러한 정체성이 행동을 유발한다. 따라서 정신보건센터나 사회복귀시설을 이용하면서 역량강화적인 상호작용을 경험하였고, 그 결과 능동적인 역할정체성이 형성되었다면 그 효과는 시설 내에 국한되는 것이 아니라 지역사회에서도 그 영향이 나타날 것으로 가정할 수 있다. 이에 저자는 지역사회에서 정신장애인의 능동적인 참여와 관련한 행동들을 측정할 수 있는 도구를 탐색하였다. 이 연구에서는 하경희(2007)이 연구에서 활용된 사회통합척도 중 사회참여와 관련한 6문항 중 5문항을 활용하였다. 본래 사회참여문항은 '종교활동참여', '가까운 친구, 친척집 방문', '개인적인 친목모임 참여', '자원봉사활동 참여', '사회단체 및 정치활동참여', '인터넷(동호회 및 커뮤니티 활동 등) 참여' 등 6개 문항이었다. 이 연구에서 종교활동참여는 특정 종교와 관련한 종교인이라는 정체성에 의해 예측될 수 있는 행동이라 가정하였기에 정신재활기관에서 형성된 능동적 역할정체성에 의해 예측될 수 있는 사회참여 행동에서 제외하고 5개 문항만 활용하였고, 이 연구에서 신뢰도는 .691이었다. 기관 외부에서의 사회참여 행동 또한 지난 1개월 이내의 실제 경험을 바탕으로 응답하도록 함으로써 현재의 행동을 측정하였다.

ⓒ 사회적인 위축 행동

한편 정신장애인은 사회적 편견과 낙인이 내면화되어 부정적 자아개념을 형성하므로 사회적으로 위축된 행동패턴이 나타날 수 있다. 만일 정신재활기관에서 역량강화적 상호작용을 통해 능동적 역할정체성이 형성되었다면 상대적으로 부정적 자아개념의 영향력이 감소할 수 있을 것으로 기대할 수 있다. 역할정체성이론에 따르면 어떤 정체성이 두드러진 정체성이 된다면 그 정체성이 행동에 미치는 영향이 증가하기 때문에 상대적으로 다른 정체성의 영향은 감소할 수 있기 때문이다. 따라서 능동적 역할정체성이 형성되었다면 사회적으로 위축된 행동은 감소할 것으로 기대할 수 있다. 이 연구에서 사회적인 위축행동을 측정하기 위해 사회적 낙인이론에서 빈번하게 사용되었던 사회적 위축행동(social withdrawal) 척도의 7문항 중 2문항을 제외하고 5개 문항을 활용하였다. 제외된 문항은 첫째, '어떤 사람을 처음 만나면 내가 정신과 치료를 받았다는 사실을 드러내지 않기 위해 특별히 신경을 쓴다'였다. 이 문항은 위축된 행동보다는 낙인을 감추려는 '비밀(secrecy)'을 측정하는 문항으로 볼 수 있기 때문이다(서미경, 1994). 둘째, '나로서는 정신과 환자였던 사람들과 어울리는 것이 더 쉽다'라는 문항은 정확하게 위축행동을 의미한다고 보기에는 한계가 있기 때문이다. 특히 정신재활기관 내에서도 적극적으로 참여하는 행동이 나타날 수 있는데 이러한 행동은 불가피하게 정신과 환자였던 사람들과 어울리는 것이고, 이것이 지역사회주민들과 교류하는 것보다 쉬운 것은 정신장애인에게 현실이기 때문이다. 마땅한 사회적 역할이 없는 정신장애인들이 재활기관에 참여하여, 재활기관을 이용하는 정신장애인들과 교류를 선호하는 것을 사회적 위축을 의미한다고 단정하기에는 한계가 있기 때문이다. 무엇보다도 이 연구에서 저자는 기관 내에서의 참여행동과 사회참여행동을 각각 능동적 행동으로 간주할 수 있도록 조작화 하여 연구하였으므로 사회적 위축행동은 정확하게 사회적 위축만을 측정할 필요가 있었다. 그러므로 최종적으로 사회적 위축행동을 측정하기 위해 사용한 문항은 아래와 같았고, 신뢰도는 .603이었다.

- 만약 어떤 사람이 정신과 환자에 대해 일반적으로 더 부정적 의견을 가지고 있다면 나는 그를 피하고자 할 것이다.
- 일단 정신과 치료를 받은 후에는 내가 생각하고 있는 내용을 숨기는 것이 좋다.
- 직업을 갖고자 하는데 응시원서에 정신과 치료를 받은 사실을 묻는 칸이 있다면 나는 그 칸을 비워둘 것이다.
- 고용주가 정신과 치료를 받은 경력 때문에 채용하기를 주저한다면 나는 그 직장을 포기하겠다.
- 정신과 치료를 받은 것 때문에 나를 열등하다고 생각하는 사람이 있다면 나는 그를 피할 것이다.

4) 연구가설 검증결과

위와 같은 연구가설의 검증을 위해 수집된 자료의 분석은 각 변인간의 이론적 관계를 종합적으로 검증할 수 있는 구조방정식모형을 활용하였다. 구조방정식모형에 따른 자료분석은 실질적으로 능동적 행동을 나타내는 최종 변인을 정신재활기관 내 참여행동, 정신재활기관 밖에서의 사회참여행동, 사회적 위축행동으로 각각 분리하여 실시하였다. 자료분석결과를 각 최종변인별로 살펴보자.

[그림 8-1]은 정신재활기관 내에서 역량강화적인 상호작용관계망에 참여한 경험은 역량강화적인 상호작용에 대한 인식을 향상시키고, 역량강화적인 상호작용인식은 능동적인 역할정체성을 향상시키며, 능동적인 역할정체성은 정신재활기관 내에서 더욱더 적극적인 자기결정과 집단참여와 같은 능동적 행동으로 이어지고 있음을 보여준다. 이 구조방정식모형에서 흥미로운 점은 역량강화적인 상호작용이 이루어지는 관계망에 참여함으로써 역량강화적 상호작용에 대한 인식이 증가하더라도 그 자체만으로는 능동적 행동으로 이어지지 않고, 능동적인 역할정체성이 형성되어야 능동적인 행동이 나타난다는 점이다. 이

모형에서 역량강화적 상호작용관계에 참여한 경험은 기관 내에서의 능동적 행동을 증가시키는 직접적인 효과가 있지만 역할정체성 형성을 통해 능동적 행동을 증가시키는 경로는 통계적으로 유의한 경로임을 알 수 있다. 즉, 기관 내에 상호작용관계망에 참여한다면 그 자체로 행동이 학습되거나 조건화 되어 기관에 대한 능동적 행동이 나타날 가능성이 높지만 상징적 상호작용론이 뒷받침하는 바와 같이 능동적 역할을 부여하고 그러한 경험이 이루어지는 상호작용에 참여하고, 그러한 상호작용 참여 중 상호작용의 의미가 정신장애인인 자신을 자기결정과 능동적 행동의 주체로 존중하는 의미임을 인식하게 되며, 그 결과 자기를 능동적 주체로 바라보는 자아개념(역할정체성)이 형성되어 최종적으로 기관 내에서 보다 능동적인 대처와 참여가 나타난다는 점이다.

[그림 8-1] 정체성형성과 기관참여행동 구조모형

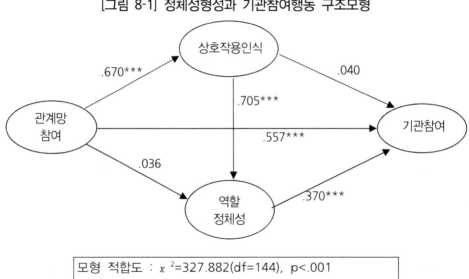

출처: 김문근(2009a)에서 인용

[그림 8-2]는 정신재활기관 내에서 이루어진 역량강화적인 상호작용 참여와 그 결과 형성된 능동적인 역할정체성이 정신재활기관 밖에서의 사회참여행동에 긍정적 기여를 하는지 검증한 구조방정식모형분석결과이다. 이 모형에서도 정신재활기관 내에서 이루어진 역량강화적인 상호작용에 참여한 경험은 역량강화적인 상호작용에 대한 인식으로 이어지고, 그 결과 능동적 역할정체성이 증가하며, 최종적으로 정신재활기관 밖에서 '가까운 친구, 친척집 방문', '개인적인 친목모임 참여', '자원봉사활동 참여', '사회단체 및 정치활동참여',

'인터넷(동호회 및 커뮤니티 활동 등) 참여' 등 사회참여행동을 증가시키는 것으로 나타 났다. 이러한 경로가 통계적으로 유의했다는 것은 정신재활기관의 재활전략의 하나로 정 신장애인에게 자기결정권을 보장하고, 집단에 참여함으로써 능동적인 역할을 담당하도록 하는 것이 매우 중요한 함의가 있음을 시사한다.

[그림 8-2] 정체성형성과 사회참여행동 구조모형

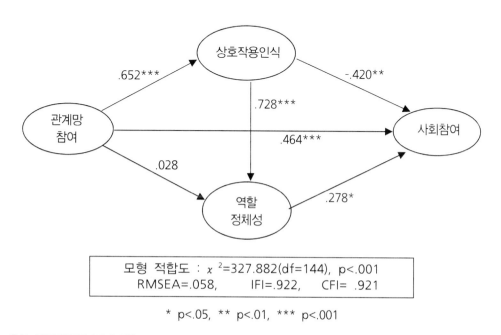

* p<.05, ** p<.01, *** p<.001

출처: 김문근(2009a)에서 인용

그런데 이 구조모형을 자세히 살펴보면 [그림 8-1]과는 달리 역량강화적인 상호작용에 참여한 경험은 역량강화적인 상호작용에 관한 인식으로 이어지고 이러한 인식은 능동적 인 역할정체성 형성에 기여하지만 한편으로는 사회참여행동을 감소시키는데 유의하게 기 여한다는 좀 당황스러운 결과 또한 포함하고 있다. 이러한 연구결과를 어떻게 이해할 것 인가는 저자에게 매우 어려운 난제였다. 즉, 정신재활기관에서 역량강화적인 상호작용을 경험하고, 역량강화적인 상호작용을 인식할 때 왜 정신장애인들은 사회에서 적극적인 참 여와 같은 능동적 행동이 증가하는게 아니라 오히려 감소할 수 있는가 하는 점이다. 하 지만 이러한 난제는 선행연구들을 면밀히 검토하고, 상징적 상호작용론적 전제를 숙고해 본다면 매우 논리적으로 해결될 수 있다. 일부 연구들은 정신장애인이 사회적 낙인과 차 별을 경험하므로 때때로 정신장애인들과 함께 교류하거나 정신재활기관에서 주로 생활하면서 자아개념을 보호하려는 경향이 있는 것으로 나타났다(Corin, 1998; Ekeland et al., 2006; Forrester-Jones et al., 2008; Sells et al., 2004; 남상희, 2004). 이를 일부 연구자들은 긍정적인 사회적 위축(positive social withdrawal)이라 칭하기도 했다(Corin, 1998; Sells et al., 2004). 이와 유사하게 국내 일부 연구들도 정신건강서비스기관의 프로그램환경에 관한 긍정적 인식이나 역량강화적 상호작용에 관한 인식이 오히려 정신장애인의 사회 속 대인관계나 사회정치적 활동참여에 부정적 영향을 미칠 수 있다는 점을 실증적 연구를 통해 규명한 바 있다(이용표, 2000; 정덕진, 2006).

그렇다면 이 연구결과는 정신재활접근에 있어 역량강화적인 상호작용을 통해 기대하여야 하는 이상적인 효과는 능동적인 자아개념형성을 통한 사회참여행동의 향상임을 시사하는 것으로 볼 수 있다. 즉, 이러한 연구결과는 단순히 정신재활기관의 상호작용이 정신장애인에게 매우 지지적이고, 우호적이기만 하다면 지역사회통합과 같은 행동수준의 긍정적 재활성과를 오히려 저해할 우려가 있으며, 오직 능동적 역할정체성의 형성을 통해서만 지역사회통합과 같은 궁극적 재활성과를 담보할 수 있다는 이론적 근거를 제시한 것으로 볼 수 있다.

[그림 8-3] 정체성형성과 사회적 위축행동 구조모형

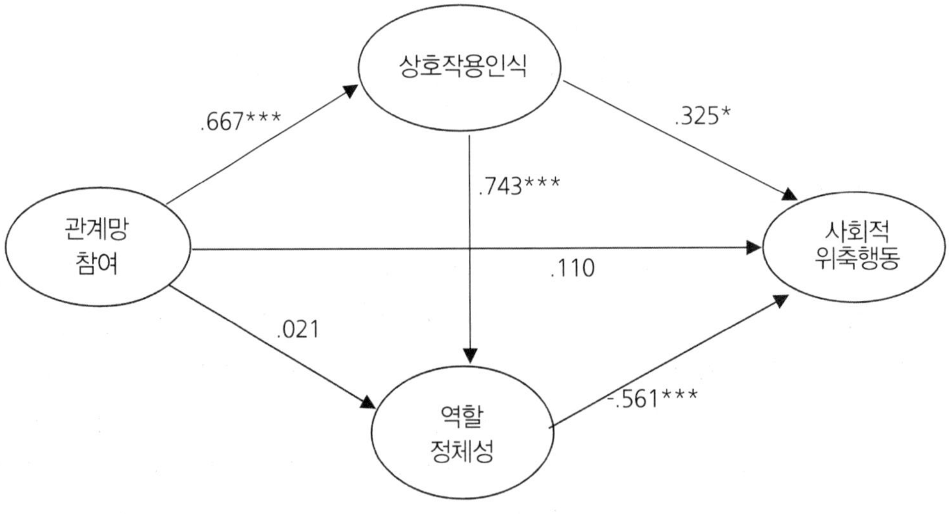

모형 적합도 : x^2=173.050(df=82), p<.001
RMSEA=.054,   IFI=.959,   CFI=.959

* p<.05, ** p<.01, *** p<.001

출처: 김문근(2009a)에서 인용

한편 이 연구는 사회적 낙인과 편견에 의해 자아개념이 부정적으로만 형성되어 사회적으로 위축된 행동이 지배적이었던 정신장애인이 정신재활기관에서 역량강화적인 상호작용을 통해 능동적 역할정체성이 형성된다면 사회적 편견과 낙인에 의한 부정적 자아개념의 영향력은 약화될 것이므로 사회적 위축행동이 감소할 것으로 가정하였다. 대개 정신장애인들은 정신질환과 장애로 인한 부정적인 자아개념과 정체성을 벗어버리고 자아를 긍정적으로 재구성하기 위해 다양한 대처전략을 구사하고 있는 것으로 알려져 있기 때문이다. 예컨대 정신질환초기에는 정신질환자 역할을 거부하거나 정신질환자집단과 동일시를 차단하기 위해 정신질환을 부정하거나 과거의 사회적 성취를 과장하기도 하며(Lally, 1989), 직업적 역할이 있으면 정신장애인에 대한 편견지각이 감소하거나(김문근, 2009b) 자신의 기능장애를 더 경미한 것으로 인식하며(김문근, 2011), 성공한 정신장애인으로서의 자아보다는 정신장애인으로서의 자아를 망각하는 것을 선호하는 경향(Barham and Hayward, 1998) 등을 보이곤 한다. 이 연구 자료분석결과 이러한 연구의 가설과 같이 정신재활기관 내에서 역량강화적인 상호작용을 경험하고, 그 결과 능동적인 역할정체성이 형성되면 사회적 위축행동은 감소하는 것으로 나타났다. 이러한 가설을 더욱 강력하게 뒷받침할 수 있는 것은 [그림8-3]과 같이 역량강화적인 상호작용에 참여하고, 정신재활기관의 상호작용이 역량강화적이라고 인식하였음에도 불구하고 오히려 사회적 위축행동은 증가할 수 있다는 개연성 또한 설명해 주기 때문이다. 정신재활기관이 정신장애인을 존중하고, 지지적이며, 역량강화적이어서 정신장애인에게 만족감을 주고, 자아개념을 지지하는 효과가 있을 때 정신장애인들이 정신재활기관 내에서만 머무르려 하는 '긍정적 위축(positive withdrawal)'을 더욱 강화시킬 수 있다. 하지만 능동적 역할정체성이 형성되기만 하면 사회적 위축행동을 강력하게 감소시키는 효과가 뚜렷하게 나타날 수 있다.

4) 연구의 함의

저자가 수행한 위 연구는 임파워먼트이론에 대한 이론적 기여와 함께 정신장애인의 임파워먼트실천을 통한 재활과 사회통합과 관련하여 큰 함의를 제공해 준다. 첫째, 이 연구가 상징적 상호작용론과 상징적 상호작용론을 양적 연구방법으로 발전시킨 역할정체성이론에 충실히 근거하여 '역량강화적 상호작용→자아개념→사회적 행동'의 순차적 인과관계를 양적연구를 통해 종합적으로 검증해 냄으로써 임파워먼트이론의 발전에 기여했다는 점이다. 그 동안 임파워먼트이론은 전문가와 일대일 관계, 집단참여, 비판적 의식화 등의 개념을 통해 무력했던 개인이 능동적 주체로 변화할 수 있다는 점을 설명해 왔다. 하지만 왜, 어떻게 개인의 내적 태도와 외적 행동에 변화가 추동될 수 있는지에 대해서는 뚜렷하게 설명을 제공하지는 못했다. 하지만 상징적 상호작용론과 역할정체성이론에 근거한 저자의 연구는 역량강화적 상호작용이 능동적 역할 경험을 통해 능동적 자아개념을 형성시키고, 그 결과 능동적 자아개념과 일관된 능동적, 적극적 행동이 유발될 수 있음을 설명해 주기 때문이다.

둘째, 실천적 측면에서 이 연구는 임파워먼트의 핵심은 정신장애인에게 자기결정과 집단참여를 통한 주체적 역할과 경험을 제공함으로써 정신장애인들이 지각하는 상호작용의 핵심적 의미가 곧 자아인식의 변화로 이어지도록 유도하는 것이 재활과 사회통합을 촉진하는 효과적 전략일 수 있음을 경험적 연구를 통해 뒷받침 했다는 점이다. 클럽하우스모델과 같이 정신장애인에게 주체적이고, 능동적인 역할을 부여하고, 공동체나 집단에 참여하여 자신의 목소리를 내고, 공동체를 위해 기여하는 역할들을 부여받고, 수행할 때 질병이나 장애에 국한된 자아개념이 변화될 수 있고, 그 결과 재활기관 내에서나 사회에서 능동적인 행동과 사회통합에 한 발 더 다가갈 수 있다는 점이다.

셋째, 이 연구는 기존의 일부 연구들에서 보고된 정신장애인의 사회적 위축, 사회참여의 감소 등 자아를 지키기 위한 긍정적 위축(positive withdrawal)을 어떻게 이해하고, 그에 대해 어떠한 재활 및 사회통합 전략이 가능한지 이론적, 실천적 근거를 제공해 주었다는 점이다. 사실 [그림 8-2]와 [그림 8-3]은 동일한 현상을 다른 시각에서 조명함으로써 정신장애인의 사회통합에 관한 깊은 이해를 제공해 주고 있다. 사회의 편견과 낙인이 정신장애인의 자아인식을 강력하게 손상시키는 현실에서 정신재활기관에 머무르는 것은 제한적이나마 자아인식을 덜 부정적으로 만드는 효과가 있다. 그러므로 과거 일부 연구자들은 이러한 사회적 위축을 부정적 자아개념으로부터 자신의 자아를 보호하기 위해 능동적으로 취하는 대처반응으로 규정하여 적극적 혹은 긍정적 위축이라 부른 것이다. 적극적 혹은 긍정적이라는 수식어가 붙었지만 여전히 사회통합과는 거리가 있는 사회적 위축행동들에 대해 이론적 이해를 제공하고, 실천적 대응전략을 제시할 수 있다는 점에서 이 연구결과는 함의가 크다.

이 연구는 임파워먼트실천을 통한 역량강화적 상호작용이 대개 정신장애인들에게 사회적 지지로 인식된다면 낙인과 차별이 지각되는 지역사회로의 참여보다는 시설 내부로 위축할 개연성이 높음을 시사한다. 하지만 정신장애인에게 정신질환자라는 낙인과 편견으로부터 자기의 자아개념을 옹호하고, 지켜내는데 유용한 능동적, 적극적 자아개념이 형성된다면 사회참여가 촉진될 수도 있을 것이다. 일부 선행연구들이 시사하듯 직업적 역할과 같이 실제 사회의 긍정적 역할 경험을 기반으로 형성된 긍정적 자아개념은 사회적 낙인과 편견의 영향을 중화시키거나 막아내는 효과를 지닐 뿐 아니라 사회참여와 사회통합으로 나아가려는 정신장애인에게 능동적, 사회참여적 행동의 동기를 제공할 것이다. 아무리 정신재활기관이 만족스러운 삶의 환경을 제공한다 하더라도 정신재활기관 내에 머무르는 것은 정신장애인의 지역사회통합에 걸림돌이 되기 쉽다. 따라서 정신재활기관은 역량강화적 상호작용을 제공함으로써 정신장애인이 능동적 자아개념을 형성하거나 향상시키도록 돕고, 능동적 자아개념을 힘입어 그들이 지역사회참여를 적극적으로 시도하도록 지원하여야 할 것이다.

3. 역할정체성이론에 근거한 정신재활의 원리와 전략

제 3장에서 살펴본 역할정체성이론과 저자의 연구결과(김문근, 2009a)를 함께 고려한다면 임파워먼트실천을 통한 정신재활의 전략은 [그림 8-4]와 같이 표현할 수 있다. 대개 전통적인 정신재활서비스는 직접적인 정신질환 증상의 치료와 저하된 일상생활기술, 사회기술, 여가활용기술, 직업적 기술 등에 대한 체계적 훈련에 초점을 맞춘다. 이러한 의료모델과 그로부터 파생된 재활모델에 근거한다면 정신의료전문가의 정신질환에 대한 사정과 진단, 기능수준에 대한 사정과 진단, 치료계획의 수립과 시행, 재활훈련계획의 수립과 시행 등이 중요한 과업이다. 이러한 과업들은 그 자체로는 상당한 유용성이 있다. 정신장애인의 정신질환 증상을 완화, 해소한다면 그들의 일상생활 및 직업적 역할을 수행하는데 있어 정신장애인이 경험하게 되는 어려움이 경감될 수 있기 때문이다. 하지만 정신질환의 증상을 치료하고, 저하된 기능을 향상시키기 위해 제공하는 치료 및 재활서비스가 지니고 있는 부정적 영향은 상대적으로 간과되고 있다.

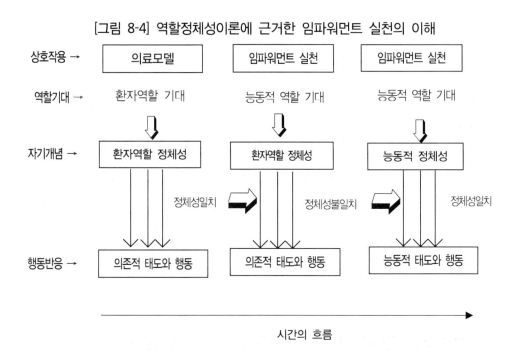

[그림 8-4] 역할정체성이론에 근거한 임파워먼트 실천의 이해

상호작용 → 의료모델 / 임파워먼트 실천 / 임파워먼트 실천

역할기대 → 환자역할 기대 / 능동적 역할 기대 / 능동적 역할 기대

자기개념 → 환자역할 정체성 / 환자역할 정체성 / 능동적 정체성

정체성일치 / 정체성불일치 / 정체성일치

행동반응 → 의존적 태도와 행동 / 의존적 태도와 행동 / 능동적 태도와 행동

시간의 흐름

　　임파워먼트 관련 연구들에서 반복적으로 강조하는 바는 정신장애인은 정신건강서비스를 이용하는 동안 환자역할 중심으로 상호작용이 변화되고, 그들의 자아인식 또한 환자역할이나 장애인역할을 중심으로 구성되므로 무기력함을 경험하기 쉽다는 것이다. 학습된 무기력으로 지칭되는 정신장애인의 수동성과 의존성, 낮은 동기 등은 상징적 상호작용론에 따르면 일종의 자아개념으로 볼 수 있고, 이러한 수동적, 의존적 자아개념을 해결하지 않고서는 그들이 생산적인 사회적 역할을 수행하거나 지역사회 및 가족의 구성원으로 적극적인 참여와 통합을 기대하기는 어려운 것으로 볼 수 있다. 이 같은 정신장애인의 자아인식을 변화시키는 것은 정신질환의 증상을 치료하는 것이나 훈련을 통해 저하된 기능을 향상시키는 것보다 더욱 난해한 과업이 아닐 수 없다. 어떤 이론적 근거에 의해, 어떠한 기법을 통해 정신장애인의 자아인식을 긍정적이고, 능동적으로 변화시켜 놓을 수 있는지 명확하지 않기 때문이다.

　　임파워먼트실천은 이러한 수동적이고, 무기력한 정신장애인의 자아인식이나 내적인 태도나 외적 반응을 개선시키기 위한 전략으로 종종 인용되고 있다. 그럼에도 어떻게 무기력하고, 소극적인 정신장애인이 주체적이고, 능동적으로 내적 태도와 외적 행동의 변화가 추동될 수 있는지에 대한 설명은 제공하지 못했다. 하지만 이 연구는 임파워먼트이론에서 제시하지 못했던 임파워먼트실천을 통한 정신장애인의 자아인식과 외적 행동의 극적인 변화의 원리를 설명해 준다. 정신건강서비스기관에서 무엇보다 중요한 것은 정신장애인에게 어떠한 상호작용을 보장하고, 그 결과 그들의 내면에 어떠한 자아인식이 생성되도록 하는가에 대해 주의를 기울일 필요가 있다는 것이다. 만일 모든 것을 정신보건전문가가 사정하고 진단하고, 계획을 수립하면서 정신장애인은 단지 수동적으로 전문가의 사정, 진단, 치료 및 재활계획을 받아들이거나 따르기만 하는 방식으로 정신건강서비스기관을 운영한다면 정신장애인에게 증상의 호전, 기능의 향상이라는 가시적 성과를 얻어냈다 하더라도 자동적으로 지역사회통합을 보장할 수는 없기 때문이다. 즉, 정신장애인의 능동적이고 긍정적인 자아개념이 뒷받침되지 않으면 지역사회참여나 사회적 역할수행에서 적절한 동기화가 이루어지기 어려워 향상된 기능도 활용할 기회가 주어지지 않을 것이기 때문이다.

[그림 8-4]는 정신의료기관이든 정신재활기관이든 그들이 제공하는 치료와 재활서비스를 정의하고, 운영하는 방식에 있어 근본적 변화가 필요함을 말해주고 있다. 정신장애인에게 스스로를 결정하는 주체, 참여하는 주체, 기여하는 주체, 가족 및 지역사회의 구성원들과 함께 통합되어 살아가야 하는 주체로 인식할 수 있는 상호작용을 제시한다면 정신장애인에게 그러한 역할에 근거한 능동적 정체성이 형성될 것이고, 그 결과 정신건강서비스기관 외부에서도 능동적인 역할을 담당하며, 사회와 통합된 적응행동을 기대할 수 있을 것이다.

4. 요약

본 장에서는 저자의 실증적 연구사례를 토대로 정신장애인이 정신건강서비스기관에서 경험하는 사회적 상호작용의 측정방법, 상호작용이 정신장애인의 역할정체성과 사회적 행동에 미치는 영향에 관한 검증결과를 살펴보았다. 연구결과에 의하면 정신장애인이 지역사회정신건강기관에서 경험하는 역량강화적 상호작용에 관한 인식은 능동적 역할정체성에 긍정적 영향을 끼치고, 능동적 역할정체성은 기관 내부, 기관 외부에서 능동적 행동을 증가시키며, 사회적인 위축행동은 감소시키는 것으로 나타났다. 이러한 연구결과는 역할정체성에 근거한 '역량강화적 상호작용 → 능동적 자아개념 → 능동적 행동'이라는 가설을 지지한다. 따라서 정신재활기관이 역량강화적 상호작용을 보장함으로서 정신장애인에게 능동적 자아개념의 형성을 촉진한다면 사회적 낙인과 편견으로 인해 정신재활기관 내부에 머무르려는 긍정적 사회적 위축현상을 완화할 수 있고, 지역사회통합도 촉진할 수 있음을 시사한다.

이러한 연구결과는 정신의료기관이나 정신재활기관은 치료를 통한 정신질환의 증상 완화, 재활훈련을 통한 기능 향상만으로는 정신장애인의 치료와 재활에 충분히 효과적일 수 없음을 보여준다. 즉 치료 및 재활기관이 임파워먼트실천을 통해 역량강화적 상호작용을 보장할 때 정신장애인의 능동적 역할정체성 형성에 도움이 되며, 그 결과 지역사회통합도 향상될 수 있음을 시사한다. 따라서 정신의료기관이든 정신재활기관이든 그들이 제공하는 치료와 재활서비스를 운영함에 있어 임파워먼트실천을 적극 활용하는 근본적 변화가 필요할 것이다.

참 고 문 헌

김문근 (2007). "정신보건법상의 강제입원 조항과 인권침해기제에 관한 질적사례연구." 사회복지연구 33(단일호): 123-158.

김문근(2009a). 정신장애인의 상호작용경험이 사회적 행동에 미치는 영향 : 역할정체성의 매개효과를 중심으로. 서울대학교 박사학위논문.

김문근(2009b). "직업적 역할은 정신장애인이 지각한 편견을 감소시키는가?" 사회복지연구 40(3): 299-326.

김문근(2011). "정신장애인의 기능장애에 대한 당사자와 보호제공자의 주관적 인식 비교." 정신보건과 사회사업 38(단일호): 81-112.

남상희(2004). 정신질환의 생산과 만성화에 대한 의료사회학적 접근 : 자전적 내러티브를 중심으로. 한국사회학. 38(2). 101-134.

성희자(2005). 정신장애인의 임파워먼트 형성 방안. 보건과 사회과학. 18. 141-164.

이용표(2000). 지역사회 정신보건프로그램이 정신장애인의 재활효과에 미치는 영향. 박사학위논문. 서울대학교 대학원.

정덕진(2006). 정신장애인이 인식한 임파워먼트실천의 효과성. 미출간 석사학위논문. 가톨릭대학교

최희철. 이방현. 김동훈(2006). 정신장애인의 클럽하우스 참여경험에 관한 현상학적 연구. 태화임상사회사업연구. 13.

하경희(2007). 지역사회정신보건서비스를 이용하는 정신장애인이 인식한 임파워먼트실천의 효과에 관한 연구. 박사학위논문. 서울대학교.

한국클럽하우스연맹 질적연구팀(2010). 정신장애인의 클럽하우스를 통한 임파워먼트 경험 연구. 정신보건과 사회사업 34: 322-370.

Barham,P. and Hayward, R.(1998). In sickness and in health : Dilemmas of the person with severe mental illness, Psychiatry, 61(2), 163-170.

Bolton, B. and Brooking, J.(1998). Development of a measure of intrapersonal empowerment, Rehabilitation Psychology, 43(2), 131-142.

Bolton, B. and Brooking, J.(1996). Development of a multifaceted definition of empowerment, Rehabilitation Counselling Bulletin, 39, 256-264.

Burke, P.J.(1991). Identity Processes and Social stress, American Sociological Review, 56, 836-849.

Callero, P.L.(1986). Toward a Meadian conceptualization of role, The Sociological Quarterly, 27(3), 343-358.

Corin, E.(1998). The thickness of being : Intentional worlds, strategies of identity, and experience among schizophrenics, Psychiatry, 62(2), 133-146.

Dickerson, F.B.(1998). Strategies that foster empowerment, Cognitive and Behavioral Practice, 5, 255-275.

Ekeland, T. and Bergem, R.(2006). The negotiation of identity among people with mental illness in rural communitics, Community Mental Health Journal, 42(3), 225-232.

Farina, A., Cliha, D. Boudreau, L., Allen, J.G. & Sherman, M.(1971). Mental illness and the impact of believing others know about it, Journal of Abnormal Psychology, 77(1), 1-5.

Finfgeld, D.L.(2004). Empowerment of individuals with enduring mental health problems, Advances in Nursing, 27(1), 44-52.

Goffman, E. (1961). "Asylum." New York.

Goffman, E. (1963). Stigma:Notes on the management of spoiled identity, Englewood Cliffs, NJ;Prentice Hall.

Goldberg, S.G., Killeen, M.B. and O'Day, B.(2005). The disclosure conundrum : How people with psychiatric disabilities navigate employment, Psychology, Public Policy, and Law, 11(3), 463-500.

Karmel, M.(1969). Total institution and self-mortification, Journal of Health and Social Behavior 10(2), 134-141.

Karmel, M.(1970). The Internalization of Social Roles in Institutionalized Chronic Mental Patients, JOURNAL OF HEALTH AND SOCIAL BEHAVIOR 11(3), 231-235.

Kennedy-Jones, M., Cooper, J. and Fossey, E.(2005). Developing a worker role : stories of four people with menatal illness, Australian Occupational Therapy Journal, 52, 116-126.

Kosciulek, J. F. and Merz, M.(2001). Structural analysis of the consumer -directed theory of empowerment, Rehabilitation Counseling Bulletin, 44(4), 209-216.

Lally, S.J.(1989). Does being in here mean there is something wrong with me ?, Schizophrenia Bulletin vol.15. No. 2., 253-265.

Lee, J. A.(1996). The empowerment approach to social work practice, in Social Work Treatment, 4th edition, edited by Turner, F.J. The Free Press.

Link, B.G., Cullen, F.T., Struening, E., Shrout, P.E. and Dohrenwend, B.P.(1989). A modified labeling theory approach to mental disorders : An empirical assessment, American Sociological Review, 54, 400-423.

Lord, J. & Hutchison, P.(1993). The process of empowerment : Implication for theory and practice, Canadian Journal of Community Mental Health, 12(1), 5-22.

Manning, S.S.(1998). Empowerment in Mental Health Programs : Listening to the Voices. in Empowerment in social work practice, edited by Gutierrez, L.M., Parsons, R. J. and Cox, E. O. CA: Brooks/Cole.

Manning,S.S.(1999). Building an Empowerment Model of Practice through the Voices of People with Serious Psychiatric Disability, in Empowerment Practice in Social Work : Developing richer conceptual foundations by Shera, W. and Wells, L.M.

McCay, E.A. and Seeman, M.(1998). A scale to measure the impact of a schizophrenic illness on an individual's self-concept, Archives of Psychiatric Nursing vol. 12, No. 1. 41-49.

Neese-Todd, S. and Weinberg, J.(1992), Public academic liason : One clubhouse approach to research and program evaluation, Psychosocial Rehabilitation Journal, 16(2), 147-161.

Norman, C. (2006). "The Fountain House movement, an alternative rehabilitation model for people with mental health problems, members' descriptions of what works." Scandinavian journal of caring sciences 20(2): 184-192.

Parsons, R.(1999). Assessing Helping Processes and Client Outcomes in Empowerment Practice: Amplifying Client Voice and Satisfying Funding Sources in Empowerment Practice in Social Work : Developing richer conceptual foundations by Shera, W. and Wells, L.M.

Parsons, R.(1998). Evaluation of Empowerment Practice, in Empowerment in social work practice, edited by Gutierrez, L.M., Parsons, R. J. and Cox, E. O. CA: Brooks/Cole.

Priestley. M. ,1998. Constructions and Creations: Idealism, materialism and disability theory, Disability & Society, 13(1):75-94.

Quinn, D.M., Kahng, S.K. & Crocker, J.(2004). Discreditable : Stigma effects of revealing a mental illness history on test performance, Personality and Social Psychology Bulletin, 30, 803-815.

Rosenfield, S.(1992). Factors contributing to the subjective quality of life of the chronic mentally ill, Journal of Health and Social Behavior, 33, 299-315.

Sells, D.J., Stayner, D.A., and Davidson, L.(2004). Recovering the self in schizophrenia : An integrative review of qualitative studies, Pscychiatric Quaterly, 75(1), 87-97.

Serpe, R. and Stryker, S.(1987). The construction of self and the reconstruction of social relationships, Advances in Group Processes, Vol. 4, 41-66.

Sinclair, S., Huntsinger, J., Skorinko, J. and Hardin, C.D.(2005). Social Tuning of the Self : Consequences for the Self-Evaluations of Stereotype Targets, Journal of Personality and Social Psychology, 89(2), 160-175.

Watson, A.C., Corrigan, P., Larson, J.E., and Sells, M.(2007). Self-Stigma in people with mental illness, Schizophrenia Bulletin, 33(6), 1312-1318.

Zusman, J. (1966). "Some explanations of the changing appearance of psychotic patients: Antecedents of the social breakdown syndrome concept." The Milbank Memorial Fund Quarterly 44(1): 363-394.

제 3 부

상징적 상호작용주의와
정신장애에 대한 사회적 개입

제9장 사회적 역할가치화 접근과 상징적 상호작용

제10장 임파워먼트 실천과 상징적 상호작용

제11장 클럽하우스모델과 상징적 상호작용

제12장 정신보건정책과 상징적 상호작용

제9장

|

사회적 역할가치화 접근과 상징적 상호작용

　　정상화이론 혹은 정상화원리는 국내에서도 이미 오래 전부터 장애인복지의 기본적인 가치 또는 실천지향으로 받아들여졌다. 1960년대 이후 널리 알려진 정상화원리는 1980년대를 거치면서 울펜스버거를 통해 사회적 역할가치화(social role valorization)로 재명명 되었고, 그 실천적 원리도 더욱 구체화되었다. 정상화원리가 큰 반향을 불러일으켰던 것은, 지적장애인과 정신장애인의 시설보호서비스가 갖는 비정상적인 생활리듬, 운영방식, 장애인에 대한 이미지 손상과 사회적 낙인화 등의 문제를 비판하면서 장애인의 사회통합을 위한 전략으로 사회의 정상적인 생활양식을 강조한데 있다. 대규모 수용시설의 정신장애인 보호방식은 관리와 통제 중심이었고, 물리적 환경이나 생활리듬은 지역사회 성인의 관점에서 볼 때 비정상적이었고, 장애인에게 기대되는 역할은 전형적으로 성인보다는 아동 역할을, 자율적이기보다는 의존적, 순응적 역할이었기에 장애인의 사회통합을 저해하고, 장애인의 이미지를 더욱 손상시킨다는 반성을 불러일으켰던 것이다. 그럼에도 정상화원리 혹은 사회적 역할가치화는 하나의 이론으로서 받아들여지기보다는 실천가치나 지향 정도로만 인식되어 왔다. 이는 지적장애인이나 정신장애인에게 지역사회의 일반 성인과 유사하게 가치 있는 사회적 역할을 보장하고, 물리적 공간이나 환경을 성인의 일반적인 기대나 기준에 일치시키는 것이 가치적인 면에서 많은 공감과 설득력을 지녔기 때문이다. 그에 비해 어떤 이론적 근거에서 정상화원리나 사회적 역할가치화가 정신장애인의 재활 혹은 사회통합을 위한 과학적 기반이라 할 수 있는지에 대해서는 여전히 의문이다. 울펜스버거는 사회적 역할이론을 적극 활용함으로써 정상화원리를 사회적 역할가치화 이론으로 발전시키려 노력하였고, 적지 않은 성과를 거두었지만 여전히 사회적 역할가치화 이론은 과학적 이론으로서 근거가 취약하다. 본 장에서는 상징적 상호작용론을 통해 정상화원리와 사회적 역할가치화 이론의 내적 원리를 재해석함으로써 그 이론적 근거를 보완하려 한다.

1. 정상화원리

사회적 역할가치화(Social Role Valorization)는 1960~1970년대를 거치면서 지적 장애인의 시설보호와 관련하여 제기되었던 정상화원리(Normalization Principle)가 더 정제된 이론 형태로 발전된 결과물이라 할 수 있다. 따라서 사회적 역할 가치화를 이해하기 위해 우선 정상화원리 및 이념이 무엇인지 살펴볼 필요가 있다.

정상화원리는 덴마크 및 스칸디나비아반도 지역 지적장애인 시설보호서비스 전달과 관련하여 뱅크 미켈센(Bank-Mikkelsen), 뉴리에(Nirje) 등이 제시했던 서비스의 핵심적 원리를 뜻한다. 북유럽의 정상화원리는 '지적장애인들에게 가능한 한 정상에 근접한 삶을 실현시켜 주는 것' 또는 '지적장애인의 일상생활 양상과 여건을 정규적인 환경과 생활 방식에 가능한 한 근접한 것으로 유용하게 만드는 것'을 의미한다(김동국, 2014). 이러한 정상화의 보다 구체적인 원리들은 뉴리에가 제시한 여덟 가지 원리에 잘 반영되어 있다. 뉴리에는 정상화원리를 스칸디나비아 국가들에서 지적장애인들과 관련된 서비스 실제에서 도출된 사고들, 방법들, 경험들이라 정의하였고, 그가 제시한 정상화원리의 여덟 가지 가치 및 지향은 아래와 같다(Nirje, 1969, 1994; 김동국, 2014; 이성규, 2001).

- 정상화는 지적장애인의 일상생활에 정상적 리듬을 보장한다. 식사, 취침 등에 있어 정상적인 생활양식으로서 개별적인 욕구나 기호에 따른 선택을 보장한다.
- 인생에 있어서 정상적인 생활을 보장하는 것이다. 사람들은 각각 다른 장소에서 다른 활동을 통해 일상을 의미 있게 살아가므로 지적장애인들에게 가정과 같은 기능을 하는 시설에서 치료, 훈련, 여가활동이 동시에 제공하는 것은 정상적인 생활양식과 불일치하므로 이러한 활동들은 지역사회의 자연스러운 환경에서 지역주민과 통합되어 제공되어야 한다.
- 연중 정상적인 생활리듬을 보장한다. 휴일이나 가족휴가, 여행 등은 일반인들에게 한 해 동안 자신을 재충전하고 새로운 생활의 활기를 보장하므로 장애인들에게도 이런 기회가 보장되어야 한다.
- 생애주기적 발달과 관련한 정상적 경험을 보장한다. 성인인 지적 장애인이 마치 아동과 같이 부모에 의존적으로 생활하도록 하는 것은 정상적이지 않으므로 지역사회의 정상적인 삶에 참여할 수 있도록 가능한 한 능력의 범위 내에서 기회를 보장하되, 아동기, 청소년기, 성인기, 노년기 등에 적합한 생활을 보장하여야 한다.

- 지적장애인의 선택, 기대, 욕구를 가능한 한 존중한다. 1968년 스웨덴에서 개최된 지적장애인 컨퍼런스에서 지능이 35-70인 지적 장애인들은 여가프로그램, 직업재활 프로그램과 관련해 목소리를 높임. 그들은 15-16세 미만의 아동들과 동일한 프로그램 참여를 거부했고, 순회교육에서 대집단보다는 소집단 토론을 선호했고, 대집단으로 이동하는 것은 비정상적이므로 소집단으로 이동할 것을 주장함.
- 적절한 수준의 제한 규정을 두되 양성을 통합한 환경을 보장한다. 과도한 우려 때문에 성별을 분리하여 보호하는 접근은 비정상적이고, 지적 장애인들의 삶을 무료하게 만들고, 적절한 발달에 부정적 영향을 미치기 때문이다.
- 지적 장애인의 정상적 삶을 보장하기 위해 경제적 처우를 정상화 한다. 적절한 사회 보장 급여를 제공하고, 일상적인 용돈을 보장하고, 직업재활에 참여하면 경쟁취업, 보호작업, 시설 내 취업 등 무엇이든 일의 가치에 상응하는 보상을 제공하여야 한다.
- 물리적 환경을 정상화 하여야 한다. 지적 장애인이 이용하는 시설물의 환경, 예컨대 병원, 학교, 주거시설 등의 물리적 환경은 일반적 시민들도 받아들일 수 있는 정도 여야 한다. 그러므로 시설의 규모가 불필요하게 대규모집단의 수용을 추구해서는 안 되며, 시설의 위치는 지역사회 속에 존재해야 함을 의미한다.

이 같은 북유럽의 정상화 개념은 울펜스버거를 통해 북미식으로 변형되었는데 그는 정상화를 '가능한 한 문화적으로 정상적인 행동과 특징을 확립·유지할 수 있도록 가능한 한 문화적으로 정상적인 수단을 이용하는 것'으로 정의하였다. 그 후 그는 정상화를 '사람에게 가능한 한 많은 가치 부여된 역할들이 가능하도록 해주고, 또 확립·유지시켜 줄 수 있기 위해 문화적으로 가치 있는 수단을 사용하는 것'으로 정의하였다(김동석, 2014:11).

이러한 정상화원리는 1960년대 당시 지적장애인을 보호하는 대규모 시설들이 지닌 문제들에 대한 세 가지 비판에서 출발한다. 당시 지적장애인을 보호하던 시설들은 정상적인 삶의 양식과는 다른 방식으로 지적장애인에게 서비스를 제공하고 있었다. 첫째, 시설 보호는 삶의 정상적인 리듬을 보장하지 못하고 있었다. 즉, 지역사회에서의 정상적인 삶의 양식과는 거리가 먼 획일적인 취침시간, 지나치게 이른 취침시간, 휴일이나 휴가의 부재 등 시설에서의 생활양식은 지적장애인에게 오히려 부정적 영향을 끼칠 수 있다는 것이다. 둘째, 정상적인 삶은 다양한 욕구를 충족시키는 기능들이 각기 다른 장소에서 제공되는데 비해 시설보호는 단 하나의 장소에서 거주, 치료, 재활, 여가 등 모든 욕구를 획일적으로 충족시키려 하므로 정상적인 삶의 양식과 불일치한다는 것이다. 셋째, 지적

장애인들에 대한 시설의 서비스는 일반적인 지역사회 주민들의 욕구를 다루는 문화적 기준이나 보편성과 거리가 있다는 것이다. 즉, 문화적으로 일반 성인들과 동등한 방식으로 지적장애인에 대한 서비스도 제공되어야 한다는 것이다(Cocks, 2001).

위에서 제시한 여덟 가지 정상화의 원리는 지적장애인에 대한 시설보호가 지니고 있는 상징적 의미들과 그 효과들이 대체로 부정적이었다는 점을 상기시키고, 그에 대한 대안으로 지역사회의 정상적인 삶의 양식과 지적장애인에 대한 서비스 제공이 일관된 방식으로 이루어질 필요가 있음을 강조한 것으로 볼 수 있다. 뉴리에는 스스로 이러한 정상화원리가 지적장애인 시설보호서비스의 상징적 의미와 관련하여 다음과 같은 세 가지 중요한 함의를 내재하고 있다고 주장하였다.

첫째, 지적장애인을 보호하는 시설의 모든 환경과 기회들은 지적장애인에게 교육적 함의가 있다는 것이다. 즉, 시설에서 지적장애인에게 어떠한 환경을 제공하고, 어떤 삶의 기회들을 보장하는가는 그들에게 모종의 교육적 의미를 지닌다는 것이다. 그렇기에 시설에서 지적장애인에게 보호를 제공하는 사람들은 지적장애인의 전인적 발달에 영향을 미치는 환경의 통제자들이라는 점에서 책임이 막중하다는 것이다.

둘째, 지적장애인에게 풍부한 자극과 경험을 제공한다면 지적장애인에게 변화의 주체로서 자아정체감을 형성시키는데 기여한다는 것이다. 지적장애인의 장애를 이유로 각종 기회와 활동을 제한하는 것은 그들에게 거절, 무시, 혼란을 경험하게 하므로 오히려 그들의 자아정체감에 부정적 영향을 주리라는 것이다.

셋째, 정상화원리를 적용하게 되면 지적장애인, 시민, 전문가, 보호자 등에게 지적장애인, 전문가, 지적장애인서비스기관 등에 대해 새롭게 인식하는 계기를 제공할 수 있다는 점이다. 지역주민들은 지적장애인을 정상적인 사회구성원으로 인식하게 될 것이고, 주거시설은 정상적인 주거공간으로 인식되고, 지적장애인이 이용하는 학교는 일반적인 아동 청소년을 위한 학교로 인식되고, 전문가들은 자신의 역할을 다르게 인식하는 계기가 마련될 수 있다는 것이다(Nirje, 1969).

이처럼 정상화원리는 지적장애인시설보호에 대한 비판적 성찰로부터 발전한 장애인 재활과 보호, 사회통합에 대한 일반적 지향으로 볼 수 있다. 이러한 정상화원리는 울펜스버거를 거치면서 사회적 역할가치화 이론(Social Role Valorization, SRV)으로 발전하게 된다. 울펜스버거는 스스로 사회적 역할가치화(SRV)가 정상화원리에 대한 새로운 명칭임을 밝혔다(Wolfensberger, 1983, 2011). 그러므로 사회적 역할가치화가 정상화원리와 전혀 새로운 어떤 이론으로 볼 근거는 없다. 다만 사회적 역할(Social Role)이라는 어휘에서 예상할 수 있듯이 역할이론을 활용함으로써 정상화원리를 과학적으로 반증할 수 있는 이론으로 발전시키고자 했던 것이다.

2. 사회적 역할가치화 이론(Social Role Valorization)

정상화원리를 사회적 역할가치화 이론으로 발전시킨 울펜스버거에 따르면 그의 이론은 크게 1) 현대 서구사회에서 사회적으로 가치 절하되는 사람들의 집단, 2) 가치 절하된 사람들이 경험하는 전형적인 부정적 인생경험들, 3) 가치 절하된 사람들의 가치를 옹호, 회복, 강화하기 위한 전략으로서 사회적 역할가치화의 세 영역으로 구분하여 논의할 수 있다(Wolfensberger, 2000).

1) 사회적으로 가치 절하되는 사람들

울펜스버거는 사회적으로 가치 절하되기 쉬운 집단으로서 다음과 같은 사례들을 제시하고 있다(Wolfensberger, 2000).

- 감각기관, 신체, 정신 등의 영역에서 손상을 보유한 사람들
- 행동적으로 비정상적인 사람들. 지나치게 과도한 행동이나 저조한 행동(게으름같이), 성적 행동이나 정체성의 이상, 알코올이나 약물 중독으로 인한 자기 파괴적인 행동 등의 문제를 가진 사람들.
- 가시적인 신체적 외모, 외양이 비정상적인 사람들.
- 사회질서에 대해 저항적인 사람들
- 빈곤한 사람들.
- 사회적으로 유용한 기술을 보유하지 못한 사람들.
- 여러 가지 이유로 주류 문화에 동화되지 못한 소수집단 구성원들.

이러한 가치 절하된 사람들을 유형화 한 것은 사회적 역할가치화 접근이 이러한 다양한 소수집단들에게 적용될 수 있음을 시사한다(Cocks, 2001). 정상화원리는 스칸디나비아반도 및 북구유럽의 지적장애인 시설보호에 대한 비판적 성찰에 근거한 지적장애인이나 정신적 장애인에 대한 사회서비스 원칙으로 발전하였지만. 사회적 역할가치화 이론은 역할이론의 함의를 활용하여 추상화 과정을 거침으로써 다양한 소수집단과 차별에 노출된 사람들에게 보편적으로 적용할 수 있는 가능성을 지니게 되었다. 즉, 경제적 측면에서는 빈곤층. 신체 및 정신적 건강과 관련해서는 장애인이나 질환을 경험하는 의료서비스 이용자. 주류 문화와 관련해서는 이민자. 성적 소수자 등 문화적 소수집단. 사회규범 및 질서와 관련하여서는 다양한 일탈행위자들을 포괄할 수 있다.

2) 가치 절하된 사람들의 부정적 경험(wounds)

사회적 역할가치화 이론은 사람들이 경험하게 되는 사회적 처우의 긍정적 양상과 부정적 양상을 극명하게 대조하면서. 사회적 처우를 결정하는 것이 사회적 역할에 근거한다는 점을 강조한다. 사회의 구성원이 가치 있는 사회적 역할을 담당할 것인지. 가치 절하된 사회적 역할을 담당하게 될 것인지를 결정하는 핵심적 원리를 제시하지는 않은 채 위에서 소개한 바와 같은 사회적 소수자들이 사회적으로 가치 절하된 지위, 역할, 삶의 조건들에 노출될 가능성이 높다고 본다. 특히 사회적으로 가치 절하된 역할을 담당하게 되면 삶의 긍정적인 것들의 기회는 감소. 상실되고, 사회적으로 가치 절하된 삶의 조건들이 동반될 가능성이 높다고 주장한다.

사회적 역할가치화 이론에 의하면 가치절하 된 사람들은 그렇지 않은 사람들과는 달리 삶의 좋은 것들로부터 배제되고, 다음과 같은 부정적인 경험들(wounds)에 노출될 가능성이 증가한다(Race, 1999; Wolfensberger, 2000).

- 사회적으로 낮은 지위에 처하게 될 위험.
- 사회, 공동체. 이웃. 가족 등으로부터 체계적으로 배제됨.
- 사회적으로 가치 절하된 역할들을 담당하고, 가치 있는 역할에 대한 접근이 차단됨.
- 사회적으로 부정적인 가치들과 연결되므로 낙인화 됨.
- 다른 사회문제로 인한 희생양이 될 우려가 증가함.

- 사람들로부터 사회적 거리가 설정됨.
- 자기 삶에 대한 결정권을 상실함.
- 물리적인 환경, 사유물 등으로부터 단절됨.
- 사회적 관계로부터 단절됨.
- 자연적인 무상의 대인관계들이 축소, 폐기되고, 유급의 관계들로 대체됨.
- 개별화가 상실되고, 집단적인 관리의 대상이 됨.
- 빈곤을 경험함.
- 다양한 경험의 기회가 박탈됨(impoverishment of experiences).
- 가치나 영적 세계로부터 배제됨.
- 인생이 허비됨. 기회, 도전, 경험, 정서적 위로 등을 기다리는 동안 인생이 지나감.
- 야만적인 처우, 죽음 등에 노출됨.

한편 울펜스버거는 사회적으로 보편적으로 좋은 경험들, 좋은 것들(universal good things of life)을 아래와 같이 제시하고, 이러한 좋은 것들은 사회적으로 가치 있는 역할들과 동반됨을 강조한다. 즉, 가치 절하된 사람들이 경험하는 상처(wounds)와 일반적 사회 구성원들이 경험하는 온갖 삶의 좋은 것들을 대비시키고 있다(Wolfensberger and Thomas, 1996).

- 가족 혹은 가족과 유사한 소규모 집단.
- 가정이라고 부를 수 있는 공간.
- 중간 혹은 소규모의 친밀한 사회적 조직에 대한 참여.
- 마음을 공유하고, 의무로 매이지 않은 친구관계.
- 영적인 안정을 제시하는 초월적인 신념체계.
- 생계의 수단을 넘어서는 의미, 가치를 부여할 수 있는 일.
- 합리적 수준의 생활안정(극도의 빈곤과 가난, 노숙 등의 위협이 없음).
- 자신의 능력, 재능을 발견하고 발전시킬 수 있는 기회.
- 인간으로서 최소한의 존중을 받음.
- 진실한 처우를 받음.
- 불의의 피해자가 되지 않으리란 합리적 보증.
- 하나의 개인으로서 인정받는 것.

- 자신의 삶에 관한 의사결정에서 발언권을 보장받음.
- 다양한 삶의 현장에 배제되지 않고 접근할 수 있음.
- 일상적인 사회적 삶에 접근할 수 있음.
- 가치 있는 기여를 하고 인정받음.
- 건강함.

사회적 역할가치화 이론은 반드시 사회적 역할이 삶의 좋은 것과 부정적인 경험을 필연적으로 야기하지는 않을지라도 사회적 역할이 삶의 좋은 것과 부정적인 것을 동반할 개연성이 높다는 것이다(Wolfensberger and Thomas, 1996). 위와 같은 사회적 역할가치화 이론의 주장들이 정당화되려면 사회적 역할이 어떤 원리에 의해 할당되는가에 대한 이론적 근거 또한 필요할 것이다.

3) 사회적 역할가치화 이론의 핵심적 전제들

사회적 역할가치화 이론은 사회적 역할이 삶의 좋은 것들과 부정적 경험을 할당하는 근거가 된다고 주장한다. 이러한 사회적 역할가치화 이론의 사회적 역할에 대한 강조는 다음과 같은 사회적 역할가치화 이론의 몇 가지 전제들을 통해서도 확인할 수 있다(Lemay, 1999; Race et al., 2005; Wolfensberger, 2000). 각 전제들은 역할이론들로부터 연역된 것이거나 경험적 연구를 통해 일부 검증된 것을 포함하고 있다. 각 전제들을 주제별로 분류하고 그 함의를 상징적 상호작용론에 근거하여 논의하고자 한다.

① 사회적 역할의 직접적 효과

- 사회적 역할은 그 사람의 생활의 전 영역에 포괄적으로 영향을 끼친다. 사회적 역할은 대인관계, 삶의 장소와 영역, 소득, 일상적인 생활리듬, 사회로부터의 평판과 존경, 자율성, 건강, 행동, 성격, 정체성 등에 영향을 준다(Wolfensberger, 2000).
- 사회는 가치 있는 역할을 보유한 사람에게는 삶의 좋은 것을, 가치 절하된 역할을 보유한 사람들에게는 나쁜 것을 제공할 가능성이 높다(Wolfensberger, 2000).
- 역할은 인생을 결정짓는 것이며, 특히 부정적인 역할은 개인에게 파괴적인 결과를

가져온다. 부정적인 역할이 할당된 사람들은 좀처럼 긍정적 역할의 기회가 보장되지 않는다(Lemay, 1999)

● 대표적인 긍정적 역할(Big Positive Role)을 보유하는 것은 여타의 이유 때문에 가치 절하 될 위험성으로부터 방어적 효과를 지닌다(Wolfensberger, 1983, 2000).

사회적 역할이 삶의 전 영역에 포괄적 영향을 끼친다는 주장은 가치 절하된 사람들의 부정적 경험(wounds)에 관한 설명 전반에 반영되어 있다. 아울러 사회적으로 가치 절하된 사람들은 삶의 보편적으로 좋은 것들(universal good things of life)로부터 박탈을 경험할 가능성이 높다는 설명과도 연결된다. 이러한 두 가지 전제는 설명적이기보다는 기술적 측면이 강하다. 즉, 사회적으로 가치 절하된 사람들의 경험에 관한 관찰결과를 반영한 것으로 볼 수 있다. 대규모시설에서 집단 수용되어 획일적 통제와 관리 하에 있었던 지적장애인들의 경험이나 의료중심 접근으로 인해 오히려 시설수용의 부정적 영향을 경험하던 정신장애인들의 경험은 이러한 전제를 잘 반영하고 있다(Goffman, 1961; Wolfensberger, 1972). 하지만 특정한 역할이 그 자체로 긍정적이거나 부정적이라고 단정하는 것은 현실에서는 용이하지 않다. 울펜스버거와 토마스는 이러한 사회적 역할가치화의 전제를 클라이언트역할에 관한 분석에 적용한 논문에서 클라이언트역할은 맥락에 따라 긍정적일 수도, 부정적일 수도 있으며, 그 정도는 클라이언트역할을 둘러싼 사회의 다양한 맥락에 의해 결정될 것임을 논증한 바 있다. 즉, 클라이언트 역할은 서비스를 제공하는 기관의 가치, 역할이 누구에게나 할당될 수 있는 보편성, 다른 서비스 이용자들의 사회적 가치, 다른 사람들 혹은 사회의 가치 있는 사람들이 그 역할을 선망하는 정도, 관찰자들이 그 역할에 대해 갖는 기대, 서비스 제공 장소 등에 의해 달라질 것이다(Wolfensberger and Thomas, 1994). 그럼에도 사회적으로 가치 절하된 역할들은 두드러질 수 있고, 그러한 역할들을 담당하는 사람들은 사회적으로 부정적인 이미지나 반응을 초래하거나 역할 담당자에게 부정적인 정체성을 생성시킬 수 있다.

한편 울펜스버거가 사회의 대표적인 긍정적 역할을 보유하면 가치 절하의 위험으로부터 보호적 효과를 지닌다고 주장한 것은, 가치 있는 사회적 역할이 사회적 상호작용에서 자기를 옹호 및 방어하는 상징적 자산으로 활용될 수 있음을 시사한다. 이와 같은 근거에서 그는 종종 손상보다도 개인이 담당하고 있는 역할이 사회적으로 더 강력한 의미를 전달한다고 주장하였다.

그렇다면 사회적으로 가치 있는 역할들과 가치 절하된 역할들은 어떤 원리에 의해 상이한 집단이나 개인에게 할당되는 것인가? 이러한 근본적 의문에 대해 사회적 역할가치화 이론은 아래와 같은 몇 가지 전제를 통해 그 논거를 제공하고 있다.

② 사회적 역할의 할당

- 어떤 역할들은 사회체계에 의해 특정 집단이나 계급에게 할당된다. 종족, 성별, 장애, 가치체계, 종교 및 정치적 성향, 직업 등은 다원화된 사회에서 계급과 같은 기능을 하며, 이러한 요인들에 따라 체계적으로 사회적 역할이 할당된다(Lemay, 1999).
- 어떤 장(setting), 프로그램, 서비스체계 등은 이용자들에게 특정한 역할을 강요하는 효과를 지닌다(Wolfensberger, 1972).
- 일탈자, 가치 절하된 사람들은 사회로부터 더욱 가치 절하된 역할들을 할당받는 경향이 있다(Wolfensberger, 1972).
- 사회적 역할들 중 일부는 능력이라는 조건에 따라 할당된다. 능력을 덜 필요로 하는 역할일수록 귀속적으로 주어진다(Wolfensberger, 2000).

사회적 역할이 누구에게 어떤 기준에 의해 할당되는가에 대해 사회적 역할가치화 이론은 뚜렷한 근거를 제시하지는 못하고 있다. 즉, 권력관계, 보유한 자원의 양, 개인의 속성 등 어떠한 사회규범이나 원리에 따라 사회적으로 가치 있는 역할과 가치 절하된 역할이 어떻게 상이하게 할당되는지에 대해 구체적 원리를 설명하지는 않고 있다. 다만 사회적 계급이나 지위, 자원, 규범 등에서 주류집단이 소수집단에 비해 가치 있는 역할들을 할당받을 가능성이 높으며, 특정한 사회체계나 환경(setting)이 그러한 환경에 참여하는 사람들에게 특정 역할을 강요하는 효과가 있다고 전제한다.

한편 사회적으로 가치 있는 역할을 점유한 사람들은 앞으로도 사회적으로 가치 있는 역할을 보장받을 가능성이 높고, 반면 가치 절하된 역할을 담당하는 사람들에게는 향후에도 가치 절하된 역할이 주어질 가능성이 높다는 주장은 기존의 사회적 역할이 이어지는 사회적 역할 할당에 중요한 영향요인임을 시사한다.

또한 울펜스버거는 일부 사회적 역할들은 귀속적으로 주어지지만 일부 역할들은 능력에 따라 접근 기회가 차별화된다고 주장하였다. 이는 그가 사회적으로 가치 절하된 사람들의 사회적 역할을 가치화 하기 위한 전략으로 개인적 능력 향상을 강조하는 것과 일관성이 있다. 하지만 신체적으로 손상이 명확한 사람들의 이미지 손상을 보완하기가 쉽지 않듯 장애 등으로 인해 능력이 제한되고, 훈련이나 교육, 환경적 지원을 통해서도 능력 향상에 한계가 있을 수 있다. 이러한 장애인의 현실을 고려할 때 능력향상 접근은 지나치게 기능주의적 관점에 경도된 것이 아닌가 비판을 받을 수 있을 것이다.

③ 사회적 역할과 상호작용

- 사회적 역할은 사람에게 자기와 세계, 타인, 상황을 정의내릴 수 있는 장을 제공한다(Wolfensberger, 2000).
- 많은 집단의 역할들은 고정관념을 동반하며, 고정관념은 역할 점유자와 사회의 다른 구성원들의 태도를 형성하는 경향이 있다. 특히 실제적인 접촉 없이 간접적으로 얻어진 정보에 의존할 때 집단에 대한 편견이 강화되는 경향이 있다(Lemay, 1999).
- 사회적 역할에는 역할기대가 동반되며, 역할기대는 다양한 통로를 통해 전달된다. 사회적 역할기대들은 다양한 물리적 환경, 사회적 맥락, 수행되어지는 활동들, 언어, 개인적인 외모, 지엽적인 측면들 등을 통해 전달될 수 있다(Wolfensberger, 2000:113-115).

위의 세 가지 전제들은 상징적 상호작용론과 역할이론의 주요 전제들과 일치하며, 따라서 상징적 상호작용론 또는 역할이론으로부터 연역된 전제들로 볼 수 있다. 사회적 역할이 역할을 담당하는 자에게 자기, 세계, 타인, 상황을 정의내릴 수 있는 근거를 제공하고, 관찰자나 타인들은 역할과 관련하여 고정관념이나 태도, 역할기대를 보유하게 된다는 것은 사회적 역할이 상호작용의 틀을 제공한다는 상징적 상호작용론의 주장과 일치한다. 하지만 사회적 역할가치화 이론이 위 전제들을 통해 강조하는 바는, 사회적으로 가치 절하된 집단 구성원들이 담당하는 가치 절하된 역할들이 그들에 대한 부정적인 관념, 이미지, 태도, 반응 등을 생성, 재현, 강화하는 효과를 지닐 수 있다는 점이다. 그 결과는 전술한 바와 같이 그들은 삶의 좋은 것들에 대한 기회를 박탈당하고, 부정적 경험(wounds)에 노출되고, 사회적 역할 할당에 있어서 불리한 처우를 지속적으로 경험할 수 있다는 점이다.

특히 상징적 상호작용론적 관점에서 볼 때 사회적 역할가치화 이론의 가장 중요한 함의는, 사회적으로 가치 절하된 역할이 그러한 역할을 담당한 사람들뿐만 아니라 사회구성원 일반에게 다양한 통로를 통해 부정적인 역할기대들을 전달하고, 고정관념과 부정적 태도를 유발하므로 사회적으로 가치 절하된 사람들의 불리한 처지를 지속시키는 근본원인이 될 수 있다는 점이다. 즉, 사회적 상호작용을 통해 전달되는 가치 절하된 이미지와 의미들을 차단하지 않고서는 사회적으로 가치 절하된 사람들의 삶을 개선시키기가 어렵다는 것이다. 그러므로 사회적으로 가치 절하된 사람들의 삶을 개선하기 위해 그들의 사회적 이미지 개선을 중요한 개입 전략으로 제시하는 것은 사회적 역할가치화 이론의 내적 논리에 따른 자연스러운 결론으로 볼 수 있다.

3. 사회적 역할가치화 이론의 개입전략

사회적 역할가치화 이론은 어떻게 사회적으로 가치 절하된 사람들의 삶이 가치 절하된 역할들로 인해 보편적으로 삶의 좋은 것들로부터 배제되고, 삶의 부정적인 상처들(wounds)을 경험할 수밖에 없는지에 대해 기술하는 이론(descriptive theory)이다. 뿐만 아니라 사회적 역할 가치화 이론은 사회적으로 가치 절하되었거나 가치 절하의 위험에 노출된 사람들의 삶을 향상시키기 위한 실천전략을 제시하는 이론(prescriptive theory)이기도 하다. 사회적 역할 가치화이론은 '만약 이렇게 하면 저렇게 된다(if this, then that.)'는 인과적 가설에 근거한 처방적 성격을 지니는 이론이기도 하다. 울펜스버거는 이런 가설적 제안이 단지 도적적 정당성에 근거한 가치적 진술이나 제안이 아니라 사회과학적 이론의 인과관계에 근거한 제안임을 강조하였다(Wolfensberger, 1995).

우선 사회적 역할가치화 이론이 사회적으로 가치 절하된 사람들의 사회적 역할을 향상시킴으로써 그들의 삶을 개선하기 위해 제안하는 개입전략은 이미지 향상(enhancement of social image)과 능력 향상(enhancement of personal competency)으로 구성된다(Osburn, 2006; Race et al., 2005; Wolfensberger, 1983). 아울러 특정 사회집단을 전제하였을 때 사회적 역할가치화를 어떻게 실천할 수 있을 것인지 실천단계와 구체적 과업을 제시하고 있다(Wolfensberger, 2000). 이러한 사회적 역할가치화 이론의 개입전략과 실천단계를 살펴보고 상징적 상호작용론의 관점에서 그 함의를 살펴보고자 한다.

1) 사회적 이미지 향상과 개인적 역량 향상

사회적 역할가치화 이론은 사회적으로 가치 절하된 사람들이 '사회적으로 가치 있는 역할들을 획득하는 것'과 그로 인해 '삶의 좋은 것들을 누릴 수 있는 것'을 궁극적 목적 (goal)으로 제시했다. 이러한 두 가지 목적 달성을 위한 전략으로 이미지 향상과 개인적 역량 향상을 제시했다. 〈표 9-1〉과 같이 사회적 역할가치화 이론은 사회적 이미지 향상과 개인적 능력 향상을 위한 개인, 일차 사회체계, 이차 사회체계, 전체 사회체계 수준에서 각각 차별화된 개입 전략을 제안했다(Osburn, 2006; Race et al., 2005; Wolfensberger, 1983).

사회적 역할가치화 이론이 '이미지 향상'을 강조하는 것은 이미지가 손상된 사람들은 그들이 보유한 역할의 사회적 가치 또한 손상되며, 그로 인해 사회구성원들로부터 부정적인 처우를 받을 가능성이 높아질 우려가 있기 때문이다. 앞서 살펴본 바와 같이 사회적 역할가치화 이론에 의하면 사회적으로 가치 있는 역할은 이미 가치 있는 역할을 보유하고 있는 사람, 집단, 계급에 할당될 개연성이 더욱 높다. 사회적으로 이미 가치 절하된 사람들과 그들이 수행하는 역할들은 모두 부정적인 이미지나 낙인, 고정관념들, 사회의 부정적 반응들을 동반하는 경향이 강하고 그로 인해 가치 있는 사회적 역할을 보장받기는 어렵다. 따라서 사회적으로 가치 절하된 사람들이 가치 있는 역할을 보장받으려면 그들의 이미지를 향상시킴으로써 사회가 그들에게 가치 있는 역할에 적합한 구성원으로 인식하는 계기를 제공해야 한다.

그렇다면 사회적으로 이미지가 손상된 개인이나 집단의 이미지 향상의 방편은 무엇일까? 정상화원리와 사회적 역할가치화 이론에서 제시된 핵심 주제들을 중심으로 살펴보면 첫째, 무의식적으로 작동하는 사회서비스 전달과정에 내재된 이데올로기, 서비스의 기능이 상징하는 의미들, 서비스 전달과정에서 동반되는 이용자들의 부정적 경험 등을 의식화시켜, 환경적 측면에서 치료적, 예방적 조치를 취하는 것이다. 둘째, 사회적으로 가치 절하된 사람들에 대해 동반되는 부정적인 역할기대나 상징을 차단하는 것이다. 아울러 긍정적인 역할기대나 의미들이 전달되도록 개입하는 것이다. 셋째, 사회적으로 이미지를 손상시키는 상황, 특성, 환경 등을 개선하고 적극적으로 긍정적 이미지를 보상하는 것이다. 넷째, 개인의 능력을 향상시키는 것은 그 자체로 이미지를 향상시키는 효과를 지닌다. 다섯째, 사회통합을 통해 긍정적인 모델에 대한 모방, 긍정적인 사회적 상호작용에 대한 실제적 참여 기회 등이 보장되어야 한다(Wolfensberger, 1992).

<표 9-1> 실천의 수준과 사회적 역할가치화 실천전략

실천 수준		실천의 전략	
		사회적 이미지 향상	개인적 능력 향상
실천수준	개인	개인이 사회적으로 긍정적으로 인식될 수 있도록 그들의 물리적, 사회적 조건을 개선.	물리적, 사회적 조건을 개선하여 개인의 능력을 향상시킴.
	일차 사회체계	가족과 같은 일차 사회체계수준에서 물리적, 사회적 조건을 개선하여 이미지를 향상시킴.	일차 사회체계의 물리적, 사회적 조건을 개선하여 개인의 능력을 향상시킴.
	이차 사회체계	이웃, 공동체, 서비스 수준에서 물리적, 사회적 조건을 개선하여 이미지를 향상시킴.	이차 사회체계의 물리적, 사회적 조건을 개선하여 개인의 능력을 향상시킴.
	전체 사회체계	전사회적 수준에서 물리적, 사회적 조건개선을 통해 개인이 소속된 계급(계층)의 이미지를 향상시킴.	전체사회의 물리적, 사회적 조건을 개선하여 개인이 소속된 계급(계층)의 능력을 향상시킴.

* 출처 : Osburn(2006), 6면의 자료를 수정함

　　한편 개인의 능력 향상 전략은 사회적 역할이 능력에 따라 할당되는 현실을 고려한 접근이다. 사회적 역할가치화 관련 문헌들에 따르면 사회적으로 가치 절하된 사람들의 능력을 향상시키기 위한 방편은 첫째, 사회적 이미지 향상을 통해 사회적으로 가치 절하된 사람들에 대한 긍정적 기대나 긍정적 역할의 기회를 부여하고, 그로 인해 능력도 향상될 수 있는 계기가 마련되도록 하는 것이다. 즉, 사회적 이미지 향상과 개인의 능력 향상은 상호 순환적 관계에 있는 것으로 볼 수 있다(Osburn, 2006; Wolfensberger, 1983, 2000). 둘째, 사회적으로 가치 절하된 사람들을 둘러싸고 있는 물리적 환경과 사회적 조건을 개선하여 개인의 능력을 향상시키는 것이다(Osburn, 2006; Race et al., 2005; Wolfensberger, 1983). 서비스기관이나 지역사회 자원에 대한 물리적 접근성, 환경이 주는 편안함, 도전과 모험을 제공하는 환경, 개별화를 촉진하는 환경, 가치 있는 사회적·성적 정체성 장려, 프로그램을 위한 적절한 집단구성하기 등은 가치 절하된 사람들의 개인적 능력을 향상시키는 계기를 제공할 수 있다는 것이다. 셋째, 사회적으로 가치 절

하된 사람들을 위한 서비스에 발달의 개념을 도입하여, 그들의 능력을 향상시킬 수 있는 교육, 훈련, 지원, 환경적 편의 제공 등을 강화하는 것이다(Wolfensberger, 1992). 특히 손상이나 장애를 지닌 사람들에게는 이러한 발달적 모델을 적용하는 것이 일정한 능력향 상을 통한 사회적 역할가치화의 실제적 가능성을 향상시킬 수 있다는 것이다. 넷째, 사 회통합을 통해 사회적으로 가치 절하된 사람들이 사회의 주류 집단들과 교류할 수 있는 기회를 보장하는 것은 그 자체로 능력 향상의 계기를 제공한다(Wolfensberger, 1992). 주 류집단 구성원들과 상호작용하는 것은 사회구성원들의 긍정적인 행동과 역할을 모방할 수 있는 기회를 제공함으로써 사회적으로 가치 절하된 사람들의 능력 향상에 도움이 된 다는 것이다.

2) 사회적 역할 가치화를 위한 단계적 실천전략과 실천과업

울펜스버거는 사회적으로 가치 절하된 특정집단 및 구성원의 사회적 역할을 가치화 하기 위한 단계적 실천전략을 제시하고 있다(Wolfensberger, 2000). 이러한 단계적 실천 전략은 앞서 논의한 사회적 이미지 향상과 개인적 능력 향상을 위한 구체적인 과업들로 구성된다.

첫째, 사회적으로 가치 절하된 사람 또는 집단의 부정적 경험들(wounds)을 깊이 이해 하는 노력이 필요하다. 둘째, 사회적으로 가치 절하된 사람 또는 집단의 취약성이 무엇 인지 파악하여야 한다. 지적장애인, 노인, 정신질환자 등은 각각 다른 취약성을 지닐 수 있다. 노인이 경험하는 건강상의 취약성, 지적장애인이나 정신장애인이 경험하는 사회기 술의 부족이나 장기간의 시설수용경험 등을 들 수 있다. 셋째, 사회적으로 가치 절하된 사람들이 담당하고 있는 부정적 역할들과 긍정적 역할들, 중간적 성격의 역할들의 목록 을 작성하여야 한다. 넷째, 그 집단이 사회에서 점하는 위상을 그들의 역할가치의 관점 에서 사정한다. 즉, 그들이 사회적으로 심각하게 가치 절하된 위치에 있는지, 중간에서 약간 가치 절하되어 있는지, 혹은 다소 긍정적인 가치를 부여받고 있는지 등을 평가하여 야 한다. 이러한 평가는 그 집단 구성원의 취약성과 리스크에 대한 분석결과에 근거해야 한다. 다섯째, 이미지 향상 전략과 개인적 역량 향상 전략 중 어떤 전략이 더 우선적이 어야 하는지 평가하여야 한다. 두 가지 전략 중 어느 전략이 더 효과적인지, 가장 이상 적이라고 판단되는 전략이 실제 수행 가능한 것인지 평가해 보아야 한다. 만일 특정 집단

구성원들의 역할이 이미 가치 절하되어 있거나 가치 절하의 위험성에 노출되어 있다면 일차적으로 이미지 향상전략이 우선되어야 하고, 다음으로 개인적 역량 향상 전략이 뒤따라야 한다는 것이 울펜스버거의 주장이다. 여섯째, 현재 담당하고 있는 역할과 희망하는 역할을 어떻게 가치 향상시키거나 혹은 그들에게 유리한 쪽으로 변화시킬 깃인지에 대해 결정하여야 한다.

한편 이러한 역할의 가치 향상이나 역할의 변화를 위해서는 구체적인 실천 과업도 필요할 것이다. 울펜스버거는 사회적으로 가치 절하된 집단의 사회적 역할을 가치화 하기 위해 여섯 가지 과업을 제시하고 있다(Wolfensberger, 2000). 이러한 여섯 가지 과업이 상호작용론적 관점에서는 어떤 함의가 있을까?

첫째, 사회적으로 가치 절하된 사람들이 담당하고 있는 기존의 역할들을 가치향상 시켜야 한다. 이를 위해 그들이 담당하고 있는 가치 있는 역할들이 있다면 이를 강화하고, 상실이나 감소되지 않도록 개입해야 한다. 이 과업은 일종의 사회적 역할에 대한 재고조사의 성격을 갖는다. 이미 담당하고 있는 역할이 사회적으로 어느 정도 가치를 지니는지 검토하고 가능한 한 기존의 역할들의 사회적 가치를 향상시키는 전략이 필요한 것이다. 역할이 지니는 상징적 가치를 향상시킬 수 있는 장치들을 보완하는 개입이 유용할 수도 있다. 예컨대 지역사회의 정신재활기관을 이용하는 정신장애인들은 그들의 정체성이 드러나지 않기 위해 조심스럽게 시설을 출입하게 된다. 그렇다면 정신재활시설의 외관이나 명칭을 사회적으로 가치 있도록 변화시킬 수 있을 것이다. 내적으로는 정신장애인에게 의사결정권을 부여하고, 정신장애인이 주도하는 프로그램을 활성화 시키는 임파워먼트 접근을 활용할 수 있을 것이다. 또는 클럽하우스처럼 '회원'이라는 역할을 부여하고, 프로그램 내용을 성인의 일과의 핵심인 '생산적인 업무'를 중심으로 구성할 수도 있을 것이다. 시설 내부의 물리적 환경도 성인으로 하여금 존중감을 줄 수 있는 인테리어, 안전, 청결을 유지하고, 사무공간 및 휴게공간에 적합하도록 리모델링하는 것도 도움이 될 것이다. 이 모든 것은 정신장애인이 이미 담당하고 있는 클라이언트 역할의 사회적 가치를 향상시키는데 기여할 수 있을 것이다. 정신장애인들은 물리적 환경과 프로그램 내용, 전문가와 상호작용 속에서 클라이언트로서 자아의 의미가 훨씬 긍정적이라는 점을 지각할 수 있을 것이고, 이를 관찰하는 보호자나 지역주민 역시 그들의 역할을 좀더 가치 있는 역할로 지각하게 될 것이다.

둘째, 추가적으로 가치 절하된 역할을 담당하거나 그러한 역할로 진입하는 것을 방지해야 한다. 사회적 역할가치화 이론에 따르면 이미 가치 절하된 역할을 담당하고 있다면 연쇄적으로 가치 절하된 역할들이 할당되거나 강요될 개연성이 높다. 이러한 상황에서 일단 부정적인 역할을 담당하면 그런 역할은 탈피하기가 쉽지 않으므로 새롭게 부정적인 역할들이 추가되지 않도록 차단하는 것이 무엇보다 중요할 것이다. 기존의 가치 절하된 역할에 더해 또 다른 부정적 역할이 추가된다면 그러한 역할을 담당한 사람에게는 주관적으로나 사회적으로 자아가 부정적으로 인식될 개연성이 한층 증가하기 때문이다.

셋째, 가치 있는 새로운 역할을 취득하도록 지원하거나 과거에 수행했던 가치 있는 역할을 복원시키는 노력이 필요하다. 한 개인이 복수의 역할을 담당하는 것이 현실인데 가치 절하된 역할을 담당한 사람일수록 긍정적인 역할들을 담당할 기회가 제한되어, 전형적인 부정적 역할에 근거해 사회적 상호작용에 참여하기가 쉽다. 그렇다면 그들에게 긍정적 역할을 새롭게 취득하게 하거나 과거의 긍정적 역할을 회복시키는 것은 새로운 상호작용, 새로운 자아인식을 보장할 수 있는 결정적 계기가 될 수 있을 것이다. 예컨대 질병과 장애로 오랜 기간 동안 생산적 역할에서 배제되어 있는 장애인들에게 생산적 역할을 보장하는 직업재활은 그들의 사회적 역할가치화 전략으로서 매우 유용하다 하겠다.

넷째, 이미 담당하고 있는 부정적 역할로부터 그들을 탈출시키기 위한 재활, 훈련, 교육, 새로운 긍정적 역할의 부여 등이 필요하다. 환자역할이나 장애인역할로부터 탈피하려면 치료 혹은 재활을 통해 건강과 기능을 회복하고, 사회적으로 가치 있는 대안적 역할이 보장되어야 한다. 그러한 새로운 사회적 역할 없이는 부정적인 역할로부터 탈출이 용이하지 않을 것이고, 그러한 시도들은 명목적이거나 다분히 상징적인 수준에 머무르기 쉽다. 한 개인의 사회적 자아인식을 지속적으로 지탱하는 원천은 다름이 아니라 사회적으로 가치 있는 역할을 통해 상호작용에 참여하는 것이기 때문이다.

다섯째, 그들이 담당하고 있는 가치 절하된 역할의 부정적 속성을 감소시키는 노력이 필요하다. 가치 절하된 역할 그 자체는 너무 중요하여 그 역할을 통째로 버릴 수는 없을 경우 그 역할이 지닌 부정적 속성을 감소시키는 개입이 필요하다는 것이다. 예컨대 정신장애인이라면 정신재활기관을 이용하면서 필요한 서비스와 지원을 지속적으로 활용할 수 있어야 한다. 하지만 정신장애인 역할 혹은 정신재활서비스의 클라이언트 역할은 이미 사회적 편견과 낙인이 동반된다. 그러한 낙인은 쉽게 정신장애인에게 내면화 되어 자아인식을 형성한다. 이러한 정신재활기관의 클라이언트 혹은 정신장애인 역할에 동반되는 사회의 편견과 낙인 등 부정적 이미지를 탈피하려면 정신재활기관의 외적 이미지와 내적 운영에 있어서 정신장애인을 역량강화할 수 있는 접근이 필요할 것이다. 정신재활기관을 이용하지만 회복의 단계가 높은 정신장애인에게 동료상담가 역할을 부여하고 유급고용을 제공한다면 어떨까? 아마 정신장애인에게 상당한 자아존중감을 보장할 수 있을 것이다.

끝으로 현재 그들이 담당하고 있는 가치 절하된 역할을 그보다는 덜 부정적인 역할로 대체하는 것이 필요하다. 예컨대 정신재활기관이 아동에게나 적합한 여가 프로그램을 제공하고 있다면 성인에게 적합한 여가활동이나 보호직업프로그램으로 변경함으로써, 정신장애인이 담당하는 역할의 상징적 의미를 아동 역할로부터 성인 역할로 대체할 수 있을 것이다. 유사한 예를 든다면 외부 자원봉사자들을 통해 교육이나 훈련 등 도움을 받기만 하던 정신장애인들이 외부 자원봉사자와 협력하여 지역사회의 취약한 독거노인들에게 사회봉사활동을 실시한다면 그들은 더 이상 정신재활기관의 클라이언트 역할에 머무르지 않고 자원봉사자 역할까지 담당함으로써 그들의 자아인식은 보다 긍정적인 형태로 변화할 수 있을 것이다.

3) 사회서비스체계에 대한 평가와 개선

울펜스버거의 사회적 역할가치화 이론의 가장 큰 공헌은 사회적으로 가치 절하된 사람들을 위한 사회서비스가 그들에게 도리어 부정적인 이미지, 가치 절하된 사회적 역할을 부여하는 부정적 효과를 지닐 수 있고, 역으로 긍정적인 이미지, 가치 있는 사회적 역할의 보장에 기여할 수 도 있음을 성찰하고, 실천적 전략을 제시한 데 있다(Cocks, 2001).

특히 울펜스버거는 정상화원리에 근거하여 사회서비스체계의 정상화원리 구현 정도를 평가할 수 있는 절차와 도구(Program Analysis of Service Systems' Implementation of Normalization Goals, PASSING)를 제시했다. 이 도구는 국내에도 소개되어 장애인복지관의 정상화원리 반영 정도를 평가하는 연구에 활용된 바 있다(신인미, 1998). PASSING의 평가요소를 요약하면 〈표 9-2〉와 같다.

<표 9-2> PASSING의 사회적 이미지 향상 및 개인 능력 향상 관련 평가요소

영 역 \ 범 주	사회적 이미지 향상과 관련이 있는 프로그램 요소	능력향상과 관련이 있는 프로그램의 요소
서비스의 물리적 위치	• 이웃과의 조화 • 프로그램특성과 조화 • 미학 • 문화적 적합성 • 연령 적합성	• 클라이언트와 가족의 환경 접근성 • 대중들의 접근성 • 지역사회 자원의 적절한 활용성 • 환경의 물리적인 안정감 • 환경의 안전과 도전의 요소 • 환경의 개별적인 요소
서비스구조에 의한 집단화와 타인과의 관계성	• 다른 프로그램과 병렬배치로 인한 이미지 영향 • 지역사회와 동화가능성 • 집단구성의 사회가치적합성 • 집단구성의 연령적합성 • 접촉한 사람들로 인해 전가되는 이미지 • 서비스인력에 의해 전가되는 이미지	• 능력향상과 관련한 클라이언트 집단의 규모 적절성 • 능력향상과 관련한 서비스 내의 집단 구성 적절성(욕구, 상황, 장애, 연령 등) • 능력향상과 관련한 통합적인 클라이언트의 접촉과 사람들과의 관계 • 클라이언트, 서비스 제공자, 일반인 간의 상호작용의 역동성 • 클라이언트의 개별화를 위한 프로그램의 지향 • 클라이언트의 사회적인 성적 정체감의 증진
서비스구조에 의한 활동과 기타 시간활용	• 정상적인 삶의 양식에 따른 프로그램기능의 적절한 구분 • 활동과 활동시간이 전달하는 이미지 • 자율과 권리	• 클라이언트의 서비스 욕구의 프로그램 반영 • 프로그램 활동의 집중도와 효율적인 시간 사용 • 능력향상을 지원하는 개인의 소유 정도
기타 서비스 언어, 심볼, 이미지	• 프로그램이 주는 클라이언트의 인상 • 개인소유물 • 사용되는 언어나 명칭으로 인한 이미지 영향 • 서비스 기관, 프로그램들, 시설, 위치의 명칭이 주는 이미지 영향 • 서비스재원의 이미지 영향 • 기타 이미지 영향요소들	- 비해당 -

* 출처 : 신인미(1998)의 자료를 근거로 작성함.

이 도구는 사회적 역할가치화 이론이 가정하는 바와 같이 사회서비스체계가 오히려 사회적으로 가치 절하된 사람들의 사회적 역할을 더욱 가치 절하함으로써 그들의 삶에 부정적 영향을 끼친다는 관점을 반영하고 있으며, 체계적 평가를 통해 사회적 이미지 향상과 능력향상에 기여할 수 있도록 개선방향을 제시할 수 있는 장점이 있다. 그렇기에 정상화원리 및 사회적 역할가치화 이론에 근거하여 사회서비스체계를 평가할 수 있는 구체적 도구(PASSING)를 제안하였다는 점은 울펜스버거의 가장 큰 공헌으로 인정되고 있다(Osburn, 2001).

상징적 상호작용론 관점에서 볼 때 PASSING의 사회적 이미지 향상 관련 요소들은 매우 중요한 함의를 지닌다. 장애인에게 제공하는 서비스가 물리적인 위치, 집단구성과 상호작용 관계, 프로그램활동과 시간, 서비스와 관련될 수 있는 상징들을 점검할 수 있는 체계적 질문들과 평가기준을 제공하기 때문이다. 서비스를 제공하는 장소는 이웃과 잘 조화될 수 있는가? 프로그램활동들이 지역사회와 얼마나 적절하게 조화될 수 있는가? 서비스를 제공하는 물리적 장소는 외적 미관이나 내적 미관이 사회문화적으로 적절한 수준이며 이용자들의 연령에 적합한가? 프로그램은 이용자들에게 어떤 이미지를 부여하는가? 이러한 질문들은 서비스를 통해 장애인의 재활과 사회통합에 기여하고자 하는 프로그램의 본연의 기능 외에 상징적 상호작용을 통해 지역주민들이 장애인을 인식하고, 그들에 대한 이미지를 형성하고, 그들에 대해 어떻게 반응할지 상황정의를 내리는데 필요한 정보를 제공하게 된다. 마찬가지로 장애인재활기관을 이용하는 장애인들은 기관의 물리적 환경의 면면, 지역사회와 기관의 관계와 상호교류, 프로그램의 활동과 그 안에서 이루어지는 전문가와 장애인의 상호작용, 장애인 간의 상호작용 등을 통해 기관과 프로그램, 타인과 자아의 의미를 해석하고, 이를 종합하여 상황정의를 내리게 될 것이다. 이러한 상황정의는 상호작용을 이끌고, 상호작용은 자아인식을 확정하고 강화하는 근거로 활용될 것이다. 따라서 사회적 역할가치화 이론은 서비스기관의 물리적 측면, 프로그램, 각종 상징들을 통해 전달되는 이미지와 의미들이 이용자들의 자아인식을 형성하고, 그들에 대한 사회구성원들의 인식을 형성하는 중요한 요소, 원천, 자료들임 강조하고, 그들의 사회적 이미지와 인식을 개선하기 위한 개입방향과 개입전략을 제안하고 있다는 데 독특한 강점이 있다.

4. 상징적 상호작용론과 사회적 역할가치화 이론

1) 사회적 역할 개념과 당사자의 주체성

울펜스버거의 사회적 역할가치화 이론은 사회적 역할을 핵심 개념으로 하고 있으나 사회적 역할 개념은 그다지 잘 정의되어 있지 않아 사회적 역할개념에 대한 평가는 엇갈리고 있다. 우선 그의 사회적 역할개념은 구조기능주의적 역할개념을 따른다는 평가가 있다. 첫째, 울펜스버거는 사회적 역할을 '사회적으로 기대된 행동들, 책무들, 기대들, 특권들'로 정의하고, 역할에 관련한 사회적 기대들은 역할기대와 역할수행 사이의 피드백과정을 통해 습득된다고 주장하였다(Lemay, 1999). 이러한 사회적 역할개념은 구조기능론적 역할개념과 가깝다.

둘째, 그는 클라이언트역할에 관한 논의에서 파슨스의 환자역할을 언급하였고, 사회의 '일탈자들'이 담당하는 대표적인 사회적 역할들로 인간 이하의 존재, 공포의 대상, 조롱의 대상, 연민의 대상, 자선의 부담, 영원한 아이, 성스러운 천진난만한 아이, 병든 유기체, 죽어가는 존재 등을 제시하였다(Osburn, 2001; Wolfensberger, 1972). 뿐만 아니라 정상화원리에 관한 울펜스버거의 초기저술과 이후 사회적 역할가치화 이론을 적용한 클라이언트 역할, 환자 역할에 대한 연구들은 파슨스의 환자역할에 관한 관점과 유사하다(Wolfensberger, 1972; Wolfensberger and Thomas, 1994). 즉, 사회가 질병을 경험하는 사람에게 환자역할(sick role)을 통해 부여하는 지위, 행동적 기대, 규범으로 인해 그들의 사회적 상호작용이 제한될 수밖에 없다는 파슨스의 관점을 울펜스버거가 답습하고 있다는 것이다. 더구나 그의 논의는 가치 절하된 역할을 담당하는 일탈자들의 주관적 관점을 비중있게 고려하지 않고, 그보다는 사회가 그들에게 어떠한 기대, 반응, 태도, 처우를 가하는가에 초점을 두어 논의하고 있다. 이처럼 당사자의 관점을 간과하는 것은 흡사 구조기능론자들이 사회체계의 조직화와 운영의 원리로서 역할을 개념화하는 것과 유사한 면이 있다. 특히 그가 '일탈자'라는 개념을 동원하고, 일탈자의 사회재통합을 위해 사회적 역할에 대한 개입을 강조하는 것은 개인보다는 전체사회를 우선시하는 관점으로 구조기능론적 관점과 흡사하다. 그러므로 울펜스버거의 사회적 역할에 관한 이러한 관점들은 구조기능론적 관점과 어느 정도 일치한다고 볼 수 있다.

한편 울펜스버거의 사회적 역할 개념은 상징적 상호작용론적 관점을 반영한 것으로 볼 수 있는 근거들도 존재한다. 첫째, 울펜스버거의 정상화원리에 관한 초기저술

(Wolfensberger, 1972)은 고프만의 시설수용에 관한 연구(Goffman, 1961)와 유사하게 사회가 환경체계를 통해 특정한 역할을 강요할 수 있다는 점을 비판적으로 분석하였기 때문이다(Lemay, 1999). 그는 사회서비스체계의 환경과 서비스조직화방식에 따라 사회적으로 가치 절하된 일탈자들에게 가치 절하된 역할들을 강요하는 효과가 있음을 강조하였다. 즉, 건물의 설계와 구조, 시설운영방식을 통해 이용자들에게 부정적인 역할과 관련한 의미들을 일관되게 전달함으로써 그들에게 할당된 가치 절하된 역할에 부합하는 행동과 반응을 유도할 수 있다는 것이다. 그는 일탈자들의 상황을 되돌리거나 예방하려면 환경을 통해 전달되는 메시지에 대한 비판적 성찰과 사회서비스체계의 재구조화를 통해 일탈자들이 담당하는 역할을 가치화 해야 한다는 점을 강조하였다. 이는 사회서비스체계 속에서 일탈자들이 담당하고 있는 '사회적 역할'을 하나의 사회적 대상으로 간주하여, 이 대상에 부여되는 상징적 의미들을 변화시켜야 일탈자들이 사회적으로 가치 있는 구성원으로 재통합될 수 있음을 주장한 것이다. 뿐만 아니라 울펜스버거는 사회적 역할과 관련한 논의에서 상호작용에 영향을 미치는 이미지와 상징, 의미의 전달과 해석 등 상징적 상호작용론의 주요 개념들을 빈번하게 언급하고 있으므로, 그의 역할 개념이 상징적 상호작용론의 주요 개념들을 일정부분 반영하고 있는 것으로 볼 수 있다. 즉, 사회적 역할가치화 이론은 사회적 대상의 의미가 상호작용과정에서 생성, 유지, 변화될 수 있다는 상징적 상호작용론의 기본 전제를 따르고 있기 때문에 울펜스버거의 사회적 역할 개념은 상징적 상호작용론과 밀접한 관련이 있는 것으로 볼 수 있다.

그럼에도 울펜스버거의 사회적 역할가치화 이론은 정작 사회적으로 가치 절하된 역할을 담당하고 있는 당사자들의 관점이나 그들의 주체적 대응에 대해서는 그다지 심도 있는 논의를 하지 않았기에 상징적 상호작용론의 역할개념과는 다소 차이가 있다. 행위자의 주체적인 상황정의와 그에 근거한 상호작용, 역할정체성과 같은 자아개념의 형성을 강조하는 상징적 상호작용론의 관점에서 볼 때 사회적 역할가치화 이론은 상대적으로 당사자의 주체적 관점을 소홀히 하므로 오히려 구조기능주의적 역할개념과 유사한 측면이 있기 때문이다. 그렇기에 르메이는 상징적 상호작용론으로 분류될 수 있는 랄프 터너의 역할이론을 적용한다면 사회적 역할가치화 이론이 더 풍부한 연구 및 실천적 함의가 있을 것이라 제안하고 있는 것이다(Lemay, 1999).

2) 사회문화적 고려

사회적 역할가치화 이론은 사회적 소수자들이 가치 절하된 역할을 담당하고, 그로 인해 보편적으로 삶의 좋은 것들로부터 배제되는 현상에 대한 비판과 개입을 다루고 있다. 그 과정에서 이 이론은 '보편적으로 삶의 좋은 것들(universal good things of life)'을 확보하기 위한 전략으로 사회적 역할가치화를 제안하고 있다. 또한 과거 정상화원리를 '사회적 역할가치화'이론으로 재명명하면서 '정상화(normalization)'란 개념이 표면적으로는 사라졌지만 여전히 이 이론의 근간이 되는 개념으로 내재돼 있음을 부정할 수는 없다. 사회서비스체계를 분석하기 위한 도구(PASSING)는 정상화원리에 근거하여 만들어진 이후 몇 차례 개정을 거쳤지만 여전히 그 핵심은 변하지 않았다. 앞서 소개한 바와 같이 이 도구는 사회서비스체계가 서비스 전달과정에서 물리적 환경, 프로그램운영, 타인들과 클라이언트의 상호작용 등과 관련하여 '문화적 적합성'과 같은 개념을 전제하고 있다. 즉, 사회적 역할가치화 이론은 주류사회의 문화를 기준으로 하여, 그에 부합하는 방식으로 사회의 가치 절하된 집단이나 구성원의 이미지를 향상시키고, 역량을 향상시킴으로써 가치 있는 사회적 역할의 확보를 추진하고 있다. 그로 인해 기존 주류사회의 가치, 문화적 규범을 당연시하는 한계를 피할 수 없다.

이처럼 주류사회의 가치와 문화적 규범의 정당성을 수용한다는 점에서 사회적 역할가치화 이론은 장애에 관한 사회적 모델이나 임파워먼트접근 등 사회구조나 기존의 사회규범에 대한 비판적 관점과 일정부분 갈등관계를 지닐 수밖에 없다(Race et al., 2005). 사회적으로 가치 절하된 사람들에게 주류사회의 문화적 가치를 전제한 상태에서, 주류사회로의 사회통합을 강조하기 때문이다. 예컨대 사회적 역할가치화 이론이 기존 사회문화를 하나의 기준으로 당연시하면 전통적 의료모델로부터 자립생활모델이나 사회모델로 전환됨으로써 장애인의 역할이 의존적인 클라이언트 역할로부터 장애인의 지역사회생활에 대한 전문가로 사회적 역할이 가치화되는 현상을 설명하기 쉽지 않다. 이와 유사하게 장애인이나 정신질환자에 대한 사회적 편견이나 고정관념과 관련하여 장애인이나 정신질환자의 사회적 이미지를 향상시키거나 능력을 향상시키는 것은 때로는 용이하지 않고, 가능하지 않을 수도 있다. 그럼에도 불구하고 이들은 인권과 복지를 보장받아야 하는 사회구성원이다. 이처럼 사회구성원들의 인식과 반응을 변화시키는 것이 더 바람직한 개입의 방향일 수도 있다. 하지만 사회적 역할가치화 이론은 오히려 서비스체계 또는 장애인이나 정신질환자와 같은 사회적 소수집단 구성원들의 변화를 강조하고 있다. 울펜스버거는 임파워먼트접근과 사회적 역할가치화 이론을 대비하여 논의한 논문에서 사회적으로 가치 절하된 당사자들의 변화를 강조하였는데(Wolfensberger, 2002), 이러한 관점은 그의 이론이 구조기능주의와 가까움을 시사한다. 즉, 그의 이론은 사회적 일탈자들의 사회적 배제와 차별에 초점을 맞추고, 그들의 이미지 향상과 능력 향상을 통해 가치 있는 사회적 역할을 통한 사회적 재통합을 논의함으로써 개혁적 성향을 보였지만 근본적인 사회의 구조나 권력의 문제에 대해서는 온건한 접근을 취하고 있다. 물론 사회적 역할가치화 이론은 전체사회수준의 변화나 개혁까지도 가정하고 있지만 상대적으로 그보다는 일선 사회서비스체계 수준의 서비스 전달과 관련한 상호작용에 초점을 맞추는 경향이 있다. 그 과정에서 사회의 주류문화를 기준으로 가정하므로 주류문화의 소수문화에 대한 차별적 인식, 태도, 관행, 구조 등을 비판하기는 쉽지 않다.

3) 서비스체계의 상징적 영향에 관한 분석

상징적 상호작용론은 물리적 환경과 사회의 규범, 행위자들의 자아 등 다양한 요소가 상징적 상호작용에 영향을 미치고, 그 결과로 사회체계와 규범, 행동과 자아개념 등에서도 변화가 나타난다고 주장한다. 뿐만 아니라 상징적 상호작용론은 행위자가 상황을 정의하고, 조화로운 상호작용을 하려면 사회적 역할을 매개로 하여 상대방의 관점, 사회 일반의 관점을 조망하여야 한다고 강조하고 있다. 이러한 상징적 상호작용론의 기본 전제들을 고려할 때 사회서비스체계가 서비스를 어떻게 조직화 하여 전달하는가에 따라 서비스 이용자들에게 부여되는 상징적 의미가 가치 절하될 수도 있고, 가치 향상될 수도 있으리라는 사회적 역할가치화 이론의 핵심 주장은 논리적으로 타당하다.

사회적 역할가치화 이론 이전에도 치료환경의 상호작용이 갖는 상징적 의미와 그 효과에 관한 연구와 논의는 있었으나 사회적 역할가치화 이론은 사회서비스체계의 상징적 영향과 그 효과를 사회적 역할과 관련하여 체계적으로 분석하고, 상징적 영향을 긍정적인 방향으로 변화시킬 수 있는 방안을 제시했다는 점에서 의의가 있다. 제 7장에서 논의하였듯이 '치료환경'에 관한 연구나 실천적 접근은 정신장애인을 보호, 치료, 재활 서비스체계는 그들이 제공하는 서비스를 통해 긍정적 효과 뿐만 아니라 부정적 효과도 지닐수 있다는 점을 강조한다. 사회적 역할가치화 이론 역시 이와 유사하게 사회서비스체계가 하나의 사회적 환경으로서 이용자들에게 미치는 효과나 영향에 주목한다. 다만 사회적 역할가치화 이론은 프로그램환경이 지니는 직접적인 치료, 재활효과보다는 서비스 이용자들의 사회적 역할에 부정적 혹은 긍정적인 의미를 전달함으로써 사회적으로 가치 절하된 집단이나 구성원들이 점유한 사회적 위치와 역할을 가치 절하 혹은 가치 향상시킬 수 있는 영향력을 지닌다는 데 관심을 갖고 있다.

특히 사회서비스체계의 평가도구 PASSING은 서비스기관의 물리적 환경, 서비스의 조직화 방법, 서비스의 활동들, 기타 명칭이나 싱징기호 등 다양한 측면에서 이용자의 이미지와 그들의 역할에 부정적 영향의 가능성을 평가하고, 개선의 방향성을 제안하였다는 점에서 매우 실용적 접근을 취하고 있다. 환경치료접근이나 치료환경에 대한 접근들이 사회서비스체계의 환경에 대해 다소 추상적인 수준에서 접근하는데 비해 사회적 역할가치화 이론은 서비스체계 환경이 이용자의 사회적 역할이나 이용자의 이미지에 미치는 영향을 연결지어 평가하고, 환경체계를 개선할 수 있는 방안을 구체화했다는 점에서 매우 실용적이다.

또한 치료환경에 대한 접근은 전문가나 사회서비스전달자에 의한 치료환경에 대한 평가와 이용자에 의한 치료환경 평가를 모두 다룸으로써 이 둘 사이의 일치 혹은 불일치에 따라 치료환경에 대한 평가와 개입을 위한 함의를 풍부하게 제시하는데 비해 사회적 역할가치화 이론은 상대적으로 사회서비스체계의 영향에 관한 전문적 평가와 분석, 개입전략의 수립이 강조된다. 이는 사회서비스체계의 상징적 영향은 보편적인 문화나 가치, 규범에 견주어 사회적으로 취약한 집단과 그 구성원이 경험하는 가치 절하의 분석과 개선에 초점을 맞추기 때문이다.

5. 논의

1) 사회적 역할가치화와 정신재활에 대한 함의

울펜스버거는 정상화원리를 연구하던 초기부터 지적장애인과 함께 정신장애인을 정상화의 핵심적 대상으로 간주하고 있었다. 그는 북유럽의 지적장애인 주거시설에 관한 비판적 성찰로부터 발전된 정상화원리를 정신장애인 서비스로 일반화하는 과정에서 정신보건체계에 만연한 의료모델의 영향과 클라이언트역할, 정신장애인 주거서비스와 서비스 전달에 대한 분석을 제시했다. 그는 정신장애인 서비스의 비정상성에 대해 비판적으로 분석하였고, 그의 논의는 대체로 지적장애인 주거서비스에 대한 분석에서 제시되었던 논점과 이슈들을 그대로 반영하고 있으며, 정신건강서비스체계의 상호작용이 지니는 상징적 의미와 효과에 관한 깊은 통찰을 제공하였다. 이러한 울펜스버거의 분석과 비판은 오늘날에도 여전히 정신장애인의 재활과 사회통합에 유효한 것으로 평가된다. 그는 첫째, 정신건강분야는 의료모델의 이데올로기에 의해 무분별하게 환자역할을 강요할 우려가 있음을 비판하였다. 둘째, 지역정신건강센터에서 포괄적인 서비스를 제공하는 것은 장애정도나 연령 등을 고려하지 못하고, 사무실 중심의 서비스에 치중하고, 개별화가 어렵고, 다양한 욕구를 각각 상이한 장소에서 해결하는 등 정상적인 삶의 양식에 비추어 비정상적임을 비판했다. 셋째, 주거서비스는 장애의 정도가 상이한 정신장애인들을 혼합 수용함으로써 장애가 경미한 사람은 불필요하게 자유로운 삶의 권리를 제한받게 됨을 지적하였다. 넷째, 공격적이거나 반사회적인 행동으로 법적 처분 하에 있는 정신장애인과 그렇지 않은 정신장애인을 동일한 주거시설에 배치함으로써 경미한 정신장애인까지도 난폭하고 위험하다는 사회적 낙인화를 유발하여 다수의 정신장애인을 비정상화하여 사회통합을 저해할 수 있음을 지적하였다. 다섯째, 성인에게 정상적인 일을 배제하고, 끊임없는 레크리에이션과 여가를 제공함으로써 재활과 사회통합에 부정적 효과를 유발할 수 있다는 점을 비판하였다. 주거시설 내에서 일을 하게 되더라도 경제적 보상이 없거나 일이 지나치게 쉬워 정상적인 일로서는 의미를 부여할 수 없는 수준이어서 비정상화를 조장한다는 것이다. 뿐만 아니라 그는 정신장애인을 지원하는 인력으로서 훈련이 부족하거나 일탈적인 직원을 배치함으로써 정신장애인에 대한 일탈적 이미지를 오히려 강화할 수 있음을 지적하였다(Wolfensberger, 1970, 1972). 이러한 울펜스버거의 정신건강서비스체계에 대한 비판에도 불구하여 오늘날 정신건강서비스는 이미 수십 년 전 울펜스버거가 제시한 비전과는 거리가 먼 경우가 허다하다.

　사회적 역할가치화 이론이 정신장애인 재활과 사회통합에 갖는 실천적 함의는 오히려 최근에 실시된 실증적 연구들을 통해 더욱 잘 드러나고 있다. 해치 등은 조현병으로 인해 외래치료 중인 정신장애인들의 과거의 역할수행, 현재의 역할수행, 미래의 역할수행을 비교분석하였다. 이 연구는 역할패턴을 역할상실(loss), 역할취득(gain), 역할지속(continuous), 역할부재(absence), 역할변화(change, 현재는 미수행 그러나 미래 수행 기대함) 등으로 분류하고, 과거-현재-미래의 시간 속에서 역할패턴을 분석한 결과 역할상실 37.6%, 역할변화 26.6%, 역할지속 21.7%, 역할부재 11.6%, 역할취득 2.5% 등으로 나타났다. 즉, 정신장애인들은 정신질환을 경험하면서 과거의 역할이 지속되는 것은 21.7%에 불과하였고, 역할상실은 37.6%, 역할부재 11.6%, 역할취득 2.5% 등으로 나타났다. 특히 역할상실은 학생역할과 근로자역할에서 두드러졌고, 역할지속은 가족, 친구, 가정관리, 여가활동참여 순으로 높았으며, 역할부재는 단체 참여, 자원봉사자, 종교활동참여자, 보호제공자 순으로 높았다. 현재는 수행하지 않으나 미래에 수행을 기대하는 역할(역할변화)은 근로자역할, 보호제공자, 학생, 친구 순으로 높았다. 정신장애인들이 평가하는 역할의 가치는 친구, 가족성원, 가정관리자, 여가활동자, 근로자, 보호제공자 순으로 높았다. 정신장애인들이 스스로 가치 있다고 생각하는 역할들은 미래에 수행하기를 기대하는 역할들과 일치하였다(Hatchey et al., 2001). 이 연구는 정신장애인들이 스스로 가치 있게 생각하는 역할이 무엇인지 확인하는 것이 정신장애인의 사회적 역할을 가치화 하는데 있어 무엇보다 우선하여야 함을 시사한다. 뿐만 아니라 가치 있는 역할들을 상실하거나 수행할 수 있는 기회가 보장되지 않아 정신장애인들이 사회적으로 더욱 가치 절하될 우려가 있음을 시사한다. 따라서 정신장애인에 대한 직업재활, 자원봉사활동, 사회문화적으로 적합한 사교적 기회, 여가활동, 종교활동 등을 보장하여야 이들의 삶의 질이 향상되고 사회통합이 증진될 수 있을 것이다.

　한편 오브리 등은 지역사회 소규모주거시설의 사회적 역할가치화 접근이 정신장애인의 사회통합과 삶의 만족에 실제적 영향이 있는지 연구하였다. 그 결과 PASSING을 통해 평가한 주거시설의 프로그램, 물리적 환경, 지역사회접근성 등은 이용자인 정신장애인의 사회통합과 삶의 만족에 긍정적 영향을 끼치는 것으로 나타났다. 하지만 지역사회의 물리적 접근성과 사회적 통합에는 부정적인 영향을 주는 것으로 나타났고, 사회적 통합보다 심리적 통합이 삶의 만족에 더 중요한 것으로 나타났다. 이러한 연구결과들은 단순히 소규모 주거시설이 지역사회에 존재한다고 자동적으로 사회통합이 촉진되거나 삶의 만족이 향상되지는 않을 수 있음을 시사한다(Aubry et al., 2013). 즉, 소규모 주거시설이 지역사회에 존재하지만 고립된 섬처럼 지역주민과 실제적 교류가 없다면 정신장애인들은 더욱 사회적 소외감이나 사회적 차별을 높게 지각할 우려도 있는 것이다. 이는 울펜스버거가 주장한 사회적 역할가치화 전략으로서 이미지 향상이나 능력향상은 사회통합을 위한 필요조건일 뿐이지 충분조건일 수는 없음을 시사하는 것으로 볼 수 있다. 즉, 사회적 역할가치화 이론의 관점에서 볼 때 정신장애인의 사회통합은 매우 구체적인 시점, 장(場), 사회적 역할, 관련된 사람들을 전제하는 개별화된 접근이 필요하고, 사회적으로 가치 있는 역할을 통해 사회구성원들과 실질적인 상호작용에 참여할 수 있어야 진정한 의미의 사회통합이 이루어질 수 있을 것이다(Lemay, 2006).

2) 사회적 역할가치화 이론과 전망

정상화원리 및 사회적 역할가치화 이론은 사회적으로 일탈된 사람, 가치 절하된 집단과 그 구성원들의 이미지를 향상시키고, 능력을 향상시킴으로써 그들의 사회적 역할을 가치화할 것을 주장하고 있다. 뿐만 아니라 이러한 주요가정들이 연구를 통해 검증되면서 과학적 이론으로 발전하는 과정에 있다. 그럼에도 사회적 역할가치화 이론에 대한 국내 학계의 관심은 무관심에 가까운 수준이다. 2001년 이성규 교수는 '장애인복지정책과 노말라이제이션'을 출간하여 정상화와 사회적 역할가치화에 대한 주요 개념과 논의, 연구들을 포괄적으로 소개하였고, 2004년 나카조노 야스오의 '정상화 원리의 연구'(성명옥 역, 2004)가 출간되었으며, 울펜스버거 등의 1972년 저술의 번역서 '사회복지서비스와 정상화이론'(김용득, 엄정금 역, 2004)이 출간되었을 뿐 정상화나 사회적 역할가치화 이론에 대한 저술은 찾아보기 어렵다. 학술 논문 또한 이성규(1998)의 리뷰논문과 김동국(2014)의 리뷰논문 외에는 찾아보기 어려울 정도이다. 국내에서 정상화이론이나 사회적 역할가치화 이론은 다만 장애인복지에 관한 다양한 저술에서 장애인복지의 철학, 가치 등으로 소개되고 있을 뿐이다. 이는 국내에서 사회적 역할가치화 이론이 이데올로기나 가치를 넘어 사회과학이론으로 발전하기를 기대했던 울펜스버거의 꿈이 현실화되지 못하고 있음을 시사한다.

한편 정상화 및 사회적 역할가치화 이론이 정신장애인 재활과 사회통합에 적지 않은 함의를 지니고 있음에도 국내에서 정신장애인에 관한 연구와 실천에 정상화원리를 적용한 사례는 찾아보기 어렵다. 김통원(2006)은 사회적 역할가치화 이론을 통해 정신장애인 사회재활모델인 클럽하우스모델을 분석하고 그 함의를 제안하려 시도했으나 체계적 분석보다는 이론을 간략하게 소개하는데 그쳤다. 그 후 학계와 임상실천분야에서 정신장애인서비스와 관련하여 정상화원리나 사회적 역할가치화 이론의 소개, 연구, 실천적 적용 사례는 찾아보기 어려웠다.

그렇다면 왜 장애인 주거서비스와 사회통합과 관련하여 그다지도 높은 관심을 불러일 으켰던 정상화원리와 사회적 역할가치화 이론은 국내에서 이토록 관심이 낮았던 것일까? 저자는 정상화원리와 사회적 역할가치화는 이론 및 실천접근이라기보다는 장애인 관련 사회복지서비스에 대한 비판적 관점과 실천적 가치정도로 인식되었기 때문이 아닐까 한다.

본 장에서 살펴본 바와 같이 지적장애인 시설서비스에 대한 비판에서 도출된 정상화 원리와 이로부터 발전된 사회적 역할가치화 이론은 다분히 상징적 상호작용론적 전제를 내포하고 있다. 지적장애인 또는 정신장애인이 사회 속에서 일탈자로서 가치 있는 역할 보다는 가치 절하된 역할들을 요구받고, 그로 인해 사회 속에서 그들의 이미지와 능력이 더욱 저하되고, 삶의 좋은 것들을 보장받을 기회는 좀처럼 주어지지 않아 사회통합이 더 욱 어려워지는 현실을 잘 반영하는 이론이라 할 수 있다. 상대적으로 지적장애인이나 정 신장애인에 대한 교육과 훈련 등에 관한 직접적인 개입을 강조했던 의료모델 및 재활모 델의 영향이 워낙 강해 환경의 변화를 주장하는 이론과 실천기법이 설자리를 찾기가 쉽지 않았을 것이다. 뿐만 아니라 사회환경의 변화 또한 무장애(배리어 프리, Barrier Free)에 관한 개념과 실천들이 시사하듯 물리적 접근성에 치우치는 경향이 있고, 사회심리적 측 면은 사회적 인식 개선과 차별금지 등 인권논의에 집중되므로 실제 사회서비스 전달과정 에서 상징적 의미가 어떻게 생성, 전달, 유지됨으로써 지적장애인이나 정신장애인에게 부정적 영향을 끼치는지, 그에 대한 개선전략은 무엇인지에 대한 이론적, 실천적 관심이 저조할 수밖에 없었을 것으로 보인다.

하지만 상징적 상호작용론의 관점에서 본다면 사회적 역할가치화 이론은 정신장애인의 재활과 사회통합에 관해 적지 않은 이론적, 실천적 유용성을 지니고 있다. 정신건강분야는 의료모델을 통해 정신장애인에게 지나치게 환자역할을 강요하고 그 결과 사회적 낙인의 내면화를 촉진하기 쉽다. 사회구성원들 또한 정신장애인을 위험하고 무능력하며, 비합리 적이며, 회복이 불가능한 존재로 인식하는 경향이 있다. 그러나 사회구성원들의 인식을 변화시키거나 사회적 낙인을 완화하기는 쉽지 않고, 장애가 두드러지는 정신장애인들의 사회통합을 위해 어떠한 개입이 효과적일지 명확하지 않다. 생산적인 역할이 중요하기에 직업재활이 강조되지만 양질의 고용을 보장하기는 용이하지 않다. 뿐만 아니라 지역사회에서 격리된 정신요양시설이나 대규모 정신의료기관으로부터 지역사회 소규모 주거시설로의 전환이 실질적인 사회통합을 촉진할지 명확하지 않다. 이런 현실에서 사회적 역할가치화 이론은 정신건강서비스체계가 정상화의 원리와 사회적 역할가치화 이론의 핵심적 전략들을 실천한다면 정신장애인의 이미지 향상과 능력 향상을 기대할 수 있고, 그들의 사회적 역할을 가치화 시킴으로써 진정한 사회통합도 앞당길 수 있음을 시사한다.

여전히 이러한 사회적 역할가치화의 비전이 현실에서 실현 가능할지, 과학적 연구를 통해 그 효과를 입증할 수 있을지 회의적 생각을 하는 이들이 적지 않을 것이다. 하지만 클럽하우스모델과 같이 정신장애인에게 자기결정권을 보장하고, 공동체 내외부에서 가치 있는 사회적 역할을 보장함으로써 상징적 차원에서 그들의 이미지를 향상시키고, 실질적 차원에서 그들의 능력을 향상시킬 수 있음을 경험적으로 입증하는 사례도 있다. 따라서 정신건강서비스 전달과정이 정신장애인의 사회적 지위와 역할을 가치화 할 수도 있고, 혹은 가치를 절하시키는 결과를 가져올 수도 있음을 정확히 인식할 필요가 있다. 또한 정신건강서비스기관은 치료 및 재활을 통해 정신장애인의 건강과 능력을 향상시킬 수 있을 뿐만 아니라 가치 있는 사회적 역할을 활용한 상호작용을 보장함으로써 그들의 사회적 이미지를 향상시키고, 실질적인 지역사회통합을 촉진할 필요가 있다.

한편 정신장애인 재활 및 사회통합 관련 연구자들은 상징적 상호작용론과 사회적 역할가치화 이론의 함의를 깊이 이해함으로써 정신재활과 사회통합에 관한 새로운 연구경향을 개척해 나갈 필요가 있다. 학계는 사회적 역할가치화 이론을 하나의 장애인복지 이념이나 가치 정도로 인식하는데서 나아가 과학적 연구를 통해 사회적 역할가치화 이론의 발전에 기여해야 할 것이다.

6. 요약

울펜스버거의 사회적 역할가치화 이론은 사회적 역할이론을 근간으로 하고 있으며, 장애로 인해 가치 저하된 사람들의 경험을 설명하고, 그들에게 가치 있는 사회적 역할을 보장함으로써 사회통합에 기여할 수 있는 이론적, 실천적 근거를 제공하고 있다. 하지만 사회적 역할가치화 이론은 실천접근 또는 가치 지향으로 널리 받아들여져 왔으나 과학적 이론으로서는 확고한 기반을 갖추지 못하고 있다. 본장에서는 사회적 역할가치화 이론의 주요 내용을 살펴보고, 상징적 상호작용론의 관점에서 사회적 역할가치화가 정신재활에 갖는 함의와 이 이론의 향후 전망에 대해 논의하였다.

사회적 역할가치화 이론은 역할이론에 근거해 첫째, 장애인 등 사회적으로 가치 저하된 사람들의 경험을 심층적으로 설명해 주고 있다. 둘째, 가치 저하된 사람들의 사회적 이미지 향상과 역량 향상, 가치 절하된 사람들이 담당하는 사회적 역할의 가치 향상, 추가적인 가치 절하된 역할 차단, 가치 있는 새로운 역할의 취득, 부정적 역할로부터 탈피나 보다 긍정적 역할로 대체 등 실천적 전략도 제시하고 있다. 셋째, 사회서비스체계에 대한 평가와 개선에 관한 방안도 구체적으로 제시하고 있다. 그럼에도 사회적 역할가치화 이론은 구조기능주의적 역할이론에 치우쳤다는 평가를 받고 있다. 그로 인해 장애인 당사자의 관점을 반영하지 못하고 있으며, 사회문화적 관점이 주류사회의 가치와 문화를 전제하고 있다는 비판을 받고 있다.

이러한 한계에도 불구하고 울펜스버거가 제시한 정신건강분야에 대한 비판은 상징적 상호작용론에 비추어볼 때 여전히 유효하다. 정신건강분야의 의료모델에 따른 환자 역할 강요, 정상적인 성인 역할을 배제하고 지속적인 레크리에이션과 여가의 제공, 주거시설의 장애정도가 다른 정신장애인 혼합수용으로 인한 정신장애인의 자유로운 삶의 권리 제약 등은 향후 정신건강서비스기관의 운영의 개선 방향을 시사한다. 또한 사회적 역할가치화 이론이 제시하는 사회적 이미지 향상과 능력 향상 전략의 균형, 정신장애인에게 사회적으로 가치 있는 역할의 보장과 사회적으로 가치 절하된 역할로부터 탈피 또는 그러한 역할의 부정적 속성을 줄이고 긍정적 이미지를 향상시키는 것 등은 정신장애인 사회통합에 도움이 될 것이다.

앞으로 사회적 역할가치화 이론의 발전을 위해서는 상징적 상호작용론과 같은 명확한 이론에 근거한 과학적 연구가 활성화되어야 할 것이다. 또한 클럽하우스모델과 같은 실천사례에 대한 분석을 통해 사회적 역할가치화 이론의 주요 개념과 실천전략에 대한 경험적 검증이 필요할 것이다.

참 고 문 헌

김동국 (2014). 북미 식 정상화가 SRV 이론으로 진화하기까지의 과정 탐색. 한국장애인복지학 24:5-26.

신인미 (1998). PSSING 평가기법을 활용한 장애인복지관의 정상화 실천에 관한 연구:노틀담복지관을 중심으로. 가톨릭대학교 석사학위논문.

이성규 (1998). 노말라이제이션(Normalization) 논의의 정상화를 위한 연구:장애인복지를 중심으로. 사회복지연구 8(1):79-105. 부산대학교 사회복지연구소.

이성규 (2001). 장애인 복지정책과 노말라이제이션. 홍익재.

Lemay, R. A. (1999). "Roles, identities, and expectancies: Positive contributions to normalization and social role valorization." A quarter-century of normalization and social role valorization: Evolution and impact: 219-240.

Lemay, R. (2006). "Social role valorization insights into the social integration conundrum." Mental Retardation 44(1): 1-12.

Nirje, B. (1969). "The normalisation principle and its human management implications." Changing Patterns in Residential Services for the Mentally Retarded.

Osburn, J. (2006). "An overview of social role valorization theory." The SRV Journal 1(1): 4-13.

Race, D., K. Boxall, et al. (2005). "Towards a dialogue for practice: Reconciling social role valorization and the social model of disability." Disability & Society 20(5): 507-521.

Wolfensberger, W. (1970). "The principle of normalization and its implications to psychiatric services." American Journal of Psychiatry 127(3): 291-297.

Wolfensberger, W. (1983). "Social Role Valorization: A proposed new term for the principle of normalization." *Mental Retardation* 21, 234-239.

Wolf Wolfensberger(1992), *Social role valorization : As a high-order concept for structuring human services,* Leadership and Change Agentry (Syracuse University), pp.55-65.

Wolfensberger, W. (1995). "An" if this, then that" formulation of decisions related to social role valorization as a better way of interpreting it to people." *Mental Retardation* 33:163-169.

Wolfensberger, W. (2000). "A brief overview of social role valorization." *Mental Retardation 38*(2): 105-123.

Wolfensberger, W. (2004), 사회복지서비스와 정상화이론, 김용득, 엄정금 역, 나눔의 집. 원저 : *The principle of normalization in human service.* Toronto, Canada.

Wolfensberger, W. and Nirje, B. (1972). "The principle of normalization in human services."

Wolfensberger, W., S. Thomas, et al. (1996). "Some of the universal "good things of life" which the implementation of Social Role Valorization can be expected to make more accessible to devalued people." International Social Role Valorization Journal **2**(2): 12-14.

제10장

임파워먼트 실천과 상징적 상호작용

임파워먼트는 1990년대 후반 국내에 본격적으로 소개되기 시작하였고, 2000년대 이후에는 사회복지실천이론의 하나로 적지 않은 관심을 끌고 있다. 해외에서는 사회의 다양한 소수집단이나 피억압집단에 대한 임파워먼트실천에 관한 저술 출판이 이어졌고, 국내에서는 이러한 자료들을 번역하여 대학의 교육교재로 사용하기도 하였다. 국내에서도 임파워먼트이론이 널리 알려지고, 현장의 서비스나 프로그램에 반영됨에 따라 임파워먼트실천의 효과를 검증하는 연구들도 증가하였다. 특정한 프로그램의 임파워먼트 실천 효과를 검증하는 연구들이 있는가 하면 임파워먼트를 내포하는 상호작용요소를 측정하고, 이러한 상호작용이 정신장애인의 재활에 어떠한 영향을 끼치는지 검증한 연구들도 이루어졌다.

그럼에도 불구하고 임파워먼트는 하나의 이론으로서 명확하게 정립되지 않아 실천가들이 그 내적 원리를 정확하게 이해하고 실천에 적용하기는 쉽지 않다. 본 장에서는 임파워먼트에 대해 기존의 정의를 살펴보고, 상징적 상호작용론에 근거해 임파워먼트 과정을 검토, 논의하고자 한다. 아울러 상징적 상호작용론을 중심으로 임파워먼트 과정에 내재된 원리를 규명함으로써 임파워먼트이론을 보완, 발전시키고자 한다[16]. 이를 위해 본장에서는 상징적 상호작용론을 활용하여 임파워먼트이론의 핵심적 개념인 무력함, 의식화, 임파워먼트실천 등을 재해석하고자 한다. 아울러 정신장애인을 대상으로 한 임파워먼트 실천에 대해 정신건강체계의 억압적 요소와 정신장애인 임파워먼트실천을 검토함으로써 임파워먼트이론이 정신재활에 갖는 함의를 살펴보고자 한다.

---

16) 상징적 상호작용론에 근거한 임파워먼트이론의 발전적 재구성은 이미 이 책 8장에서 다룬 역량강화적 상호작용이 정신장애인의 자아인식과 행동에 미치는 영향에 관한 연구사례를 통해서도 일부 소개한 바 있다.

1. 임파워먼트의 정의

임파워먼트(Empowerment)는 획일적으로 정의하기 어려우며 어떤 영역, 어떤 집단과 관련하여 논의되는가에 따라 그 개념정의는 차이가 있다. 이러한 특성 때문에 임파워먼트는 특정 영역과 대상에 적용하려면 불가피하게 일반적인 개념정의를 구체적으로 조작화 또는 현지화 할 필요가 있는 일종의 개방적 개념으로 볼 수 있다(Rappaport, 1984; Zimmerman, 1995). 그럼에도 연구자들은 임파워먼트의 개념을 정의하기 위해 다양한 시도를 하였다. 본 장에서는 먼저 각 영역별로 임파워먼트가 어떻게 정의되는지 간략히 살펴보고자 경영학, 보건영역, 사회복지학 등에서 임파워먼트개념을 검토하였다. 다음으로 임파워먼트개념을 다양한 차원으로 분석하여 정의한 연구자들의 견해를 검토하고자 한다.

1) 영역에 따른 임파워먼트 개념

임파워먼트가 가장 널리 활용되는 경영학에서 임파워먼트는 조직 운영과 관련하여 관리자가 자신의 힘을 조직 구성원들과 어떻게 공유하는가와 관련한 개념이다. 즉, 경영학 문헌에서 임파워먼트는 관리자가 자신의 힘과 권한을 부하 직원들과 공유하는 것과 관련한 접근으로, 의사결정의 위임과 분권화를 포함하는 참여경영을 뜻한다. 경영학 연구자들은 조직 내 구성원들이 기본적으로 힘과 통제에 대한 욕구를 지니고 있으므로 구성원들에게 자기결정이나 자기효능감을 보장함으로써 행동의 동기를 제고하면 경영에 있어 더 나은 성과를 거둘 수 있다고 가정한다. 즉, 경영학에서는 이러한 일련의 참여경영 접근을 임파워먼트라 칭한다(Conger and Kanungo, 1988; Robbins et al., 2002).

이에 비해 보건영역에서 임파워먼트는 건강과 관련한 환자 또는 시민의 선택 및 자기결정과 관련한 개념으로 정의된다. 즉 공중보건에서 임파워먼트란 보건교육을 통해 시민들이 건강과 관련하여 합리적인 선택을 내리고, 그에 대해 책임과 책무성을 강조하는 실천을 의미한다. (Rodwell, 1996). 정신보건영역 또한 이와 유사하게 정신건강서비스 이용자들이 전통적 정신보건서비스에 대해 비판하고, 이용자들의 권리와 자율성을 요구하면서 임파워먼트가 관심을 끌게 되었다. 1960년대 반정신의학운동과 인권운동의 영향으로 전문가가 진단하고 결정하는 등 의료모델에 근거한 전문가 중심의 정신보건서비스에 대항해 이용자의 권한과 통제를 강화하는 임파워먼트접근이 각광을 받게 되었다. 이러한 임파워먼트접근은 특히 지역사회정신보건서비스 전달과 관련하여 정책적 트렌드로 자리 잡았다. 이로 인해 정신의료서비스의 소비자들에 의한 자조서비스, 지역사회지지체계나 개별화된 지원을 강조하고, 전문가의 역할은 조력자로서 역할로 재정의 되었다(Nelson, Lord and Ochocka, 2001; Masterson and Owen, 2006).

한편 사회복지영역에서 임파워먼트는 개인과 환경 사이의 적합성을 향상시키는 접근의 하나로 볼 수 있다. 사회구조적 문제나 빈곤, 신체적 및 정신적 장애, 지식·정보·기술의 결여, 비판적 의식의 결여, 부정적 자아개념이나 무기력감, 자원이나 기회에 대한 접근의 제한 등으로 인해 충분한 잠재력을 발휘하지 못하는 사람들을 위해 긍정적 자아개념의 발달, 지식과 역량의 개발, 집단과 사회 수준에서 자원과 전략의 개발과 옹호 등을 포함 하는 개념이다(Gutiérrez et al., 2006;Lee, 1996). 특히 사회복지영역에서 임파워먼트는 억압을 발생시키는 환경과 억압을 경험함으로써 무력화된 사람들 사이에 사회복지사가 개입하여, 개인적 수준에서는 사회구조적 환경에 대한 비판적 인식과 개인적 능력을 향 상시키고, 집단적 수준에서는 억압적 현실에 대한 의식고양과 집단에 대한 참여와 집합 적인 옹호활동을 촉진하며, 거시사회체계수준에서는 정치적 과정에 영향을 미치고 변화를 이끌어 냄으로써 사회적 억압을 완화 및 해소하는 독특한 실천이론이며 실천접근이라 할 수 있다(Lee et al., 2001).

이 처럼 경영, 의료, 사회복지 등 각 영역에 따라 임파워먼트가 의미하는 바는 미세한 차이가 존재하지만 임파워먼트는 주로 상위사회체계에 대해 하위사회체계나 그 구성원들 이 구체적인 활동, 의사결정 등에 있어서 통제권과 주도권을 더 많이 행사하는 방향으로 의 전환을 의미한다는 점에서 공통점이 있다. 영역에 따라 이러한 전환과정은 권한의 위 임이라든지 참여나 의사결정권의 보장 등 상이한 형태를 취할 수 있지만 임파워먼트는 하위체계나 그 구성원들의 통제권이나 결정권이 증가하는 현상이 본질이라 할 수 있다.

2) 사회체계의 수준에 따른 임파워먼트 개념

사회체계의 수준에 따라 임파워먼트는 개인, 집단이나 조직, 지역사회 및 거시사회체 계 수준으로 나누어 정의할 수 있다(양옥경, 최명민, 2006; Lee, 2001). 이처럼 사회체계 수준이 다르다면 임파워먼트의 맥락이나 특성, 강조점 등에 있어 차이가 나타날 수 있으 므로 임파워먼트 개념 또한 다르게 정의될 수 있다.

① 개인적 임파워먼트

임파워먼트의 가장 미시적 개념은 개인적 수준에서 정의될 수 있다. 짐머만 등은 개인적 임파워먼트를 심리내적 요소(intrapersonal), 상호작용적 요소(interactional), 행동적 요소(behavioral)로 삼분하여 정의하였다. 이들은 개인적 임파워먼트는 사회환경이 개인에게 어떠한 영향을 끼치는지에 대한 인식, 주관적으로 지각하는 통제감, 자기효능감, 유능성, 정치적 효능감 등 개인의 심리내적 요소, 사회정치적 맥락에 대한 비판적 의식, 의사결정 및 문제해결과 관련한 기술이나 리더십, 필요한 지식이나 자원 등과 같은 상호작용적 차원을 개인적 임파워먼트의 중요한 요소로 보고 있다. 아울러 개인적 임파워먼트는 위와 같은 심리내적 특성뿐만 아니라 자신들이 이용하는 서비스 조직, 자조집단, 지역사회 참여를 통해 그러한 체계의 변화를 추구하는 구체적 행동을 통해 관찰되기도 하므로 이러한 행동적 요소들 또한 포함하는 것으로 볼 수 있다(Zimmerman, 1995; Zimmerman and Warschausky, 1998).

한편 라파포트의 주장처럼 임파워먼트는 소외, 학습된 무기력, 삶에 대한 통제감 상실 등과 같이 임파워먼트가 결여된 상태를 통해 정의하는 것이 더 용이할 수 있다(Rappaport, 1984). 즉, 장애인, 여성, 정신질환자, 각종 사회적 소수자 등 사회의 특정 구성원들이 개인의 내적 취약성 또는 사회환경적 제약 등으로 인해 삶에 대한 무력감을 경험하지만 무력감의 원인이 되는 사회환경의 부조리함에 대한 비판적 의식이 결여되어 있고, 문제를 스스로 해결할 수 있는 지식, 기술, 동기가 부족하며, 외부의 자원과 지원 등이 없거나 부적절하여 삶을 변화시킬 수 있는 어떤 구체적인 활동도 이루어지지 않고 있다면 임파워먼트가 필요한 상태라 할 수 있다. 이에 비해 사회의 취약한 구성원이 자신의 취약점과 환경적 제약에도 불구하고 자신의 삶에 영향을 끼치는 사회환경에 대한 비판적인 의식, 문제를 해결하기 위한 지식, 정보, 기술과 내적인 효능감 등을 갖추고 서비스조직이나 집단, 지역사회에 참여하여 구체적 변화를 추구하는 능동적 상태는 개인적 수준의 임파워먼트가 나타나고 있거나 성취된 상태라 할 수 있다.

② 중간체계수준의 임파워먼트

사회복지영역에서 개인적 임파워먼트와 달리 개인과 거시적 사회환경을 매개하는 중간체계 수준의 임파워먼트에 대한 다양한 논의가 있다. 학자들에 따라서는 이러한 매개구조를 어디까지로 보는가에 따라 다소 시각차이가 존재한다. 리(Lee, 2001)는 개인과 환경 사이에 끼어드는 가족, 문화, 하위문화, 집단, 사회서비스기관, 지역사회를 모두 매개구조에 포함시킴으로써 임파워먼트와 관련한 중간수준의 사회체계를 매우 넓게 고려하고 있다. 즉, 그는 이러한 매개구조수준에서 임파워먼트란 본질적으로 동질적인 현상이라 간주하고 있으며, 각 매개구조들을 강화함으로써 그 구성원들이 잠재능력을 향상시키고, 부정의한 사회경제구조에 도전할 수 있도록 돕는 것을 임파워먼트로 보고 있다.

이에 비해 하센펠트 및 세갈 등은 사회복지에서 임파워먼트의 수준을 논하면서 중간수준의 사회체계를 사회조직으로 보고 있다(Hasenfeld, 1987; Segal, Silverman and Temkin, 1993). 이들은 사회서비스를 이용하는 이용자의 욕구에 기여하도록 서비스기관의 권력을 제어하거나 통제하는 것을 중간수준의 임파워먼트로 개념화하였다. 이러한 조직수준의 임파워먼트는 사회서비스기관 이용자가 기관운영에 관련된 위원회, 의사결정과정, 정책 결정과정에 참여하고, 그들 중 일부가 기관의 직원으로 고용되어 서비스 제공자 역할을 수행하고, 기관의 규칙을 제정하는데 관여하는 등 기관수준에서 통제력을 행사할 수 있도록 조직운영을 변화시키는 다양한 노력을 뜻한다.

③ 거시사회체계와 임파워먼트

거시사회체계수준의 임파워먼트는 사회의 취약집단이나 소외집단이 경험하는 사회구조적인 억압이나 권력관계, 사회경제적인 부정의나 불평등의 극복이나 개선노력 및 그 결과를 의미한다. 사회적 불이익집단에게 불리하게 작용하였던 법률, 정책 등의 변화를 통해 실질적으로 불이익집단의 처우를 개선하기 위해 피억압집단이 집합적인 사회행동을 전개하거나 이를 지원하는 과정을 뜻한다(Masterson and Owen, 2006). 거시체계수준의 임파워먼트는 사회구조에 대한 갈등주의적 관점에 근거하여 억압 아래 있는 무력한 개인들의 의식화와 집합적 행동을 통한 사회구조적 변화를 궁극적 목표로 가정한다. 하지만 사회복지영역에서 거시체계수준의 임파워먼트는 개인적 임파워먼트나 중간체계수준의 임파워먼트에 비해 상대적으로 큰 관심을 끌지 못하고 있다. 이로 인해 임파워먼트실천은 사회갈등적 관점과 사회체계에 대한 비판적 의식화와 집합적 행동을 통한 사회변화 추구 등을 상대적으로 축소, 완화시켜 사회구조의 변화보다 개인적 자조를 강조한다는 비판을 받기도 한다(이혁구, 2000).

3) 이념, 과정, 성과

한편 임파워먼트는 이념(ideology)이나 가치(value), 과정(process), 성과(outcome)라는 측면에서 정의할 수 있다. 임파워먼트는 지향해야 할 이념이나 가치이며, 구체적 변화의 목표로서 성과이며, 이러한 성과를 도출하기 위한 변화과정을 뜻한다(Clark and Krupa, 2002; Gutierrez, Parsons and Cox,1998; Zimmerman and Warschausky, 1998).

첫째, 이념이나 가치로서 임파워먼트는 사회복지, 정신건강, 재활분야 등에서 의료모델이나 재활모델이 지향하는 전문가 중심주의, 서비스 이용자의 질병이나 결함을 강조하는 접근으로부터 이용자의 강점과 역량을 강조하는 강점관점, 전문가와 이용자 간의 평등한 관계 등으로의 가치, 관점, 패러다임의 전환을 의미한다.

둘째, 과정으로서 임파워먼트는 취약한 지위의 사회구성원이나 사회서비스 이용자들의 지식, 기술, 자원을 강화하고, 그들이 처한 사회환경에 대한 비판적 인식을 향상시키며, 집단에 대한 참여나 집합적 행동을 이끌어 냄으로서 공동의 목표를 달성하는 절차, 수단, 기법 등을 뜻한다.

셋째, 성과로서 임파워먼트는 임파워먼트과정의 결과로 인해 나타난 사회환경에 대한 비판적인 인식, 통제감, 긍정적 자아개념 등 개인의 심리내적 성취와 변화, 집단이나 사회적 옹호활동에 대한 참여행위, 직업, 소득, 주거 등 자원에 대한 접근(기회)의 향상이나 사회적 지위의 향상 등 객관적 측면에서 관찰된 개인의 구체적 성취나 변화를 의미한다. 조직수준의 성과는 조직 내 의사결정 권한의 위임 등을 통한 이용자의 통제권 향상 등을 들 수 있고, 지역사회수준의 성과로는 삶의 질을 향상시키기 위한 집합적 노력이나 행동 및 그 결과를 들 수 있다.

2. 상징적 상호작용론과 임파워먼트과정의 재해석

1) 임파워먼트과정에 대한 전통적 이해

다양한 연구자들은 임파워먼트가 사회적으로 취약하거나 소외되고 억압상태에 있는 집단구성원들의 개인적이며 심리내적인 변화, 상호작용적이며 관계적인 변화, 삶의 질이나 사회구조 속에서 기회나 자원 및 지위의 변화 등이 이루어지는 발달적 과정으로 규정하고 있다. 이러한 다양한 이론가들이 과정으로서 임파워먼트를 어떻게 인식하고 있는가는 그들이 제시한 임파워먼트의 전개과정과 그 논리 속에서 유추할 수 있다. 무엇보다도 개인적 수준의 임파워먼트를 변화과정으로 제시한 이론가들의 주장은 임파워먼트과정에 대한 전통적 인식과 이해가 무엇인지를 잘 보여주고 있다.

로드와 허치슨은 개인적 수준에서 이루어지는 임파워먼트과정을 다음 〈표 10-1〉과 같이 '무력함의 경험→인식의 증진→새로운 역할의 학습→참여의 촉진→기여'라는 5단계의 과정으로 제시하고 있다(Lord and Hutchison, 1993). 임파워먼트가 이루어지기 위한 혹은 임파워먼트가 요구되는 전제조건이나 상황은 개인이 처한 무력한 상태라 할 수 있다. 선택을 내릴 역량이 제한되어 있거나 선택의 기회가 제한되어 있고, 사회적으로는 고립되어 있으며 사회의 제한적인 자원이나 서비스에 의존하고 있는 상태가 임파워먼트의 선행조건이 된다. 이러한 상태에서 임파워먼트가 촉진될 수 있는 계기는 환경적 억압에 대한 인식과 분노, 자신의 내적 강점에 대한 인식, 외부로부터 새로운 정보에 따른 반응 등으로 가정된다. 본격적으로 임파워먼트가 촉진되는 것은 타인과 연계, 자원과 연계, 집단에 참여하기, 가치 있는 역할 담당하기, 역량향상 등이다. 임파워먼트의 최종 과정으로서 공동체 내에서 타인에게 역할모델이 되고, 영향을 미치며, 자기효능감이 향상된다.

<표 10-1> 개인적 임파워먼트과정의 구성요소

무력함의 경험	인식의 증진	새로운 역할 학습	참여의 촉진	기여
• 사회적 고립 • 서비스에 의존 • 선택의 제한	• 분노에 근거해 행동하기 • 정보에 반응하기 • 새로운 맥락에 대응하기	• 타인과 연계하기 • 자원과 연계하기 • 선택과 기회 확장하기	• 집단에 참여하기 • 자기목소리 내기 • 참여에 관한 유능함 확장하기	• 역할모델 되기 • 영향 미치기 • 자기효능감 증대시키기

출처 : Lord(1991). Lord & Hutchison(1993)에서 재인용.

이에 비해 카르는 임파워먼트과정을 '위치 1(무력한 상태) → 비판적 의식화(해석 과정) ⇄ 정치적 행동 → 위치 2(무력함이 감소된 상태) → 비판적 의식화' 순으로 전개되는 순환적 과정이며, 실천과 성찰이 교차되는 프락시스로 규정했다(Carr, 2003).

이러한 임파워먼트과정이 이론적 타당함을 확보하려면 변화과정이 어떠한 원리, 계기에 의해 촉진되는가 하는 점이 해명되어야 한다. 기존의 임파워먼트 이론가들이 변화과정으로서 임파워먼트의 원리를 설명하는 핵심 개념은 비판적 의식의 향상(consciousness raising 혹은 conscientization), 집단에 대한 참여, 서비스체계의 전문가와 관계에서 역할관계의 변화 등이다.

첫째, 임파워먼트 이론가들은 무력함에 처한 개인들이 자신과 사회구조적 환경에 대해 비판적 인식을 갖게 됨으로써 자신의 삶에 있어서 주체로 다시 서고, 사회환경에 영향을 끼칠 수 있는 행동을 위한 계기가 마련된다고 가정한다(Carr, 2003; Gutierrez, 1995; Parsons, 1991; Simon, 1994). 사이먼은 임파워먼트접근에 영향을 끼친 사회이론 및 사회운동으로 시민권운동, 흑인해방운동, 여성주의, 장애인권리운동, 프레이리(Freire, 1986)의 의식향상(conscientization) 등을 제시했다(Simon, 1994). 이러한 소수집단의 권리옹호와 관련된 다양한 사회운동들은 공통적으로 사회구조적 부정의에 대한 비판적 인식을 제고하고, 그로부터 집단적인 권리옹호를 이끌어낸다. 즉, 사회정치적 갈등구조를 전제하고 이를 극복하기 위한 수단으로 비판적 의식을 고양하고, 집합적 행동을 유도한다. 임파워먼트가 사회의 갈등구조에 대한 비판적 의식의 향상을 통해 집합적인 행동을 촉진하려 한다는 점에서 이러한 사회운동들이 제시하는 비판적 의식 향상 과정은 임파워먼트과정을 설명하는데 빈번하게 인용되고 있다.

한편 사회적으로 억압된 개인들의 자아인식을 향상시키는 것 또한 임파워먼트의 의식향상과 관련한 중요한 주제로 제시된다. 프레이리의 의식향상은 사람이 단순히 사회서비스의 수혜자가 아니라 자신의 삶을 결정하는 사회적 현실에 대한 통찰력과 사회현실을 변화시킬 수 있는 잠재적 역량을 지닌 지적 주체(knowing subject)로 변화되는 과정을 뜻한다. 이는 임파워먼트가 스스로를 행동의 주체로 인식하지 못하던 상태로부터 자신의 삶과 사회환경에 영향을 줄 수 있는 사건의 원인자(causal agent)로 자아를 재인식하는 변화과정임을 뜻한다(Simon, 1994). 임파워먼트 이론가들은 사회환경의 억압적 속성 또는 개인의 욕구에 비우호적인 특성 때문에 개인은 환경과 상호작용하는 동안 지속적으로 무력함을 경험하고, 그러한 무력함은 내면화되어 자아를 무력한 존재로 인식하게 되므로 스스로를 주체적 존재보다는 환경에 종속적인 객체로 지각하기 쉽다고 본다. 그러므로 무력한 상태에 처한 사람들이 자아를 환경에 대해 주체적 존재로 재인식하도록 돕는 의식화 과정(consciousness raising)은 임파워먼트의 핵심 과정으로 볼 수 있는 것이다(Carr, 2003; Parsons, 1991).

이 같은 의식화가 결국 수동적이고, 무력한 상태의 개인에게 사회환경적 부조리에 대응하여 행동할 수 있는 주체로 전환되는 데 결정적 기여를 한다는 것이 임파워먼트 이론가들의 공통적인 견해이다. 다양한 이론가들의 논의를 검토한 카르에 따르면 임파워먼트는 본질적으로 심리적 과정이며, 심리적 과정의 핵심은 유사한 경험을 하고 있는 타인들과 상호작용 속에서 그들과 집단적 동일시를 하게 되고, 새로운 지식과 통찰을 통해 세계와 자신의 문제를 재해석함에 따라 사회체계의 문제를 자각하고, 집합적 행동에 나서는 과정이다. 이러한 임파워먼트과정은 직선적 발달과정이 아니라 전진과 후퇴, 실천과 성찰을 오가는 가운데 진전이 이루어지는 변증법적 순환과정으로 전개된다(Carr, 2003).

둘째, 임파워먼트 이론가들은 취약한 상태에 처한 개인들이 상호 지지와 원조, 집단적 목적 달성을 위해 집단을 형성하고, 집단에 참여함으로써 환경과 자아에 대한 비판적 의식이 향상되고, 집단의 힘을 자각하고, 그 결과 집단적인 사회행동을 통해 사회환경을 변화시키는 등 집단 활용을 임파워먼트의 핵심으로 보고 있다(Carr, 2003; Parsons, 1991). 임파워먼트접근이 사회환경적 억압과 개인적 취약성으로 인해 소외되고 고립되어 스스로 무력한 상태에 있는 개인들을 개입의 표적으로 가정할 때, 이들의 비판적 의식을 향상시켜 삶의 환경을 변화시키는 주체로 동원하려면 집단의 독특한 기여를 고려할 필요가 있다. 피억압상태에 있는 사회구성원들이 개인적 문제로 보이는 현상들을 공적인 문제로 재인식하고 집합적 행동에 참여하도록 동원하려면 비판적 의식화를 촉진할 수 있는 집단 참여가 필수적이기 때문이다. 집단참여는 의식화의 결과 혹은 심리적 임파워먼트의 결과로 나타나는 행동차원의 성과로 볼 수 있지만, 동시에 의식화를 향상시키고 집합적 사회행동을 통해 부정의한 삶의 환경을 개선하는 지역사회 및 거시사회체계수준의 임파워먼트를 위한 선행조건으로 볼 수 있다.

그렇다면 왜 집단참여가 임파워먼트의 결과이면서 동시에 임파워먼트를 촉진하는 중간 과정으로 중요성을 지니는가? 우선 집합적 경험은 개개인의 에너지를 집약하며, 상호지지와 원조, 집단적 목적에 대한 인식과 집합적 행동을 위한 경험(기회)을 제공함으로써 구성원의 임파워먼트에 기여한다(Parsons, 1991). 뿐만 아니라 집단은 상호작용을 통해 자아, 사회환경, 문제에 대한 인식을 재조정할 수 있는 사회적 장을 제공하므로 사회환경과 자아에 대한 비판적 의식화를 요구하는 임파워먼트에 기여할 수 있다(Lee, 1996).

특히 비판적 의식화는 대화와 교육을 통해 촉진될 수 있는데, 대화와 교육은 집단 속에서 전개되는 역동적인 상호작용의 일면이기 때문이다. 유사한 환경을 경험하고 있는 사람들이 대화 및 교육을 통해 자신의 삶을 성찰하게 되면 개인적 문제가 사회적 문제로 재인식되는 의식화가 촉진될 수 있다(Parsons, 1991).

셋째, 임파워먼트 이론가들은 전문가와 이용자(클라이언트) 사이의 전통적 위계관계 대신 파트너관계 혹은 협력적 관계를 통해 사회서비스 이용자들의 임파워먼트가 촉진될 수 있다고 주장한다. 전통적으로 전문가들이 서비스 욕구를 판단하고, 적합한 원조를 결정하고, 이용자들은 순응적인 수혜자 역할을 담당한다. 이러한 서비스 제공관계 속에 내재된 전문성을 매개로 한 권력관계가 변화하지 않는 한 이용자들은 통제권과 결정권으로 상징되는 힘과 권한을 제대로 행사할 수 없고, 그에 따라 주체적 자아 인식을 형성하기도 어렵다. 그러므로 전문가와 이용자 사이의 양자관계를 대등한 동반자관계 또는 협력관계와 같은 새로운 패러다임으로 전환하는 것은 임파워먼트의 핵심과정이라 할 수 있다. 그러므로 임파워먼트를 실천하는 사회서비스 전문가들은 질병모델을 탈피하여 이용자의 강점을 인식하고, 활용하며, 서비스 전달과정에서 이용자와 힘을 공유하며, 책임을 분담한다(Parsons et al., 1998; Shera et al., 1999).

2) 임파워먼트과정과 상징적 상호작용

(1) 무력함

임파워먼트이론은 공통적으로 사회구조적 억압을 경험하고 있는 개개인의 무력함과 소외, 열악한 삶의 질에 초점을 맞추고, 이러한 내적, 외적 조건의 변화를 위해 임파워먼트가 필요하다고 주장한다. 임파워먼트의 본질을 상징적 상호작용론에 근거해 재해석하기 위해 먼저 개인이 경험하는 무력함과 억압의 본질이 무엇인지 살펴볼 필요가 있다. 임파워먼트 이론가들은 개인적 수준의 임파워먼트를 논의하면서 다양한 사회의 취약집단 구성원들이 경험하는 반임파워먼트상태의 본질을 '무력함(powerlessness)' 혹은 '무기력함(helplessness)'으로 규정하고 있다(Kieffer, 1984; Lener, 1994). 이러한 무력함을 설명하는 데 가장 빈번히 인용되는 이론적 근거는 셀리그만의 학습된 무기력이론(Zmimmerman, 1990)과 밴두라의 자기효능감이론(Conger and Kanungo, 1988)이다. 이 두 이론은 환경에 대해 개인이 주관적으로 인지하는 통제감이나 역량의 긍정적 측면과 부정적 측면을 이해하는 이론적 근거로 널리 활용되어 왔다.

학습된 무기력 이론(learned helplessness theory)이 강조하는 바는 환경이나 당면한 과제에 대해 스스로 통제할 수 있다는 인지적 신념이 손상되는 메커니즘이 존재한다는 것이다. 셀리그만은 동물에 대한 연구를 통해 스스로 회피할 수 없는 상태에서 전기자극에 노출된 경험이 있는 동물은 회피할 수 있는 환경이 제공되었을 때에도 능동적 회피행동이 저조함을 발견했다. 그의 연구는 인간의 우울증 연구에 적용되어, 경험적 지지를 받게 되었다. 회피할 수 없는 부정적 사건이나 자극으로 인해 동물이나 인간의 능동적 대처반응이 손상되며, 이는 인지적 측면의 손상과 정서적 측면의 손상으로 행동을 향한 동기의 손상을 의미한다(Maiser and Seligman, 1976; Peterson and Seligman, 1984).

이러한 학습된 무기력 이론에 따르면 임파워먼트 개입을 위한 선행조건이 되는 '무력함'이란 기존의 경험을 통한 '통제 상실 경험 → 통제 불가능에 대한 지각 → 통제 불가능한 사건에 대한 귀인(causal attribution of the uncontrollable event) → 향후 통제 불가능에 대한 기대 → 무력함의 증상들'과 같은 연쇄적 과정을 통해 이해할 수 있다. 이에 비해 임파워먼트를 통해 변화된 상태는 새로운 환경 속에서 '통제감의 경험 → 통제감의 지각 → 성공적 통제에 대한 귀인(causal attribution of successful control) → 향후 통제가능성에 대한 기대 → 희망을 지각함(임파워먼트 됨)'에 이른 것이다. 임파워먼트란 이처럼 학습된 무기력 모델(learned helplessness model)을 학습된 희망의 모델(learned hopefulnesss model)로 전환해 내는 과정이라 할 수 있다(Zimmerman, 1990:75).

한편 자기효능감이론(self efficacy theory)은 행동의 주체가 자신의 행동이 가져올 효과에 대해 어떤 신념이나 기대를 갖는가에 따라 당면한 과제수행에 긍정적 혹은 부정적 영향이 나타나는 메커니즘을 제시하고 있다. 밴두라에 따르면 행동이 가져올 결과에 대한 기대(outcome expectancy)와 구별되는 자신의 유능함에 대한 기대(efficacy expectation)가 존재하며, 행동의 동기는 자신의 유능함에 대한 기대에 따라 결정된다. 즉, 자신에게 상황에 대처할 능력이 있다고 인식하는가 혹은 그러한 능력이 결여되었다고 인식하는가와 같은 자기유능함에 대한 인식이 어떤가에 따라 회피적 반응 혹은 적극적 행동 반응이 나타날 수도 있다. 이러한 자신의 유능함에 대한 기대는 일종의 인지적인 도식이며, 상황 속에서 획득되는 정보들에 의존한다. 행위자가 자신의 유능함에 대한 정보를 얻게 되는 것은 직접적인 성취경험을 통한 지각, 간접적인 경험을 통한 지각, 언어적 설득, 정서적 배경에 따라 결정되며, 그러한 정보들 중에서 직접적 성취경험을 통해 획득된 자기

유능함에 대한 인지가 행동의 동기로서 가장 강력한 힘을 갖는다(Bandura, 1977; Conger and Kanungo, 1988).

이러한 자기효능감이론에 근거할 때 임파워먼트는 무력함을 야기하는 환경적 조건을 인식하고, 그러한 조건들을 제거함으로써 자신의 유능함에 대한 인식과 정서를 향상시키는 과정으로 정의할 수 있다. 자기 효능감은 개인이 소속된 사회체계의 구조적 요인이나 분위기, 보상체계, 업무 설계 등 환경적 요소에 의해 영향을 받으며, 직접적인 성취, 간접적 경험, 언어적 설득, 정서적 차원 등에 의해 지각되는 정보들을 통해 향상될 수 있다(Conger and Kanungo, 1988).

이처럼 임파워먼트를 위한 선행조건으로서 '무력함'이란 사회의 취약집단 구성원이 경험하고 있는 부정적 자아개념과 그로 인한 사회환경과 자신의 삶에 대한 소극적, 수동적 반응을 뜻하며, 이러한 무력함은 개인의 성격적 속성 혹은 심리내적 속성으로 이해되고 있다(Lener, 1994; Zimmerman et al., 1992; Zimmerman and Warschausky, 1998). 하지만 무력함은 사회적 상호작용으로 인해 생성되고, 유지되는 상황정의로서 개인이 자신과 환경에 대해 내린 의미해석으로 볼 수 있다. 이러한 상황정의와 의미해석은 지속적인 상호작용 속에서 재현되므로 쉽게 변화되기가 어렵다는 점이다.

지속적인 사회적 상호작용에 의해 개인의 무력함이 형성되었다면, 그러한 무력함을 형성시키는 상호작용은 무엇인가? 이러한 의문을 해소하기 위해서는 무력한 상태에 처한 집단에 따라 그들이 경험하는 전형적인 상호작용의 틀이라 할 수 있는 가치, 관념, 문화, 지식, 실천적 전통 등을 점검해 볼 필요가 있다. 예컨대 장애인의 무력함을 설명하는 사회적 상호작용의 틀로 장애인에 대한 전통적 관념과 장애에 대한 사회의 인지적 모델을 들 수 있다. 전통적으로 유대교는 장애인에 대해 불결, 원죄, 악령의 희생자로 간주해 왔다. 마르크스 이론에 의하면 산업화 이후 장애인은 비생산적 인구로 간주되어 왔고, 일부라도 생산성이 잠재되어 있을 경우 의료재활이나 직업재활의 대상으로 간주되었다. 즉, 신체적, 정신적 손상을 무능력으로 규정하고, 장애인을 의존적인 존재로 정의해 왔다(Gutiérrez et al., 1998). 그 결과 전문가가 진단하고, 처방하고, 제공하는 서비스의 수동적인 수혜자로 존재하게 된 것이다. 이와 유사하게 의료모델이나 재활모델을 따르는 재활프로그램은 전문가와 장애인 사이에 위계적, 의존적 관계를 만들어냄으로써 장애인의 무력함을 형성시키는 사회적 토대가 된다. 의료모델이나 재활모델을 따른다면 장애인에 대한 진단, 처방, 의료 및 재활서비스 제공 과정에서 전문가의 전문적 지식과 기술이 강조되는 반면 장애인 당사자의 선택이나 결정은 억압되거나 경시되기 때문이다.

상징적 상호작용론에 따르면 자아의 의미는 사회적 상호작용 속에서 해석되어 내면화되는데, 행위자는 타인들이 자신에게 부여하는 의미 또는 자신에 대해 갖는 기대와 부합하는 방향으로 행동한다(Charon, 1995). 이러한 상징적 상호작용론의 전제에 비추어 볼 때 사회의 억압된 집단 구성원들의 무력함이란 그들을 둘러싼 사회일반이 그들에게 부여한 의미를 해석하여, 그러한 의미와 일관된 방식으로 행동한 결과라 할 수 있다. 예컨대 의료모델이나 재활모델이 널리 적용되는 사회에서 치료 및 재활서비스를 이용하는 장애인이 경험하는 무력함은, 장애인은 비생산적이고, 무능력하며, 의존적인 존재로서 단지 전문적인 치료 및 재활서비스의 대상일 뿐이라는 사회적 인식과 기대에 맞추어 서비스를 이용하는 동안 자연스럽게 형성된 수동성이며, 이런 억압적 사회환경에 대한 좌절감의 반영일 수 있다.

이처럼 사회의 일부 구성원들을 무력화하고, 억압하는 사회적 상호작용이 좀처럼 변화되지 않고 지속될 때 억압적 상호작용의 결과는 고스란히 개인의 자아인식으로 자리 잡을 수 있다. 상징적 상호작용론은 사회질서를 정형화된 상호작용의 틀로 이해한다. 일종의 전통이나 제도, 관습처럼 여겨지는 정형화된 상호작용은 일상적인 상황이 되므로 사회구성원들은 기존의 상황정의를 의심하거나 재정의하려는 특별한 동기를 갖지 않을 것이다. 이러한 정형화된 상호작용은 표준화되고, 일상화된 역할배분을 전제한다. 각 구성원들은 그들에게 할당된 역할에 근거해 상황을 일상적인 것처럼 지각하며, 상호작용할 뿐이다(Hewitt, 2001). 그로 인해 그 속에 억압이나 무력화하는 효과가 내재돼 있다 하더라도 집합적으로 상황정의에 문제를 제기하는 계기가 발생하지 않으면 기존의 상호작용의 틀은 지속될 것이다.

한편 피억압 상태의 사회구성원들이 지각하는 무력함과 무기력함은 고프만이 주장한 '역할거리 할당(role distance)'(Turner, 2003) 또는 모레노의 '역할병리(role pathology)'(Moreno, 1961) 개념을 통해 재해석할 수 있다. 기존의 사회체계와 상호작용 속에서 피억압상태에서 할당된 부정적이고 제한적인 사회적 역할들은 부정적인 자아 의미를 생성시키고, 사회적 상호작용에서 객체화되는 계기를 경험하기 쉬우므로 떠밀려 담당하게 된 역할들에 대해 수동적으로 역할 내에서 존재할 뿐 능동적으로 역할을 수행하지는 않는 상태로 볼 수 있기 때문이다. 즉, 억압적인 사회체계 속에서는 피억압자들이 경험하는 무력함이란 그들의 성격적 속성이기 이전에 그들이 사회적 억압 때문에 담당할 수밖에 없었던 무력한, 수동적인, 의존적인 역할의 수행으로 보는 것이 타당할 것이다. 그러므로 그들의 무력함을 그들의 성격적 속성으로 간주하거나 그들이 자발적으로 의존적이고 수동적인 역할을 선택하여 그러한 방식으로 행동하기를 결정했다고 간주하는 것은 온당하지 않다.

(2) 의식화

임파워먼트는 기존 사회질서 속에서 무력함을 경험하고, 사회의 부정의를 경험하는 구성원들에게 개인적 문제의 근원이 사회적 구조에 있음을 비판적으로 인식할 수 있도록 돕는 의식화과정(consciousness raising 또는 conscientization)을 핵심전략으로 강조한다(Adams, 2003). 이러한 의식화는 상징적 상호작용론의 관점에서 본다면 기존 사회체계 속에서 지속적으로 작동하고 있는 고착화된 상호작용의 틀이라 할 수 있는 사회의 관념, 문화, 지식, 실천관행 등을 비판적으로 검토함으로써 이러한 상호작용의 틀이 사회적으로 무력한 구성원들의 삶에 어떠한 부정적 영향을 끼쳐 왔는지 성찰하고, 대안적인 관점, 해석의 틀을 발견, 채택하도록 도움으로써 사회적 상황과 자아에 대해 재정의 할 수 있는 계기를 마련하는 일련의 과정으로 볼 수 있다.

임파워먼트 관련 문헌들은 의식화와 관련해 일부에서는 수동적이고, 의존적이며, 변화를 이룰 수 없는 무력한 존재로서 자아에 대한 비판적 의식화를 통해 주체로서 자아를 재인식하는 것을 강조하고, 다른 한편에서는 사회구조와 사회적 상호작용에 내재된 관념, 가치, 전제 등을 비판적으로 숙고함으로써 개인적 문제의 사회적 원인에 대한 비판적 성찰을 강조한다(Adams, 2003; Carr, 2003; Parson, 1991). 임파워먼트는 사회의 억압적 현실에 대해 자각하지 못한 채 사회구조로 인한 문제를 개인적 문제로 인식하며, 무력하게 살아가는 사회구성원들로 하여금 집합적 행동에 나서도록 변화시키는 과정이기에 환경에 대한 비판적 인식과 자아에 대한 재인식은 상호 결합되어 있는 것으로 볼 수 있다. 자아는 사회적 상호작용에서 의미가 부여되는 하나의 대상이며, 사회적 상호작용을 통해 해석된 자아의 의미가 내재화 된 것이 자아개념이라는 상징적 상호작용론의 전제에 근거할 때 환경에 대한 비판적 인식은 곧 자아에 대한 새로운 인식을 가져올 수밖에 없는 것이다. 우선 임파워먼트의 과정에서 의식화가 어떠한 함의를 갖는지 이해하기 위해 임파워먼트 문헌들이 의식화와 관련하여 논의의 출발점으로 삼고 있는 프레이리의 의식화에 대한 저술(Freire, 1986, 2002)을 검토할 필요가 있다.

프레이리의 비판적 의식화(Conscientização, conscientization)는 그의 저서 '피억압자들의 교육학' 출간(Freire, 1970)을 통해 널리 알려졌으며, 이후 사회정치적 측면의 억압과 관련한 사회행동이나 임파워먼트에 관한 실천적 전략과 관련하여 지속적으로 인용되는 개념이다. 그는 억압적 관계의 본질을 억압자가 명령을 통해 그들의 선택을 피억압자에게 강요하고, 피억압자의 의식을 억압자의 의식에 일치시키는 것으로 규정했다. 그가 강조하는 피억압자의 해방은 억압자의 해방도 가능하게 하는데, 비판적 의식화를 거친 피억업자가 억압자와 상호작용을 통해 양자가 한층 더 높은 수준의 인간성을 지향하도록 변화를 가져오기 때문이다. 이로 인해 그의 교육학은 다분히 인본주의자 칼 로저스의 인간관을 닮았다. 프레이리는 피억압자가 왜 억압적 관계를 받아들이고, 변화를 위한 행동에 나서지 않는가 혹은 피억압자가 왜 스스로 변화를 위한 주체로 나설 수 없는가에 대해 독특한 분석을 제시한다. 즉, 억압자가 구호, 성명, 일방적 대화, 지침 등 반대화적 방법들을 통해 일방적으로 그들의 관점과 의식을 피억압자들에게 내면화시킨 결과 피억압자 내면에 공포스러운 억압자의 이미지가 형성됨에 따라 피억압자들은 스스로 억압자를 선망하는가 하면 억압적 체계로부터 해방되어 진정한 자유가 주어지는 것에 대해 공포를 경험하기 때문에 스스로 변화의 주체로 나설 수 없는 것이다.

프레이리에 따르면 피억압자들에게 가장 심각한 문제는 그들의 의식이 지배계층이 시행한 일방적 정보제공과 수동적 수용이라는 억압적 교육방식으로 인해 그들의 의식은 지배계층의 질서 속에 '잠겨있으므로(submerged)' 스스로 자기만의 관점과 목소리로 세계를 명명함으로서 세계를 창조하거나 재창조하는 주체가 되지 못하며, 그럴 가능성조차 자각하지 못하는 상태에 있는 것이다(Freire, 2002:114-115). 특히 피억압자들은 억압자들의 견해를 스스로 내면화 한 결과 자기를 비하하는가 하면, 억압자들을 선망의 대상으로 삼고, 스스로 사고하거나 대안을 추구하고 선택을 내릴 수 있는 존재로 지각하지 못한 채 억압자들의 견해에 수동적으로 의존하게 된다(Freire, 2002:74-76). 이처럼 피억압자들은 억압자에 의해 주도되는 세계와 자신의 입지를 객관화시켜 비판적으로 의식하지 못하는 상태에 있으며, 오로지 지배자들은 피억압자들을 자신의 소유와 통제의 대상으로 사물화시켜버린다(Freire, 2002:69-71). 그러므로 진정한 해방의 시작은 피억압자들이 스스로 세계를 정의내리고, 대안적인 선택을 모색하고, 결정하고, 행동할 수 있는 주체로 의식하는데서 시작될 수 있다. 프레이리는 피억압자들이 스스로를 의식 있는 주체로 인식하지 못하는 핵심에는 지배계층의 이러한 반대화적 통제과정이 존재한다고 비판한다.

프레이리는 지배계층이 주도하는 반대화적 의사소통과 그 영향으로부터 벗어나는 방편은 피억압자들이 스스로를 사회구성원으로서 세계를 이름 짓고, 창조, 재창조하는 대화과정의 주체들임을 자각하고, 상호적 대화에 나서는데 있다고 본다. 이러한 해방적인 기능을 갖는 대화란 각 주체들이 자기만의 목소리를 내고, 각각의 목소리가 존중되며, 상충하는 목소리들이 통합되어 더 발전된 통합을 이루어내는 변증법적 대화를 의미한다. 그에게 대화란 단순히 참여자들 사이의 정보공유나 의사전달이 아니라 세계와 자아를 객관화 하며, 모순되거나 상충하는 사상, 발상, 희망, 회의, 가치, 자극들의 공존을 인정하고,

더 상위의 조화나 통합, 다양한 대안 도출의 가능성을 인정함으로서 어느 누구도 언어를 통해 세계를 창조하거나 재창조하는데 소외되지 않는 민주적 과정이다. 또한 대화는 일방적인 주입식의 교육이 아니라 교사와 학생이 함께 대상을 지향하고, 앎을 추구하는 문제 해결식 교육의 핵심이며, 실천과 성찰을 반복하며 의식이 더 나은 단계로 진전하는 프락시스(Praxis)의 결정적인 방편이다(Freire, 2002:105-122, 131).

그런데 프레이리가 피억압자들의 의식화를 논의하면서 인간을 동물과 달리 시간과 공간 속에서 지속적으로 유동적이며 변화하는 상황에 대한 인식능력을 지닌 주체로 규정한 것은 주목할 만한 함의를 지닌다. 인간은 장소와 시간으로 관념화되는 상황을 인지함으로써 상황을 경계지우고 객관화 하며, 상황이 갖는 제약에 대해 주체적인 사고를 통해 대안을 탐색함으로서 상황의 제약을 극복할 수 있는데, 이것이 의식하는 존재로서 인간의 주체성이라는 것이다(Freire, 2002:117-121). 피억압 상태의 사람들일지라도 자신의 환경이 지니는 상황성(situationality)을 의식하게 되면, 비로소 상황 속에서 탈피하여 상황을 객관화할 수 있고, 상황에 개입할 수 있으므로 의식이 기존의 억압적 사회체계에 잠겨있던 데서 벗어나게 되고, 비로소 자신의 행동과 사회체계에 대한 대안적 인식이 싹틀 수 있고, 그에 근거한 행동도 나타날 수 있다는 것이다(Freire, 2002:130-131).

그렇다면 이러한 비판적 의식화를 인위적으로 추동하는 임파워먼트는 상징적 상호작용론의 관점에서 어떻게 이해할 수 있을까?

첫째, 임파워먼트의 핵심 요소인 비판적 의식화는, 피억압자들이 기존의 사회적 상호작용 속에서 사회체계나 규범, 자아, 타인들(특히 지배적 위치에 있는 구성원들)의 의미를 재검토하는 과정으로 볼 수 있다. 어떠한 사회적 대상이든 그 의미는 사회적 상호작용 속에서 생성, 유지, 변화된다는 것이 상징적 상호작용론의 기본 전제이므로, 이미 피억압자들의 의식 내면에 깊이 자리 잡은 자아와 사회환경의 의미를 변화시키려면 필연적으로 사회적 상호작용의 변화가 전제되어야 한다. 이러한 야심찬 기획을 성취하기 위한 일차적 과제는 자아와 환경에 대해 부여되어 있는 기존의 의미해석들의 정당성에 의문을 제기하는 것이어야 한다. 즉, 현 상황은 더 이상 일상적 상황이 아니라 특별한 상황이므로 대상의 의미를 신중하게 재탐색, 재조사, 재정의 할 필요성을 제기하여야 한다. 특히 현재 상황이 사회적으로 문제가 되는 상황임에도 기존의 질서가 합당한 답을 제시하지 못하거나 정당한 설명을 제시하지 못할 때 상황에 대한 사회적 담화가 시작될 수 있고, 그 과정에서 상황에 대한 재정의가 탐색된다(Hewitt, 2001: 215-218, 284-293). 프레이리가 비판적 의식화의 방편으로서 참여적 대화를 강조한 것은 비일상적인 상황에 대한 공론의 과정을 거쳐야 사회구성원들이 공유할 수 있는 새로운 상황정의가 도출될 수 있다는 점에서 매우 타당한 통찰이라 할 수 있다.

둘째, 비판적 의식화는, 피억압자들이 운명처럼 간주하는 현존 사회질서와 그 안에 포섭되어 있는 사아의 존재방식과 의미가 시간과 공간(場)으로 한정된 상황으로 역사성을 지니며, 향후 미래에는 또 다른 대안들이 가능함(situationality)을 강조한다. 이러한 견해는 상황에 대한 대안적 해석에 따라 대안적인 행동이 가능하다는 상징적 상호작용론자들의 관점과 일치한다. 모레노는 현재 어려움을 경험하는 사람들이 유일한 현실로 간주하는 상황들은 사실 실재화 된 하나의 현실에 불과하며, 실재화 될 수 있는 잉여현실들(surplus reality)이 다양하게 존재함을 강조한다(Ridge, 2009). 따라서 사회의 피억압자들이 자신이 처한 상황에 대해 비판적 검토를 시도한다면 세계와 자아를 달리 정의할 수 있는 복수의 대안들이 존재하며, 그러한 대안들은 그들에게 더 나은 세계와 자아를 보장할 수 있을 것이다.

셋째, 사회적 상호작용에 의해 사회구조나 사회질서가 형성되지만 사회질서가 형성된 후에는 사회질서가 상호작용을 제약하는 환경으로 작용한다는 아이오와 학파의 관점(Turner, 2003)은, 억압적 사회체계 속에서 피억압자들이 사회구조를 변경시킬 수 있는 사회적 상호작용을 전개하기가 왜 용이하지 않은지 이해할 수 있는 단초를 제공한다. 특히 터너의 역할과 사회적 상호작용에 관한 경향명제들에 비추어 볼 때, '역할 구조가 확립된 후에는 행위자가 변경되어도 역할구조가 지속되는 경향'이 있으므로(R. Turner, 1978) 억압적 사회체계와 상호작용 구조 내에서 피억압자의 선택은 제약받을 수밖에 없을 것이다. 또한 '역할이 위치한 배경이 넓을수록 사회집단의 구성원들은 그 역할과 역할을 수행하는 행위자의 자아를 동일시하는 경향이 강하고, 행위자 역시 역할과 자기를 동일시하는 타인들의 견해를 수용하는 경향'이 나타날 것이므로 전사회적으로 설정된 억압적 구조와 이를 뒷받침하는 이데올로기나 관념, 문화적 배경 등은 개인의 자유로운 선택과 대안의 모색을 제약할 것이다.

(3) 임파워먼트실천

임파워먼트실천은 임파워먼트과정에 관한 이론적 전제들을 반영하며, 전문가 또는 피억압자들 중 먼저 임파워먼트 된 구성원이 피억압집단 구성원들에 대해 개인, 집단, 조직, 거시사회체계 수준에서 임파워먼트를 촉진하는 절차, 기법, 과정, 성과를 포괄하는 개념이다. 임파워먼트 실천 영역은 다양하지만 본 장에서는 주로 사회복지 및 사회서비스분야에서 적용되는 임파워먼트실천을 상징적 상호작용론의 관점에서 재해석하기 위해 임파워먼트를 위한 핵심적인 활동들, 전문가와 피억압집단 구성원 간의 상호작용을 중심으로 논의하고자 한다.

① 사회적 상호작용의 토대인 인식론과 세계관의 비판적 검토와 재설정

억압적인 사회체계에 대해 비판적 의식화를 강조해 온 임파워먼트는 본질적으로 사회문제 및 사회문제해결을 위한 사회의 제도나 정책, 서비스, 관행에 대한 기존의 시각이나 관점에 대해 대안적 시각을 모색하고, 그것의 정당화를 추구한다(Freire, 2002: Parsons, 1991: Pinderhughes, 1983: Staples, 1999). 사회복지실천과 관련하여 임파워먼트 접근의 독특성은 기존의 질병모델이나 결함모델에 비추어 원조가 필요한 사람들이 지닌 독특한 강점에 초점을 맞추고, 그들의 강점을 기반으로 개인적, 환경적 수준에서 변화와 더 나은 적응을 유도하려 한다(양옥경 외, 1999: 하경희, 2007: Parsons, 1991: Simon, 1994). 이러한 임파워먼트실천의 특성 때문에 라파포트는 임파워먼트가 '세계관'을 내포하고 있는 실천접근이라 주장한 바 있다(Rappaport, 1987).

앞서 논의한 비판적 의식화는, 기존의 사회체계 속에서 불리하고, 억압된 위치에 있는 개인들로 하여금 그들이 직면하는 역경이나 자원의 결핍 등은 운명적인 것이거나 순수하게 개인의 결함이나 잘못으로 책임을 돌리기에는 사회환경에 더욱 큰 책임이 있다는 인식을 형성하도록 촉진하는 과정이다. 임파워먼트실천에서 비판적 의식화가 중요한 의미를 갖는 것은 기존의 사회질서 속에 내재되어 있고, 일상의 상호작용을 위한 기본 전제가 되는 모종의 관념, 규범, 의미체계가 우연히 존재하는 것이 아니라 기존의 지배계층이나 주류집단의 이익에 봉사하는 형태로 존재하기 때문이다. 지배계층에 봉사하는 기존의 인식론적 전제를 당연시할 경우 사회의 문제해결은 피억압 상태의 사회구성원들에게 제한적인 원조를 베풀거나 그들을 교화하거나 훈련하여 기존 사회체계에 재적응시키려 할 것이고, 피억업 상태의 사회구성원들은 자기를 비난하거나 무력한 상태에서 살아가는 것 외에 대안을 찾기 어려울 것이다.

그렇다면 기존 사회를 지탱하는 인식론적 전제, 세계관, 이데올로기와 같은 사회적 상호작용의 근거들은 어떻게 변화될 수 있을까? 그 변화의 열쇠를 쥐고 있는 사람들은 누구일까? 임파워먼트실천에 관한 연구자들은 사회의 피억압자들의 비판적 의식화를 통한 집합적 옹호를 강조하면서 동시에 사회서비스 전달과정에 종사하는 전문가들이 사회서비스 전달과 관련하여 인식론적 근거를 비판적으로 성찰하고 대안적 인식론을 채택해야 할 필요성을 강조한다(Adams, 2001;Freire, 2002;Gutierrez et al., 1998;Parsons, 1991;양옥경 외, 1999; 하경희, 2007). 비판적 의식화가 전형적으로 사회의 피억압집단의 인식을 변화시키는데 초점을 두는 것은 사실이지만 동일한 논리로 사회서비스를 전달하는 과징에서 실질적 상호작용에 관여하는 전문가 및 전문가가 소속된 조직의 인식론에 대한 비판적 성찰과 대안적 관점의 모색 또한 중요하기 때문이다. 이미 사회의 지배계층과 다수에게 유리한 관념과 규범이 고착화 된 상황에서 피억압 상태의 구성원들의 의식화와 집단적 옹호가 기존의 사회적 상호작용의 세계관을 비판하고, 대체하는데 핵심적 요소이지만 일상의 사회서비스 전달과정에서 끊임없이 기존의 전형적인 세계관을 재현하는 과정의 중심인물이 전문가이므로 이들의 비판적인 의식화 또한 중요한 것으로 볼 수 있다.

상징적 상호작용론의 관점에서 볼 때 아무런 제약이나 선행하는 규범도 존재하지 않는 새로운 사회집단과 상호작용이 시작될 때는 매우 다양한 탐색과 의미교환을 통해 잠정적인 상황정의가 도출되고, 이러한 상황정의에 따라 상호작용이 진행되면서 일부 조정이 이루어져 상황정의가 안정된 후에는 문제상황이 발생하지 않는 한 구성원들에게 잘 알려져 있는 기존의 상황정의가 지속적으로 상호작용을 안내하는 틀로 작용한다. 사회서비스 전달 과정을 살펴보면 욕구나 사회문제에 관한 이론, 관점, 모델, 실천기법과 접근 등이 상황정의를 위한 안정적이고 지속적이며, 일상적인 준거로 활용되고 있다. 대개 사회서비스 전달을 기획하거나 실천하는 이들은 특별한 계기가 없다면 이러한 사회문제에 관한 기존의 이론, 관점, 모델, 실천기법에 대해 비판적 의식을 갖기는 쉽지 않을 것이다. 그들의 역할이나 태도 역시 기존의 이론, 관점, 모델에 의해 형성되어 있고, 그러한 의미체계에 근거한 서비스 기획과 전달과정을 반복하고 있기 때문이다. 상호작용의 총체적 체계인 수용시설에 대한 고프만의 분석을 살펴보면 이용자로서 한 개인은 서비스체계가 설정한 상호작용의 규칙과 상황정의에 의해 압도당할 수밖에 없고, 상대적으로 서비스 제공자는 자신들이 행하는 서비스 전달과정이 이용자들에게 지니는 상징적 측면의 부정적 효과를 간과하거나 혹은 적극적으로 이용함으로써 이용자를 기존의 상호작용체계 내로 통합시킨다. 그로 인해 이용자가 자신에게 유리한 쪽으로 상황정의를 유지하려는 고독한 저항은 오래지 않아 무위로 끝나게 된다(Goffman, 1961). 이러한 상황에서 어떤 계기를 통해서 사회서비스 전달과 관련하여 상황을 재정의 할 필요가 있다면 상대적으로 전문가들이 사회서비스 조직수준에서 혹은 서비스 이용자와 전달자라는 최일선의 상호작용 수준에서 상황정의의 근간을 재설정할 수 있는 위치에 있을 가능성이 높다. 그렇기에 임파워먼트실천은 서비스 전문가들이 그들의 실천에 대해 비판적 성찰을 수행할 필요가 있고, 서비스 이용자를 결함투성이가 아니라 강점과 주체성을 지닌 존재로 재인식하도록 권고하고 있는 것이다.

② 전문가-이용자 상호작용의 재정의

임파워먼트실천이 세계관이나 인식론적 토대를 재설성하는 계기를 마련하였다 하더라도 상징적 상호작용론에 의하면 일상적 상호작용을 통해 그러한 세계관이나 인식론이 사회구성원들에게 실질적으로 확인되거나 재현되지 않는다면 사회적 억압 상태에 처한 이들의 삶을 향상시키는데 하등의 기여를 할 수 없다. 그렇다면 새로운 세계관과 인식론을 반영하여 사회적 상호작용을 재구조화하는 수단은 무엇인가?

임파워먼트실천 이론가들은 사회서비스 전달과정에서 상호작용하는 전문가-이용자 사이의 역할관계의 변화를 강조한다(Gutierrez et al., 1998; Hasenfeld, 1983; Simon, 1994; 김인숙 외, 2002). 최상위체계에서는 법률규범이나 전문직의 실천가치나 이론에 의해 전문가와 이용자의 역할관계가 결정될 것이다. 하지만 대면상황에서 사회서비스 전달이 이루어지는 서비스조직수준에서는 서비스조직이 설정한 규범과 운영모델에 따라서 전문가와 이용자의 역할이 설정되고, 그러한 운영규범과 운영모델은 개별적인 전문가를 통해 이용자와 상호작용수준에서 실질적으로 구현되거나 혹은 표면적으로 구현되는데 그칠 것이다. 이러한 상호작용수준에서 전문가-이용자 관계는 상징적 상호작용론의 '역할' 개념을 활용함으로써 구체적 논의와 실천에 도움을 받을 수 있다.

상징적 상호작용론에 따르면 역할은 상호작용하는 준거집단 내에서 자기, 타인, 상황을 정의하는데 핵심적인 도구이다. 역할은 자기, 타인, 상황과 같이 사회적 의미가 동반되는 사회적 대상을 조망하는 관점을 제시하며, 효과적인 상황정의를 가능하게 한다. 즉, 사회구성원들은 사회적 상호작용에 참여할 때 역할관계를 그들의 행동의 준거틀과 타인의 행동에 대한 해석틀로 채택하는 경향이 있다. 특히 역할은 역할상대방을 전제하므로 역할과 역할 사이의 상호보완성(tendency for role complementarity)이 상호작용에서 중요한 기능을 한다(R. Turner, 1978). 이런 상징적 상호작용론의 기본 전제에 근거할 때 사회서비스 전달과정에서 임파워먼트를 촉진하는 상호작용은 전문가의 역할변화에 의해 매개된다(Finfgeld, 2004; Gutierrez et al., 1998).

임파워먼트를 촉진하기 위해 새롭게 설정되는 전문가-이용자 관계의 본질은 상호 협력적이고, 동등하며, 존중하는 관계라 할 수 있다(김인숙 외, 2002; Finfgeld, 2004; Manning, 1998). 우선 전문가가 독점했던 권한과 결정권들을 이용자와 공유하거나 이용자에게 되돌려줄 필요가 있다. 전문가가 모든 것을 진단하고 사정하며, 처방하고, 처방한 서비스를 전달하는 일체의 과정을 독점적, 주도적으로 결정할 때 서비스 이용자들은 탈인격적인 서비스의 대상 또는 의존적 대상으로 전락하게 된다. 그에 비해 임파워먼트 실천에서 이용자는 무엇보다 자기와 관련한 서비스에서 강점을 지닌 존재로 인정받으며 (박미은, 1996; 양옥경 외, 1999; 하경희, 2007; Parsons, 1991), 의사결정권을 보장받으며(Gutierrez et al., 1998), 서비스의 공동관리자나 서비스 제공자 역할을 담당함으로써 일방적인 서비스 이용자 지위를 벗어나게 되며(Mclean, 1995; Staples, 1999), 서비스를 주도하거나 통제할 수 있는 권한을 보유하게 된다(Kosciulek, 1999).

③ 집단의 활용

임파워먼트 관련 문헌들이 집단에 관해 논할 때 먼저 개인적 임파워먼트의 성과로 집단 혹은 지역사회 등에 대한 참여행동을 제시하고 있다. 이러한 설명은 집단이나 공동체에 참여하는 것조차도 자발적 동기에서 가능하지 않은 상태에 있는 사람들에 대해 모종의 전문적 개입을 통해 임파워먼트가 촉진되면, 집단에 참여하거나 공동체에 참여하는 행동적 변화가 나타난다는 것이다. 한편 임파워먼트 문헌 중 일부는 집단을 활용하거나 집단에 참여함으로써 임파워먼트가 촉진될 수 있다고 강조함으로써 집단을 임파워먼트 촉진과정 또는 수단으로 인식하고 있다. 본장에서는 후자에 초점을 맞추어, 자발적 동기에서든 혹은 전문적 프로그램 참여든 무력한 상태의 개개인이 집단에 참여하여 어떤 과정을 거침으로써 자아, 타인, 자신의 문제에 대해 새로운 시각을 갖게 되고, 그 결과 임파워먼트가 성취되는 변화과정의 본질을 설명하는데 집중하고자 한다.

매우 제한적이고, 미시적인 개인수준에서는 전문가와 이용자 사이의 일대일 관계를 통해서도 임파워먼트실천이 가능하지만, 대개 임파워먼트실천은 다양한 규모의 집단 활용을 강조한다. 이러한 집단과 임파워먼트실천을 상징적 상호작용론의 관점에서는 어떻게 이해할 수 있을까?

앞서 임파워먼트과정에 대한 전통적 이해를 검토하면서 임파워먼트 이론가들이 집단을 통한 상호 지지와 원조, 집단적 목적 달성을 위한 집합적 협력, 환경과 자아에 대한 비판적 인식의 형성, 집합적 힘의 지각과 활용 등을 논의한 바 있다. 그런데 임파워먼트이론은 과연 어떠한 과정과 원리를 통해 무력했던 개인이 자아와 사회환경, 자신의 문제를 재해석, 재정의하고, 그 결과 집합적인 옹호에까지 나서게 되는지 그 변화과정을 충분히 설명하지 못해 이론의 한계를 드러내고 있다. 사회정치학적으로 읽으면 임파워먼트이론의 주장은 다분히 계급의식을 각성케하여 사회주의 혁명을 유도하는 마르크스의 주장과 닮아 있다. 물론 파편화된 피지배 노동자들의 계급의식이 싹트고, 집합적 힘을 자각하여 사회구조의 변화를 이끌어 내는 정치적 활동에까지 참여할 수 있다는 것은 그 자체로 설득력 있는 이론이다. 하지만 기존의 사회체계 내에서 철저히 무력화되어 있고, 의존적이고, 파편화된 다양한 사회의 피억압상태 구성원들이 어떻게 변화된 의식을 갖게 되고, 사회구조의 변화를 위해 행동할 수 있게 되는가 하는 점에 대해서는 여전히 설명이 부족하다.

이처럼 임파워먼트가 개인의 내적 변화와 외적 행동의 변화를 설명하는데 있어서 지니고 있는 이론의 공백을 보완하기 위해 고려할 수 있는 유력한 주제는 집단이 아닐까 한다. 고립되어져 무력한 상태에서 사회환경적 부조리는 자각하지 못하고 자신의 문제를 불운이나 운명, 무능력의 결과로만 바라보던 한 개인이 어떻게 사회구조적 부정의를 지각하게 되고, 자신의 문제는 개인적 문제를 넘어 공적인 문제라는 인식에 다다르게 되는가? 또 그러한 집단에 참여하게 되는 계기, 집단참여를 통해 일어나는 자아의 변화와 후속적인 행동적 변화를 어떻게 설명할 수 있는가? 이런 질문들이 임파워먼트과정에 대한 이론적 보완을 위해 일차적으로 해결해야 하는 문제라 할 수 있다. 저자는 상징적 상호작용론의 관점을 토대로 집단은 자아, 타인, 자신이 경험하는 문제에 대해 새로운 인식을 형성시켜주는 상징적 과정을 제공한다는 점을 논증하려 한다.

상징적 상호작용론과 역할정체성이론에 따르면 한 개인의 행동은 사회적 상호작용 속에서 해석되어진 자아의 의미에 근거하고 있다(Charon, 1995; Hewitt, 2001; Mead, 1934; Stryker, 2000a, 2000b). 자아 내면에 존재하는, 행동의 동기가 되는 자아개념을 표면적으로 관찰되는 역할로 칭하든, 정체성이라 칭하든, 혹은 주체성이나 능동성으로 칭하든 그것은 준거집단이라 할 수 있는 사회 속에서의 상호작용을 전제하지 않을 수 없기 때문이다. 허버트 미드와 그의 이론적 전통을 따르는 다양한 이론가들은, 자아를 타인과의 일대일 관계, 소집단, 일반적 공동체 혹은 준거집단 속에서 상호작용 하는 동안 그들의 눈에 비친 자아의 의미를 내면화한 결과로 이해한다. 임파워먼트와 집단에 관한 다양한 견해 중 이러한 상징적 상호작용론의 관점에서 주목할 만한 주장은, 집단이 상호작용을 위한 사회적 장을 제공하는 상징적인 소우주이며, 이곳에서 이루어지는 상호작용을 통해 자아, 사회환경, 자신이 경험하고 있는 문제에 대한 인식을 재조정할 수 있다는 윌리엄 슈바르츠의 집단사회사업실천과 임파워먼트의 관련성에 관한 리의 주장이다(Lee, 1996:228). 아울러 집단이 비판적 의식화와 교육을 위한 가장 효과적인 매개구조라는 임파워먼트이론가들의 주장 또한 유사한 함의를 지닌다. 물론 애덤스는 어떻게 운영되든 집단이 임파워먼트에 기여하리라고 보지는 않는다. 집단과정이 일부 구성원에게 억압적인 압력이나 또 하나의 권력으로 작용하여 그들을 무력화시킬 우려가 있기 때문이다(Adams, 2001; Lee, 2001). 이러한 논의를 종합해 보면 상호작용의 장으로서 집단이 임파워먼트에 기여할 수 있는 가능성과 그러한 경험적 사례들은 제시되었지만, 집단이 사회적 상호작용을 통해 어떠한 측면에서 임파워먼트에 기여할 수 있는지 명확히 설명하지 못하고 있다.

상징적 상호작용론에 근거하여 집단이 임파워먼트에 기여할 수 있는 그 핵심 과정을 살펴보면 다음과 같다.

첫째, 유사한 상황에 처한 사람들이 집단에 참여할 경우 집단이 지니고 있는 정서적인 지지효과를 기대할 수 있다(Parsons, 1991). 고립된 상태에서 자기에게만 경험되는 문제라고 여겼던 것들이 적어도 다른 사람에게도 문제로 존재한다는 점은 상호 위안을 줄 수 있기 때문이다. 수많은 재난, 질병과 장애, 중독문제 등과 관련하여 존재하는 자조집단은 기본적으로 이러한 효과를 기대하고 있는 것이다(Adams, 2001). 집단이 갖는 동병상련에 따른 심리적 지지효과는 얄롬이 제시한 집단이 구성원에게 갖는 치료적 효과에 의해서도 지지된다(Yalom, 1985). 이러한 집단적 동질성의 경험은 고립화된 개인들이 하나의 집단, 집합으로서 힘을 자각하는 계기를 제공하기도 한다. 개인의 목소리보다 집단의 목소리가 정치적 과정에서 더 효과적인 의사소통의 전략일 수 있고, 비판적 의식화를 촉구하는 기반을 제공할 수도 있을 것이다.

둘째, 프레이리의 비판적 의식화이론에 따르면 집단 속에서 대화를 통해 자기 목소리로 표현하는 과정은 외적 환경을 정의내리는 과정으로 현실세계를 창조하고, 재창조하는 기능을 한다(Freire, 2002). 대화는 필연적으로 타인의 목소리와 자기 목소리가 섞이고, 자신의 관점과 타인의 관점이 상호 통합되면서 전개된다. 그 과정에서 자신을 둘러싸고 있는 세계를 정의 내리게 되는 것이다. 그런데 비판적 관점을 자극하는 언어적 표현들이 오고 가는 가운데 자신의 내면에 존재하던 자기 비난적인, 운명론적인, 무력한 목소리는 도전을 받게 되고, 외부환경과 사회구조 안에 문제의 원인이 내재되어 있음을 자각하게 될 것이다. 아울러 프레이리는 비판적 의식화를 촉진하기 위해 제공되는 교육을 강조하고 있다(Freire, 2002). 일방적인 주입식 교육이 아니라 문제 제기식 교육을 통해 스스로 문제해결을 위해 정보를 활용하고, 문제해결의 대안을 모색하는 지적 주체로서 자신을 재인식하게 된다. 일방적 정보의 이전이 아니라 질문이야말로 스스로 사고하고, 답을 찾아 나서도록 자극함으로써 한 개인을 의식의 주체, 행동의 주체로 이끄는 매우 효과적인 장치이기 때문이다.

셋째, 상징적 상호작용론과 역할정체성이론에 따르면 개인이 집단에 참여하면 집단의 기대와 역할이 내면화되어 자아개념으로 자리 잡고, 그 결과 그러한 집단의 기대에 부합하는 행동을 할 개연성이 증가한다. 무엇보다도 집단이 공유하는 규범을 지각하고, 그에 비추어 자기를 점검하는 정신내적 과정이 활성화될 뿐만 아니라 집단의 고유한 활동이나 구성원과의 상호작용을 통해 집단과 관련한 정체성이 강화된다(Stryker, 2000a, 2000b). 만일 임파워먼트를 위해 구성된 집단에 참여하여 전문가와 상호작용 한다면, 앞서 논의한 바와 같이 전문가가 서비스 이용자 및 취약한 사회구성원들과 동등한 관계를 형성하고, 모든 의사결정과 집단운영에 있어 충분한 발언권, 선택 및 결정권을 보장하고, 필요한 자원도 제공하므로 그들은 자아를 가치 있는 주체, 의사표현과 결정권을 지닌 주체로 지각하게 될 것이다. 이처럼 집단 내 상호작용을 통해 발현되는 자아에 대한 새로운 의미 해석은 자아개념으로 내면화 될 수 있을 것이다. 하지만 전문가-이용자의 상호관계는 구체적인 서비스나 프로그램 실천 속에서 구현되지 않고 단지 선언적이고, 형식적인 데 머무른다면 오히려 임파워먼트실천이 이용자를 교묘하게 기만한다는 인식을 심어줄 우려가 있고, 이용자들의 변화에 대한 동기를 좌절시킬 수 있다.

넷째, 집단을 통해 형성되는 능동적이고, 주체적이며, 긍정적인 자아개념이 개인의 행동에 미치는 영향력의 상대적인 차이는 역할정체성이론의 역할정체성 몰입(commitment) 개념을 통해 설명할 수 있다. 역할정체성이론에 따르면 사람들은 다양한 집단이나 관계망에 참여할 것이고, 각 집단이나 관계망에 참여할 때마다 그에 상응하는 자아개념으로 역할정체성이 형성되므로, 복수의 정체성들을 내면에 지니게 될 것이다. 복수의 역할정체성들이 존재할 때 개인에게 중요한 의미를 갖는 집단이나 관계망에 관련된 정체성이 더욱 의식화 될 가능성이 증가하고, 그러한 효과 때문에 유력한 정체성은 한 사람의 행동에 지배적 영향을 끼치게 될 것이다. 어떤 사회적 관계망 참여를 통해 형성된 역할정체성이 개인의 사회적 행동에 미치는 영향력은 그 역할정체성에 대한 몰입(commitment) 즉, 그 집단의 크기, 집단구성원들과의 정서적 유대에 따라 영향을 받게 된다(Stryker and Serpe, 1982). 이런 전제들을 고려하면, 임파워먼트집단의 구성원 규모가 크고, 임파워먼트집단에 대해 개인이 갖는 정서적인 유대감이나 애정이 클수록 임파워먼트집단을 통해 형성된 자아인식은 기존의 부정적인 자아인식들에 비해 개인의 행동에 더 강력한 영향력을 발휘할 수 있을 것이다.

[그림 10-1] 임파워먼트 집단을 통한 자아의 재구성과 옹호적 사회체계 구축

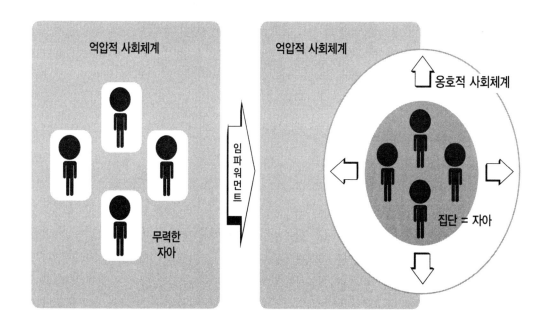

[그림 10-1]과 같이 임파워먼트를 위한 집단에 참여하기 전에는 억압적 사회체계가 설정한 규범을 내재화하고, 그러한 규범에 근거해 스스로를 무력한 존재로 지각하는 개인들이 고립되어 자아와 사회체계에 어떠한 영향을 미치지도 못한 채 살아간다. 하지만 임파워먼트를 위한 집단에 참여함으로써 집단 내에서 이루어지는 대화 및 상호작용을 통해 새로운 세계관, 인식론을 확립해 나갈 수 있다. 이 과정을 통해 고립되어 무력했던 개인들은 집단을 통해 자신을 가치 있고, 자신의 삶과 사회환경에 영향을 끼칠 수 있는 주체로 지각하게 되며, 집단적 정체성이 자아로 내재화 될 수 있다. 그 결과 임파워먼트집단을 통해 점차 그들 스스로를 옹호하는 상호작용의 관계망과 사회적 가치, 규범을 확장해 나갈 수 있다. 여전히 사회에는 기존의 억압적 체계와 세계관이 존재하지만 임파워먼트 집단을 통해 대안적인 준거집단과 세계관을 확장하는 과정에 참여할 수 있게 된다.

3. 정신장애인의 임파워먼트

1) 정신건강서비스체계의 억압적 요소

정신건강서비스체계는 치료 및 재활에 기여하는 긍정적 효과가 당연시 되어 왔다. 하지만 근거중심의 실천이 강조됨에 따라 어떤 치료 혹은 재활개입이든 긍정적 효과가 있으리라고 단정하는 것은 과학적이지도, 전문적이지도 않다. 어떤 치료 및 재활개입은 효과적일 것이고, 일부 치료 및 재활개입은 그다지 신뢰할만한 긍정적 효과가 입증되지 않았다. 그런데 이러한 논의에서조차 간과하기 쉬운 것이 치료 및 재활서비스체계가 지니는 부정적 효과이다. 정신장애인의 임파워먼트에 관한 논의를 위해 우선 사회일반 또는 정신건강서비스체계 내에 어떤 억압적 구조나 상호작용이 존재하는지 살펴볼 필요가 있다. 다양한 연구자들에 따르면 정신건강서비스체계는 치료 및 재활효과를 지닐 수 있지만 동시에 정신장애인들을 억압하고, 그 결과 부정적 자아개념과 부적응적 행동을 유발하는 효과 또한 지니고 있는 것으로 나타났다.

문헌들은 정신장애인을 무력화하는 정신건강체계의 다양한 억압적 요소들을 언급하고 있다. 정신건강서비스체계는 의료모델을 전제하므로 의료전문가-환자관계가 고착화 되어 있고, 전문가의 진단에 의한 진단명 부여와 그에 따른 낙인, 정신건강서비스체계에서 일반화 되어 있는 강제치료와 동의절차의 누락, 입원치료와 치료시설에서 순응적 태도나 학습된 무기력이 형성될 경우 이를 음성증상으로 간주하는 현상, 정신장애인을 비난하는 질병의 원인론, 정신질환으로 인한 낙인의 내면화, 소속감 또는 사회적 역할을 경험할 수 있는 기회의 박탈, 정신장애인의 권리에 대한 경시 등이 정신장애인을 무력화 시키는 효과를 지닌다(Manning, 1998).

특히 디간이 제시한 '태도적 장벽(attitudinal barrier)'은 정신건강서비스체계에 만연한 억압적 상호작용을 묘사하는 독특한 개념으로 주목을 끈다. 그는 정신건강서비스체계 안에 정신장애인에 대한 독특한 관점이 존재하며, 이러한 관점은 서비스를 전달하는 전문가의 태도를 통해 드러나며, 그러한 태도가 정신장애인을 좌절시키고, 억압하므로 이를 '태도적 장벽'이라 칭했다. 정신장애인이 아닌 서비스 전문가나 서비스체계가 정신장애인의 치료, 재활, 기타 삶과 관련된 다양한 선택에 있어 통제권과 선택권을 소유함으로써 정신장애인이 정신건강서비스체계에 대해 일종의 좌절과 무기력을 학습하게 되는 것이다. 정신장애인이 어떤 주체적인 반응이나 선택을 하려 하더라도 어김없이 정신건강전문가나

서비스체계는 이를 좌절시키거나 방해하는 기능을 하므로 극복하기 어려운 장애물로 작용하게 된다(Deegan, 1992). 이러한 태도적 장벽이 실제 폐쇄된 정신의료기관에서 작동할 때는 그 작동방식이 매우 억압적이고, 물리적 장벽보다 오히려 더 개인을 무력화시키는 효과(dis-empowering effect)를 지닐 수 있다. 처음으로 정신병원에 입원한 환자가 아무리 병원 밖에서의 긍정적 자아개념을 유지하려 노력해도, 정신병원의 전문가와 관리체계는 마치 입원 환자가 입고 온 옷을 벗기고 환자복으로 갈아입히듯 외부에서의 자아개념을 탈색시키고, 의존적이고 순종적인 환자로서의 정체성을 강요함으로써 정신장애인의 자아개념을 변화시킬 수 있다(Goffman, 1961).

한편 제6장의 사회적 낙인에 관한 논의에서 다룬 바와 같이 사회구성원들은 사회화 과정에서 정신장애인에 대한 낙인과 편견을 학습하며, 정신질환 진단을 받으면 정신장애인들은 내면에 보유하고 있던 정신장애인에 관한 낙인과 편견을 자신에게 적용하게 된다. 그 결과 사회적으로 위축되며, 직업활동이나 경제적 소득 등에서도 부정적인 결과가 따르게 된다(Link et al., 1989). 정신질환을 진단받았다고 하여 어떠한 저항도 없이 사회적 낙인을 받아들일 것인가 하는 의문이 제기될 수 있을 것이다. 대개 누구나 긍정적 자아개념을 유지하려고 이런 저런 시도를 하는 경향이 있으므로 낙인을 순순히 수용하지는 않을 것으로 기대된다. 사회적 편견과 낙인을 피하기 위해 자신의 정신질환과 정신장애를 감추려 시도할 수도 있겠으나 자신의 질병과 장애를 감추려 할수록 질병과 장애가 알려지는 것에 대한 심각한 불안과 공포를 경험하므로 개인의 삶은 더욱 위축되기 쉽다(Farina, Cliha, Boudreau, Allen & Sherman, 1971; Goffman, 1963). 사회전반에 존재하는 정신질환자 및 정신장애인에 대한 편견과 낙인이 정신장애인의 원활한 사회참여와 상호작용을 억압하는 장벽으로 작동하게 되는 것이다.

특히 사회적 낙인의 내용은 정신장애인에 대한 일종의 사회적 역할기대이므로 사회구성원들의 태도나 반응뿐만 아니라 정신장애인의 자아인식과 행동에도 파괴적 영향을 끼치게 된다. 편견과 낙인은 정신장애인은 비이성적이고, 비합리적이며, 무능력하며, 위험하거나 회복되지 않을 것이라는 기대를 포함하고 있으며(Glass, 1997; 김문근, 2007;김정남, 2003), 이러한 편견과 낙인으로 인해 사회구성원들은 정신장애인에 대해 동정적인 태도, 분노, 권위적 태도, 온정적 태도 등을 보이는 경향이 있다(Corrigan, 2000). 정신장애인에 대한 편견과 낙인이 역할기대이며, 이러한 역할기대는 사회구성원들이 누구나 성장과정에서 학습하여 내면에 보유하게 되므로 정신장애인이 그러한 역할기대에 저항하려 해도 효과적인 대응방안을 찾기는 어렵다. 저자의 연구에 의하면 이러한 낙인이 정신장애인의 자아개념으로 내면화 되는 것을 예방하려면 정신장애인은 직업적 역할과 같은 긍정적 사회역할을 통해 긍정적 자아개념을 형성하여야 한다(김문근, 2009). 그렇지 않으면 정신장애인은 사회가 그들에 대해 지니고 있는 일종의 부정적 역할기대라 할 수 있는 낙인으로부터 자신의 자아를 지켜낼 수 없는 것이다.

또한 정신보건법령이나 정책들 또한 정신장애인에게 억압적 효과를 지닐 수 있다. 저자의 연구에 따르면 국내의 정신보건법은 정신질환 진단을 포괄적으로 정의하고, 입원에 대한 결정권을 정신과 전문의, 보호의무자, 지방자치단체장 등에 위임하고 있어 치료에 관한 자기결정권을 억압하고 있다(김문근, 2007). 뿐만 아니라 장애인복지법은 정신장애인에 대해서만 정신보건법에 의한 서비스를 이용하도록 규정하고 있는데, 정신보건법은 장애인복지법과는 달리 정신장애를 질병으로만 규정하고 있어 장애인에게 보장되어야 할 사회적 권리의 보장이 취약하고, 장애인분야에서 일반화 되어 있는 자립생활지원서비스 등도 규정되어 있지 않다. 더구나 합리적 판단능력이 결여되었다는 법원의 판정이 없음에도 입원치료에 대한 의사결정능력을 부정하고 있는데 이는 민법의 성년후견규정에 위배된다(김문근, 2013).

이처럼 정신건강서비스체계가 채택하고 있는 정신질환과 정신장애 치료 및 재활에 관한 이론적 모형과 실천적 모델, 정신건강서비스 전달과 관련한 실천적 관행, 전문가의 태도 등은 일관되게 정신장애인들이 장벽으로 느낄 정도로 획일적이고, 고착된 부정적인 역할기대를 견지하고 있다. 뿐만 아니라 사회구성원 일반은 정신질환자와 정신장애인에 대해 비합리성, 무능력, 위험, 회복불가능 등 고정관념과 편견을 보유하고 있어 정신장애인들도 이런 관념들을 내면화하여 자기에게 적용하므로 부정적 자아개념이 형성되기 쉽다. 나아가 정신보건법령과 정신장애인 관련 정책들 또한 정신장애인의 의사결정권을 박탈하고, 비자발적인 강제입원과 강제치료를 정당화 하고 있다. 이처럼 정신장애인을 둘러싼 다양한 규범적 환경들은 정신장애인이 자아를 주체적이고, 가치 있는 사회구성원으로 인식하고, 그러한 자아개념에 근거해 능동적으로 행동하는 것을 억압하고 있다.

2) 정신장애인의 임파워먼트 접근

전체 사회수준에서 작동하는 사회적 상호작용의 틀로서 억압적 구조들에 둘러싸여 있는 정신장애인을 임파워먼트 한다는 것은 개인적 수준, 조직적 수준, 전체 사회수준에서 결코 쉽지 않은 과제라 하겠다. 정신장애인 임파워먼트의 필요성을 지각하는 전문가나 의식 있는 사회구성원이라 할지라도 전사회적인 장벽들을 직면할 때 좌절감을 느끼기 쉽다. 그럼에도 지금까지 논의한 임파워먼트의 개념, 과정, 실천에 관한 논의에 비추어 볼 때 성공적이라 할 수 있는 실천사례들이 존재한다.

첫째, 클럽하우스모델은 정신장애인을 위해 대안적인 공동체를 구성하여 정신장애인에게 긍정적인 사회적 역할을 제공하고, 평생 동안 참여가 가능한 대인관계망을 제공하며, 개인수준, 조직수준, 전체사회 수준에서 정신장애인 임파워먼트를 추구하고 있다(Corrigan, 2004; 이용표, 1999). 클럽하우스모델에 대해서는 다음 장에서 구체적으로 다룰 것이므로 본장에서는 간략히 소개하고자 한다. 클럽하우스모델은 정신장애인과 전문가의 동등한 역할, 협력적 관계, 정신장애인의 참여, 공간, 의사결정에 대한 권한을 전적으로 존중한다. 뿐만 아니라 친구관계, 전문가와 동반자관계를 보장하고, 클럽하우스에서 친구 역할, 서비스 제공자 역할, 클럽하우스 공동운영자 역할, 주요한 의사결정자 역할, 공간에 대한 권리, 회원으로서의 영구적인 참여권을 보장한다. 특히 하루 일과를 성인의 정상적인 역할과 일치하도록 클럽하우스 운영에 실질적으로 요구되는 업무 수행 중심으로 운영한다.

또한 클럽하우스모델은 독특한 운영 철학과 원칙을 클럽하우스스탠다드로 정립하였고, 국제클럽하우스개발센터를 통해 클럽하우스스탠다드를 충실히 준수하는 클럽하우스에 대해 인증(certification)을 부여하므로 프로그램 철학과 운영원리를 구현하는 이상적 지원체계를 갖추고 있다. 매 3년마다 반복되는 인증과정, 국제적인 클럽하우스 컨퍼런스 등 클럽하우스 공동체 사이의 적극적인 교류, 연수, 우애 등은 정신장애인에게 자긍심을 심어주고, 정신장애인의 권익을 존중하는 사회를 조성하는데 실질적으로 기여하고 있다.

상징적 상호작용론의 관점에서 볼 때 클럽하우스모델은 물리적 구조, 인사, 행정, 서비스 의사결정, 실질적인 삶의 욕구 충족, 지역사회관계 등 제반 영역에서 정신장애인을 역량강화하기 위한 상징적 상호작용의 설계가 매우 정교하여 각 구성원에게 가장 지지적이고 호혜적인 사회심리적 환경을 제공한다고 볼 수 있다.

둘째, 서비스 수준에서 정신장애인 임파워먼트 사례로 정신장애인을 서비스 제공자로 고용하거나 동료사례관리자로 활용하는 사례를 들 수 있다. 해외에서는 이미 1990년대에 정신장애인을 사례관리자로 활용하고 있으며(Bedell et al.,2000;Solomon and Draine,1994), 국내에서도 2000년대에 접어들어 장애인분야의 동료상담서비스를 벤치마킹하여 동료사례관리서비스를 제공하는 일부 정신장애인기관이 있다(하경희, 2014). 또한 회복된 정신장애인 중에서 자격을 갖춘 사람을 정신건강서비스조직의 정규 유급 직원으로 채용하는 사례도 점점 증가하고 있다. 이러한 사례들은 전통적인 전문가-환자라는 역할관계를 해체하고, 정신건강서비스 전달에 관한 협력적 관계, 동반자 관계를 제시하고, 이러한 관계가 갖는 임파워먼트 효과에 대한 관심을 제고하는 데 기여하고 있다.

셋째, 일부 프로그램들은 정신장애인의 임파워먼트를 위해 전통적인 사회기술훈련, 여가활용훈련 등에 대해 새로운 접근을 시도하고 있다. 정신장애인을 위한 전통적 사회기술훈련은 행동주의이론에 따라 관찰학습과 강화기제의 활용을 강조하는 획일적 접근을 하였다. 하지만 점차 사회기술훈련도 지역사회현장을 활용하고, 사회기술훈련 과정에서 정신장애인에게 선택권을 부여하고, 주도적인 역할을 보장하고, 스스로 평가를 내리도록 함으로써 개인적 수준의 심리적 임파워먼트를 촉진하는 성과를 거두고 있다(이용표, 2003). 뿐만 아니라 일부 정신재활시설들은 정신장애인이 지역사회의 취약한 사람들을 원조하는 자원봉사자로 활동하거나 다양한 지역사회 공헌활동에 기여하는 역할을 담당하는 등 긍정적 사회역할을 경험하게 함으로써 긍정적 자아개념을 형성하고, 심리적 임파워먼트를 촉진하는 성과를 거두고 있다. 특히 정신장애인이 그들의 이야기를 영화화 하거나(성희자, 2005; 최동표, 2010), 정신장애인 인권보호를 모니터링하는 역할을 담당함으로써 자신들의 관점과 목소리를 표현할 수 있는 계기를 갖기도 한다. 이러한 과정들은 프로그램수준에서 임파워먼트를 실천하는 사례들로 볼 수 있다.

4. 요약

임파워먼트는 빈곤, 장애, 성차별 등 다양한 사회적 억압으로 인해 무력한 상태에 처해 있는 사람들의 심리내적 변화와 외적 행동의 변화, 사회정치적 옹호활동의 전개를 통한 실질적인 권한, 자원, 사회적 지위 등의 향상을 위한 이론과 실천전략을 제공한다. 하지만 하나의 이론으로서 개인의 내적 변화과정과 집단적 수준에서의 사회정치적 옹호활동의 전개 등이 어떻게 이루어지는지에 대한 설명은 미진하였다. 본 장에서는 임파워먼트의 개념, 임파워먼트과정에 대한 기존의 설명을 검토해 보고, 상징적 상호작용론의 관점에서 임파워먼트과정을 어떻게 설명할 수 있는지 그 논리적 체계를 재구성하려 하였다. 이를 위해 임파워먼트 관련 문헌들에서 비중 있게 다루어지는 무력함, 비판적 의식화, 전문가-이용자 관계의 재정의, 집단의 활용 등을 상징적 상호작용론의 전제와 개념을 통해 재해석하였다.

억압적 사회체계 속에서 개인이 경험하는 무력함이란 사회체계가 상호작용의 근간으로 삼고 있는 규범이나 가치체계, 서비스의 이론모형 등에 따라 그들에게 할당하고, 강요한 부정적 역할을 수행한 결과 나타난 부정적 자아개념과 그에 따른 행동 반응이라 할 수 있다. 이처럼 무력한 상황에 처해 있는 개인들에게 비판적 의식화는 기존의 사회적 상호작용을 안내하는 고착화된 상황정의를 비판하고, 대안적인 상황정의를 탐색하도록 촉구하는 과정으로 규정할 수 있다. 사회적 상호작용이 어떤 패턴으로 고착되어 일상적 상황으로 정의되면, 대안적인 상황정의는 어렵다. 대안적 상황정의를 위해서는 의도적으로 기존의 상황정의에 대한 비판적 검토가 요구되고, 이러한 과정은 개인으로서가 아니라 집단 속에서의 대화 및 상호작용을 통해서 효과적으로 이루어질 수 있다. 집단에서의 상호작용은 억압적인 사회체계에 대해 그들만의 목소리를 낼 수 있고, 상황을 새롭게 바라보고 정의내릴 수 있는 계기를 제공할 수 있다. 더구나 집단 참여를 통해 구성원들과 집단적 가치, 규범을 형성할 수 있고, 그에 근거한 상호작용을 거치면서 자아를 새롭게 정의할 수 있을 것이다. 그 결과 집단적 옹호과정에도 능동적인 참여가 나타날 것으로 기대할 수 있다. 무엇보다도 억압적 상태의 사회구성원에게 그러한 억압을 구체적으로 재현하는 상호작용이 사회서비스 제공과정이라면 전문가-이용자 사이의 상호작용이 협력적, 동반자적 관계로 재정의 되면 사회서비스 이용과정에서 형성되었던 의존적이고 무력한 자아개념이 주체적이고 능동적이며, 가치 있는 자아개념으로 변화할 수 있을 것이다. 이처럼 임파워먼트는 기존의 사회적 상호작용과 상징적 의미에 대한 비판적 검토의 필요성, 사회적 상호작용에 따라 무력감 혹은 주체적 자아개념의 형성 가능성, 고착된 사회질서와 규범에 따른 획일적 상황정의에 대한 비판적 검토를 통한 대안적인 상황정의의 가능성, 새로운 사회집단 참여를 통한 정체성과 자아의 재확립 등 상징적 상호작용론의 주요 전제와 개념을 통해 통합적 설명이 가능하다.

이와 같이 상징적 상호작용론을 통해 재해석한 임파워먼트를 정신건강서비스체계와 정신장애인의 경험에 대입해 본다면 정신장애인이 경험하는 것은 정신건강서비스의 이념, 이론모형, 실천접근, 일상적 서비스 전달관행, 법규범과 정책 등에 편재해 있는 정신장애인에 대한 편견, 낙인, 차별이 억압의 본질임을 알 수 있다. 이러한 억압적인 정신건강서비스체계에도 불구하고 정신장애인을 임파워먼트 할 수 있는 사례들로 클럽하우스모델, 정신장애인 당사자에 의한 사례관리나 동료상담, 기타 정신건강서비스 제공을 들 수 있다. 또한 전형적으로 의료모델이나 재활모델에 근거해 있는 정신장애인 재활서비스에 임파워먼트 원리를 적용함으로써 정신장애인의 임파워먼트에 실질적으로 기여하는 일부 프로그램이 존재한다. 이러한 정신장애인 임파워먼트 실천들은 공통적으로 정신장애인에게 가치 있고, 존중 받는 주체라는 의미를 전달할 수 있는 상호작용을 포함한다.

아울러 향후 정신장애인 임파워먼트에 대한 연구들은 정신장애인이 경험하고 있는 억압적 상호작용에 대한 측정, 임파워먼트적 상호작용의 측정, 정신장애인의 자아개념이나 행동적 지표를 활용한 임파워먼트 성과 측정 등을 통해 어떠한 상호작용요소가 어떠한 자아개념이나 행동적 변화에 기여하는지 검증하는데 힘써야 할 것이다. 상징적 상호작용론의 관점에서 볼 때 임파워먼트를 위해 우선 정신건강체계 내에 존재하는 각종 억압적 혹은 임파워먼트적 의미체계와 상호작용패턴을 비판적으로 분석하는데 힘써야 할 것이다. 또한 이러한 비판적 분석을 토대로 정신장애인의 임파워먼트에 기여할 수 있는 새로운 상호작용을 설계 및 적용하고, 그 효과를 분석함으로써 임파워먼트를 과학적 이론의 단계로 발전시켜 나가야 할 것이다.

참 고 문 헌

김문근(2007). 정신보건법상의 강제입원조항과 인권침해기제에 관한 질적 사례연구. 사회복지연구. 22, 123-158.

김문근(2009). 직업적 역할은 정신장애인이 지각한 편견을 감소시키는가. 사회복지연구 40(3):299-326.

김문근(2013). 정신장애인 관련 법령의 정신장애개념과 정신보건법의 정신장애개념 개정방향에 관한 연구, 44(2):293-321.

김인숙.우국희(2002). 사회복지사가 인식하는 임파워먼트의 의미에 관한 질적 연구 : 한국에서 임파워먼트 실천은 가능한가. 한국사회복지학 49(5), 34-61.

김정남. (2003). 정신장애인에 대한 사회적 낙인 척도개발, 한국심리학회지:건강, 8(3), 595-617.

박미은(2001). 정신장애인에 대한 임파워먼트 실천의 필요성과 개입방안에 관한 연구. 재활복지 5(1), 32-55.

성희자(2005). 정신장애인의 임파워먼트 형성 방안. 보건과 사회과학 18, 141-164.

양옥경, 김미옥(1999). 사회복지실천에서 권한부여모델에 관한 연구. 사회복지 제 143호

양옥경, 최명민(2006). 한국 사회복지실천에서 임파워먼트 접근의 현황 및 과제. 사회복지교육 2(2):39-84.

이용표(1999). 정신보건프로그램에서의 능력고취(Empowerment). 사회복지연구 제13호, 111-137.

이용표(2003). 현장과제를 활용한 정신장애인 사회기술훈련 프로그램의 효과:역량강화와 증상에 관한 훈련효과를 중심으로. 정신보건과 사회사업, 15, 77-105.

이혁구(2000)."권력의 장치로서의 사회복지-푸코의 권력이론에 입각한 '권한부여' 비판." 한국사회복지학 43: 328-357.

최동표(2010). "행복공동체로 가는 길: 정신장애인 편견해소를 위한 지역주민과 회원의 사회관계망 형성 프로그램." 한국정신보건사회복지학회 학술대회 2010(1), 187-202.

하경희(2014). 정신장애인 동료지지활동 프로그램이 동료활동가의 회복에 미치는 효과 : 활동 유지집단과 중단집단 간의 비교를 중심으로. 재활복지 18(1):31-51.

하경희(2007). "지역사회정신보건서비스를 이용하는 정신장애인이 인식한 임파워먼트실천의 효과에 관한 연구". 서울대학교 박사학위논문.

Bandura, A. (1977). "Self-efficacy: toward a unifying theory of behavioral change." Psychological review 84(2): 191-215.

Bedell, J. R., N. L. Cohen, et al. (2000). "Case management: The current best practices and the next generation of innovation." *Community mental Health Journal* **36**(2):179-194.

Carr, E. S. (2003). "Rethinking empowerment theory using a feminist lens: The importance of process." Affilia 18(1): 8-20.

Charon, J. M. (1995). Symbolic Interactionism : An Introduction, An Interpretation, An Integration 5th edition, Prentice Hall, New Jersey.

Clark, C.C. and Krupa, T.(2002). Reflections on empowerment in community mental health : Giving shape to an elusive idea, Psychiatric Rehabilitation Journal 25(4), 341-349.

Conger, J.A. & Kanungo, R.N.(1988). The empowerment process : Integrating theory and practice, Academy of Management Review 13(3), 471-482.

Corrigan, P. W.(2004). Enhancing Personal Empowerment, *American Rehabilitation 28*(1), 10-21

Corrigan, P.W., Kerr, A. and Knudsen, L.(2005). The stigma of mental illness : Explanatory models and methods for change, Applied and Preventive Psychology, 11, 179-190.

Corrigan, P.W.(2000). Mental health stigma as social attribution : Implications for research methods and attitude change, Clinical Psychology : Science and Practice, 7(1), 48-67.

Deegan, P.E.(1992). The independent living movement and people with psychiatric disabilities : Taking back control over own lives, Psychosocial Rehabilitation Journal 15(3), 3-19.

Farina, A., Cliha, D. Boudreau, L., Allen, J.G. & Sherman, M.(1971). Mental illness and the impact of believing others know about it, Journal of Abnormal Psychology, 77(1), 1-5.

Finfgeld, D.L.(2004). Empowerment of individuals with enduring mental health problems, Advances in Nursing, 27(1), 44-52.

Freire, P.(2002). 페다고지, 남경태 역, 그린비. 원저: Freire(1970). Pedagogy of the oppressed, New York, Continuum.

Glass, K.C.(1997). Refining Definitions and Devising Instruments: Two Decades of Assessing Mental Competence, International Journal of Law and Psychiatry, 20(1), 5-33.

Goffman, E. (1961) Asylums: Essays on the Social Situation of Mental Patients and Other Inmates. New York

Goffman, E. (1963). Stigma:Notes on the management of spoiled identity, Englewood Cliffs, NJ;Prentice Hall.

Gutierrez, L. M. (1995). "Understanding the empowerment process: Does consciousness make a difference?" Social Work Research 19(4): 229-237.

Gutiérrez, L., Parsons, R., and Cox, E. O.(1998). Empowerment in Social Work Practice.

Hasenfeld, Y.(1987). Power in social work practice, Social Service Review, 61, 469-483.

Hewitt, John P.(2001). 자아와 사회, 윤인진 외 역, 학지사 : 원저 Self and Society : a symbolic interactionist social psychology, 8th ed. Allyn and Bacon,2000.

Kieffer, C. H. (1984). "Citizen empowerment: A developmental perspective." Prevention in human services 3(2-3): 9-36.

Kosciulek, J. F.(1999).Consumer direction in disability policy formulation and rehabilitation service delivery, Journal of Rehabilitation 4-9.

Lee, Judith .A.B.(2001).The empowerment approach to social work approach: Building the beloved community, 2nd edition, Columbia University Press.

Lee, J. A.(1996). The empowerment approach to social work practice, in ed by Turner, F.J.(1996). Social Work Treatment, 4th edition, The Free Press.

Lener, M.(1994). Surplus Powerlessness, in The politics of liberation : an introductory reader on political life & government in the United States, edited by Yuen, Nicky González, Dubuque, Iowa : Kendall/Hunt Publishing Co., 390-396.

Link, B.G., Cullen, F.T., Struening, E., Shrout, P.E. and Dohrenwend, B.P.(1989). A modified labeling theory approach to mental disorders : An empirical assessment, American Sociological Review, 54, 400-423.

Lord, J. & Hutchison, P.(1993). The process of empowerment : Implication for theory and practice, Canadian Journal of Community Mental Health 12(1), 5-22.

Nelson, G., Lord, J. and Ochocka, J.(2001). Shifting the paradigm in community mental health : Towards empowerment and community, University of Toronto Press.

Maier, S. F. and M. E. Seligman (1976). "Learned helplessness: Theory and evidence." Journal of experimental psychology: general 105(1): 3.

Manning, S.S.(1998). Empowerment in Mental Health Programs : Listening to the Voices. in Empowerment in social work practice, edited by Gutierrez, L.M., Parsons, R. J. and Cox, E. O. CA: Brooks/Cole.

Masterson, S. and Owen, S.(2006). Mental health service user's social and individual empowerment : Using theorires of power to elucidate far-reaching strategies, Journal of Mental Health, 15(1), 19-34.

McLean, A.(1995). Empowerment and The Psychiatric Consumer/Ex-patient Movement in the United States : Contradiction, Crisis and Change, Social Science Medicine 40(8), 1053-1071.

Mead, G.H.(1934). Mind, self, and society : From the standpoint of a social behavior, University of Chicago Press.

Moreno, J. L.(1961). The Role Concept, A Bridge Between Psychiatry and Sociology, American Journal of Psychiatry 118:518-523.

Parsons, R. J. (1991). "Empowerment: Purpose and practice principle in social work." Social Work with Groups 14(2): 7-21.

Peterson, C. and M. E. Seligman (1984). "Causal explanations as a risk factor for depression: theory and evidence." Psychological review 91(3): 347-374.

Rappaport, J. (1987). "Terms of empowerment/exemplars of prevention: Toward a theory for community psychology." American journal of community psychology 15(2): 121-148.

Rappaport, J.(1984). Studies in empowerment introduction to the issue, Prevention in Human Services 3, 1-7.

Ridge, R. M.(2009). The Body Alchemy of Psychodrama : A Phenomenologically-Based Qualitative Evaluation of a Training Manual for Trainers and Practitioners of Psychodrama and Group Therapy, doctorate dissertation, Union Institute and University.

Robbins, T. L., M. D. Crino, et al. (2002). "An integrative model of the empowerment process." Human Resource Management Review 12(3): 419-443.

Rodwell, C.M,(1996). An analysis of the concept of empowerment, Journal of Advanced Nursing, 23, 305-313.

Segal, S.P., Silverman, C. & Temkin, T.(1993). Empowerment and self-help agency practice for people with mental disabilities, Social Work 38(6), 705-712.Simon, ,B.L.(1994). The Empowerment Tradition in American Social Work, New York : Colombia University Press.

Solomon, P. and J. Draine (1994). "Family perceptions of consumers as case managers." Community mental health journal 30(2):165-176.

Statples, L.H.(1999), "Consumer Empowerment in a Mental Health System: Stakeholder Roles and Responsibilities", in Empowerment Practice in Social Work, Canadian Scholar's Press. By Shera, W. and Wells, L.M.(1999).

Stryker, S.(2000a). 'Identity Theory', in Encyclopedia of Sociology edited by Borgatta, E. F. and Montgomery, R. V. 2nd Edition, 1253-1258.

Stryker, S.(2000b). 'Identity Competition : Key to Differential Social Movement Participation, Self, Identity, and Social Movements, Social Movements, Protest, and Contention, 13, 21-40.

Stryker, S. and Serpe.R.T.(1982)."Commitment, Identity Salience, and Role Behavior: A Theory and Research Example." in Personality Roles, and Social Behavior, edited by William Ickes and Eric S. Knowles. New York: Springer-Verlag. 199-218.

Turner, J. H.(2003). The Structure of Socilogical Theory 7th edition, Wadsworth,

Turner, R.(1978). The Role and the Person, American Journal of Sociology 84(1):1-23.

Yalom, I.(1985). The Theory and Practice of Group Psychotherapy, 3rd ed. NY. Basic House.

Zimmerman, M. A. (1990). "Toward a theory of learned hopefulness: A structural model analysis of participation and empowerment." Journal of research in personality 24(1): 71-86.

Zimmerman, M. A., B. A. Israel, et al. (1992). "Further explorations in empowerment theory: An empirical analysis of psychological empowerment." American journal of community psychology 20(6): 707-727.

Zimmerman M. A.(1995). Psychological Empowerment : Issues and Illustrations, American Journal of Community Psychology 23(5), 581-599.

Zimmerman, M. and Warschausky, S.(1988). Empowerment theory for rehabilitation research : Conceptual and methodological issues, Rehabilitation Psychology 43(1), 3-16.

제11장

클럽하우스모델과 상징적 상호작용

클럽하우스모델은 정신장애인의 재활을 위해 적용할 수 있는 다양한 접근 중의 하나이다. 여타의 접근과 차별화되는 독특한 면은 클럽하우스모델이 지닌 강점으로 인정되기도 하지만 대부분의 정신장애인과 가족, 정신보건 전문가들에게 여전히 클럽하우스모델의 원리와 본질은 이해하기 쉽지 않다. 클럽하우스는 간단한 교육이나 견학, 간접적 자료만으로 쉽게 이해할 수 있는 하나의 정신재활모델이 아니라 정신장애인의 재활과 지역사회 통합, 정상적인 삶과 관련 있는 가치, 삶의 방식, 문화이기 때문이다. 클럽하우스의 이러한 특성 때문에 훈련프로그램은 일방적인 지식과 정보의 전달이나 특수한 기술의 훈련이기보다는, 특정 문화에 대한 체험적 이해를 고양하고, 다양한 이슈에 관한 자유로운 토론을 특징으로 한다(태화샘솟는집 2006a:49-58). 또한 클럽하우스모델을 도입하려는 정신보건기관들은 반드시 국제적인 클럽하우스훈련기관의 표준화된 훈련프로그램에 참가하여 클럽하우스 운영원리에 대한 실질적인 체험과 교육, 심도 있는 토론을 거쳐 클럽하우스 프로그램을 이해하고, 실천 전략과 실행계획도 체계적으로 수립하여야 한다.

하나의 문화로서 클럽하우스프로그램은 여타의 정신재활프로그램에 비해 전문가의 정형화된 이론이나 프로그램들의 적용을 최대한 배제한다. 그렇기에 집약된 프로그램을 통해 정신건강관리기술, 일상생활기술, 사회관계기술, 직업적 기술 등을 교육하고 훈련하는 정신재활전문가들이나 정신보건기관의 관점에서 클럽하우스는 가장 비전문적인 접근으로 인식되기 쉽다. 정신보건전문가들은 일 중심의 일과, 자유롭고 정신장애인을 존중하는 분위기 등 클럽하우스모델의 유용성을 인정하지만 정신재활프로그램으로서 이론적 근거, 전문성, 체계적 접근이 결여되었다고 비판하기도 한다.

시간이 흘러 국내에 클럽하우스모델이 도입된 지 30여년이 경과하고 있다. 지난

2006년 아시아 클럽하우스 세미나에서는 국내의 일부 연구자들이 클럽하우스모델에 대한 재해석을 시도한 바 있다. 김통원 교수는 클럽하우스모델이 정상화이론에 근거한 사회적 역할 활성화 접근에 상응한다고 분석한 바 있다(김통원, 2006). 이경아 교수는 역량강화적 관점에 근거해 클럽하우스모델을 분석함으로써 클럽하우스모델의 주요 실천들은 역량강화접근에서 강조하는 다양한 요소들을 내포하고 있음을 보여주었다(이경아, 2006). 저자 또한 당시 자립생활모델에 근거하여 클럽하우스모델을 분석한 바 있다. 장애인복지 분야에서 이미 자립생활모델이 널리 활용되고 있지만 정신보건분야에서는 자립생활모델이 적용되지 않고 있는데, 클럽하우스 모델은 주요 가치와 실천이 자립생활모델과 상당부분 일치하는 매우 진보적이고, 혁신적인 접근으로 볼 수 있다는 것이 저자의 논지였다(김문근, 2006).

이러한 클럽하우스모델에 대해 국외의 연구자들의 관심도 높은데, 잭슨은 체계이론을 활용하여 클럽하우스를 일종의 공동체 만들기(community building) 과정으로 분석하였다. 아울러 그는 역할이론과 자기효능감이론, 역량강화 등에 근거하여 클럽하우스모델을 설명함으로써 클럽하우스모델이 지니는 심층적 운영원리와 그 함의를 조명한 바 있다(Jackson, 2001).

이러한 연구자들의 다양한 관점은 클럽하우스의 다양한 면면을 조명하는데 있어 일정한 기여를 하였다. 그럼에도 클럽하우스모델이 지니는 핵심적인 운영원리, 정신재활에 대한 기여가 무엇인지에 대해 여전히 명료하지 않은 부분이 있다. 즉, 클럽하우스가 기반하고 있는 다양한 가치와 철학, 실천의 원칙과 표준(clubhouse standards), 클럽하우스를 통한 정신장애인의 재활성과들은 어떠한 이론적 근거에서 정당화될 수 있는가 하는 점은 여전히 해결되어야 할 연구과제로 남아 있다.

본 장은 상징적 상호작용론에 근거하여, 전통적인 정신의료기관이나 재활기관과는 전혀 다른 사회적 상호작용을 활용하여 정신장애인의 새로운 자기정체감 발달을 돕고, 더욱 능동적인 행동을 이끌어 냄으로써 재활과 사회통합에 기여하는 클럽하우스모델의 운영원리를 분석하고자 한다. 즉, 저자는 자아개념은 사회적 상호작용 속에서 형성되며, 사회적 상호작용 속에서 형성된 자아개념은 그에 부합하는 사회적 행위를 유발한다는 상징적 상호작용론(symbolic interactionism)의 기본 가정이 클럽하우스 모델에 내재되어 있는 핵심 원리임을 논증하고자 한다.

1. 상징적 상호작용주의

상징적 상호작용주의는 1890년대 이후 등장한 미국 실용주의 철학에 근거한 사회학 이론의 한 분파로 제임스(James), 쿨리(Cooley), 미드(Hebert Mead), 토마스(Thomas) 등의 연구에서 그 기원을 찾을 수 있다. 미드(Mead, 1934)와 블루머(Blummer, 1969)의 연구로 그 이론적 근간이 더욱 확고해졌고, 1950년대 이후에 낙인연구로 저명한 고프만(Goffman)과 베커(Becker), 정체성 측정을 위한 20문장 검사법을 개발한 쿤(Kuhn) 등이 상징적 상호작용주의 연구자로 널리 알려져 있다(Charon, 1995). 1960년대 후반에는 스크리커(Stryker)와 버크(Burke) 등이 상징적 상호작용주의 이론에 근거해 정체성과 사회적 행동의 관련성을 연구하여 정체성이론(Identity Theory)을 발전시켰다(김문근, 2009). 상징적 상호작용주의 이론은 실질적으로 다양한 분파가 존재하며, 연구의 분야도 다양하여 하나로 집약하여 소개한다는 것은 쉽지 않다. 본장에서는 간략하게 상징적 상호작용주의의 핵심적인 개념과 명제가 무엇인지 요약하고 이를 활용하여 클럽하우스모델을 분석하고자 한다.

1) 상징적 상호작용주의의 주요 개념

① 대상(Object)

대상이란 인간의 행동이 지향하는 사물이나 개념을 뜻한다. 대상이 구체적인 사물이 아니라 어떤 개념일 경우에 대상은 인간행동이 지향하는 의도, 목적, 목표 등을 뜻한다. 예컨대 공포감을 경험하는 아동과 아동의 부모는 '안도감'을 '향하여' 행동하게 된다. 이때 '안도감'이란 아동과 부모의 행동이 함께 지향하는 '대상'이 된다(Hewitt, 2001).

대상은 의자, 나무, 자전거와 같은 사물, 학생, 목사, 대통령 등과 같은 사람(혹은 역할), 도덕적 원리, 철학적 학설, 정의 등과 같은 추상적 개념 등을 포함한다. 상호작용주의 이론에 따르면 대상의 의미는 누군가에 의해 결정되는 것도 아니고, 불변하는 것도 아니며 상호작용을 통해 비로소 대상의 의미가 드러난다고 보기 때문이다(Blumer, 1969). 즉, 대상은 인간행동이 지향하는 바이며, 인간의 상호작용 속에서 그 의미가 드러난다.

그런데 대상의 의미는 상호작용에 반복하여 참여하는 사람들 사이에는 공유되어 있다. 즉, 대상의 의미에 대해 공통된 이해가 있기 때문에 사람들은 동일한 대상에 대해 유사한 방식으로 행동하게 된다. 예컨대 의자에 대해서는 '앉는 용도'로 쓰인다는 공통된 인식이 존재한다. 그래서 특수한 경우가 아니라면 의자는 '앉는 용도'로 쓰여지는 것이다.

② 상징(Symbol)

상징이란 사회적 의미를 지니는 대상의 일종인데 대개 상징은 특정한 대상을 대표하기 위해 사용된다. 예를 들면 V자를 만든 두 손가락은 승리를 뜻하기 위해 사용되는 상징이고, 자동차의 방향지시등은 자동차의 진행방향을 알리기 위한 상징이다. 따라서 상징은 추상적인 개념일 수도 있고, 사물일 수도 있지만 그 본연의 기능은 다른 대상을 대표하거나 그 의미를 전달하기 위해 사용되는 수단이라 할 수 있다(Charon, 1995). 이러한 상징은 상징의 의미를 공유하고 있는 사람들 사이에서 동일한 반응을 불러일으킴으로써 사람들 사이의 상호작용을 원활하게 하는 기능을 하게 된다.

③ 자아(Self)

인간은 자기를 사회적 대상으로 삼아 사고할 수 있는 독특한 존재이다. 인간은 스스로 행동하는 주체이지만 동시에 자신을 마치 타자인 것처럼 객관화하여 관찰하거나 판단할 때는 하나의 대상이 되는 것이다. 상징적 상호작용주의의 대표적 이론가인 Hebert Mead는 이를 자아의 주체적 측면(I)와 대상적 측면(Me)로 구별한 바 있다(Mead, 1934). 인간이 자신을 대상으로 삼아 사고할 때 흔히 타인의 관점에서 자신이 어떤 사람인지 인식하게 된다. 이러한 자기에 대한 사고가 축적되면 이것이 나는 누구인가에 대한 해답이라 할 수 있는 '자기정체성(Identity)'혹은 '자아개념(self-concept)'이 된다.

④ 역할(Role)

흔히 사회학에서는 역할을 어떤 지위에 부여된 행동적 기대나 행동규범으로 정의한다. 하지만 상호작용주의자들은 역할이란 상호작용할 때 각 사람이 갖는 하나의 관점을 뜻한다. 예컨대 강의실에서 교사는 가르치는 사람의 관점에서 강의를 진행하게 된다. 반대로 학생들은 배우는 사람의 관점에서 강의에 참여하게 된다. 그래서 역할은 사회적 상호작용에 참여하는 사람들이 자신과 타인이 어떻게 행동하여야 상황에 적합한지 정의내릴 때 사용하는 관점이라 할 수 있다(Hewitt, 2001). 교사는 일반적으로 교사에게 기대하는 행동이 무엇인지, 학생들의 관점에서 교사에게 기대하는 바는 무엇인지 인식한 상태에서 교사로서 가르치게 된다. 학생들 또한 일반적으로 학생에게 기대되는 바와 교사의 관점에서 학생에게 기대되는 바를 인식함으로써 학생으로서 적합한 행동을 할 수 있게 된다.

역할이 지니는 중요한 기능은 타인들과 함께 상호작용할 때 상황에 적합한 행동이 무엇인지 인식할 수 있는 수단을 제공하는 것이다. 더구나 역할을 수행하면 역할을 통해 자신이 누구인지 인식하게 되고, 역할을 수행하며 축적된 자아 인식은 자기정체성 혹은 자아개념으로 발전하게 된다(김문근, 2009).

⑤ 상황정의(Definition of Situation)

상황이란 사회의 구성원들이 함께 참여하여 공동으로 어떠한 행위가 행해지는 상태를 뜻한다. 사람들이 특정한 상황 속에서 적절한 행동을 하려면 그 상황이 무엇인지 명확히 인식해야 하며, 이러한 상황에 대한 인식 과정을 '상황에 대해 정의를 내린다'고 표현한다. 개인이 특정한 장소에서 특정한 상황에 참여할 때 상황의 의미를 잘 알고 있다는 것은 그에게 혹은 그 상황에 참여하는 다른 사람들에게 일반적으로 기대되는 적합한 행동과 그렇지 않은 행동이 무엇인지 판단할 수 있음을 뜻한다. 역할은 특정 상황에서 자신과 타인에게 기대되는 바람직한 행동이 무엇인지를 판단하는데 활용되는 관점을 제공한다(Hewitt, 2001). 그러므로 사람들은 특정한 사회적인 상황에 참여할 때 역할이라는 관점을 활용하여 그 상황이 무엇을 의미하는지, 즉, 자기에게 기대되는 바람직한 행동이 무엇인지를 이해하고, 정의내릴 수 있다.

2) 상징적 상호작용주의의 기본 명제

상징적 상호작용주의와 관련하여 다양한 명제가 제시될 수 있지만 본 장에서는 가장 핵심적인 다섯 가지 명제를 검토해 보고 이에 근거해 클럽하우스 모델을 분석해 보고자 한다.

첫째, 사람들은 어떤 대상이 지니는 의미를 바탕으로 하여 그 대상에 대해 행동한다는 것이다(Blumer, 1969). 예컨대 붉은 색 표지판은 강조, 주의, 위험, 경고라는 의미를 전달하며, 붉은 색 표지판을 제작하는 사람과 그 표지판을 주목하는 사람들은 모두 표지판이 지닌 공통된 의미 즉, 주의나 경고에 근거해 행동하게 된다.

둘째, 대상의 의미는 대상 자체에 존재하는 것이 아니라 사회구성원들이 상호작용하면서 비로소 형성되거나 명확하게 드러나게 된다는 것이다(Blumer, 1969). 예컨대 두 사람이 사업상 거래를 위해 첫 만남을 약속하였을 때 정시에 도착하지 않고 10분 ~ 30분 정도 늦게 도착하는 것을 당연시하는 사람도 있다. 이러한 고객에 대해서는 약속시간을 엄격하게 지키는 것이 그다지 중요하지 않다는 의미를 깨닫게 될 것이다. 따라서 통상적으로 약속시간을 잘 지키는 것이 사업상 규칙이지만 이번 고객에 대해서는 어느 정도 지연된 시간에 약속장소에 도착하더라도 결례가 되지 않으리라 기대할 것이고, 그런 기대에 맞춰 행동할 것이다.

셋째, 대상의 의미는 사회구성원들이 상호작용하는 과정에서 해석되면서 그 의미가 변화할 수 있다는 점이다(Blumer, 1969). 다리가 불편한 장애인을 만나면 우리는 짐을 덜어주려 하거나 부축해 주려 할 것이다. 하지만 장애인들이 그러한 호의를 불편하게 여겨 스스로 할 수 있는 부분에 대해 도움을 제공하는 것을 호의가 아닌 장애인에 대한 무례함으로 해석하는 경우가 있다. 이러한 경우 장애인은 도움을 필요로 하는 사람이기보다는 스스로 할 수 있도록 부분적인 지원이 필요한 사람이라는 의미가 드러나는 것이다. 그동안 장애인을 전적인 도움과 보호가 필요하다고 생각했던 사람들은 장애인과 상호작용하면서 장애인이 전적으로 무력한 사람이 아니라 부분적인 도움만 있으면 스스로 많은 활동을 할 수 있는 사람이라는 인식을 갖게 될 것이다.

넷째, 사람들에게 있어 자기 자신도 사회적 상황에서 하나의 대상이 되며, 하나의 대상으로서 자기에게 부여된 의미를 타인들과 상호작용하면서 인식하게 되고, 이러한 자기인식이 축적되어 자기개념(Self-Concept) 혹은 자기정체성(Identity)이 된다는 점이다. 이러한 자기개념 혹은 자기정체성은 특정한 상황에서 자신이 어떠한 위치에 있는지, 혹은 자기에게 어떠한 행동이 기대되는지에 대한 해답을 제공하기 때문에 행동에 영향을 미친다(Hewitt, 2001; 김문근, 2009). 우리가 사교모임에 참여하면 각 사람마다 별명이 부여되는 경험을 하게 된다. 어떤 사람은 '분위기 메이커', 다른 사람은 '살림꾼', 또 다른 사람은 '마당발' 등의 별명이 붙여질 수 있다. 이러한 별명은 그 사람의 독특한 면과 모임에서 필요로 하는 기능과 관련이 있을 것이다. 일단 이러한 별명이 붙여진 후에 개인은 그 별명에 맞는 행동을 하기가 쉽다. 별명은 그 모임에서 자기에 대한 기대이며, 이러한 기대를 받아들이면 그것이 곧 자기개념이나 정체성이 되기 때문이다.

다섯째, 사람들은 사회적 상황에 대해 스스로 내린 해석 혹은 정의에 근거해서 행동한다는 점이다. 익숙한 상황에서는 자신이나 타인에게 기대되는 행동을 이해하기가 쉬우므로 행동은 자연스럽게 진행된다. 하지만 낯선 상황에서는 자신이나 타인에게 기대되는 행동을 판단하려면 먼저 상황에 대한 정의를 내려야 한다(Hewitt, 2001). 상당한 기간 동안 참여해 왔던 모임이라면 상황이 익숙하므로 우리는 그다지 큰 긴장감 없이 편안하게 참여할 수 있다. 모든 상황을 예상할 수 있고, 상황에 따라 어떻게 행동할지는 명확하게 드러나 있기 때문이다. 하지만 새로운 모임에 참여하면 모든 게 낯설고 잘 알지 못하는 상태에 있으므로 모임의 성격이나 참여하는 사람들의 면면을 이해하는데 상당한 시간을 필요로 한다. 그래서 상황을 명확히 이해하고 정의내릴 수 있을 때까지 적극적으로 행동하거나 자연스럽게 대화하기는 어려울 것이다.

이러한 핵심적 명제들은 상호작용주의이론을 처음 접하는 사람들에게는 생소한 느낌으로 다가올 수 있다. 하지만 우리는 경험적으로 이러한 주장들이 다양한 사회적 상황에서 인간의 행동을 설명하는데 상당히 유용하다는 점을 알 수 있다.

2. 클럽하우스와 상호작용의 분석

1) 정신장애인과 전문가의 상호작용

전통적인 의료기관에서 정신장애인은 환자로 인식되어 왔다. 전문가는 질병과 장애에 대해 진단하고, 적합한 치료나 재활절차를 처방하고, 그에 따른 치료 및 재활서비스를 제공하고, 환자에게는 순응적이고, 협력적인 반응만이 요구될 뿐이다. 하지만 정신장애인 권익옹호운동이 시작되면서 정신장애인들을 정신보건서비스의 '소비자(consumer)'로 인식하기 시작하였다. '환자'가 정신의료전문가의 진단과 처방에 의해 일방적으로 제공되는 서비스의 대상(객체, object)이었다면, '소비자'는 정신의료전문가가 제공하는 서비스를 선택할 수 있고, 비용을 지불하는 주체라는 의미가 강조된다(Sharfstein and Dickerson, 2006). 이러한 소비자주의의 등장에도 불구하고 여전히 정신의료서비스는 정신의료전문가의 진단과 결정에 근거하므로 정신장애인은 정신치료와 재활의 대상으로서 수동적 역할이 기대되는 경향이 있다.

이에 비해 클럽하우스에서 정신보건전문가와 정신장애인 사이의 상호작용은, 정신질환 및 정신장애에 대한 치료와 재활에 초점을 맞추어 전문가가 주도권을 갖는 전통적인 정신건강기관과는 확연한 차이가 있다. 무엇보다도 클럽하우스에서 정신장애인은 회원제로 운영되는 '클럽'의 자격 있는 구성원인 '회원' 역할이 기대된다. 클럽하우스에서 '회원'은 더 이상 정신장애인이 정신의료서비스의 일방적 객체가 아니며, 클럽하우스 공동체(혹은 지역사회, community) 운영에 실질적으로 기여하는 주체로 인식된다. 클럽하우스 운영원칙을 규정하고 있는 클럽하우스 스탠다드가 회원의 의미에 대해 규정하고 있지만, 상징적 상호작용론의 관점에서 볼 때 클럽하우스에서 정신장애인에게 새롭게 기대하는 '회원' 역할의 실질적인 의미는, 클럽하우스 운영과정과 구체적인 상호작용 속에서 드러나고 해석될 수 있을 것이다.

'환자' 또는 '소비자'라는 역할에 비해 클럽하우스에서 '회원' 역할은 정신장애인에게 탈의료적이고, 주체적인 상호작용에 참여할 기회를 보장한다. '회원'은 더 이상 치료나 재활의 대상이기보다는 클럽하우스에 '기여하는 주체'이며, 클럽하우스 운영과 관련해 '의사를 존중해야 하는 구성원'이라는 의미를 전달한다. 클럽하우스에 참여하는 동안 정신장애인은 의사결정에 대한 동등한 발언권, 공간에 대한 동등한 접근, 일에 대한 동등한 참여기회 등을 통해 직원과 동등한 위치에 있는 '회원'임을 인식하게 된다(Hallinan and Nistico, 1994).

> "일을 하면서 직원들과 함께 하잖아요. 동등하다는 생각이 들어요. 또 (직원과) 함께
> 시간을 보내면서 동료애를 느끼는 것 같아요. ……"(최희철 외, 2006)

클럽하우스에서 회원들이 담당하는 업무들은 그들이 실질적으로 클럽하우스 운영에 있어 중요한 기여를 하는 책임 있는 주체임을 시사한다. 클럽하우스에서는 회원들이, 전통적 재활기관에서 전문가들이 독점적으로 담당하는 중요하고 핵심적인 업무들에 실질적으로 참여하기 때문이다. 예컨대 어느 정도 클럽하우스 이용경력이 있고, 클럽하우스모델을 잘 이해한 회원은 실습생을 교육하거나 신규직원을 교육하는 역할을 담당하며, 클럽하우스 훈련프로그램의 강사로 참여한다. 뿐만 아니라 클럽하우스 운영위원회나 신규직원 선발 시 면접에 참여하여 인사위원 역할을 수행하기도 한다(한국클럽하우스연맹 질적연구팀, 2010).

또한 클럽하우스 운영과 관련한 주요 의사결정이 이루어지는 각종 '회의'의 운영방식은 회원이 실질적으로 의사결정의 권리를 지니고 의사결정과정에 참여하는 주체임을 보여준다. 정신장애인은 회원으로서 각종 회의에 참여하여 발언하고 의사결정에 참여함으로써 클럽하우스 운영에 실질적으로 영향을 미친다. 클럽하우스는 각 회원이 클럽하우스 운영에 대해 자기만의 견해(voice)를 가지고 있음을 신뢰하고, 존중한다(Norwood, 1992).

"클럽하우스의 모든 회의는 회원과 직원 모두에게 개방되어 있다. 클럽하우스의 프로그램을 결정하거나 회원과 관련된 안건이 있는 회의의 경우 회원만 또는 직원만이 참여하는 공식적인 회의는 없다." (클럽하우스 스탠다드 제8항).

"여기서 활동하는 것을 보면 회의를 많이 하는 것에서 각각 독립적인 의견을 갖고 있는 것을 인정해 주시는 것 같고..... 모든 업무를 할 때 마다 항상 직원들은 우리들 스스로 올바른 의사결정을 할 수 있도록 우리에게 의견을 물어보면서 ..... OOO씨는 항상 물어보세요. 계속 물어보시더라고요. 저의 의견을 물어보시는게 참 많은 보람을 느끼게 해줘요.... 동등하다는 만족감인거 같아요." (최희철 외, 2006)

전통적인 정신재활기관에 비해 클럽하우스에서 이루어지는 전문가와 정신장애인 사이의 상호작용의 차이점은 전문가의 관점과 태도, 역할의 변화를 통해 조명될 수 있다. 우선 클럽하우스에서 전문가들은 정신의료전문가나 정신재활전문가로 정의되기보다는 클럽하우스 운영에 행정적 책임을 담당하는 직원(staff)으로 정의된다. 비록 관장(시설장)이 행정적 의미에서 클럽하우스 운영에 최종적인 책임을 지지만 실질적으로는 전문가와 정신장애인이 모두 동등한 회원으로서 의사결정과 클럽하우스 운영을 위한 책임을 분담하게 된다.

"클럽하우스 운영의 책임은 회원과 직원에게 있으며 최종적인 책임은 관장에게 있다. 책임의 문제에 있어서 가장 중요한 점은 클럽하우스 운영의 모든 영역에 직원과 회원이 함께 참여하는 것이다."(클럽하우스 스탠다드 제11항).

그러므로 전통적인 의료모델에 근거하여 전문가 역할을 학습하고 훈련한 전문가들에게 클럽하우스의 직원에게 기대되는 역할들은 쉽지 않은 도전으로 다가올 수 있다. 전문가로서의 권위를 내려놓고 회원들을 대등한 주체로 존중해야 할 뿐만 아니라 그들과 전인격적 관계를 형성해야 하기 때문이다(Jackson, 2000). 아래의 대만 클럽하우스 직원들과 보스판의 인용문은 클럽하우스에서 직원과 회원들 사이의 상호작용이 전문가의 관점에서 어떻게 비쳐지는지 조명해 준다. 전문가들은 클럽하우스의 철학을 구현하기 위해 전통적인 전문가 중심의 위계적 관계 대신 정신장애인 회원과 대등하고 동등하며, 상호 협력하는 관계를 형성하게 된다. 전문가들은 권위 있는 전문가로서의 역할이 아니라 상호 협력하는 동료로서의 역할, 동반자로서의 역할을 지향하며, 그러한 직원의 역할이 이상적으로 구현될수록 그들과 상호작용하는 정신장애인은 스스로를 주체적인 회원으로 지각하며, 회원역할의 실제적 의미도 자각하게 된다.

"클럽하우스는 직원과 회원들 사이의 동등한 관계를 강조한다. 동등한 관계를 만들기 위해 전문가들은 그들의 지위를 변화시키려고 노력해야 한다. (중략) 클럽하우스에서 일하는 대부분의 직원은 회원들과의 동등한 관계와 마음에서 우러나오는 상호작용으로 인해 편안함을 느끼고 있지만, 이것을 이루기까지 어려움이 많다. 전통적으로 정신보건전문가와 환자의 사이는 대등하지 않다. (중략) 전통적으로 중국문화권에서 권위는 변하기 어려운 부분이었다. 그래서 대만의 클럽하우스에서 일하는 직원들이 전문가로서의 권위를 내려놓고 직원과 회원의 관계를 바라보는 것은 많은 노력이 필요한 부분이었다."(태화샘솟는집, 2006b:68).

"클럽하우스는 대부분의 정신보건서비스에 만연해 있는 위계적이고, 권위적이며, 때로는 위선적인 관계로부터 존중이 있고, 상호적이며, 서로 의지하는 관계로 변화시키는 데 성공적이었다. 이것은 대단한 일이고, 크게 축하할 일이었다. (중략) 수년 동안 우리는 '회원'과 '직원'이라는 단어를 서로 바꾸어 사용해도 문제가 되지 않도록 노력했다. 우리는 직원에 관한 모든 표현에 '그리고 회원들도'라는 문구를 추가하고 싶은 생각을 했고, 마찬가지로 회원들에 관한 모든 표현에 '그리고 직원들도'라는 문구를 추가하고 싶은 생각을 가졌다."(Vorspan, 2001).

한편 클럽하우스에서 전문가와 정신장애인 사이의 상호작용은 전인격적이라는 독특성이 있다. 전문가는 정신장애인을 진심으로 환영하고, 격려하고, 존중하며, 친밀한 관계를 형성한다. 클럽하우스는 모든 회의에서의 의사결정, 모든 공간에 대한 동등한 접근, 모든 업무에 대한 참여와 협력 등 전문가와 정신장애인 사이에 탈전문주의적인 전인격적 상호작용을 강조한다. 이러한 경험은 전문가와 정신장애인 사이의 상호작용이 치료 및 재활과 관련한 활동에만 엄격하게 국한되는 전통적 정신의료 및 정신재활기관과 차이가 있다.

"(낮병원 다닐 때) 선생님들이나 간호사 선생님들이 프로그램을 같이 참여하실 때는 친절하고 상냥한데, 잘해주시거든요. 진짜 친한데....프로그램이 끝나면 그냥 사무적인 태도에요. 프로그램만 끝나기만 하면 별도의 공간이 있어요. 의료진들이 기다리고 있는 공간하고 우리가 상주하는 공간하고 달라요. 그 공간에 들어가서 분리되는 것뿐만이 아니라 선생님들이 더 이상의 접촉을 안 하시는 거예요. 그래서 직업적으로 프로그램에서만 잘해주시는 것이 아닐까 싶어요. ...... 프로그램을 할 때는 개인적인 게 없거든요? 간호사나 직원들에게서 인간미를 느끼지 못해요."(최희철 외, 2006)

"(클럽하우스에서) 직원들이 저를 생각해 주는 마음을 느낄 수 있었어요. (중략) 직원분들이 마음을 열어 놓고 계신 것 같아요... 제가 먼저 말을 하기 전에 인사도 하기 전에 그 직원 선생님들의 눈빛과 그리고 말씀하시는 게 '아, 이건 건성이 아니구나... 나를 진심으로 환영하고 있구나' 이런 것을 느꼈어요. " (최희철 외, 2006)

　뿐만 아니라 클럽하우스에서 전문가는 회원의 자발성, 자기결정을 전적으로 존중하고, 어떠한 강요도 배제한다. 정신질환이나 정신장애 때문에 자발성이 낮은 회원에 대해 어떤 형태로든 제재규정이나 조건을 부여함으로써 비자발적인 참여를 강제하는 것은 클럽하우스 스탠다드에 의해 엄격히 금지되어 있다(제1항, 제3항). 강요하거나 강제하는 것은 직원-회원 관계를 손상시키고, 회원의 자발적 동기를 방해하고, 회원들이 스스로 자신을 위해 최선의 결정을 할 수 없는 존재라는 의미를 전달하기 때문이다(Glickman, 1992a). 회원들이 클럽하우스 활동에 자발적으로는 참여하지 않을 가능성이 높아 클럽하우스의 자발적 참여의 원칙이 클럽하우스의 활기찬 운영을 저해하지 않을까 하는 우려에도 불구하고 직원들은 회원의 자발적 참여를 기다리며, 자발적 참여를 촉구한다. 자발적 참여를 이끌어 내기 위해 직원은 회원과 신뢰관계를 활용하고, 업무를 그들 스스로에게도 매력적인 형태로 구조화 하는 창의성을 발휘한다.

2) 일중심의 일과

　전형적인 정신재활기관과 클럽하우스의 하루 일과는 매우 다르게 구성되어 있다. 먼저 전통적 정신재활기관의 상호작용이 어떻게 구성되는지 살펴보자. 전통적인 정신재활기관은 정신장애인에게 환자 및 장애인 역할을 기대하고, 그들에게 구조화된 치료, 훈련, 교육을 통해 건강을 회복시키고, 기술을 향상시킴으로써 사회적응을 돕는다. 이러한 전형적 정신재활기관의 서비스를 이용하는 동안 정신장애인은 스스로의 질병과 장애에 대해 초점을 맞추게 되고, 자신에게 질병이나 장애로 인해 문제가 많기 때문에 무엇이든 스스로는 할 수 없다는 의미를 전달받기 쉽다. 그러한 상호작용 속에서 정신장애인의 수동성과 의존성도 증가하기 쉽다.

아래 인용문은 클럽하우스에 오기 선 정신의료기관의 낮프로그램을 이용했던 회원의 경험담으로, 성인인 정신장애인에게 치료 및 재활프로그램이 때로는 매우 부적절하고, 무의미하며, 자존감을 손상시킬 수 있음을 보여준다.

> "저는 낮병원에 있으면서 유치원에 와 있다는 생각이 들었거든요? 거기서 하는 프로그램은 정말 유치원처럼 너무 간단한 것을 많이 했었어요. 그래서 출근할 때마다 OO 유치원에 간다고 생각하면서 다녔어요. 프로그램이 짜여져 있어서 간호사들이 준비해 가지고 오면 우리는 참석만 하고 간호사들이 진행해요. 근데, 프로그램이 전문성도 없고, 성인에게 필요한 것도 아니에요. 안다니고 싶었어요. (프로그램이) 유치했어요. (실제 생활에 별로 도움이 되지 않아서) 시간이 너무 헛되게 흘러가는 것 같아서 이럴 바엔 직업훈련을 받는 게 더 나을 것 같단 생각을 했어요."(최희철 외, 2006).

위와 같은 전통적 정신재활기관의 프로그램은 정신장애인에게 부정적인 의미를 전달할 수 있다. 정신장애인은 정신질환으로 인해 혼란을 경험하고, 일시적으로 생산적인 역할을 담당할 수 없지만 다른 사람들과 삶의 기본적 욕구면에서 다르지는 않다. 그럼에도 정신장애인은 정상적인 성인을 위한 삶의 환경에서 분리되어 인위적인 치료와 훈련을 필요로 하는 환자와 장애인으로 간주된다. 전통적 재활기관은 일상생활기술요소들을 실제 삶에서 추출해 내어 인위적인 절차와 과정을 통해 교육하고 훈련하는데, 이러한 일상생활기술훈련은 실제 삶 속에서 필요한 기능을 학습하는 자연스러운 과정이 아니라 가상의 훈련에 그치기 쉽다. 이와 같이 일상생활기술에 대한 실제적 필요에 근거하지 않고, 실제적 경험을 통한 일상생활기술 체득의 기회를 보장하지 못하므로 일상생활기술의 의미를 반감시킨다(Vorspan, 1988).

하지만 클럽하우스의 하루는 전통적인 정신의료기관에서 제공하는 개별적 혹은 집단적인 정신치료나 재활요법과는 전혀 다른 상호작용으로 구성된다. 클럽하우스에서는 하루 일과가 인위적인 치료나 재활프로그램이 아니라 클럽하우스 운영에 필요한 실제적인 업무들로 채워진다(Waters, 1992). 기관의 소식을 알리기 위해 뉴스레터가 제작, 발송하고, 회원들에게 저렴한 식사를 제공하기 위해 음식을 준비하는 부서가 만들어져 일상적으로 점심식사와 다양한 간식을 제공한다. 회원들이 꾸준히 클럽하우스에 참여하여 스스로 건강을 관리하고, 보다 나은 삶을 살아가는지 점검하고 지원하기 위해 일상적으로 출결을 관리하고, 결석자에게 전화나 우편, 가정방문 등을 통해 클럽하우스 참여를 독려한다.

일을 통한 상호작용 속에서 정신보건전문가는 회원에게 항상 일상적인 업무에 참여할 것을 부탁한다. 강요가 아니라 참여를 통한 기여를 요청하는 것이다. 이러한 독특한 상호작용은 회원에게 자신이 필요한 존재라는 느낌을 강화하고, 자신의 참여가 의미 있는 기여로 이어질 수 있음을 자각하는 기회를 제공한다(Norman, 2006; 한국클럽하우스연맹 질적연구팀, 2010). 회원들은 일상적인 업무에 참여할 때 스스로 결정하며, 참여하지 않는다고 하여도 특별한 제재를 받거나 클럽하우스의 이용이 제한되지는 않는 자유로움을 경험한다. 그렇기에 회원들은 클럽하우스의 다양한 업무와 활동에 대한 참여의 양이나 강도를 스스로 결정한다. 자신의 건강상태, 재능, 그날의 컨디션이나 정서상태에 따라 부서의 일상업무에 참여할 수도 있고, 쉴 수도 있다.

이처럼 실제 의미 있고 필요한 일들에 대해 자발적으로 참여하므로 클럽하우스 회원들은 일을 통해 자신의 가치와 가능성, 새로운 목표를 발견하고, 일상에서 보람을 경험하게 된다.

"...... 성인이 되면 일을 해야 되는데, 해뜨는샘[17])에서는 (성인으로서) 해야 할 일이 있어요. ...... (성인이라면) 업무처리 능력이 있어야 되구요, 자발성이 있어야 되고, 책임성이 있어야 되고 ...... 여기서 만난 업무 자체가 다 그런 것 같고, 다양한 서류들이 있잖아요. 관리해야 되는 다양한 서류들을 정리하고, 팩스도 보내고, 복사도 하고, 토론도 하고, 청소도 하고, 컴퓨터 작업 ...... 거기서도 많은 성장이 되는 것 같아요. ...... 그리고 싸인을 하는 것도 그런 것 같아요. 그것도 처음 해봤는데요, 내 이름으로 싸인을 하니까 책임성이 느껴져요. 그런 게 없으면 클럽하우스가 시간만 흘러가고, 놀기만 하는 곳이라고 생각할 수 있는데 싸인을 하면 내가 책임을 지고 있구나 그런 생각을 했어요."(최희철 외, 2006).

"해뜨는샘 일을 함으로써 '나도 조그만 일이라도 무언가 할 수 있는 게 있다.' 라는 그런 것을 느낄 수 있어요... ...... 업무일지를 한번 해봤어요. ...... 좀 힘들더라고요. 근데 업무일지를 하고 나서 완성본을 보니까 보람이 느껴지고, 나도 뭔가를 할 수 있구나... 그런 뿌듯함이 생기더라고요. 처음에는 좀 부담스럽고, 무서웠고, 그랬거든요?

---

17) 태화기독교사회복지관에서 운영하는 클럽하우스이며 서울특별시 수서동에 위치함.

근데 하고 나서 뿌듯했어요. …… 삶의 원동력인 것 같아요. (일에 대한 자신감이 생겨나면서) 앞으로 더 잘 해야되겠다(고 생각하게 돼요)."(최희철 외, 2006).

클럽하우스에서 이루어지는 모든 일들은 훈련을 위해 인위석으로 만들어낸 일이 아니라 진정으로 클럽하우스 운영과 발전을 위해 요구되는 실제적 일이므로 일을 하기 싫어하는 사람들의 일반적인 경향에도 불구하고, 전문가와 동료 회원들이 권유하고 격려할 때 실제적인 일에 대한 참여는 향상된다(Vorspan, 1988;태화샘솟는집, 2006a:21-29). 이러한 실제적인 일을 통해 성취해 내는 결과들도 정신장애인 회원에게 진실된 의미에서 성취감 등 긍정적 자아인식을 보장하게 된다(Norman, 2006).

일을 중심으로 이루어지는 정신장애인과 정신보건전문가 사이의 상호작용은 정신장애인에게 공동체의 구성원으로서의 책임과 의무가 요구되는 '회원'역할을 실제적으로 뒷받침하는 매개체가 된다. '회원'은 정신장애인에게 기대되는 새로운 역할이지만 일중심의 일과를 경험하면서 정신장애인에게 '회원'의 실제적 의미가 명확해진다. 자신이 더 이상 환자나 장애인이 아니라 공동체의 주체적인 구성원이라는 의미를 깨닫게 된다.

"(해뜨는샘은) 저한테는 해 준 게 많아요, 클럽하우스에서 저한테 해준 게 많기 때문에 저도 뭔가 할 수 있으면 해야겠다는 생각이 들어요. …… (부서업무 수행 과정에서) 그 일을 할 만한 마땅한 사람이 없고 내가 그 일을 배웠고, 제가 그 일을 할 수 있고 그리고 그 일을 안 하면 업무가 마비가 되니까 그래서 하게 되었어요 …… 해뜨는샘은 의무와 책임감은 있지만 내가 자발적으로 할 수 있게끔 분위기를… …… 그래도 내가 이 일을 함으로써 우리 해뜨는샘이 돌아간다 그 생각도 들고. …… (내가 강박증상이 나오고 힘든데) 그래도 내가 해야지 이런 마음도 들고…."(최희철 외, 2006).

3) 공간의 상징적 의미

대부분의 정신보건기관에서 전문가들은 독립된 사무공간을 갖는다. 사무공간은 전문가들과 정신장애인을 구분하는 물리적인 장치이다. 지정된 치료나 재활프로그램이 진행되지 않는 동안에 전문가들은 그들만의 사무공간에서 머무르며, 정신장애인은 대기실이나 거실, 프로그램실 등에서 머무르게 된다. 그러므로 전문가와 정신장애인 사이에는 거리가 존재하고, 전문가와 정신장애인 사이의 사적인 만남은 억제되고, 정서적 교류는 좀처럼 일어나기 어렵다(최희철 외, 2006; 태화샘솟는집, 2006b:256-264). 이에 비해 클럽하우스의 모든 공간은 직원과 회원 모두에게 개방되어 있으므로 전문가가 정신장애인의 접근을 통제하는 그 어떤 공간도 존재하지 않는다. 클럽하우스 현관문을 들어서는 순간 직원과 회원은 클럽하우스활동을 마치고 퇴근할 때까지 공간적인 분리 없이 상호작용에 노출되어 있다. 이러한 공간의 접근과 활용, 통제에 있어 동등함은 전문가의 역할을 탈권위화 하고, 상대적으로 정신장애인의 위상은 향상시키는 효과를 지닌다.

한편 클럽하우스 공간이 갖는 상징적 의미는 클럽하우스는 원칙적으로 전통적 정신의료기관이나 정신재활기관과는 독립적인 방식으로 운영되어야 한다는 스탠다드의 규정이 의미하는 바를 통해 잘 드러난다.

> "클럽하우스는 클럽하우스만을 위한 물리적 장소가 있다. 클럽하우스는 정신건강센터나 기관에서는 독립되어야 하며 다른 프로그램과 혼합해서 운영하지 않는다. 클럽하우스는 일중심의 일과에 맞도록 공간을 배치하며 또한 알맞은 규모를 갖추고, 정겹고, 회원을 존중하는 분위기가 있도록 한다."(클럽하우스 스탠다드 제13항).

이렇게 클럽하우스만의 독립적인 공간을 강력하게 요구하는 것은 무엇 때문일까? 클럽하우스의 고유한 가치와 철학에 근거하여 클럽하우스를 충실하게 운영하려면 전통적인 의료기관이나 재활기관과는 엄격히 분리된 클럽하우스 고유의 독립공간을 가져야 하기 때문이다(Jackson, 2000). 전통적인 정신의료기관이나 정신재활기관은 전문가-환자관계를 가정하고, 소수의 전문가가 효과적으로 다수의 환자들을 통제하며, 환자들과 전문가의 공간을 엄격히 분리함으로써 전문가의 권위를 강화하고, 환자들은 통제받는 위치에 두는 경향이 있다. 의료모델은 어디서나, 어떤 프로그램에서나 전문가-환자 또는 전문가-정신장애인의 역할관계를 근간으로 하며, 정신장애인에게 전문가에 대해 환자 또는 장애인으로서 의존적이고, 순응적인 역할을 요구한다. 정신건강서비스체계와 사회에 의료모델이 널리 퍼져 있으므로 전문가와 정신장애인의 동등한 관계, 환자나 장애인이 아닌 회원으로서의 역할, 실제적인 업무를 중심으로 운영되는 프로그램 등 클럽하우스모델의 고유한 철학과 가치를 구현하려면 기존의 전통적인 의료기관이나 정신재활기관과 분리된 독립적인 공간이 필요할 수밖에 없다. 그렇지 않으면 전통적 의료모델에 근거한 상호작용규범에 의해 쉽게 영향을 받아 클럽하우스의 고유한 철학과 가치를 양보함으로써 클럽하우스의 고유성은 훼손되거나 오염될 수 있기 때문이다.

만일 클럽하우스가 전통적 정신의료기관과 공간적으로 분리되지 않은 상태에서 운영된다면 어떤 영향이 있을까? 예컨대 전통적 정신의료기관이나 정신재활기관의 일부를 클럽하우스로 전환하여 클럽하우스 프로그램을 도입하는 것은 어떨까? 클럽하우스모델에 대한 관심과 지지가 상승하면서 일부 정신건강기관에서는 클럽하우스로 전환하기도 하고, 그 과정에서 기존의 프로그램과 클럽하우스의 혼합적 형태가 나타날 수도 있다 (Besacon and Zipple, 1995; 태화샘솟는집, 2006b:256). 하지만 치료환경에 관한 연구에 따르면 공간의 구조나 내부환경이 편안함을 주기도 하고, 불편감을 주기도 하며, 자유로움을 주기도 하며 통제받는 느낌을 줄 수도 있어 그 치료적 효과나 의미가 다를 수 있다(Moos, 1973). 뿐만 아니라 정상화이론 혹은 사회적 역할 가치화 이론에 따르면 정신장애인 서비스가 부정적인 이미지를 지닌 물리적 환경이나 프로그램과 나란히 배치될 때 정신장애인의 사회적 이미지 또한 부정적이 되기 쉽다(Wolfensberger, 1972, 1992). 폐쇄적으로 운영되는 병원의 일부 공간을 클럽하우스로 운영한다면 클럽하우스의 이미지가 병원의 의료적, 폐쇄적 분위기를 긍정적 이미지로 바꾸어놓는 효과보다는 클럽하우스의 자유롭고, 개방적이며, 공동체적인 분위기와 이미지가 오히려 병원의 의료적, 폐쇄적 이미지에 의해 오염될 가능성이 더 크다. 더구나 동일한 공간을 공유하며 전문가들이 병원과 클럽하우스 서비스를 함께 담당하고, 이용자들이 병원과 클럽하우스를 오가며 선택적으로 이용하는 등 인적인 교류가 빈번하다면 클럽하우스 고유의 가치, 운영원칙이 오염되지 않고 순수한 형태로 구현되기는 어려울 것이다. 직원들이 어떤 상황에서는 전문가로서 역할을 담당하며, 또 다른 상황에서는 클럽하우스의 직원으로 역할을 담당해야 할 것이다. 정신장애인 또한 일부 시간에는 전형적인 환자나 장애인 역할을 수행하고, 다른 상황에서는 클럽하우스 회원의 역할을 요구받게 될 것이다. 이러한 두 가지 모델이 제시하는 전문가와 정신장애인에 대한 역할기대는 혼란을 불러일으키기 쉬울 것이다. 상징적 상호작용론에 비추어 볼 때 기존의 전통적 정신건강체계의 전형적 의료모델에 근거한 전문가-환자 중심의 상호작용을 배제하고, 클럽하우스만의 독특한 상호작용을 구현함으로써 정신장애인에게 사회적으로 가치 있는 역할을 보장하고, 긍정적인 자아개념을 형성하도록 돕기 위해서는 사회적 상호작용의 규범의 차이가 명확히 지각되는 독립적 상호작용공간이 필요한 것이다.

또한 클럽하우스에서 공간에 대한 접근과 사용, 통제권은 직원과 회원의 동등한 관계를 보여주는 상징적 장치이기도 하다. 직원과 회원은 공간을 독점할 수 없으며 모든 공간은 직원과 회원에게 개방되며, 자유로운 접근을 보장한다. 전통적인 정신건강서비스기관들은 전문가와 정신장애인의 공간을 구분하는데 이는 정신보건전문가가 정신장애인에 비해 특권을 지니거나 더 중요한 존재라는 의미를 전달하게 된다(Hallinan and Nistico, 1994). 하지만 클럽하우스에서는 직원과 회원이 모든 공간을 공유하므로 공간은 직원과 회원의 동등한 관계와 전인격적 상호작용을 보장한다. 특히 클럽하우스는 각 공간에 대해 사용하거나 관리를 위해 잠금장치를 여닫는 권리를 상징하는 '열쇠'를 회원에게 전달하여 실질적인 사용과 관리 등 공간에 대한 통제권을 보장한다(Jackson, 2000).

"직원과 회원은 클럽하우스의 모든 장소를 이용할 수 있다. 직원만 이용하거나 회원만 이용하는 장소는 없다."(클럽하우스 스탠다드 제14항).

한편 클럽하우스의 공간은 전형적인 정신치료나 정신재활프로그램 공간과는 다른 방식으로 구성된다. 오히려 일반 기업과 유사하게 로비와 안내데스크, 사무공간, 주방, 카페, 자료실(도서실), 각종 소규모 회의실과 대규모 회의실 등으로 구성된다. 각 공간은 클럽하우스의 업무중심의 조직인 부서가 고유한 업무를 수행하는 장(場)으로 활용된다. 클럽하우스의 어느 공간을 방문하든지 전문가와 회원은 함께 부서의 고유한 업무를 수행하거나 의사결정을 위해 회의를 갖고, 업무 후에는 자유로운 대화를 나누며 시간을 보내는 모습을 발견할 수 있다.

그러므로 클럽하우스에서 각 공간은 치료와 재활의 공간이기보다는 일상적인 업무의 공간으로 정의되고 있으며, 각 공간은 고유한 업무를 수행하는 부서에 의해 관리된다. 부서는 공간을 그들만의 방식으로 장식하고, 배열하며, 관리하게 된다. 부서의 고유한 공간은 부서에 참여하는 회원들에게 소속감을 제공하고, 업무에 적합한 환경을 제공하며, 언제나 머무를 수 있는 곳으로 인식된다.

특히 클럽하우스의 공간은 직원과 회원이 함께 만들어 가며, 일하며 머무를 장소를 제공하므로 소속감과 통제권(ownership)도 보장한다. 다음은 클럽하우스 경험 속에서 각 부서의 공간이 어떻게 만들어지고 관리되는지를 단적으로 보여준다.

"4년 전 내가 처음 (태화샘솟는집18)에) 왔을 때 스넥바는 3층의 영양관리부와 함께 운영되고 있었습니다. 그런데 내가 영양관리부에서 활동한지 얼마 되지 않아 스넥바를 1층으로 옮기면서 식당과는 별도로 운영하게 되었습니다. 나는 관장님과 또 다른 회원들과 함께 스넥바를 새로 단장하는 일에 매달렸습니다. 못을 박고 청소하고 정리 정돈하고 가구를 짜서 넣었습니다. 내 정성이 가득 담긴 1층 공간이 변해가는 모습을 보면서 뿌듯했습니다. 스넥바 공간을 깨끗하게 정돈하고 나서 나는 무척 감격했었고 뭔가를 잘 해낼 수 있다는 자신감이 넘쳤습니다."(태화샘솟는집, 2006b:103).

이처럼 클럽하우스의 공간은 직원과 회원의 동등한 관계와 일중심의 일과를 구현하는 독특한 기능을 한다. 그러므로 전통적 정신건강서비스기관이 클럽하우스로 운영되기 위해서는 클럽하우스의 부서활동에 적합하고, 개방성을 갖추며, 회원들을 환영하고 존중하는 방식으로 변경시키는 과정이 필요함은 당연하다. 전통적 정신재활프로그램 공간을 클럽하우스에 맞게 변형시키는 과정은 공간에 대한 클럽하우스 구성원의 매우 실제적인 협의를 통해 이루어지며 이 또한 시간을 두고 클럽하우스의 이상적 공간에 더욱 근접하게 변화시켜가는 발전과정이다. 카페를 더욱 카페답게 만들기 위해 판매하는 음료를 다양화하고, 낡은 소파를 새 것으로 교체하는 것과 같이 매우 실제적인 일들이 진행되어야 한다(태화샘솟는집, 2006b:256-264).

클럽하우스는 공간이라는 매개체를 통해 회원들에게 자신의 희망과 목소리를 낼 수 있는 주체가 되게 하고, 공간을 만들어가는 과정을 통해 보람을 느낄 수 있는 계기를 제공한다. 이는 전통적인 의료기관과 재활기관에서 공간이 통제적 기능을 함으로써 억압적 분위기를 조성하고, 전문가와 이용자 간의 위계를 드러냄으로써 이용자를 격하시키는 것과는 사뭇 대조적이다. 클럽하우스는 공간의 개방성, 소유와 통제권, 지역사회의 일반적인 공간과의 유사성 등을 보장하므로 이용하는 정신장애인을 한 인격적 주체로 존중하는 이미지와 의미를 풍부하게 전달하며, 이는 결과적으로 정신장애인의 긍정적인 자아개념과 능동적 행동을 촉진할 것이고, 사회통합에 더 기여할 것이다.

---

18) 우리나라 최초의 클럽하우스이며, 감리회사회복지재단의 태화기독교사회복지관에 의해 1986년에 설립되었으며 현재는 태화기독교사회복지관과 독립적인 기관으로 운영되고 있다. 태화샘솟는집은 국제 클럽하우스개발센터로부터 아시아지역 클럽하우스 훈련기관으로 지정받은 후 일본, 대만, 홍콩, 중국 등의 정신보건전문가와 국내 클럽하우스 구성원을 대상으로 3주 클럽하우스훈련을 실시하고 있다.

4) 성인의 실제적 삶을 재현하는 상징적 소우주의 설계와 구현

상징적 상호작용론의 주요 전제와 개념을 적용하여 분석한 결과 전체적으로 클럽하우스에 대해 떠오르는 이미지는 어떠한 가치와 의도에 따라 아주 세밀하고 전체적인 조망을 가지고 설계되고, 설계대로 건축된 완결성 있는 건축물이다. 혹은 한편의 잘 짜여진 각본이 빈틈없이 작가의 의도대로 연출된 공연을 떠올리게 된다. 사회적 상황에서 가장 단순한 상호작용, 예컨대 핵가족의 일상생활을 떠올리더라도 일상적 상호작용을 통해 각각의 가족 구성원들은 서로에게 어떤 의미를 전달하고, 그러한 의미의 영향을 받으며 살아가게 된다. 가족 간 상호작용이 전체적 관점에서 긍정적 효과를 내려면 부모와 자녀가 추구하는 삶의 목표 또는 가치와 일상생활이 일치하도록 정교한 계획과 일상생활 속의 미세한 조정이 늘 필요하기 마련이다. 그런데 클럽하우스는 정신장애를 지니고 있는 회원들의 욕구와 그들이 추구하는 궁극적인 삶의 목표를 모두 고려하여 그들에게 가장 이상적인 자극과 배움, 성장, 성취에 기여하는 형태로 설계되어 있는 것이다. 특히 주목할 만한 것은 클럽하우스모델은 클럽하우스 내에서 존재하는 모든 구조와 환경, 상호작용, 활동들이 잘 짜인 각본처럼 정신장애를 지닌 회원들에게 긍정적이고, 실제적인 의미를 전달하도록 설계되어 있다는 점이다. 뉴욕 파운틴하우스 발전에 큰 기여를 한 비어드 등은 클럽하우스가 정신질환으로 인해 장애가 있는 회원들에게 회원으로서 참석이 기대되고, 기여할 수 있는 구성원으로 요청되고, 필요한 존재라는 메시지를 전달할 수 있도록 의도적으로 설계된 프로그램임을 밝히고 있다(Beard, Propst and Malamud, 1982).

여기서 클럽하우스를 건축설계, 각본 등에 비유한 것은 클럽하우스의 실제 운영방식들은 우연히 그렇게 이루어지는 것이 아니라 그래야만 하는 가치나 원칙을 명확화 하고 실천한 결과이기 때문이다. 대개 전통적인 정신치료 및 재활서비스 조직들은 의도적 설계가 들어간 프로그램과 그 외의 여백을 차지하는 시간으로 이원화 되어 있는 것이 일반적이다. 프로그램시간표에 따라 전문가가 진행하는 프로그램들은 전문가가 어떤 이론과 실천기법에 따라 구조화 되지만 그 외의 시간과 물리적 환경은 사실상 무심히 내버려진 상태로 존재한다. 그에 비해 클럽하우스는 클럽하우스 현관문 안에서 일어나는 모든 활동, 혹은 클럽하우스를 통해 이루어지는 모든 활동을 정신장애인 회원에게 유용한 기회 또는 자원으로 활용한다. 무심코 클럽하우스를 방문한 사람들은 구조화된 프로그램이 결여되었다고 여길 수도 있다. 하지만 자세히 살펴보면 클럽하우스의 모든 활동들과 시간들은 자연스러움을 특징으로 하지만 회원의 성장과 발전에 다양한 방식으로 기여하는 정교한 프로그램임을 발견하게 된다. 보스판은 이러한 클럽하우스의 특징을 '실제적임 혹은 진실됨(realness)'이라 칭하며, 클럽하우스는 회원의 실제 욕구를 실제의 방법으로 충족시킨다고 설명하고 있다(Vorspan, 1988). 뉴욕 파운틴하우스를 통해 클럽하우스모델을 정립한 존 비어드 또한 클럽하우스에서 이루어지는 활동이 실제적인 의미를 지니고 이것이 정신장애인의 회복과 성장에 결정적으로 중요한 계기임을 강조하였다. 그는 정신장애인은 질병과 장애, 시설입원을 통해 정상적 사회로부터의 격리를 경험하여 사회적 관계에 대한 동기가 거의 없는 정신장애인일지라도 실제적인 의미를 지닌 일에 관심을 갖게 되고, 점진적 참여를 통해 자신의 능력과 가능성을 발견하고, 정상적인 성인으로서 삶이 회복될 수 있다는 점을 확신하였다(Anderson, 1998). 이처럼 클럽하우스는 실제적인 성인의 생활과 흡사한 생활양식을 정교한 프로그램으로 구현함으로써 '건강한 일반 사회성원의 생활을 회복'시키는 실제적인 장과 경험을 제공한다(한국클럽하우스연맹 질적연구팀, 2010).

그렇다면 클럽하우스를 정교한 설계라고 주장할만한 근거는 무엇인가? 클럽하우스의 정교한 설계를 확인할 수 있는 일차적 증거는 클럽하우스 스탠다드이다. 클럽하우스 스탠다드는 1991년 제 6회 국제세미나(South Carolina Greenvile에서 개최)를 통해 공식적으로 승인되었고, 총 35개 조항으로 구성되었다. 그 제정과정을 살펴보면 1988년 미국 클럽하우스확산센터가 연구기금을 지원받아 클럽하우스 스탠다드 제정을 위한 연구를 시작한 후 1989년 제 5차 클럽하우스 국제세미나를 앞두고 각 클럽하우스에 스탠다드에 대하여 제안을 받았고, 이를 수렴하여 초안을 구성하고, 초안에 관한 토론를 거쳐 최종안을 만들었다. 이러한 스탠다드 제정과정에는 전세계의 모든 클럽하우스들, 클럽하우스의 직원들과 회원들이 모두 참여하였다. 스탠다드는 '클럽하우스가 무엇인가(What is clubhouse?)'에 대한 공식적인 답변이며, 클럽하우스가 추구하는 철학과 가치, 원칙을 포함한다. 클럽하우스 스탠다드는 회원들에게는 권리장전이고, 운영자들에게는 클럽하우스의 품질기준 또는 인증기준으로 활용된다(Propst, 1992). 상징적 상호작용론의 관점에서 본다면 클럽하우스 스탠다드는 국제적인 클럽하우스 공동체가 충분한 논의를 거쳐 합의에 이른 '클럽하우스에 대한 공식적인 상황정의'이며, 클럽하우스를 통해 이루어지는 '사회적 상호작용의 청사진(blueprint)'이라 할 수 있다.

클럽하우스에 관한 상황정의, 사회적 상호작용의 청사진으로써 스탠다드는 '회원', '관계', '공간', '일중심의 일과', '취업', '임시취업', '지지 및 독립취업', '교육', '클럽하우스의 기능', '재정, 운영, 행정' 등에 대해 총 36개 조항을 통해 클럽하우스 운영의 기본 가치와 원칙을 제시하고 있다(International Center for Clubhouse Development, 2012). 상징적 상호작용론자들은 모든 사회적 대상에는 사회적 의미가 부여되어 있고, 사람들은 이러한 대상의 의미를 향해서 행동하게 된다고 가정한다. 그러므로 클럽하우스에서는 스탠다드에 규정된 총 36개의 핵심적인 의미들이 클럽하우스 내에서 구성원의 역할, 활동, 공간, 운영 등을 안내하게 되고, 일차적으로 제약하게 되는 것이다.

현재 클럽하우스 스탠다드 내용을 상징적 상호작용론에 근거해 회원역할, 직원역할, 클럽하우스 내 상호작용을 중심으로 분석하면 〈표 11-1〉과 같다. 우선 회원 역할은 자발적인 선택과 결정권의 보장, 모든 회의, 공간, 일중심의 일과, 기록 등에 있어 직원과 동등한 참여가 핵심적인 내용이며, 이는 절대적인 자발성의 보장과 직원과의 동등한 참여 권리를 통해 정신장애인 이용자들이 명실상부하게 클럽하우스 공동체의 동등한 회원이라는 의미를 실질적으로 구현하려 하는 것이다. 이에 비해 직원역할은 모든 회의, 공간, 일중심의 일과 등에 있어 회원과 협력하는 것과 전문가가 아니라 일반주의 실천가로서 역할이 강조된다. 즉, 클럽하우스 스탠다드에서 직원의 역할은 전문가 역할과는 대비되는 역할로, 모든 상호작용에 있어서 회원과 동등하고 협력적인 관계를 형성, 유지하며 고유한 클럽하우스 프로그램 운영을 강조함으로써 회원역할의 의미를 실질적으로 구현하는데 초점을 두고 있다.

<표 11-1> 클럽하우스 내 상호작용과 관련한 스탠다드 내용 분석

구분	주제	세부 내용	스탠다드 규정
회원역할	자발성	• 클럽하우스 등록과 이용, 참여는 스스로의 선택과 결정에 따라 참여하며, 어떤 강제도 없음.	1, 3.
	직원과 동등한 참여	• 모든 회의에 직원과 동등한 참여.	8, 36.
		• 모든 일에 직원과 동등한 참여.	11, 15, 20.
		• 임시취업, 주거프로그램을 직원과 함께 운영함.	22, 28.
		• 모든 공간에 대해 직원과 동등한 접근.	14
		• 자신에 관한 기록에 직원과 함께 서명함.	5
직원역할	회원과 협력	• 클럽하우스의 모든 일, 모든 회의, 운영의 책임은 회원과 함께 담당함.	8, 9, 11, 15, 36.
	일반실천가	• 직원은 일반실천가(generalist role)로서 클럽하우스의 전반적인 업무를 담당함.	10.
상호작용	일 중심 일과	• 하루 일과는 일 중심으로 운영되며, 일은 클럽하우스 공동체에 필요한 실제적이고 의미 있는 일이며, 무급으로 진행되며, 통상적인 근무시간과 일치함. • 클럽하우스 일중심의 일과는 작업훈련의도가 없음.	15~20.
	프로그램 고유성	• 다른 정신건강프로그램과 혼합운영 않음. • 치료클리닉, 치료프로그램을 진행 않음.	13, 15.
		• 관장, 직원, 회원은 공인된 훈련(3주) 받음.	30.
		• 고유한 이름, 주소, 전화번호. • 어떤 정신건강기관과도 독립적으로 운영되어야 하며, 독립적 공간을 확보함. • 공간은 일중심의 일과에 적합하며, 회원을 존중하는 분위기.	12, 13, 14.
	실용적 지원	• 포괄적인 지역사회지원서비스 • 다양한 취업프로그램 및 취업기회 • 성인교육 지원 • 주거지원 • 주말 및 야간프로그램	21~24. 26~28, 31.

출처: 국제클럽하우스개발센터 2012년 판 클럽하우스스탠다드를 분석함.

한편 클럽하우스 내의 상호작용과 관련하여 첫째, 클럽하우스의 핵심 활동내용이라 할 수 있는 일중심의 일과는 실제적이고 의미 있는 일을 수행하는 것이며, 회원들에게 특별한 기술훈련의 의도가 전제되지 않은 공동체 기여를 위한 것임을 강조한다. 이러한 일중심의 일과는 정상화이론이 강조한 바와 치료, 재활, 여가활동이 아니라 생산적이고 공동체에 기여하는 일이라는 성인의 전형적인 사회역할 경험을 제공함으로써 그에 근거한 자아인식을 발달시키려는 의도가 내재되어 있는 것으로 볼 수 있다. 둘째, 클럽하우스는 고유한 상호작용과 그 상징적 의미가 오염되지 않도록 프로그램과 공간에 있어서 고유성과 독립성, 직원과 회원들의 공인된 클럽하우스훈련 수료를 강조하고 있다. 즉, 프로그램의 고유성을 유지하기 위해 다른 치료프로그램을 혼합하여 실시하지 않고, 클럽하우스는 고유한 명칭, 주소 등이 있어야 하고, 공간은 일중심의 일과에 적합하며 여타의 정신건강기관과 분리되어야 함을 규정하고 있다. 이는 치료프로그램과의 직접적인 혼합 운영뿐만 아니라 여타의 정신건강기관과 공간을 공유함으로써 클럽하우스 고유의 상호작용과 상징적 의미가 오염될 가능성을 차단하기 위한 조치로 볼 수 있다. 또한 클럽하우스 프로그램의 고유성을 위해 관장, 직원, 회원이 공인된 기관에서 3주 훈련을 받도록 규정한 것은, 전형적인 클럽하우스의 상호작용과 그 상징적 의미를 충분히 이해하고, 클럽하우스의 고유한 프로그램을 형식적 차원이 아니라 질적 차원에서 충실하게 구현하도록 보장하기 위한 노력으로 이해할 수 있다. 끝으로 클럽하우스가 회원을 위해 제공하는 실용적 지원은 지역사회에서 살아가는 정신장애인들의 고용, 주거, 교육, 기타 지역사회지원서비스 제공을 강조한다. 이는 클럽하우스가 회원들의 지역사회생활에 대해 깊은 관심을 가지고 있으며, 그들의 실제적 욕구 해결을 지원하기 위해 운영되는 공동체임을 상징한다.

상징적 상호작용론에 따르면 대상의 의미는 사회적 상호작용을 통해 형성, 유지, 재현, 변화, 소멸될 수 있다. 만일 어떤 대상의 의미가 불확실하다면 상호작용을 통해 그 의미가 명확해지는 계기가 마련되어야 하고, 대상의 의미에 대해 갈등이나 불일치하는 견해들이 있다면 그 또한 상호작용 속에서 조정이 필요하다. 때에 따라 대상에 대해 새로운 의미가 부가되기도 하고, 기존 의미의 재해석이 이루어지기도 한다. 클럽하우스에 대한 공식적인 상황정의는 국제 클럽하우스공동체가 합의를 통해 도출한 클럽하우스 스탠다드이므로 무엇보다도 클럽하우스의 충실한 운영을 위해서는 스탠다드를 깊이 학습하고 이해하며, 적용하는데서 출발해야 한다. 나아가 클럽하우스를 운영하는 과정에서 스탠다드에 드러난 상황정의나 의미가 도전을 받게 되면 그에 대한 논의와 재해석이 풍부하게 이루어지고, 그 결과 스탠다드의 더 깊은 의미, 세밀한 의미가 명확해진다. 즉, 스탠다드는 핵심적인 상호작용과 그를 통해 전달되어야 하는 의미의 설계도(blueprint)나 지도(map)를 제공할 뿐이다. 클럽하우스를 현실에 적용하거나 실천하려면 클럽하우스 구성원들이 다양한 토론과 협의를 통해 실행 가능한 대안을 구체화하여야 하며, 그 과정에서 클럽하우스의 설계도나 지도라 할 수 있는 스탠다드의 풍부한 의미가 드러난다. 때때로 이러한 토론과 협의는 기존의 의미체계의 한계나 모순을 발견하고, 그에 대한 해석을 명확히 하기 위해 스탠다드의 개정으로 이어지기도 한다. 예컨대 클럽하우스 구성원들을 위해 점심식사를 준비해야 하는데 아무도 만들지 않으려 한다면 어떻게 할 것인가? 이러한 현실적 이슈들은 '클럽하우스 운영의 궁극적 책임은 직원에게 있다'[19]라는 스탠다드를 어떻게 해석하고, 적용할 것인가 하는 질문을 불러일으킨다. 클럽하우스의 다양한 업무들에 대해 어떻게 회원들의 참여를 유도하고, 이를 위해 직원은 어떠한 태도와 접근을 취할 것인가?(Glickman, 1992b). 동시에 '궁극적 책임'이라는 표현이 또다시 직원과 회원을 구별할 수 있다는 비판적 해석은 어떻게 통합해 나갈 것인가?(Vorspan, 2001). 이러한 토론이 늘 이루어지고, 그 결과 클럽하우스에서 일과의 대부분을 차지하는 실제적인 업무는 스탠다드의 정신에 따라 회원들의 재능과 참여의 동기를 이끌어 내고, 자발성에 기초해 공동체에 기여하며, 협력하고, 서로의 성취를 존중하며, 공동체의 삶의 질을 향상시키는 결과로 이어지게 된다. 그 과정에서 클럽하우스 공동체의 의견이 반영되어 클럽하우스 규정도 더 발전적으로 재해석되어 수정을 거치게 된다.

3. 요약

상징적 상호작용주의에 따르면 어떤 대상의 의미는 사회적인 상호작용 속에서 정의된다. 정신장애인이 정신건강서비스기관을 이용할 때 정신장애인과 정신보건전문가는 다양한 방식으로 상호작용하며, 이러한 상호작용들 속에서 정신장애인과 전문가는 자신의 의미를 인식하며, 자신의 의미에 따라 기대되는 행동을 하는 경향이 있다. 과거의 전통적 정신의료기관은 정신장애인에게 환자역할을 강요하였고, 정신보건전문가들은 치료 또는 재활과 관련하여 정신장애인의 문제와 욕구를 사정하고, 바람직한 서비스를 처방하는 전

---

19) 2012년 개정된 클럽하우스 스탠다드 제 11항은 '클럽하우스 운영의 궁극적 책임은 회원과 직원에게 있으며, 최종적인 책임은 관장에게 있다'고 변경되었다(ICCD, 2012).

문가역할을 담당했다. 이러한 상호작용이 치료와 재활에 반드시 바람직한 결과를 가져온 것은 아니었다. 불필요하게 정신장애인에게 낙인감이나 무기력감을 강화하거나 부정적 정체성의 원인이 되기도 했다. 많은 정신재활 프로그램들은 정신장애인의 질병을 치료하고 대인관계기술이나 직업적 기술을 훈련하거나 환경을 조정한다면 정신장애인의 삶이 향상될 것으로 믿었다. 그러나 대부분 환경을 조정하거나 변화시키기 보다는 정신장애인의 질병을 치료하고 기술을 훈련하거나 교육을 제공하는 등 정신장애인을 변화시키려는 인위적 접근을 취했다. 이러한 정신치료 및 정신재활은 정신장애인의 정신건강을 일부 향상시켰지만 지역사회에서 정신장애인에게 가치 있는 존재로서의 정체감과 전인격적인 대인관계, 생산적인 일에 참여하고, 의미 있는 의사결정의 기회를 제공하기에는 제한이 많았다.

클럽하우스는 이와 같은 전통적인 치료 및 재활기관과는 다른 방식으로 정신장애인의 재활을 촉진하고 있다. 클럽하우스는 70여년의 역사를 지닌 프로그램으로 프로그램의 핵심 가치와 원칙, 프로그램의 충실성을 보장할 수 있는 다양한 장치들을 갖추고 있다. 클럽하우스 프로그램의 핵심적인 가치와 실천원칙은 클럽하우스 스탠다드에 정의되어 있다. 그럼에도 클럽하우스 프로그램이 어떤 원리에 의해 효과가 보장되는지 설명하는 것은 쉽지 않은 일이었다. 본 장에서는 상징적 상호작용주의 이론에 근거해 클럽하우스 프로그램의 내적인 원리를 검토해 보았다. 상징적 상호작용주의는 사회적 상호작용 속에서 대상의 의미가 생성되고, 대상의 의미를 향해 우리는 행동한다고 주장한다.

상징적 상호작용주의의 주요 개념과 기본 명제에 근거해 본 장에서는 정신장애인과 전문가의 상호작용, 일중심의 일과, 공간의 상징적 의미 등을 살펴보았다. 클럽하우스는 전통적인 정신건강서비스기관이나 정신재활기관처럼 정신장애인을 치료하려 하거나 훈련하려 하지 않는다. 오히려 그들이 자격 있는 공동체의 '회원'으로서 참여하고, 의사결정하고, 일하고, 대인관계를 경험할 수 있는 자연스러운 환경을 제공한다. 전통적 정신건강서비스기관에서 제공하는 프로그램과 그 실천의 지향과 방법이 판이하게 다르기 때문에 클럽하우스 프로그램은 비전문적이거나 매우 모험적인 실천으로 인식되기 쉽다. 그럼에도 장구한 역사 속에 발전 및 계승되어 온 클럽하우스의 가치와 실천전략들은 정신장애인의 구체적인 경험 속에서 정신장애인의 재활에 기여하고 있는 것으로 나타났다.

앞에서 살펴본 바와 같이 클럽하우스는 전혀 새로운 사회적 상호작용이 구현되는 장(場)으로 볼 수 있다. 정신장애인은 환자나 장애인이 아니라 '회원'으로 정의되고, 전문가는 '직원'으로 정의된다. 직원은 행정적으로는 더 중요한 책임을 담당하지만 실질적으로는 클럽하우스 운영을 위해 회원들과 협력하고, 회원들의 성장과 발전, 재활을 가능하게 하는 조력자 역할을 담당한다. 클럽하우스에서 회원들의 의견은 존중되고, 회원들은 회의 참여를 통해 직원들과 동등하게 의사결정에 영향을 미친다. 클럽하우스 내의 모든 공간에 대해 직원과 동등한 접근을 보장받으며, 클럽하우스 운영에 필요한 일들에 참여할 기회도 동등하게 보장된다. 회원들의 참여는 권유되지만 강제되지는 않는다. 정신보건전문가들에게는 회원과 동등한 위치에서 협력하고 함께 클럽하우스를 운영하기 위해 전통적인 정신건강서비스기관에서 강조하는 전문가로서의 권위를 부정하고 회원을 존중하고 지원하는 직원의 역할을 담당한다. 정신보건전문가와 정신장애인의 관계형성은 권위적, 위계적 성격이 없으며 전인격적이며 친밀하다.

클럽하우스에서 정신장애인들은 회원으로서 전통적인 정신건강서비스기관에서 경험하던 구조화된 정신치료나 교육, 훈련이 아니라 공동체 운영에 필요한 실제적인 업무를 수행함으로써 하루를 보낸다. 여전히 정신질환이나 정신장애로 인해 어려움이 있지만 자신의 힘과 재능, 정서적 상태 등에 따라 자발적으로 참여하여 공동체의 유지와 발전에 기여하는 업무를 수행하게 된다. 클럽하우스 운영에 필요한 실제적인 일을 하며 하루를 보내는 경험은 회원에게 자신을 공동체에 기여할 수 있는 사람, 생산적인 활동에 참여할 능력이 있는 사람으로 인식하는 계기를 제공한다. 정신질환이나 장애로 인해 자신을 의존적이고, 부정적으로 인식했던 회원들이 비로소 자기를 사회의 일익을 담당할 수 있는 성인으로 인식하는 계기를 제공한다. 사소하게 보일지라도 실제로 클럽하우스에 기여하는 일들을 수행하며 자신의 능력과 재능, 가능성에 눈뜨게 된다. 이러한 일중심의 일과를 경험함으로써 일상적인 활동에 대한 자신감과 클럽하우스 공동체에 대한 책임감을 경험한다.

클럽하우스의 공간은 직원과 회원에게 동등한 접근을 보장하는 개방된 공간이므로 직원과 회원 사이의 동등한 관계를 상징한다. 전통적인 정신건강서비스기관에서 흔히 관찰되는 전문가와 정신장애인 사이의 공간적 분리로 인해 나타나는 위계적, 권위적 관계가 아니라 직원과 회원 사이의 전인격적인 관계형성을 보장한다. 특히 클럽하우스의 각 공간은 고유의 업무나 활동에 맞게 구성되고 관리되므로 치료 혹은 재활기관이라는 이미지가 최소화된다. 일중심의 일과가 이루어지는 각 부서공간은 회원들에게 머무를 곳을 제공하고, 일할 수 있는 환경을 보장하고, 공간에 대한 소속감과 통제권(ownership)도 제공한다.

이처럼 클럽하우스는 직원과 회원의 상호작용, 하루의 일과, 공간의 활용 등에 있어서 다층적으로 직원과 회원의 상징적 의미를 새롭게 형성하는 매개체가 된다. 클럽하우스 프로그램은 이러한 각각의 구성요소들이 어떠한 모순도 없이 체계적으로 연결되어 정신장애인인 회원에게 긍정적 자아인식을 형성하는 계기로 작용한다. 환자로서의 역할에 익숙했던 정신장애인에게 클럽하우스 참여 후 초기적응이 쉽지 않은 것은 이처럼 전혀 다른 상호작용과 상호작용을 통해 전달되는 의미를 정신장애인이 이해하는데 시간이 소요되기 때문이다. 전통적인 정신건강서비스기관에서 훈련받았거나 근무하였던 전문가가 클럽하우스의 직원으로 적응할 때에도 유사한 어려움이 동반될 수 있다. 클럽하우스에서는 정신보건전문가와 정신장애인에게 기대되는 역할이 전통적인 정신건강서비스기관과는 전적으로 다르고 프로그램의 전체적인 구성내용과 운영방식에 있어 큰 차이가 존재하기 때문이다.

상징적 상호작용론에 근거할 때 클럽하우스는 정신장애인에게 치료나 재활훈련을 실시하기보다는 정신장애인에게 긍정적인 자기인식을 가능하게 하는 총체적 환경을 제공하는 것으로 볼 수 있다. 정신보건전문가와 정신장애인은 직원과 회원으로서 상호 존중하며, 클럽하우스의 의사결정, 업무, 공간에서 동등한 관계를 형성한다. 하루의 일과는 치료나 인위적인 훈련이 아니라 클럽하우스 공동체를 위한 실제적 업무를 중심으로 운영되며, 모든 공간은 개방되어 직원과 회원이 공유하며 업무에 적합하고 소속감을 제공한다. 이처럼 클럽하우스에서 전문가와의 관계, 활동, 공간은 공통적으로 정신장애인이 치료나 재활의 대상인 환자나 장애인이 아니라 공동체의 일원으로 가치 있는 존재라는 의미를 전달한다. 이런 의미는 클럽하우스의 모든 공간과 하루 일과, 관계 속에서 명확하게 드러나고, 강화되고, 지속적으로 경험된다. 이러한 상호작용을 지속적으로 경험하면 정신장애인은 자신을 가치 있는 회원으로 인식하게 되고, 그에 걸맞은 책임도 다하게 된다.

본 장에서 상징적 상호작용론을 근거로 클럽하우스모델을 분석한 결과 클럽하우스모델은 사회적 상호작용과 상징적 의미를 근간으로 하여 설계되고, 운영되고 있음을 확인할 수 있었다. 그동안 일부 연구자들이 클럽하우스모델을 분석하기 위해 사회적 역할가치화 이론이나 임파워먼트이론을 활용하였으나, 이러한 이론도 제 9장과 제 11장에서 검토한 바와 같이 정신장애인과 전문가 사이의 상호작용과 상징적 의미가 갖는 효과를 강조하고 있다. 따라서 클럽하우스모델을 이해하고, 분석하기 위한 이론적 기반으로 상징적 상호작용론은 유용성이 있다.

이 같은 상징적 상호작용론에 비추어 볼 때 클럽하우스모델이 전통적 의료모델이나 정신재활프로그램에 익숙한 전문가, 연구자, 정신장애인과 보호자, 정신건강서비스 재정을 지원하고 성과를 평가하는 정책 담당자들에게 쉽게 이해되지 않거나, 비전문적 혹은 비체계적 서비스접근으로 오인될 개연성이 높으리라 예상할 수 있다. 어떤 사회적 대상과 사회적 상황의 의미는 상호작용하는 사람들이 공유한 의미에 의해 결정된다는 상징적 상호작용론에 근거할 때 클럽하우스와 관련한 사회적 상호작용에 참여한 경험이 거의 없는 이들은 클럽하우스모델이 **갖는 전혀** 다른 의미체계, 상호작용의구조와 원리를 이해하기가 쉽지 않기 때문이다. 따라서 정신질환의 증상관리, 사회기술훈련, 직업재활 등 정신재활을 위한 직접적 접근을 시도하기보다는 일상적인 성인의 삶을 재현하여 그 가운데 이루어지는 사회적 상호작용을 통해 정신장애인의 사회적 역할을 가치화 하고, 자아인식을 향상시킴으로써 재활과 사회통합을 촉진하는 간접적이고, 우회적인 접근을 하는 클럽하우스모델의 운영원리를 다양한 이해관계자들에게 체계적으로 이해시키기 위한 노력이 중요할 것이다.

참 고 문 헌

김문근(2006). 클럽하우스와 정신장애인의 자립생활지원. 태화샘솟는집. 2006a, 182-205.

김문근(2009). 역량강화적 상호작용이 정신장애인의 사회적 행동에 미치는 영향. 정신보건과 사회사업 33:5-35.

김통원(2006). 정신장애인의 사회적 역할 활성화를 위한 클럽하우스. 태화샘솟는집. 2006a, 147-167.

이경아(2006). 역량강화와 클럽하우스모델. 태화샘솟는집. 2006a, 168-181.

최희철, 이방현, 김동훈(2006). 정신장애인의 클럽하우스 참여경험에 관한 현상학적 연구. 태화임상사회사업연구. 13.

태화샘솟는집(2006a). 감동지침서 I : 클럽하우스. 태화샘솟는집.

태화샘솟는집(2006b). 감동지침서 II : 클럽하우스. 태화샘솟는집.

한국클럽하우스연맹 질적연구팀(2010). 정신장애인의 클럽하우스를 통한 임파워먼트 경험 연구. 정신보건과 사회사업 34: 322-370.

Anderson, S. B. (1998). We are not alone: Fountain House and the development of clubhouse culture, Fountain House New York.

Beard, J. H., R. N. Propst, et al. (1982). "The Fountain House model of psychiatric rehabilitation." Psychosocial Rehabilitation Journal 5(1): 47-53.

Besancon, V. and A. M. Zipple (1995). "From day program to clubhouse: Practical strategies for supporting the transformation." Psychosocial Rehabilitation Journal 18(3): 7-15.

Blumer, H.(1969). *Symbolic Interactionism : Perspective and Method,* Englewood Cliffs:Prentice Hall

Charon, J.M.(1995). *Symbolic Interactionism : An introduction, and interpretation, an integration,* 5th ed. Prentice Hall.

Glickman, M. (1992a). "The voluntary nature of the clubhouse." Psychiatric Rehabilitation Journal 16(2): 39-40.

Glickman, M. (1992b). What if nobody wants to make lunch?" Bottom line responsibility in the clubhouse." Psychosocial Rehabilitation Journal **16**(2): 55-59.

Goffman, E.(1961). *Asylums: Essays on the Social Situation of Mental Patients and Other Inmates.* New York

Hallinan L. and Nistico, H.(1994), From pedestal to personhood : Staff in the clubhouse, National Mental Health Conference.

Hewitt, John P.(2001). 자아와 사회, 윤인진 외 역, 학지사 : 원저 *Self and Society : a symbolic interactionist social psychology,* 8th ed. Allyn and Bacon,2000.

International Center for Clubhouse Development(2012). International Standards for Clubhouse Programs.

Jackson, R. L.(2001). The clubhouse model: Empowering applications of theory to generalist practice, Brooks/Cole Pub Co.

Mead, G.H.(1934). *Mind Self and Society from the Standpoint of a Social Behaviorist,* Edited by Charles W. Morris. Chicago: University of Chicago.

Moos, R. H. (1973). "Conceptualizations of human environments." American Psychologist **28**(8): 652-665.

Norman, C. (2006). "The Fountain House movement, an alternative rehabilitation model for people with mental health problems, members' descriptions of what works." Scandinavian journal of caring sciences 20(2): 184-192.

Norwood, K. (1992). "The evolution of Gateway House: The embodiment of the standards for clubhouse programs." Psychosocial Rehabilitation Journal **16**(2): 35-38..

Propst, R. n. (1992). "Standards for clubhouse programs: Why and how they were developed." Psychiatric Rehabilitation Journal **16**(2): 25-30.

Sharfstein, S.S. and Dickerson, F.B.(2006). Psychiatry and The Consumer Movement, *Health Affairs* 25(3), 734-736.

Vorspan R.(2001). Member role, Staff role : Another Look, 11th International Clubhouse Seminar, October 2001, Chattnoog, Tennessee.

Vorspan, R. (1988). "Activities of daily living in the clubhouse: You can't vacuum in a vacuum." Psychosocial Rehabilitation Journal **12**(2): 15-21.

Waters, B. (1992). "The work unit: The heart of the clubhouse." Psychosocial Rehabilitation Journal **16**(2): 41-48.

Wolfensberger, W.(1992), *Social role valorization : As a high-order concept for structuring human services,* Leadership and Change Agentry (Syracuse University), pp.55-65.

Wolfensberger, W. and B. Nirje (1972). "The principle of normalization in human services."Toronto, Canada.

제12장

정신보건정책과 상징적 상호작용

가시적인 사회적 규범의 최고 상위체계는 법령과 정부의 명시적인 정책이라 할 수 있다. 대개 이러한 법령과 정책들은 명시된 목적과 기능을 위해 제정 및 기획되고, 시행된다. 상징적 상호작용론이 강조하는 상징적 의미가 이러한 법규나 정책에도 적용될 수 있을까? 본 장에서는 정신보건법규와 정신보건정책이 어떻게 정신장애인이 참여하는 사회적 상호작용을 특정한 형태로 제약하는지, 그러한 법규나 정책이 전하는 상징적 의미는 무엇인지 비판적으로 검토하고 개선 방안을 제안하고자 한다. 제 9장에서 다룬 사회적 역할가치화 이론에 비추어 본다면 정신보건법규나 정책은 정신장애인의 사회적 이미지를 향상시킬 수도 있고, 저하시킬 수도 있다. 그러나 본 장에서 살펴보려는 상징적 상호작용을 만들어 내는 틀과 상징적 의미를 전달하는 통로(channel)로써 정신장애인 관련 법규와 정책의 분석은 사회적 역할가치화 이론의 관점보다 더 폭넓고, 심층적인 성찰을 필요로 할 것이다.

그 동안 정신장애인과 관련된 법과 관련하여 가장 많은 비판을 받았던 것은 정신보건법이다. 정신보건법이 정신장애인의 치료, 재활, 인권을 보호하려는 법령인지 의구심을 갖는 연구자, 인권옹호자들이 적지 않았고, 저자 또한 그러한 비판적 관점을 갖고 있다. 정신보건법의 비자발적 입원과 관련한 규정들, 치료 및 재활서비스와 관련한 규정들, 정신질환 및 정신장애의 개념에 관한 규정들은 정신장애인과 정신의료기관이나 정신재활기관, 정신장애인과 전문가, 정신장애인과 가족, 정신장애인과 지방자치단체와의 관계 등을 특정한 유형으로 만들어 내는 기본 프레임이다. 정신보건법 뿐만 아니라 장애인복지법 또한 정신장애인을 여타의 장애인으로부터 분리시켜 정신보건법에 근거한 서비스 안으로 분리, 격리시키는 규정을 내포하고 있어 문제가 되고 있다(김문근, 2013).

한편 정신건강정책은 어떠한가? 서구 선진국의 정신건강정책과 우리나라 정신건강정책을 비교할 때 가장 두드러진 차이는 왜 이토록 우리나라에서는 입원치료병상의 증가와 장기입원문제가 쉽게 해결되지 않고 있는가 하는 점이다. 마찬가지로 우리나라 정신장애인을 위한 주거서비스는 어떤 가치 지향에 근거해 운영되며, 그러한 가치 지향이 정신장애인에 대해 전달하는 의미는 무엇인가 하는 점이다. 우리사회는 여전히 정신장애인을 사회주류 혹은 지역사회로부터 격리시키고, 정신장애인의 자유로운 결정과 지역사회에서의 생활보다는 가족의 보호부담 경감과 지역사회의 치안을 더 우선시 하는 것은 아닌가 하는 의구심을 자아내고 있다.

1. 정신보건법과 정신장애인 관련법령의 상호작용론적 해석

1) 치료에 대한 결정권은 누구에게 있나?

현행 민법 규정에 따르면 어떠한 형태든 가정법원에 의해 성년후견이 결정되지 않은 모든 사람은 법적 지위 상 자기에 관한 의사결정을 스스로 내릴 수 있는 능력을 보유하고 있다고 가정한다. 누구라도 덜 합리적인 판단이나 선택을 할 수 있고, 그것은 자유로운 사회에서 허용된다. 많은 사람들은 조금 더 경제적인 소비, 합리적인 소비를 위해 여러 가게를 둘러보고, 인터넷을 통해 가격을 비교하고, 제품의 기능과 장단점을 비교함으로써 가능한 한 저렴한 가격에 양질의 제품을 구매하려 한다. 하지만 많은 사람들은 디자인에 현혹되어 실속을 놓치기도 하고, 자신의 소득보다 무리한 자동차를 구매하기도 한다. 그 결과 경제적 부담으로 고통을 겪기도 하고, 타인들에게 부담을 안기기도 한다. 그러한 실수를 완전히 차단하려 한다면 아마 가장 많은 정보를 가장 효과적으로 분석하여 합리적인 소비를 할 수 있는 사람에게 자기 결정을 전적으로 위임해 버리는 것이 바람직할 것이다. 하지만 어느 누구라도 그러한 삶을 가치 있게 여기지는 않는다. 자율성이 보장된다면 실수조차도 한 사람의 인생경험으로 소중하고, 가치가 있기 때문이다.

하지만 정신질환자 및 정신장애인은 이러한 자기결정능력이 손상되었거나 불완전한 것으로 가정되는 대표적인 사회구성원이다. 국내에서도 2011년 개정된 민법이 2013년 7월 시행됨에 따라 의사결정능력이 불완전한 사람은 성년후견 신청절차와 의사결정능력

평가. 가정법원의 청문절차와 최종 결정을 거쳐 성년후견을 활용할 수 있게 되었다. 이러한 성년후견제도의 근간을 이루는 원리는 1)의사결정능력이 있는 사람에게는 자기결정의 권리를 보장하고(Autonomy), 2)의사결정능력이 손상된 사람에 대해서는 적합한 성년후견을 지원함으로써 최선의 복지(Best Interest)를 보장하는 것이다. 그러므로 의사결정능력은 자기결정권을 존중하고 최선의 복지를 구현하기 위해 먼저 고려해야 할 핵심 요소라 하겠다(김문근, 2010).

그런데 전통적으로 정신보건전문가들은 정신질환이 있는 사람 및 정신질환을 만성적으로 경험하는 정신장애인은 의사결정능력이 손상된 것으로 가정하는 경향이 있다. 이러한 가정은 정신보건법령의 비자발적인 입원 및 강제치료 규정에 내재되어 있을 뿐만 아니라 정신건강서비스체계에 폭넓게 자리 잡고 있다. 이런 가정은 인간의 이성과 합리성에 대한 무분별한 맹신(sanism) 또는 신념체계(mentalism)로 존재한다(Deegan, 1992:Perlin, 1997). 뿐만 아니라 사회구성원들의 의식 속에도 정신장애인은 비이성적이거나 위험하다는 편견이 존재한다.

현실에서 사회구성원들 사이에는 인간의 합리성과 이성에 대한 일종의 과도한 신뢰 또는 가정이 마치 신화적 믿음처럼 존재하며, 이러한 믿음은 정신보건법의 비자발적인 입원 및 강제치료 규정과 같이 매우 가시적인 사회규범 형태로 존재한다. 우리나라 정신보건법은 정신질환이 있는 것으로 의심되거나 정신질환 진단이 필요하다는 정신과 전문의의 판단과 보호의무자의 동의가 있다면 당사자의 거절에도 불구하고 한 사람을 정신의료기관에 입원시킬 수도 있다. 실제 종교가 달라 갈등을 빚던 한 가정주부는 남편에 의해 영문도 모른 채 정신병원에 강제 입원되어 상당한 기간 동안 고통을 겪어야 했다. 그는 변호사의 도움을 받아 퇴원이 이루어졌고, 이어진 법소송에서 승소하여 관련 정신의료기관과 의사의 입원조치가 부당했음을 인정받았다. 저자는 이 사건에 대한 사례연구를 통해 정신건강의학전문의, 보호의무자는 합리적이고 이성적인 사람, 신뢰할만한 사람으로 간주되고 정신질환자(혹은 정신질환자라고 추정되는 사람)는 전적으로 비합리적이어서 그의 주장은 고려할만한 어떤 근거도 되지 않는다는 점을 발견했다. 아래의 인터뷰 및 정신의학회 사실조회회신자료는 정신질환자에 대해 정신의료현장의 인식이 어떻게 작용하고 있는지 생생히 보여준다(김문근, 2007).

"'정신'자가 붙으면 사람이 아니라고 생각을 해요. 정신질환자라 이러면 그 사람은 전혀 생각도 할 수 없고 인격도 없고 전혀 존중해야 될 의견을 들어야 될, 의견을 물어야 될 것도 전혀 없다고 그런 인식하에서 모든 것을 생각하는 것 같아요."(정00씨 인터뷰)

"정00의 최초 병원 방문시 남편과 친정어머니는 정00이 정신적 문제를 보이고 있으므로 입원치료해 줄 것을 요구하였음. 이때 정00은 자신에게는 아무런 문제가 없다고 주장하였음. 정신병원을 방문한 환자가 자신의 증상이나 문제를 전면 부인하는 것은 매우 흔하고 일반적인 일이며 이때 정신과 의사는 환자의 가족이 보고하는 내용을 참고하여 일단 환자의 정확한 상태를 평가하는 절차를 밟게 됨(1심에 제출된 정신의학회의 사실조회회신)."

하지만 놀라운 점은 이러한 입원방식은 여전히 유효하다는 점이다. 현행 정신보건법의 강제입원 관련 규정을 살펴보면 다음 〈표 12-1〉과 같다. 자의입원은 환자 스스로의 결정에 따라 입원과 퇴원이 가능하다. 스스로 정신의료기관에 입원하려 한다 해도 입원을 위해서는 정신과전문의 진단과 정신의료기관의 동의를 필요로 하겠지만 자의입원을 결정할 실질적 권한은 환자 본인에게 있고, 본인이 퇴원을 신청하면 즉시 퇴원이 이루어진다.

이에 비해 보호의무자에 의한 입원은 입원에 대한 보호의무자의 입원신청, 보호의무자 2인의 동의, 정신건강의학전문의의 입원필요성 인정, 정신의료기관장의 결정으로 입원이 결정된다. 실질적인 입원결정권은 보호의무자와 정신건강의학전문의에게 있는 것으로 볼 수 있다. 최초 입원기간 6개월을 초과하여 계속입원을 진행하려 할 경우에는 기초지방자치단체에 설치된 기초정신보건심의위원회의 결정을 거쳐야 한다. 특히 퇴원에 있어서 환자본인이나 보호의무자의 신청이 있으면 즉시 퇴원을 처리하게 되어 있으나 정신건강의학전문의가 환자의 위험성을 고지하면 정신의료기관장은 퇴원을 거부할 수 있다. 이 경우 퇴원을 추진하려면 기초정신보건심의위원회나 광역정신보건심의위원회에 이의를 신청해야 한다. 하지만 환자 스스로 이 같은 퇴원신청절차를 추진하기에는 어려움이 따를 것이고, 보호의무자가 환자의 건강악화나 그로 인한 위험성을 무릅쓰고 퇴원절차를 추진하기도 쉽지 않을 것이다.

시장·군수·구청장 등 지방자치단체장에 의한 입원은 정신질환으로 자신 또는 타인을 해할 위험이 있는 사람에 대해 정신건강의학전문의나 정신보건전문요원이 지방자치단체장에게 진단 및 보호를 요청함으로써 절차가 개시된다. 이 때 지방자치단체장은 정신건강의학전문의에게 2주 이내의 기간 동안 입원을 통한 정확한 진단을 의뢰하고, 진단결과 정신건강의학과 전문의 2인의 동의가 있으면 3개월간 입원을 결정하게 된다. 지방자치단체장에 의한 입원은 3개월 후 종료되나 정신건강의학전문의 2인의 동의 또는 기초정신보건심의위원회의 결정이 있다면 입원을 3개월 연장하게 된다. 이처럼 지방자치단체장에 의한 입원은 결국 그 결정권이 정신건강의학전문의와 지방자치단체장에게 있으며, 지방자치단체장의 결정은 기초정신보건심의위원회의 지원을 받아 이루어질 수 있다.

<표 12-1> 우리나라 정신보건법의 정신의료기관 입원에 대한 결정권 현황

입원유형(정신보건법)	입원(퇴원)의 조건과 절차	입원에 대한 결정권
자의입원(제23조)	• 입원신청서 제출 • 퇴원에 대한 신청권이 환자 본인에게 있으며, 퇴원신청시 즉시 퇴원이 가능함.	자기결정
보호의무자에 의한 입원(제24조)	• 보호의무자 2인의 동의 • 정신건강의학전문의가 입원필요성 인정 • 정신의료기관장의 결정 • 계속입원 필요시 지방자치단체장의 동의 (기초정신보건심의위원회의 결정) • 입원의 실질적 판단요건은 환자가 치료나 요양을 필요로 할 정도의 정신질환이 있거나 또는 환자 자신의 건강 또는 안전이나 타인의 안전을 위하여 입원이 필요한 상태에 있어야 함. • 환자 또는 보호의무자의 퇴원신청이 있으면 즉시 퇴원을 실시해야 하나 정신건강의학전문의가 환자의 위험성을 고지하면 정신의료기관장은 퇴원을 거부할 수 있음. 이 경우 퇴원을 추진하려면 환자나 보호의무자는 기초정신보건심의위원회나 광역정신보건심의위원회에 이의를 청구해야 함.	보호의무자 + 정신건강의학전문의 + 정신의료기관장 (지방자치단체장)

입원유형(정신보건법)	입원(퇴원)의 조건과 절차	입원에 대한 결정권
시장 · 군수 · 구청장에 의한 입원(제25, 36조)	• 정신건강의학전문의 또는 정신보건전문요원의 진단 및 보호 신청 • 지방자치단체장의 진단의뢰 • 정신건강의학전문의의 정확한 진단 필요성 인정(2주 이내) • 정신건강의학전문의 2인 이상이 계속입원의 필요성을 인정한 경우 지방자치단체장 결정으로 3개월 동안 입원을 유지함. • 정신건강의학전문의 2인 이상의 동의 또는 기초정신보건심의위원회의 결정으로 계속입원의 필요성이 인정된 경우 지방자치단체장은 3개월 추가입원을 실시함. • 입원신청의뢰의 요건은 관찰자가 판단하였을 때 정신질환으로 자신 또는 타인을 해할 위험이 있는 것으로 의심되는 상태.	지방자치단체장 + 정신건강의학전문의
응급입원(제26조)	• 정신질환자로 추정되는 자로서 자신 또는 타인을 해할 위험이 큰 자를 발견한 자의 입원의뢰 • 정신건강의학전문의와 경찰관의 동의 • 정신의료기관장의 결정으로 입원(72시간) • 정신건강의학전문의의 진단에 따라 계속입원 필요시 자의입원(제23조) 또는 지방자치단체장을 통한 입원(제25조)으로 전환함.	정신건강의학전문의 + 경찰관 + 정신의료기관장

* 출처: 정신보건법(2015년 1월)을 기준으로 분석함.

한편 응급입원은 정신질환자로 추정되는 사람이 자신 또는 타인을 해할 위험성에 근거하여 관찰자가 정신건강의학전문의와 경찰관의 동의를 얻어 정신의료기관장의 결정으로 입원이 이루어진다. 만일 정신건강의학전문의의 진단 결과 계속 입원이 필요하다면 보호의무자에 의한 입원 또는 시장·군수·구청장에 의한 입원으로 전환되어 입원이 계속 이루어질 수 있다. 응급입원에 대한 결정권은 정신건강의학전문의와 경찰관, 정신의료기관장에게 있는 것으로 볼 수 있다.

위에서 검토한 바와 같이 현행 우리나라 정신보건법의 입원규정을 살펴보면 입원은 정신질환으로 인한 치료의 필요성과 자신 또는 타인을 해칠 위험성이라는 두 가지 요건에 따라 이루어지며, 입원결정에 있어 가장 큰 영향력은 정신건강의학전문의가 행사한다고 볼 수 있다. 다만 보호의무자에 의한 입원에 있어서는 보호의무자의 동의가 중요한 입원 요건이므로 보호의무자가 일부 결정권을 분담하고 있으며, 시장·군수·구청장에 의한 입원은 입원에 대한 일부 권한을 지방자치단체장(또는 기초정신보건심의위원회)이 공유하고 있는 것으로 볼 수 있다. 응급입원에 대한 결정권은 정신건강의학전문의와 의료기관장의 결정으로 입원이 이루어진다고 볼 수 있고, 경찰관은 입원절차를 진행하는데 제한적인 동의권을 행사하는 것으로 볼 수 있다. 우리나라는 정신질환의 치료가 입원치료에 치중되어 있고, 입원유형은 보호의무자에 의한 입원(2012년 기준으로 약 74.3%)이 대부분이고, 입원기간은 평균 161일(2012년 기준)로 장기입원이 특징적이다(중앙정신보건사업지원단 외, 2012). 비자발적 입원과 장기입원문제는 OECD의 비판을 받을 정도로 문제가 심각하다(O'connor, 2013). 이러한 정신의료기관 입원실태는 우연히 나타난 현상이라 볼 수 없다. 입원에 대한 정신장애인의 자기결정권이 심각하게 제한된 반면 정신건강의학전문의와 보호의무자에게 그 결정권이 대부분 위임되어 있는 정신보건법령의 자연스러운 결과가 아닐까 한다.

정신보건법령과 성년후견법령을 연구하는 학자들은 법원의 결정이 없는 한 누구든지 의사결정능력이 있는 것으로 간주해야 한다는 성년후견법의 기본 전제에 비추어 볼 때 정신보건법의 각종 비자발적 입원규정은 정신질환자 및 정신장애인의 시민권적 기본권인 자유권, 자기결정권을 심각하게 침해하는 것으로 보고 있다. 무엇보다도 신체적 질환과 달리 정신질환에 한해서만 이처럼 환자의 입원과 치료에 관한 자기결정권을 부정하는 것은 심각한 차별로 간주되고 있다(김문근, 2013;Boyle, 2008; Dawson and Szmukler, 2006; O'brien, 2010).

정신보건법이 정신장애인에 관한 치료, 보호, 재활의 근간이 되는 법령임을 고려할 때 명시적인 법규정이 정신장애인의 치료와 입원에 대한 자기결정권을 부정하는 것은 사회 일반에, 정신장애인과 보호의무자에게, 정신건강의학전문의를 포함하는 정신보건전문가들에게, 공공 및 민간의 정신건강서비스조직들에게 다음과 같은 상징적 의미를 전달한다고 볼 수 있다.

첫째, 사회구성원들에게 정신질환자 및 정신장애인은 치료가 필요한 존재이며, 치료에 대한 합리적인 선택과 결정을 내릴 수 없는 사람이라는 이미지나 의미를 전달할 개연성이 높다. 정신보건법 제2조 ⑤는 '입원치료가 필요한 정신질환자에 대하여는 항상 자발적 입원이 권장되어야 한다.'고 규정하고 있지만 제24조 이하 입원규정들은 정신장애인이 아닌 보호의무자, 정신건강의학전문의, 정신의료기관의 장, 지방자치단체장 등에게 입원에 대한 결정권을 부여하기 때문이다.

둘째, 정신질환사 및 성신장애인은 스스로의 행동을 통제하지 못하며 위험한 상태에 있으므로 사회구성원을 보호하기 위해 그들을 사회로부터 격리하여 보호해야 한다는 메시지를 은연중에 전달하고 있다. 정신보건법 제24조 이하의 입원규정들은 정신질환으로 인한 위험성을 비자발적 입원의 중요한 요건으로 규정하기 때문이다.

셋째, 현 정신보건법의 입원 규정은 정신질환이나 정신장애에 대한 치료 및 보호에 대한 결정에 있어 정신건강의학전문의의 판단은 무조건 신뢰할 수 있다는 의미를 전달할 우려가 있다. 사적 소유의 정신의료기관의 경우 정신건강의학전문의가 입원을 통해 경제적 이득을 추구할 수 있는 환경이라는 점을 고려할 때 단지 정신의학적 전문성에 대한 신뢰만을 근거로 정신건강의학전문의가 자신의 경제적 이득보다 정신장애인의 인권과 건강을 최우선시하리라고 가정하는 것은 정신건강의학전문의의 권위뿐만 아니라 도덕성까지 당연시하는 것으로 정신건강의학전문의에 대한 감시, 감독을 소홀히 할 우려가 있다(김문근, 2007).

넷째, 필요에 따라 입원을 결정할 권리가 환자나 장애인 본인이 아니라 보호의무자에게 있다는 메시지를 전달할 수밖에 없다. 적어도 지역사회에서 정신질환자 또는 정신장애인을 보호하는 보호의무자로서 자신의 경제력이나 혹은 의료보장제도를 통해 입원비용을 충당할 수 있다면 정신질환자나 정신장애인을 병원이나 혹은 동일한 입원규정이 준용되는 정신요양시설에 입원(입소)시킴으로써 보호부담을 덜어버리려는 동기를 제공할 개연성이 있다.

뿐만 아니라 정신질환자 또는 정신장애인에게 치료나 보호에 관한 결정권은 자신들이 아닌 보호의무자나 지방자치단체장, 정신건강의학전문의에게 있으므로 그들이 자신의 인생을 결정지어버릴 것이라는 메시지를 전달하기 쉽다. 이러한 현실에서 정신장애인들이 어떻게 스스로를 권리의 주체로 바라볼 수 있으며, 치료와 재활을 통해 당당한 사회구성원으로서 통합되어 살아가는 미래를 설계할 수 있을 것인가?

2) 치료가 우선순위라면 입원환자의 기본적인 권리도 양보해야 하는가?

입원한 정신질환자 및 정신장애인에게 두 가지 기본적인 권리의 영역이 있다. 첫째, 최적의 치료를 받을 권리이다. 이 권리는 비자발적인 입원이 정당화되는 일차적인 근거이기도 하다. 만일 자신의 의사와 무관하게 입원되었는데 적절한 치료를 통해 건강의 회복이 기대되지도 않는다면 이는 한 사람의 자유로운 삶의 권리를 완전히 유린하는 것이기 때문이다. 비자발적 치료가 법적으로 용인되는 최소한의 근거는 자기와 타인에게 위험을 끼칠 수 있어 외부의 개입이 필요하고, 치료가 이루어지지 않으면 미래의 건강과 자율적인 삶도 기대하기 어렵다는 데 있다. 둘째, 비록 비자발적으로 입원되었지만 한 인격적 주체로서 기본적 인권을 보장받는 것이다. 무엇보다도 병원에 입원 중이라 하더라도 필수불가결한 치료를 제외하고는 정신장애인에게 자유로운 삶이 보장되어야 한다. 병원 외부의 사람들과 자유로운 의사소통과 면접이 보장되어야 하고, 공간의 활용과 접근, 시간활용, 주요 활동들과 프로그램들 중에서 자유로운 의사에 따라 선택 및 결정할 수 있는 권리가 보장되어야 한다.

정신보건법은 정신의료기관이 전통적인 수용시설과 같이 입원 환자의 인격과 기본적인 인권을 침해하는 것을 방지하기 위해 인권을 보호할 수 있는 규정들을 포함하고 있다. 정신보건법은 제44조~제46조의 2에 걸쳐 특수치료제한, 행동제한 금지, 격리 제한, 입원 중 작업요법의 제한 등을 규정하고 있다. 뿐만 아니라 정신보건법 제45조는 '행동제한의 금지'라고 명명되어 있어 정신장애인의 권리를 보호하기 위한 규정으로 보인다. 하지만 그 내용은 '정신질환자에 대하여 의료를 위하여 필요한 경우에 한하여 통신의 자유, 면회의 자유 기타 대통령령이 정하는 행동의 자유를 제한할 수 있다'는 것으로 오히려 정신장애인의 행동제한을 정당화 하고 있다. 의료를 위하여 행동제한이 필요한지에 대한 판단 또한 정신건강의학전문의가 내리는 것이므로 정신의료기관 내에서 정신장애인은 기본적인 통신과 면회의 자유도 박탈당할 우려가 있다. 이처럼 '의료를 위한 필요'에 근거한 기본적 권리 제한의 정당화는 외부와의 의사소통이나 면회뿐만 아니라 환자에 대한 격리나 강박행위, 시설 내 노동이나 작업요법 등에도 적용될 수 있다. 더구나 의료를 위한 필요에 근거한 정당화는 자발적 의사에 의한 입원, 보호의무자에 의한 입원, 시장·군수·구청장에 의한 입원, 응급입원을 고려하지 않고 어떤 경우에도 적용될 수 있다는 점에서 정신건강의학전문의의 판단에 근거하여 입원한 정신장애인의 권리 제한을 광범위하게 인정한 것으로 보아야 한다. 이러한 법규정은 정신의료기관의 일상적인 정신장애인 치료 및 보호과정에 있어 정신건강의학전문의와 그들의 지도를 받아 의료와 보호를 제공하는 간호 및 보호인력에게 정신장애인의 인권은 그다지 존중할 필요가 없다는 의미를 전달할 우려가 있고, 그러한 처우를 받는 정신장애인 또한 스스로를 매우 복종적인 환자역할을 수행할 수밖에 없는 존재로 인식하게 될 개연성이 높다.

3) 정신보건법과 장애인복지 관련 법령의 이중적 배제는 무엇을 의미하나?

① 정신보건법의 정신장애 배제

제 4장에서 이미 살펴 본 바와 같이 정신질환과 정신장애는 구별되는 개념이다. 그럼에도 정신보건법과 정신보건정책은 정신질환과 정신장애를 구별하지 않는다. 정신보건법은 그 법의 적용을 받는 실제적인 서비스의 수혜자를 '정신질환자'로 규정하고 있을 뿐 어떤 법조문에서도 '정신장애인'을 언급하지 않고 있다. 장애인복지법에 의하면 정신질환으로 1년 이상의 치료에도 불구하고 정신질환의 증상과 기능장애가 있다면 정신장애인으로 등록이 가능하다. 하지만 정신보건법 어디에도 명시적으로 정신장애인을 언급하지 않고 있다. 혹자는 명시적으로 정신장애인을 언급하지 않았더라도 사회복귀시설 등 정신재활 서비스를 규정하고 있으므로 결국 정신장애인을 실질적으로 고려하고 있는 것이라 항변할지도 모르겠다. 과연 정신보건법은 명시적이지는 않을지언정 실질적으로 '정신질환자'와 구별되는 '정신장애인'을 염두에 둔 법령인가? 사회적 상호작용을 통해 전달되는 사회적 의미와 각종 이름(label, naming)이나 기호를 통해 전달되는 상징적 의미를 강조하는 상징적 상호작용론의 관점에 근거할 때 정신보건법이 '정신장애인'에게 부여하는 '정신질환자'라는 명칭이 정신장애인에게 어떤 이미지를 형성시킬 우려가 있나?

개인적 수준에서 현상의 모든 면을 종합적으로 고려한다면 제 4장에서 살펴본 바와 같이 정신장애인인은 여전히 정신질환자이기도 하다. 정신질환과 정신장애 중 어떤 것이 더 포괄성이 넓은 개념일까? 단언하기는 어렵다. 정신질환의 다양한 상태를 고려한다면 정신질환은 만성화 되어 장애까지 이르지 않은 다양한 진단들을 포괄하므로 정신질환이 정신장애보다는 넓은 개념일 것이다. 하지만 정신장애에 초점을 맞추어 보면 정신장애인에게 정신질환의 증상과 이로 인한 어려움이 존재하지만 치료에도 불구하고 남아 있는 기능장애, 사회의 낙인과 차별, 지역사회에서 살아가는데 요구되는 다양한 생활상의 욕구들을 고려한다면 정신질환은 정신장애인의 삶의 일부분에 불과하다. 정신장애인은 정신질환에 대한 치료 외에도 장애인으로서 필요한 재활서비스, 지역사회통합을 위한 소득, 의료, 교육, 고용, 주거 등의 다양한 지원서비스가 필요하므로 정신보건법 역시 정신장애인을 실질적으로 고려하고 있다고 주장하려면 정신질환의 치료 외에 재활, 지원서비스들을 얼마나 충실히 규정하고 있는지 살펴볼 필요가 있다. 그러나 정신보건법에는 장애인복지법에서 자립생활지원서비스와 같은 핵심적인 서비스에 관한 규정이 전혀 없다.

그 보다도 더 중요한 문제점은 정신장애인이 정신보건법에 의한 시설들을 이용하여야 하는데, 정신보건법의 정신의료기관, 정신요양시설, 사회복귀시설 등의 운영과 서비스에 관한 규정들은 장애인복지법에 비추어 볼 때 장애인의 권리 옹호나 차별금지, 지역사회 자립생활의 지원 등 내재적 가치를 충분히 반영하지 못하고 있다는 점이다. 치료에 도움이 된다면 정신장애인에게 비자발적 입원도 용인하고, 정신의료기관 내에서의 자유에 대한 제한도 정당화된다. 이러한 문제점들은 정신보건법이 정신장애인을 고려하지 않은 채 정신질환자만 고려하였고, 정신장애에 대한 재활과 지원에는 소홀히 한 채 정신질환에 대한 치료에만 치중한 결과로 볼 수 있다(김문근, 2013).

② 장애인복지법의 정신장애인 배제

한편 장애인복지법은 정신장애를 장애의 한 유형으로 규정하고 있지만 장애인복지법 제15조에 의해 정신장애인은 정신보건법에 의한 서비스를 이용하도록 제한을 가하고 있다. 만일 이러한 규정이 정신장애인을 위한 특별법으로 정신보건법이 존재하고, 정신보건법의 규정이 장애인복지법의 규정만큼이나 정신장애인의 권익을 충실히 보호할 수 있다면 상대적으로 상징적인 분리만이 문제가 될 것이다. 하지만 위에서 검토한 바와 같이 정신보건법은 장애인복지법과 달리 '정신장애인'을 명시적으로 인정하지 않고 있으며, 정신질환자를 위한 의료기관이나 요양시설, 사회복귀시설 등은 치료와 제한적인 재활에 초점이 맞추어져 있을 뿐이다. 따라서 장애인복지법 제15조의 정신장애인의 배제는 정신장애인을 위한 정책과 복지서비스가 장애인복지법에 근거한 장애인정책과 장애인서비스 전달체계에서 전적으로 분리됨으로써 정신장애인의 복지와 권리보호가 상대적으로 약화되는 결과를 가져왔다[20].

정신질환자에 대한 극심한 사회의 편견과 낙인, 차별 및 당사자에 의한 권익옹호의 취

[20) 중앙정부에서도 보건복지부의 조직구성을 살펴보면 장애인복지사무는 장애인정책국에서 관할하며, 정신장애인 관련 사무는 건강정책국의 사무로 귀속됨으로써 전달체계상 정신장애인 서비스는 정신보건법을 근간으로 하게 된다.

약성과 장애인단체의 적극적인 권익옹호라는 대조적 현실을 고려할 때 장애인복지법에 의한 정신장애인 배제는 정신장애인이 장애인집단의 한 구성원으로서 함께 연대하여 권익을 옹호할 수 있는 계기를 약화시킬 우려가 크다. 특히 이러한 장애인복지법의 정신장애인에 대한 전적인 배제가 여타의 장애인집단이 정신장애인을 포용하고, 수용하기 보다는 차별하고 외면한 결과는 아닌지 혹은 여타의 장애인집단으로 하여금 정신장애인을 배제하고 분리시키도록 조장하는 것은 아닌지 비판적으로 성찰할 필요가 있을 것이다. 만일 정신장애인에 대한 정신건강서비스체계의 의료모델과 치료법학적 접근이 정신장애인의 권리를 심각하게 약화시킴에도 장애인단체 일반에서 정신장애인을 위한 적극적인 연대, 포용, 협력에 나서지 않는다면 이는 장애계 전반이 정신장애인을 차별하고, 억압한다는 상징적 의미를 전달할 개연성이 높아 주의가 요구된다.

③ 정신보건법과 장애인복지법의 다차원적 장애개념 비교

위에서 논의한 정신보건법의 정신장애 배제와 장애인복지법의 정신장애인 배제가 정신장애인의 복지와 삶에 어떤 영향을 끼치는지 두 법령의 장애에 관련한 규정들을 나란히 대조해 볼 필요가 있다. 〈표 12-2〉와 같이 두 법을 비교해 보면 정신보건법은 의학적 손상과 관련하여 정신질환의 치료와 인권침해 방지에 초점을 맞추고 있으며, 기능장애에 관해 정신요양시설, 사회복귀시설, 정신보건센터 관련 규정을 통해 요양, 재활, 사례관리 등을 보장하고 있다. 이에 비해 장애인복지법은 기능장애와 관련하여 다양한 재활서비스 뿐만 아니라 지원서비스, 자립생활지원 등을 규정하고 있다. 장애인복지법과 비교할 때 정신보건법은 최근 장애인복지분야에서 강조되는 지역사회자립생활지원서비스에 관한 내용을 전적으로 간과하고 있다.

사회적 장애영역을 살펴보면 정신보건법에 비해 장애인복지법이 사회적 권리와 복지의 보장과 관련하여 더 폭넓은 규정들을 체계적으로 갖추고 있어 두 법률의 차이가 두드러진다. 장애인복지법은 거주시설 이용 시 본인에 의한 계약을 강조하고 있으며, 거주시설 최소규정을 통해 거주시설의 품질 향상을 위한 규정을 포함하고 있다. 뿐만 아니라 장애인의 정보접근, 편의시설, 선거편의, 성범죄자 장애인복지시설 취업금지 등 장애인에 대한 차별을 방지하고 권익을 보호할 수 있는 다양한 규정들을 포함하고 있다. 이에 비해 정신보건법은 입원치료에 관해 자기결정, 전문가에 의한 결정을 강조함으로써 부당한 입원을 방지하고, 퇴원 또는 입원 중 처우개선절차 등을 강조하고 있다. 정신보건법 역시 비밀보장이나 동의 없는 녹음, 녹화, 촬영 금지 등 인격권 보호, 입원 중 자유로운 환경 보장, 교육과 고용에서 전반적 차별의 금지, 인식개선, 경제적 부담 경감 등 사회적 차원의 보호와 지원을 강조하고 있지만 최소한의 규정에 그치고 있다.

정신장애인은 정신질환과 정신장애를 함께 경험하므로 정신보건법과 장애인복지법에 의한 균형있는 지원이 필요하다. 하지만 장애인복지법이 정신장애인은 정신보건법에 의한 서비스를 이용하도록 규정함으로써 정신장애인을 배제한 결과 정신장애인의 복지는 대체로 정신보건법에 의존하게 되었고, 정신장애인의 복지를 위한 법적 기반은 취약해졌다. 〈표 12-2〉에 나타난 바와 같이 정신보건법은 정신질환자가 정신장애인일 수도 있음을 간과하였고, 그 결과 장애인복지법에서 강조하는 다양한 사회적 권익과 복지의 보호를 위한 규정들을 반영하지 못하고 있다. 따라서 장애인복지법의 정신장애인 배제와 정신보건법의 정신장애 배제로 인해 정신장애인은 장애인으로서 누려야 할 다양한 지원서비스와 사회적 권리에 대해 적절한 보호를 받지 못하고 있다(김문근, 2013).

<표 12-2> 장애의 차원별 서비스 규정의 비교

장애의 차원	정신보건법의 규정	장애인복지법의 규정
의학적 손상	• 자의입원(23조) • 보호의무자에 의한 입원(제24조) • 시장군수구청장에 의한 입원(제25조, 제36조) • 응급입원(제26조) • 외래치료 명령(제37조의 2)	• 의료와 재활치료(제18조) • 의료비 지원(제36조)
기능 장애	• 정신요양시설의 요양과 사회복귀훈련(제10조) • 사회복귀시설 : 생활시설, 지역사회재활시설21), 직업재활시설(제15, 16조) • 정신보건센터의 정신질환자의 발견·상담·진료·사회복귀훈련 및 이에 관한 사례 관리(제13조의 2) • 입원환자 및 정신요양시설 입소자에 대한 작업요법(제46조의2) • 직업지도(제47조)	• 신체장애와 정신장애(제2조) • 사회적응훈련(제19조) • 교육(제20조) • 직업적응훈련과 지원(제21조), 고용촉진(제46조) • 복지상담원(제33조), 재활상담(제34조) • 장애유형별 재활 및 자립지원(제35조) • 산후조리도우미 지원(제37조) • 자립생활지원(제53조~56조) • 거주시설, 지역사회재활시설, 직업재활시설, 의료재활시설(제58조)

---

21) 정신보건법 제16조에 의하면 정신질환자 지역사회재활시설은 정신질환자복지관, 의료재활시설, 체육시설, 수련시설, 공동생활가정 등으로 정신질환자에게 전문적인 상담·훈련 등을 제공하거나 여가활동 및 사회참여활동 등에 필요한 편의를

장애의 차원	정신보건법의 규정	장애인복지법의 규정
사회적 장애	● 치료에 대한 권리와 제한 　- 자발적 입원 지향(제2조) 　- 보호자의 동의 및 전문의의 진단에 　　근거한 입원(제24조, 제25조) 　- 위험성에 근거한 응급입원(제26조) 　- 외래치료명령(제37조의 2) 　- 입원 중인 정신장애인의 퇴원 또는 　　처우개선 청구권, 지자체장의 퇴원 및 　　처우개선 명령권 (제29조, 제33조) 　- 전문의의 진단에 근거한 입원 및 입 　　원연장(제22조, 제40조) 　- 특수치료에 대한 본인 또는 보호의무 　　자의 동의(제44조) 　- 법정시설 외 수용금지(제43조) ● 전반적인 차별의 금지(제2조) 　- 교육 및 고용 차별금지(제41조) 　- 정신질환에 대한 인식개선(제4조의 3) ● 인격적 권리의 보장 　- 비밀누설금지(제42조) 　- 동의 없는 녹음, 녹화, 촬영 금지(제41조) ● 입원 중 자유로운 환경의 보장(제2조) 　- 폭력 및 가혹행위 금지(제43조) 　- 의료를 위하여 필요한 경우에 한하여 통 　　신의 자유, 면회의 자유 기타 대통령령 　　이 정하는 행동의 자유를 제한(제45조) 　- 격리 및 신체적 제한에 대한 규정(제46조) 　- 입원환자 작업요법에 관한 규정(제46조의 2) 　- 정신건강의학과전문의의 지시에 의한 의 　　료 또는 재활의 목적이 아닌 노동 금지 　　(제41조) ● 경제적 부담경감(제49조)	● 교육기회 차별 금지 및 교육지원(제20조) ● 정보접근 보장조치(제22조) ● 편의시설(제23조), 안전대책(제24조) ● 사회적 인식개선(제25조) ● 선거편의제공(제26조) ● 장애인주택보급(제27조) ● 문화환경 정비(제28조) ● 장애인생산품 우선구매(제44조) ● 고용촉진(제46조) ● 장애인시설 이용 시 선택권 보장(제57조) ● 장애인거주시설 이용시 본인에 의한 　계약(제60조의 2) ● 장애인거주시설 이용장애인 사생활과 　자기결정권 보장에 대한 의무(제60 　조의 4) ● 장애인거주시설 최저기준(제60조의 3) ● 장애인거주시설 이용장애인의 인권 보호, 　필요한 서비스 제공 의무(제60조의 4) ● 장애인대상 성범죄 신고 및 성범죄자 취 　업제한 규정(제59조의 2, 제59조의 3) ● 복지조치에 대한 심사청구권(제84조) ● 경제적 지원 　- 경제부담 경감(제30조) 　- 장애수당(제49조) 　- 장애아동수당(제50조) 　- 자녀교육비 지원(제38조) 　- 장애인 자동차에 대한 지원(제39조) 　- 자금대여(제41조) 　- 생업지원(제42조) 　- 자립훈련비 지급(제43조)

* 출처: 김문근(2013)의 자료를 보완 및 재구성함.

제공하는 시설을 의미한다. 하지만 실제 정신질환자복지관, 의료재활시설, 체육시설은 2015년 1월 현재 등록, 운영되는 곳이 한 곳도 없다.

④ 장애인활동지원제도의 정신장애인 배제

중증장애인의 가정 내에서의 일상생활과 지역사회참여를 지원하는 활동지원서비스는 장애인의 지역사회자립생활과 사회통합을 위해 필수적인 서비스이며, 보호자의 보호부담을 경감시키는 중요한 서비스로 볼 수 있다. 2011년 시행된 장애인활동지원제도는 명시적으로는 정신장애인에 대해 어떠한 차별도 가하지 않는다. 하지만 실질적으로는 장애인 활동지원서비스 등급인정을 위한 사정도구의 항목구성은 전형적으로 지체장애인의 신체기능장애에 초점을 맞추고 있다. 그로 인해 정신장애인들은 실질적으로 활동지원제도의 혜택을 받기 어렵다. 뿐만 아니라 활동지원서비스를 제공하는 활동보조인과 중계기관 역시 정신장애인에 대해 부담스러워하고 기피하는 경향을 보인다. 이로 인해 정신장애인들은 활동지원서비스로부터 실질적인 도움을 기대하기 어렵다. 정신장애인이 경험하는 장애 혹은 의존성은 지체장애인이 경험하는 장애와는 본질이 다르다. 정신장애인은 기본적 일상생활기능(Activity for Daily Living, ADL)은 그다지 문제가 없으나 여러 가지 복합적인 판단과 수행이 연계되어야 가능한 수단적 일상생활기능(Instrumental Activity for Daily Living, IADL)은 상대적으로 의존성이 더욱 높다. 이는 정신장애인이 지능에는 손상이 없더라도 복합적 과업을 연속적으로 기획, 수행할 때 요구되는 통합적 인지기능(meta-cognition) 혹은 수행과 관련한 인지기능(executive cognition)에 손상이 두드러지기 때문에 나타나는 현상이다. 뿐만 아니라 정신장애인을 보호하는 가족이 일상적으로 경험하는 어려움은 정신질환의 증상이 심화되었을 때는 정신장애인 자신과 타인에 대한 위험성이나 갈등의 우려 때문에 상시적인 지도감독이 필요하다는 점이다. 따라서 정신장애인은 지체장애인과 특성은 다르지만 손상과 기능장애로 인해 활동지원서비스에 대한 정당한 욕구를 지니고 있는 것으로 보아야 한다(김문근, 2012). 그럼에도 현행 활동지원서비스 등급인정을 위한 평가도구는 신체적 기능장애나 감각기능장애에 유리하므로 정신장애인의 불리함을 개선하기 위해서는 등급인정을 위한 평가도구를 개선할 필요가 있다(김문근, 2012: 박경수, 2012: 조윤화 외, 2014).

2. 정신보건전달체계와 상징적 의미

1) 정신의료서비스 공급조직 소유구조와 의료급여제도의 상징적 의미

정신의료서비스를 공급하는 정신의료기관의 소유구조, 입원중심의 정신의료와 지역사회 정신재활의 엄격한 분리와 의료급여 재정 활용에 있어서 통합성의 결여는 입원치료를 과도하게 조장하고, 지역사회 중심의 정신재활서비스는 위축시키는 결과로 이어져 왔다. 이러한 두 측면은 정신의료기관 운영자, 정신장애인과 보호자, 정신건강정책 담당자 등에게 상징적 의미를 전달하고 있다.

첫째, 정신의료기관의 입원병상 소유구조를 살펴보면, 정신요양시설을 제외할 경우 정부 및 공공소유는 10% 미만으로 대부분이 사적 소유이며, 입원에 대한 결정은 대개 정신건강의학전문의와 보호의무자의 결정에 의해 이루어지므로 입원치료는 사적 시장에서 공급되는 사회서비스로 인식되는 경향이 있다. 정신의료기관의 사적 소유구조와 맞물려 나타나는 현상은 입원병상의 꾸준한 증가와 해외의 주요 선진국과는 비교할 수 없을 정도로 긴 입원기간이다. 정신보건법 시행 이후 입원기간은 일부 감소하기는 하였으나 여전히 161일에 이를 정도로 길어 OECD의 비판을 받고 있다(O'connor, 2013). 이러한 현상은 왜 유독 우리나라에서만 두드러지는가? 그 답은 정신의료기관의 소유구조에 일차적 원인이 있는 것 아닌가 추측해 볼 수 있다. 미국이 대대적으로 입원환자들을 탈원화할 수 있었던 것은 주립정신병원이 공공재원에 의해 운영되고 있었기 때문에 정부의 정책에 의해 효과적으로 입원서비스를 지역정신보건서비스로 대체해 나갈 수 있었다. 하지만 우리나라는 사적 주체가 소유하고 있는 정신의료기관에 대해 정부가 강력한 탈원화를 시행하기는 어렵다. 정신보건법을 통해 사적 의료기관에 가할 수 있는 규제는 규모의 제한, 입원절차의 제한, 입원 중 인권침해 규제 등에 불과하기 때문이다. 더구나 정신의료기관의 입원치료서비스 비용이 국민건강보험 재정과 의료급여 재정을 통해 운영된다는 점을 고려할 때, 정신의료기관 운영자들은 잠재된 입원수요가 있다고 가정할 경우 입원병상을 늘리거나 정신의료기관의 신규진입을 유인할 개연성이 높다. 의료급여 수급자의 경우 보호의무자의 보호부담이 전혀 발생하지 않지만 지역사회에서 보호할 경우 지역사회생활서비스에 대해 보장이 미비하고, 가족의 일상적인 케어부담이 따르므로 보호의무자로서는 얼마든지 입원을 선택할 가능성이 있다는 것이다(조윤화 외, 2014)[22]. 앞서 살

---

22) 조윤화 외(2014)에 의하면 2011년을 기준으로 정신질환으로 진료받은 환자들의 의료서비스 이용비율을 살펴보면 입원서

펴본 바와 같이 정신보건법이 입원 자체를 규제하지는 않기 때문에 보호의무자의 동의와 정신건강의학과전문의의 진단이 있으면 입원은 매우 용이다. 보호의무자에 의한 입원의 경우 보호의무자와 정신의료기관 사이의 상호작용은 사실상 사적 계약으로 인식되므로 얼마든지 정신장애인 본인의 결정을 배제하고, 입원이 이루어질 수 있는 것이 현실이다 (김문근, 2007). 어떤 면에서 장기입원은 의료보장제도의 도움으로 보호의무자와 정신의료기관의 이해관계가 결합되어 의료서비스를 오용하거나 남용하는 것으로 볼 수 있다. 이런 현실에서 민간 소유의 정신의료기관들이 자발적으로 입원기간을 감축하려는 동기는 기대하기 어려울 것이며, 보호의무자들이 입원 대신 지역사회에서 정신장애인을 보호하기를 기대하기도 어려울 것이다.

둘째, 정신보건재정운영에 있어서 의료재정과 지역사회재활서비스 재정은 엄격히 분리되어 운영되므로, 의료기관과 지역정신재활기관 사이의 연계를 기대하기 어렵고, 정부나 지방자치단체도 전통적인 수용보호 대신 지역사회보호를 추진하려는 동기를 갖기 어렵다는 점이다. 미국이 장기입원을 지역사회보호로 전환하기 위해 Medicaid 서비스에 재활서비스옵션을 도입하여 의료서비스로부터 지역사회서비스로 재정 이전이 가능하도록 한 것과는 대조적이다(김문근 외, 2014; 김연희, 2005). 먼저 의료서비스와 지역사회재활서비스를 대등한 대안으로 간주한다면 지방자치단체가 체감하는 재정부담은 어떻게 다른지 살펴보자. 2011년 의료급여통계에 의하면 정신질환이 있는 의료급여환자의 년간 입원기간이 평균 249일에 이르고, 조현병(정신분열병)은 평균 487일에 이른다. 수 백 만원의 입원비가 발생하더라도 지방자치단체 재정부담은 총 의료급여 입원비용의 4~6%에 불과하다(조윤화 외, 2014). 그에 비해 사회복귀시설을 등록받아 운영을 지원할 경우 소규모시설이라 하더라도 수 천 만원의 재정부담이 발생한다. 그러므로 현재의 의료급여재정 운영방식은 지방자치단체에게 지역사회재활서비스보다는 입원서비스를 선호하게 하는 암묵적인 의미를 전달하고 있는 셈이다. 날로 복지재정부담이 가중되고 있는 현실에서 지방자치단체는 재정적인 관점에서 사회복귀시설을 적극 활성화할 하등의 동기를 기대하기 어렵다.

비스의 경우 건강보험대상자들은 67.9%였으나 의료급여대상자들은 74.1%로 6% 이상 높았다. 이는 저소득층일수록 입원비용에 대해 국가의 보장성이 높으므로 굳이 지역사회에서 정신장애인을 보호할 동기가 높지 않음을 시사한다.

2) 정신요양시설에 대한 상충하는 기대들

현재 정신보건서비스를 전달하는 서비스기관 중 그 정체성이 가장 불명확하고, 그로 인해 정부, 지방자치단체, 시설운영자, 이용자 모두에게 대단한 혼란을 주고 있는 대표적 시설은 정신요양시설이라 할 수 있다.

첫째, 시설의 명칭 그 자체는 요양시설이다. 요양이란 의료의 일종으로 치료과정에서 부가적으로 요구되는 보호와 지원을 뜻하는 단기요양과 사실상 장기적인 의료상태나 장애로 인해 일상적인 요양보호가 장기간 요구되는 장기요양(long term care)으로 구분할 수 있을 것이다. 그렇다면 정신요양시설은 단기요양기관인가? 장기요양기관인가? 현재 정신장애인을 위한 장기요양서비스는 법제화 되어 있지 않으므로 공식적으로 정신요양시설을 장기요양기관으로 규정하기는 어렵다. 물론 정신요양시설을 명실상부하게 정신장애인을 위한 장기요양기관으로 특화시켜 나가는 것은 바람직한 정책대안일 수 있다(김문근, 2013). 현재 정신요양시설 운영자들은 〈표 12-3〉과 같이 정신요양시설이 정신질환이 심각하고 지역사회지지체계가 취약하여 사회복귀 가능성이 매우 낮은 정신질환자를 장기간 보호하는 곳으로 반개방적 거주환경을 제공하는 곳이라는 인식이 가장 높았다. 향후 정신요양시설 운영방향에 대해서는 반개방적 장기요양보호시설(29.2%)이나 개방적 거주시설(27.1%)을 고려하는 운영자들이 많았다(김문근 외, 2014). 따라서 정신요양시설은 '요양'이라는 기능을 요구받고 있지만 요양의 개념은 불명확하고, 운영자들조차도 시설의 정체성이나 운영방향에 대해 각기 상이한 인식을 가지고 있어 문제가 되고 있다.

<표 12-3>정신요양시설 성격에 관한 정신요양시설 운영자들의 인식(n=49, 빈도, %)

정신요양시설의 성격	매우 동의한다	동의한다	보통이다	그렇지 않다	전혀 그렇지 않다	평균
정신질환이 심각하여 사회복귀 가능성이 매우 낮은 정신질환자에게 치료와 요양서비스를 제공하는 곳이다.	16 (32.7)	21 (42.9)	5 (10.2)	5 (10.2)	2 (4.1)	3.90
정신질환이 심각하고 지역사회지지체계가 취약하여 사회복귀 가능성이 매우 낮은 정신질환자에게 장기간 보호를 제공하며 반개방적인 거주환경을 제공하는 곳이다.	19 (38.8)	18 (36.7)	9 (18.4)	3 (6.1)		4.08
사회복귀 능력이 부족한 정신질환자에 대해 정신건강관리와 재활훈련을 통해 사회복귀를 지원하는 곳이다.	12 (24.5)	25 (51.0)	8 (16.3)	4 (8.2)		3.92
사회복귀 능력은 있으나 지역사회 지지체계 및 거주지가 없어서 사회복귀가 어려운 정신질환자에게 개방적인 거주환경을 제공하는 곳이다.	6 (12.2)	16 (32.7)	16 (32.7)	7 (14.3)	4 (8.2)	3.27

*출처 : 김문근 외(2014:186-187)에서 인용.

둘째, 정신보건법에 따르면 오히려 정신요양시설은 정신의료기관과 동일한 입원규정의 적용을 받기 때문에 다분히 정신의료기관으로서의 성격을 지니는 것으로 볼 수 있다. 하지만 여러 가지 상황을 종합해 보면 정신요양시설은 정신의료기관으로서 기능을 부여받지도 않았고, 그러한 기능을 기대하는 것도 바람직하지 않을 것이다. 우선 정신요양시설에 대해 정신의료기관 입원규정을 준용하는 것은 비자발적인 입소와 그에 따른 개인의 인권침해를 막기 위한 규제로 볼 수 있기 때문이다. 물론 보호의무자에 의한 입원규정에 근거해 본인의 의사를 존중하지 않는 입소가 얼마든지 이루어질 수 있기에 인권보호를 위해 정신의료기관의 입원규정을 준용한다는 것도 정당하지 않다. 뿐만 아니라 정신요양시설은 촉탁의가 간헐적으로 방문하여 진료를 제공할 뿐 상근하는 정신건강의학전문의는 없으며,

간호인력과 정신보건전문요원이 주요 인력이므로 정신의료기관으로 간주하기는 어렵다. 또한 최근의 조사에 의하면 정신요양시설 운영자 중 정신요양병원으로 전환을 희망하는 비율은 10% 미만으로 나타나 과거에 비해 정신요양시설이 비교적 쉽게 정신의료기관으로 전환될 수 있다는 인식을 가진 운영자들은 극소수에 불과하기 때문이다(김문근 외, 2014).

셋째, 정신보건법과 정신건강사업안내지침에 따르면 정신요양시설은 사회복귀를 위한 재활훈련기관으로서의 성격을 요구받고 있다. 정신보건법은 병원으로부터 의뢰된 정신질환자 및 만성정신질환자에 대해 요양과 사회복귀를 위한 훈련을 제공하는 시설로 규정하고 있고, 정신건강사업안내(보건복지부, 2014)에 의하면 가족의 보호가 어려운 만성정신질환자에 대해 요양보호를 통한 삶의 질 향상과 함께 사회복귀를 도모하는 것으로 규정하고 있다. 하지만 정신요양시설 운영자들은 증상 및 약물관리교육, 일상생활기술훈련, 사례관리 등을 중요하게 인식할 뿐 사회복귀에 필수적인 독립생활훈련이나 직업재활서비스는 거의 중요하게 인식하지 않는 것으로 나타났다(김문근 외, 2014).

이러한 정신요양시설의 정체성과 기능이 무엇이어야 하는지에 대해 정신보건법과 그에 근거한 정부의 정책지침과 일선 정신요양시설 운영자들 사이에 인식의 불일치가 존재한다. 특히 정신요양시설 운영자들의 인식은 실제 정신요양시설에 입소해 있는 정신장애인들이 고령화되고 있고, 지역사회지지체계가 취약하고, 실질적으로 퇴소를 통한 지역사회복귀가 거의 이루어지지 않는 현실과 관련이 있다. 이러한 현실에 대해 정부, 연구자들, 입소자와 보호자들의 관점은 상이할 수 있다. 그러한 관점의 차이가 극복되지 않을 때 정신요양시설에 대한 기대의 상충, 운영에 대한 지원과 평가 등은 일관성이 떨어지기 쉽다. 그러므로 노인장기요양제도의 시행(2008), 장애인활동지원제도의 시행(2011)에 따른 장애인거주시설의 기능전환 등을 종합적으로 고려하여 정신요양시설의 핵심기능을 장기요양으로 정의하고, 주거제공과 결합된 사회복귀를 위한 훈련기능은 사회복귀시설(입소시설, 주거제공시설)로 통합하는 것이 바람직하지 않을까 한다.

3. 요약

대개 사회정책에 대해서는 명시적인 기능, 내재적 원리, 정책 목적 달성 등에 많은 관심을 기울이게 된다. 하지만 사회정책도 사회적 상호작용에 투입되는 하나의 사회적 대상이므로 정책의 의미는 실제 운영과정에서 해석되어지고, 해석되어진 의미는 정책의 운영에 다시 피드백 되어 영향을 미친다. 정신건강정책 역시 상징적 의미가 정책을 집행하는 정부나 지방자치단체, 정책의 영향을 받는 정신건강서비스조직들, 서비스를 전달하는 전문가, 서비스를 이용하는 정신장애인과 보호자, 정책을 바라보는 시민들에게 영향을 줄 수 있다. 본 장에서는 첫째, 정신보건법과 정신장애인 관련 법령의 세부 규정과 그에 따른 정책운영이 어떤 의미를 전달할 수 있는지 비판적으로 분석하였다. 둘째, 정신보건 전달체계와 상징적 의미를 분석하기 위해 정신의료기관의 사적 소유구조와 정신요양시설의 역할에 대하여 상충하는 기대들을 검토하였다.

정신보건법은 정신장애인의 자발적인 입원을 보장하고, 정신장애인의 치료, 요양, 보호와 재활을 촉진하며, 정신장애인의 인권보호 등을 보장하기 위한 법령으로 제정되었다. 하지만 법의 구체적 면면을 살펴보면 자발적인 입원을 보장한다는 기본적 원칙은 선언적 수준에 그치고 있고, 보호의무자, 정신건강의학전문의, 지방자치단체장 등의 결정에 의한 입원을 보장하는 법령으로 비쳐진다. 현실도 자발적인 입원보다는 보호의무자에 의한 입원의 비중이 절대적으로 높음을 알 수 있다. 그 결과 정신의료서비스를 공급하는 민간 정신의료기관, 정신건강의학전문의, 정신장애인과 보호의무자, 지방자치단체장 등에게 정신보건법은 사실상 정신장애인의 치료와 인권보호보다는 입원치료를 통한 경제적 이익의 추구를 정당화 하는 규정 또는 의료보장제도의 도움을 받아 효과적으로 보호부담을 기피하도록 뒷받침하는 규정으로 인식될 개연성이 높은 것으로 나타났다.

뿐만 아니라 정신장애인의 인권을 보호하기 위해 마련된 정신보건법의 각 규정들이, 치료를 위한 목적에서 정신건강의학전문의의 판단 아래 얼마든지 환자의 자유를 제한할 수 있는 규정으로 비쳐지기도 하는 것으로 나타났다. 이러한 규정들은 정신질환이 있는 정신장애인에게 치료가 필요하다면 인권보호는 얼마든지 양보될 수 있다는 의미를 전달하기 때문에 정신의료기관 내에서 정신장애인의 인권보호를 취약화시킬 우려가 있는 것이다.

정신보건법과 장애인복지법은 공히 정신장애인의 치료, 재활, 복지를 보장하는데 근간이 되는 법령이지만, 장애인복지법은 실질적으로 정신장애인을 위한 다양한 재활서비스와 지역사회지원서비스의 책임을 정신보건법으로 이양하였고, 정신보건법은 타 유형의 장애인들이 장애인복지법에 근거하여 향유하는 사회적 권리의 보호, 지역사회중심의 지원서비스, 자립생활모델에 근거한 지원 등을 간과하고 있다. 이러한 장애인복지법의 정신장애인에 대한 배제는 장애인활동지원제도에도 은연 중에 반영되어 지체장애인 중심의 활동지원제도가 정신장애인에게는 전혀 유용하지 못한 결과를 낳았다. 정신보건법은 정신장애인을 장애인으로서 인정하지 않은 채 오로지 정신의학적 손상에 대한 치료와 그에 종속된 제한적인 재활만을 강조할 뿐 정신장애인에 대한 재활, 지역사회자립생활지원에 대해서는 소극적이다. 장애인복지법과 장애인활동지원제도의 정신장애인 배제는 공공연한 사실이 되었지만 그대로 방치되고 있어 장애계 내에서 정신장애인에 대한 차별과 배제를 공식화 하고, 영속화 하는 것은 아닌지 우려를 자아낸다.

정신보건서비스전달체계 또한 상징적 의미를 전달하고 있다. 입원치료서비스를 제공하는 정신의료기관의 병상소유구조는 민간소유가 90% 이상으로 압도적이고, 정신보건법의 입원규정은 보호의무자의 동의와 정신건강의학전문의의 진단만으로 입원을 보장하므로 개인의 자유권을 제약하는 정신의료기관 입원을 사적 계약에 의한 사회서비스 이용처럼 간주하고 있는 현실이다. 그러한 현실 속에서 정부는 정신의료기관의 입원병상을 효과적으로 축소할 수 있는 정책적 수단을 찾지 못한 채 세월을 보내고 있으며, 민간 정신의료기관들은 정신질환자 입원수요가 잠재되어 있다고 가정할 경우 입원병상을 늘리거나 신규로 정신의료기관을 개설할 경제적 유인이 존재한다. 보호의무자들은 의료급여수급자인 경우 정신장애인의 입원으로 인해 추가적인 경제적 부담이 없으므로 정신장애인을 지역사회에서 보호하는데 드는 추가적인 비용과 일상적인 보호부담을 회피할 수 있는 효과적인 대안으로 정신의료기관 입원을 선택할 수 있는 경제적 유인이 존재한다. 이러한 요인이 복합적으로 작용하여 정신장애인의 탈시설화나 지역사회 중심의 정신재활, 지역사회 생활지원은 기대하기 어렵고, OECD 주요 국가들의 단기입원, 지역사회중심 정신건강서비스 등과는 대조적으로 입원이 증가하고, 입원기간이 장기화 되므로 국내 정신건강정책에 대한 국제적 비판이 이어지고 있다.

한편 정신요양시설은 시설의 명칭과 기대되는 기능이 어떻게 불일치하고, 그 결과 어떤 혼란이 발생할 수 있는지 보여준다. 병원과의 관계에서는 장기요양의 기능을 할 것처럼 기대되지만 실제는 병원과 다름없는 입원규정이 적용된다. 정신보건법은 이 시설의 기능에 사회복귀를 위한 훈련도 포함하고 있지만 실제 입소해 있는 정신장애인들은 고령이거나 지역사회지지체계가 취약해 지역사회복귀 가능성이 높지 않은 상황이다. 이런 현실에서 시설 운영자들은 시설의 성격에 대해 혼란을 경험하고 있다. 사회적으로는 정신장애인을 위한 장기요양시설도 필요한 상황이고, 한편으로는 정신요양시설을 지역사회의 개방적 주거시설로 전환하는 것이 바람직하지 않겠나 하는 기대도 있다.

이처럼 정신건강정책은 사회구성원들에게 다양한 상징적 의미를 전달하는 매개체이며, 사회구성원들의 상호작용을 조형하는 틀이 된다. 정책을 기획하고, 입안하며, 실행하는 정부와 지방자치단체는 이러한 정책의 상징적 의미가 실질적으로 어떻게 읽혀지고 해석되는지 살펴보는 노력이 필요할 것이다. 그렇지 않으면 명시적으로 밝힌 정책의 목적이나 기능과는 별개로 정신장애인의 인권을 침해하고, 복지를 저해하는 역설적인 현상도 나타날 수 있다. 정신보건법이 아무리 자발적인 입원을 보장하겠다고 천명하였다 해도 보호의무자에 의한 입원 규정을 살펴보면 정신장애인은 자신의 치료에 대해 결정능력이 없는 사람이라는 의미를 전달하고 있음을 알 수 있다. 성년후견제도를 규정한 개정 민법이 시행된 후에도 여전히 정신보건법은 정신질환자가 의사결정 능력이 없는 사람인양 간주하는 일반적 전제를 철회하지 않은 채 입원에 대한 결정을 정신건강의학전문의와 보호의무자의 결정에 맡겨 두고 있다.

다행히 이 책의 저술이 완료된 시점에 정신보건법의 전면 개정과 정신보건법의 보호의무자에 의한 입원(제24조)에 대한 헌법재판소의 위헌판결이 있었다. 이 두 사건은 본 장에서 살펴본 정신건강정책과 상징적 상호작용이란 관점에서 적지 않은 함의를 지닌다. 지난 2016년 5월 19일 정신보건법 전면 개정으로 제정된 '정신건강증진 및 정신질환자 복지서비스 지원에 관한 법률'(2017년 5월 시행)은 정신장애인이 지역사회에서 살아가는 데 필요한 복지서비스 지원에 관한 규정을 신설하여 정신장애인의 지역사회통합을 지원할 수 있게 됐다. 특히 이 법은 보호의무자에 의한 입원과 행정입원에 대해 공통적으로 입원적합성심사절차를 신설하고, 진단입원과 치료입원을 분리하는 등 비자발적 입원에 대한 규제를 강화했다. 한편 2016년 9월 29일 헌법재판소는 재판관 전원일치로 정신보건법 제24조 1항과 2항에 대해 헌법 불합치 판결을 내리고 법령개정을 권고했다. 그 동안 수차례 문제가 제기되었던 보호의무자에 의한 입원규정이 정신장애인의 인권을 보장하기에는 한계가 많다는 점을 공식적으로 인정한 것이다. 향후 정신장애인의 인권과 복지를 향상시킬 수 있는 법제도의 개선과 정신장애인에 대한 사회의 인식 개선에 사회전체가 동참할 수 있기를 기대해 본다.

참 고 문 헌

김문근(2007). 정신보건법상의 강제입원조항과 인권침해기제에 관한 질적 사례연구. 사회복지연구, 22, 123-158.

김문근(2010). 성년후견법령에 나타는 의사결정능력 개념에 관한 연구:영국 정신능력법(Mental Capacity Act, 2005)을 중심으로, 사회복지연구 41(3):241-269.

김문근(2012). 정신장애인장기요양서비스(Long Term Care) 정립방안연구. 정신보건과사회사업 40(3): 116-144.

김문근(2013). 정신장애인 관련 법령의 정신장애개념과 정신보건법의 정신장애개념 개정방향에 관한 연구. 44(2):293-321.

김문근, 서규동, 하경희 외(2014). 정신질환자 요양 및 재활서비스 제공체계 개선방안 연구. 보건복지부·대구대학교 산학협력단.

김연희(2005). 미국 공적 정신보..건서비스 관리의료체계가 한국의 정신보건 서비스 전달체계 개선에 갖는 함의, 사회복지연구 28:69-103.

박경수·이용표·장혜경·노수희(2012). 장기재원 정신장애인의 당사자 관점에서의 탈원화 실태조사. 서울특별시.

보건복지부(2014), 2014년 정신건강증진사업안내.

조윤화, 이용표 외(2014). 정신장애인 지역사회통합 지원방안 연구. 한국장애인개발원.

중앙정신보건사업지원단·서울대 의학연구원 의료관리학연구소·보건복지부(2012). 2012년 중앙정신보건사업지원단 사업보고서.

Boyle, A. (2008). "The Law and Incapacity Determinations: A Conflict of Governance?" The Modern Law Review 71(3): 433-463.

Dawson, J. and G. Szmukler (2006). "Fusion of mental health and incapacity legislation." The British Journal of Psychiatry 188(6): 504-509.

Deegan, P.E.(1992). The independent living movement and people with psychiatric disabilities : Taking back control over own lives, Psychosocial Rehabilitation Journal 15(3), 3-19.

O'Brien, A. J. (2010). "Capacity, consent, and mental health legislation: Time for a new standard?" Contemporary Nurse 34(2): 237-247.

O'Connor, S.(2013). OECD의 대한민국 정신건강시스템 분석결과, 『OECD가 본 한국의 정신건강 정책과제』 국제세미나 자료집.

Perlin, M. L. (1997). "Where the Winds Hit Heavy on the Borderline: Mental Disability Law, Theory and Practice, Us and Them." Loy. LAL Rev. 31: 775.

색인

D

DSM-Ⅳ 119, 120, 121, 122
DSM-Ⅴ 119, 143

I

ICF모형 109, 112, 125
ICIDH모형 108, 109, 112, 125

N

Nagi모형 108

P

PASSING 284, 285, 266, 289, 291, 293

ㄱ

개인적 관념론 116, 117, 118, 119, 127, 128, 130, 131
개인적 유물론 116, 117, 126, 127
게임단계(game stage) 25, 26
고정관념 위협효과 184
공공의 낙인 167
긍정적인 사회적 위축 254
기능장애 9, 107, 108, 109, 110, 111, 112, 113,
        114, 118, 120, 122, 123, 124, 125, 127,
        128, 129, 130, 153, 159, 233, 235, 236,
        239, 255, 376, 381
기저현실(infra-reality) 68

ㄴ

낙인정체성 150, 151
놀이단계(play stage) 25, 26

ㄷ

대상(object) 18, 339

ㅁ

망상 11, 12, 123, 124, 136, 137, 143, 144, 145,
     146, 147, 154, 159
명명이론 37, 163, 166, 168, 171

ㅂ

병동분위기환경척도(WAS) 209
분리정체성 152, 153

ㅅ

사회적 관념론 116, 118, 119, 129, 130, 131
사회적 낙인 10, 11, 131, 152, 153, 160, 163, 164,
        165, 166, 167, 168, 169, 170, 171,
        172, 173, 177, 178, 182, 183, 184,
        186, 187, 224, 227, 242, 250, 253,
        255, 257, 260, 267, 292, 295, 326
사회적 분위기(social climate) 197, 199, 207, 208,
사회적 붕괴증후군(social breakdown syndrome) 209, 238
사회적 상호작용 9, 11, 12, 15, 16, 17, 18, 19, 20,
        21, 22, 24, 26, 28, 29, 30, 31,
        37, 39, 40, 43, 44, 45, 48, 49,
        51, 52, 53, 55, 60, 62, 69, 70,
        74, 75, 83, 88, 91, 93, 99, 101,
        102, 108, 117, 127, 129, 130,
        131, 135, 136, 142, 144, 147,
        149, 157, 158, 164, 166, 168,
        171, 172, 173, 175, 176, 177,
        178, 179, 181, 182, 183, 184,
        185, 186, 197, 199, 218, 221,
        223, 224, 230, 231, 232, 235,
        237, 239, 240, 241, 242, 243,
        245, 259, 275, 278, 279, 283,
        287, 311, 312, 313, 315, 316,
        317, 318, 319, 321, 322, 327,
        330, 338, 340, 353, 359, 359,
        361, 363, 364, 367, 376, 387

색인

사회적 역할/가치화 11, 119, 184, 185, 239, 267,
268, 270, 271, 272, 274, 275,
276, 277, 278, 279, 280, 281,
282, 283, 284, 286, 287, 288,
289, 290, 291, 292, 293, 294,
295, 296, 297, 363, 367
사회적 위축행동 222, 250, 251, 254, 255, 256,
사회적 유물론 116, 117, 128, 130, 131
사회적 장애 108, 109, 110, 111, 112, 115, 116, 123,
124, 378, 380
상징(symbol) 20, 340
상황정의 27, 28, 31, 32, 33, 34, 40, 50, 55, 60, 61,
62, 63, 70, 78, 87, 112, 157, 243, 256, 288,
311, 312, 316, 318, 319, 330, 341, 356, 359
생활 현실(life or actual reality) 68
성년후견 327, 368, 369, 373, 389
손상 11, 12, 107, 108, 109, 110, 111, 112, 113, 114,
115, 116, 117, 119, 121, 122, 123, 123, 124,
125, 127, 128, 129, 130, 136, 137, 147, 152,
153, 154, 157, 158, 159, 165, 173, 177, 178,
208, 224, 230, 238, 239, 256, 267, 271, 275,
276, 279, 281, 310, 311, 347, 348, 368, 369,
378, 379, 381, 388
수정된 명명이론 163, 166, 168, 171, 242,
시설신경증(institutional neurosis) 209
시설화(institutionalism) 209
시카고학파 31, 32, 33, 34, 36, 38, 39, 43, 60,
69, 70
신아이오와학파 38
심리드라마 65, 66, 67, 68

ㅇ

아이오와학파 31, 32, 33, 34, 37, 39, 43
역량강화정체성 152, 153
역할(role) 22, 62, 65, 66, 340

역할거리 63, 312
역할구성(role making) 23
역할담당(role taking) 51, 66
역할병리(role pathology) 67, 312
역할병합(role person merger) 57, 58
역할수용 55
역할수행(role playing) 66
역할이론 11, 23, 37, 43, 44, 45, 47, 48, 49, 50,
51, 53, 54, 55, 59, 60, 63, 65, 67, 68,
69, 70, 267, 271, 272, 274, 277, 297,
338,
역할정체성 활성화 가설 94
역할정체성(role identity) 86
역할정체성이론 10, 11, 37, 38, 40, 69, 74, 76,
77, 78, 79, 80, 83, 84, 85, 86,
87, 88, 89, 90, 91, 92, 93, 94,
100, 101, 102, 173, 174, 175,
177, 181, 186, 221, 231, 232,
237, 242, 243, 244, 245, 247,
248, 249, 250, 255, 256, 257,
258, 321, 323
역할정체성통제 가설 95
역할정체성표준 87, 92, 94, 95, 96, 97, 98, 99,
101, 176, 248
역할창조(role creating) 66, 71
연극론 11, 36, 37, 60, 61, 70
의식화 256, 279, 300, 304, 307, 308, 309, 313,
315, 316, 317, 318, 322, 323, 329, 330
일중심의 일과 347, 350, 351, 354, 356, 357, 358,
359, 361, 362
임파워먼트 11, 182, 226, 239, 246, 247, 258, 282,
300, 301, 302, 304, 307, 308, 309,
310, 313, 316, 320, 324, 327, 328,
329, 330, 331
잉여현실(surplus reality) 68

색인

자기낙인 164, 165, 166, 166, 182, 183, 185, 186
자립생활모델 130, 226, 289, 338, 388
자아 몰락 가설(self-mortification) 238
자아(self) 20, 24, 64, 75, 136, 147, 340,
자아의미 82, 87, 92, 94, 95, 96, 97, 98, 101, 176, 248
자아정체성 잠식(engulfment) 238
장애의 다중패러다임 116, 118, 130,
장애인복지법 113, 118, 124, 128, 327, 367, 368,
    368, 387, 388
장애인활동지원제도 381, 386, 388
저항정체성 152, 153
정상화원리 267, 268, 269, 270, 271, 272, 279,
    284, 286, 287, 289, 292, 294, 295
정신보건법 11, 12, 128, 130, 327, 367, 368, 369,
    370, 371, 372, 373, 374, 375, 376,
    377, 378, 379, 382, 383, 384, 385,
    386, 387, 388, 389
정신요양시설 130, 237, 296, 374, 377, 378, 379,
    382, 384, 385, 386, 387, 388, 389
정신재활모형 122, 123
정신질환진단편람 120
정체성 위협효과(identity threat) 241
정체성 몰입(commitment) 90, 91
정체성위계(salience) 89,
정체성이론(identity theory) 23, 34, 43, 44, 339,
조현병 124, 126, 136, 137, 138, 139, 143, 144,
    145, 154, 156, 159, 233, 293, 383
준거집단단계(reference group stage) 25, 27,
지각된 낙인 166
지역사회프로그램환경척도(COPES) 215, 218
질병정체성 152, 153

치료공동체 193, 195, 196, 206, 206, 207, 208,
    213, 227
치료환경 11, 193, 194, 195, 202, 205, 207, 208,
    209, 211, 213, 218, 219, 220, 221, 222,
    223, 224, 225, 226, 227, 239, 242,
    290, 291, 352

캘리포니아학파 38
클럽하우스 스탠다드 344, 345, 347, 351, 353,
    356, 357, 359, 360, 361
클럽하우스모델 11, 225, 227, 239, 242, 256, 295,
    296, 297, 328, 330, 337, 338,
    344, 352, 355, 356, 363, 364

태도적 장벽(attitudinal barrier) 9, 325
태화샘솟는집 337, 346, 350, 351, 352, 354, 337,
    346, 350, 351, 352, 354,
프락시스(praxis) 315

학습된 무기력 180, 182, 258, 303, 309, 310, 325
환각 11, 123, 136, 138, 139, 143, 154, 159
환경치료 193, 194, 196, 204, 222, 291
환자정체성 150, 152
환청 12, 124, 139, 140, 141, 142, 143
회복정체성 150, 152

김문근

대구대학교 사회복지학과 교수

[저서] 사회복지서비스와 공급체계 : 쟁점과 대안 (공저). EM커뮤니티 2008

[논문] 장기입원 정신질환자의 탈시설화를 위한 정신보건전달체계 개편 방안(공저). 한국사회복지정책학회 2016
　　　정신장애인 사회적 낙인 연구모형에 관한 연구. 비판사회정책 2015
　　　정신장애인 관련 법령의 정신장애개념과 정신보건법의 정신장애개념 개정 방향에 관한 연구. 사회복지연구 2013
　　　정신장애인의 상호작용경험이 사회적 행동에 미치는 영향. 정신보건과 사회사업 2009

[연구관심분야] 정신건강·사회복지 법률. 정신건강정책 및 전달체계. 상징적 상호작용론. 정신재활. 정신장애인 사회통합

상징적 상호작용론과 정신장애의 이해

초판1쇄 인쇄 2016년 11월 25일　/　초판1쇄 발행 2016년 11월 25일

펴낸곳 : EM커뮤니티
주　소 : 서울시 관악구 신림로7길 33
인쇄처 : EM실천
주　소 : 서울 금천구 서부샛길 648 대륭테크노타운 6차 1004호
전　화 : 02)875-9744　|　팩　스 : 02)875-9965　|　e-mail : em21c@hanmail.net

ISBN : 978-89-91862-38-8　93330

※ 이 책은 2012년 한국연구재단 저술출판지원사업(과제번호:2012S1A6A4018499)의 지원을 받아 제작되었습니다.